HOW TO PREPARE FOR COLLEGE BOARD ACHIEVEMENT TESTS

FRENCH

THIRD EDITION

thoroughly and completely revised
and significantly enlarged by

CHRISTOPHER KENDRIS

B.S., M.S., Columbia University
M.A., Ph.D., Northwestern University
Diplôme, Faculté des Lettres, Université de Paris

Department of Foreign Languages
The Albany Academy
Albany, New York

BARRON'S EDUCATIONAL SERIES, INC.

WOODBURY, NEW YORK / LONDON / TORONTO

All inquiries should be addressed to:

Barron's Educational Series, Inc.
113 Crossways Park Drive
Woodbury, New York 11797

Library of Congress Catalog Card No. 81-12716

International Standard Book No. 0-8120-0941-X

PRINTED IN THE UNITED STATES OF AMERICA

Library of Congress Cataloging in Publication Data
Kendris, Christopher, 1923–
    How to prepare for college board achievement tests.
    Edition of 1971 by Louis Cabat, Jacob D. Godin, and Pearl M. Warner.
    Includes index.
    1. French language—Examinations, questions; etc. I. Cabat, Louis. How to prepare for college board achievement tests—French. II. Title.
PC2119.K4   1981   440′.76   81-12716
ISBN 0-8120-0941-X (pbk.)   AACR2

12345   004   987654321

To the memory of my
sweet mother

TABLE OF CONTENTS

INTRODUCTION

If you compare this book, even page by page, with the two previous editions, you will see that the third edition is a completely new book. Only the title remains the same.

The first edition by Louis Cabat, Jacob D. Godin, and Pearl M. Warner, was published in 1959. The second edition was slightly revised by Pearl M. Warner in 1971.

This new book is divided into three parts. Part One contains 20 practice tests to prepare the student for the next French CBAT. At the end of each test there is a special answer sheet to use. Part Two contains answer keys to all the tests with answers explained. Compare your answer sheet with the answer key sheet and read thoroughly the answers explained. Part Three is a general review which I have organized in a decimal system for easy and quick reference. In the answers explained part, I frequently refer you, by means of a § number system, to the section in the General Review where you may find additional explanations and examples.

When you do the practice tests, start with Test No. 1 and do all 20 tests. Do not skip around here and there because I repeated a number of grammatical points in the succeeding tests. I did this in order to reinforce your learning. In other words, after you make the same mistake more than once, you are bound to understand it finally after you come across the same point in grammatical control a second or third time, or even a fourth time. If you skip around and do a few questions at random here and there, you will miss the orderly progression of learning particular points in French grammatical control. Sometimes I repeat the same sort of thing in the same test; at other times, I present the same point in other questions farther on in the other tests.

The new College Board Achievement Tests in French no longer test listening comprehension. They test grammatical control, mastery of vocabulary and idioms, and reading comprehension. I have emphasized these three categories in each of the 20 tests by devoting about 33% content to each of these three skills.

I want to thank my wife Yolanda and my two sons, Alex and Ted, for all their help in many ways. I also want to thank my students in French 3 at The Albany Academy for taking these tests in the classroom as practice in preparation for the next French CBAT.

If I inadvertently omitted anything which you think is important, please write to me care of the publisher so that I may include it in a future edition of this book.

CHRISTOPHER KENDRIS

Department of Foreign Languages
The Albany Academy
Albany, New York

ABBREVIATIONS USED IN THIS BOOK

adj. adjective

adv. adverb, adverbial

ant. anterior

art. article

cond. conditional

conj. conjunction

def. definite

dem. *or* **demons.** demonstrative

dir. direct

disj. disjunctive

e.g. for example

f. *or* **fem.** feminine

ff and the following

fut. future

i.e. that is, that is to say

imper. imperative

imperf. imperfect

indef. indefinite

indic. indicative

indir. indirect

inf. infinitive

m. *or* **masc.** masculine

n. noun

obj. object

p. page

par. paragraph

part. participle

perf. perfect

pers. person

pl. plural

plup. pluperfect

poss. possessive

prep. preposition

pres. present

pron. pronoun

qqch quelque chose

qqn quelqu'un

refl. reflexive

s. *or* **sing.** singular

subj. subjunctive

v. verb

ABBREVIATIONS USED IN THIS BOOK

PART ONE

TWENTY
FRENCH CBAT
PRACTICE TESTS

**USE THE SPECIAL ANSWER SHEET ON PAGE 161.
THE TIME LIMIT FOR EACH TEST IS ONE HOUR.**

Read each passage and select the best answer to each question by blackening the space under the letter of your choice on the special answer sheet.

Un chien et son maître gardaient les moutons dans les Alpes lorsque le berger est tombé. Blessé à la tête et aux jambes, ne pouvant se déplacer, celui-ci a écrit un S.O.S. sur une feuille, l'a attachée au collier du chien et l'a envoyé chercher du secours. Quatre heures après, le chien revenait avec des alpinistes qui ont arraché le berger à une mort certaine.

1. Qu'est-ce que ce chien a fait?
   A. Il a fait tomber le berger.
   B. Il s'est sauvé.
   C. Il a tué des moutons.
   D. Il a sauvé la vie d'une personne.

L'enseignement secondaire académique ne convient pas à tous les enfants. Ceux qui ont un esprit positif et sont intéressés par la vie pratique devraient recevoir un enseignement technique au lieu d'une formation classique. Ainsi, ils seront sûrs de trouver un emploi à la fin de leurs études.

2. Selon l'auteur de ce paragraphe, quel avantage un enseignement technique présente-t-il?
   A. Il prépare certains élèves à un métier.
   B. Il complète les cours donnés au lycée.
   C. Il ouvre toutes les carrières aux étudiants.
   D. Il étend la culture générale.

Il y a maintenant une nouvelle profession: celle de jardinière des neiges. On compte une centaine de jeunes Françaises qui font ce métier. Elles surveillent les garçons et les filles de moins de six ans dans les centres de ski.

3. Que font les jardinières des neiges?
   A. Elles gardent les enfants.
   B. Elles cueillent des fleurs sauvages.
   C. Elles font de l'arithmétique.
   D. Elles s'occupent des skieurs professionnels.

Le premier passager sans billet à bord d'un paquebot a admis volontiers qu'il avait pu se cacher à bord en profitant de la précipitation du départ. Il se nourrissait de sandwichs achetés au bar et dormait dans les fauteuils du pont des premières classes. Mais le mauvais temps a fait échouer son audacieuse entreprise parce qu'il eut le mal de mer et dut se faire conduire à l'infirmerie.

4. Comment s'est-on aperçu que ce passager n'avait pas de billet?
   A. Il l'a dit aux passagers.
   B. Il n'allait pas à la salle à manger.
   C. Il dormait sur des chaises.
   D. Il est tombé malade.

Un touriste canadien de passage à Rome se rend dans un magasin qui annonce des chaussures fabriquées à la main. Elles lui vont si bien qu'il en achète six paires. Rentré à l'hôtel, il ouvre le paquet et trouve dans l'une des boîtes un morceau de papier portant cette indication: "Fabriqué à Montréal, Canada, pour la vente en Italie."

5. Quelle découverte ce touriste a-t-il faite à l'hôtel?
    A. Il avait perdu son billet de retour.
    B. La marchandise venait de son pays.
    C. On avait vendu ses souliers.
    D. Il avait apporté les souliers d'un autre client.

La popularité dont jouit en ce moment le ballet, aussi bien en France qu'à l'étranger, est due en grande partie à celui qui fut un créateur et un animateur de génie, Serge de Diaghilev. Les "Ballets Russes" dont il fut l'âme ont influencé l'art de la danse aussi sûrement que Picasso a rénové la peinture.

6. Qui fut Serge de Diaghilev?
    A. un officier de Russie
    B. un génie de la danse
    C. un inventeur de l'animation
    D. un grand artiste-peintre

Toutes les troupes d'acteurs qui jouent des pièces pour enfants sont arrêtées par le même problème: le manque d'argent. Un spectacle pour la jeunesse coûte aussi cher à présenter qu'une pièce pour adultes, mais ne peut être représenté que le jeudi ou le dimanche, et le prix des places est extrêmement bas.

7. Pourquoi les théâtres pour enfants rencontrent-ils des difficultés?
    A. Ils donnent des revenus insuffisants.
    B. On trouve peu de jeunes acteurs.
    C. Les enfants ne s'y intéressent plus.
    D. Les salles manquent de confort.

Pour obtenir un des six millions de volumes que possède la Bibliothèque Nationale en France, il faut montrer son diplôme universitaire. Seuls en effet sont admis dans ce temple de la lecture les licenciés ou les bacheliers prouvant qu'ils poursuivent leurs études. Et cependant la moyenne d'âge des lecteurs est de soixante ans.

8. Qu'est-ce qu'on exige de ceux qui utilisent la Bibliothèque Nationale?
    A. un emploi bien payé
    B. la permission de leur curé
    C. une attestation d'études supérieures
    D. la citoyenneté française

Les réalisations de l'architecture moderne, et particulièrement l'augmentation du nombre d'étages dans les immeubles, posent aux pompiers des problèmes qu'il leur est difficile de résoudre avec les moyens techniques dont ils disposent. Comment, avec des échelles, parvenir sur le toit d'un édifice très élevé? L'emploi actuel de l'hélicoptère permet aux pompiers de se poser sur le toit d'un édifice élevé et, par conséquent, de faciliter le sauvetage des victimes et de combattre les incendies.

9. Quel moyen emploie-t-on à Paris pour lutter plus facilement contre les incendies?
    A. On construit des habitations moins hautes.
    B. On augmente le nombre des pompiers.
    C. On se sert d'hélicoptères.
    D. On se sert de nouvelles échelles.

Le Hollandais Cornélius Postma vit en France depuis 1927, et peint comme en 1600. Il tire son inspiration de toutes sortes de choses: bois, papier, acier, coquilles, etc. Il réussit à enfermer tout cela dans de minuscules tableaux, formant ainsi des oeuvres originales.

10. Qu'est-ce qui fait l'originalité des oeuvres de Cornélius Postma?
    A. son âge très avancé
    B. son pays natal
    C. sa boutique très étroite
    D. la source de ses idées

Each of the incomplete statements or questions below is followed by four suggested completions. Select the most appropriate completion and blacken the space under the letter of your choice.

11. En général, on . . . froid en hiver.
    A. fait
    B. est
    C. a
    D. tient

12. Nous habitons près . . . gare.
    A. du
    B. de la
    C. le
    D. la

13. Je vous écoute mais je ne . . . rien.
    A. dis
    B. dit
    C. dites
    D. disons

14. L'année dernière nous sommes allés . . . France.
    A. à la
    B. en
    C. à
    D. au

15. Je doute bien qu'elle . . . partie.
    A. est
    B. soit
    C. a
    D. avait

16. Je veux savoir . . . vous avez acheté.
    A. ce qui
    B. qu'est-ce
    C. ce que
    D. que

17. Avez-vous bu du vin aujourd'hui? Oui, . . . bu.
    A. je l'ai
    B. j'en ai
    C. j'y ai
    D. je lui ai

18. Si vous avez besoin d'argent, alors . . . -en.
    A. prêtez
    B. donnez
    C. achetez
    D. empruntez

19. Ces garçons n'ont pas . . . soeurs.
    A. de
    B. des
    C. d'
    D. les

20. Voilà les livres . . . vous parliez hier.
A. de quoi
B. lesquels
C. lesquelles
D. dont

21. Ce monsieur-là est riche; . . . est pauvre.
A. ce qui
B. celle-ci
C. lequel
D. celui-ci

22. Il désire . . . présenter.
A. me les
B. les me
C. les moi
D. moi les

23. Vous avez deux soeurs; . . . chante bien?
A. lequel
B. laquelle
C. celle
D. de qui

24. Est-ce que vous allez visiter leur école et . . . ?
A. le mien
B. les miens
C. la mienne
D. mienne

25. Voici la maison . . . je demeure.
A. dans lequel
B. dans quoi
C. de laquelle
D. où

26. C'est moi qui . . . acheté ces fleurs.
A. a
B. ai
C. est
D. suis

27. C'est nous qui . . . fait cela.
A. a
B. avons
C. ayons
D. ai

28. La mère . . . son enfant avant de sortir.
A. s'est habillée
B. a habillé
C. ait habillé
D. s'était habillée

29. Ce matin, . . . la maison à huit heures précises.
 A. je suis parti
 B. j'ai passé
 C. j'ai laissé
 D. j'ai quitté

30. La semaine prochaine quand je . . . , je vous donnerai l'argent que je vous dois.
 A. vous verrai
 B. te verrai
 C. vous vois
 D. vous aurai vu

Each of the incomplete statements or questions below is followed by four suggested completions. Select the most appropriate completion and blacken the space under the letter of your choice.

31. Une abeille nous donne
 A. du lait.
 B. du fromage.
 C. du miel.
 D. de l'eau.

32. Un synonyme du verbe *abîmer* est
 A. lutter.
 B. procurer.
 C. habiter.
 D. ruiner.

33. Le verbe *abréger* veut dire
 A. rendre bref.
 B. donner de l'abri à quelqu'un.
 C. mettre son manteau.
 D. effacer.

34. L'acier est
 A. un métal.
 B. quelque chose à manger.
 C. une forme de bois.
 D. une chose qu'un animal nous donne.

35. Le verbe *adoucir* veut dire
 A. faire des bêtises.
 B. aller à cheval.
 C. manger et boire énormément.
 D. rendre plus doux.

36. Une personne adroite est une personne qui
 A. est habile.
 B. va toujours dans une certaine direction.
 C. s'amuse tout le temps.
 D. toujours regrette tout.

37. Si une personne vous agace, cela veut dire que cette personne vous
 A. irrite.
 B. irritez.
 C. aime beaucoup.
 D. oublie.

38. Une personne affranchie est une personne
    A. rendue civilement libre.
    B. mise en prison.
    C. à qui on écrit une lettre.
    D. qui est propriétaire d'un magasin.

39. Quand on s'agenouille, on
    A. prend une douche.
    B. se baigne.
    C. se met à genoux.
    D. mange bien des nouilles.

40. Quand un enfant agrandit, cela veut dire qu'il
    A. devient plus grand.
    B. devient plus intelligent.
    C. agit d'une manière bête.
    D. joue trop.

Each of the incomplete statements or questions below is followed by four suggested completions. Select the most appropriate completion and blacken the space under the letter of your choice.

41. Si je vous dis que je travaille à cette heure, cela signifie que
    A. je n'aime pas travailler.
    B. je suis occupé en ce moment.
    C. je travaille çà et là.
    D. tout travail m'est égal.

42. Le contraire de l'expression *à droite* est
    A. au milieu.
    B. au centre.
    C. à gauche.
    D. à la fin.

43. Si je fais quelque chose de bon cœur, je le fais
    A. pour moi-même.
    B. avec plaisir.
    C. avec dégoût.
    D. sans aucune intention.

44. Je parle . . . à cause du bruit.
    A. à voix basse
    B. à haute voix
    C. doucement
    D. au vent

45. Pour bien apprendre dans la classe de français, il faut
    A. faire la sourde oreille.
    B. faire attention.
    C. faire du bruit.
    D. avoir congé.

46. Que pensez-vous . . . votre professeur de mathématiques?
    A. de
    B. à
    C. en
    D. au

47. Pourquoi est-ce que vous pensez . . . . elle tous les jours?
    A. à
    B. de
    C. d'
    D. en

48. Si je vous dis que je n'en peux plus, cela signifie que
    A. je puis continuer.
    B. je ne peux pas continuer.
    C. je veux continuer.
    D. cela m'est égal.

49. Le contraire d'*en bas* est
    A. en robe de chambre.
    B. en arrière.
    C. du moins.
    D. en haut.

50. Quand vous faites peur à quelqu'un, vous
    A. l'effrayez.
    B. l'adorez.
    C. le détestez.
    D. lui faites plaisir.

51. Si je fais quelque chose sur-le-champ, je le fais
    A. lentement.
    B. avec soin.
    C. tout de suite.
    D. doucement.

52. Je ne peux pas sortir maintenant parce que je n'ai pas de parapluie et
    A. il pleut à verse.
    B. il fait frais.
    C. les parachutes sont dans les avions.
    D. il fait un temps doux.

53. Monsieur Robert a retrouvé son chien perdu; celui-là
    A. avait l'air intelligent.
    B. a eu de la chance.
    C. a eu mal de mer.
    D. avait grand faim.

54. Si je vous dis d'essayer de faire les devoirs, cela signifie que je vous demande de
    A. tâcher de les faire.
    B. ne pas les faire.
    C. vous arrêter de les faire.
    D. refuser de les faire.

55. Le directeur est en train de parler avec quelqu'un dans son bureau; alors,
    A. il aime beaucoup voyager.
    B. ne le dérangez pas, s'il vous plaît.
    C. il n'aime pas faire des voyages.
    D. il va faire ses valises.

56. C'est aujourd'hui dimanche; d'aujourd'hui en huit sera
    A. dimanche.
    B. lundi.
    C. mardi.
    D. mercredi.

57. Madame Dufy a l'air triste; alors,
    A. elle semble malheureuse.
    B. elle est tout à fait contente.
    C. elle est laide à faire peur.
    D. elle jette son assiette par terre.

58. Quand on a une bonne aubaine, on a
    A. de la chance.
    B. du malheur.
    C. besoin de prendre un bain.
    D. besoin de manger quelque chose.

59. J'aime faire la grasse matinée quand
    A. j'ai le temps d'aller au cinéma.
    B. j'ai de l'argent pour aller au théâtre.
    C. je n'ai pas besoin de me lever tôt.
    D. j'ai besoin de me lever tôt.

60. Quand Madame Dutout est entrée dans la maison de son amie Madame Dupuis, celle-ci lui a dit:
    A. Faites comme chez vous.
    B. Faites venir l'eau à la bouche.
    C. Faites mon affaire.
    D. Tournez autour du pot.

END OF TEST NO. 1

USE THE SPECIAL ANSWER SHEET ON PAGE 162.
THE TIME LIMIT FOR EACH TEST IS ONE HOUR.

Choose the word that belongs in the same class as the underlined word or words and blacken the space under the letter of your choice.

1. La maîtresse écrit avec un crayon.
   A. une cravate.
   B. une jupe.
   C. un stylo.
   D. une leçon.

2. Le tigre est un animal sauvage.
   A. le chat
   B. le chien
   C. l'oiseau
   D. le lion

3. La mère met une fourchette sur la table.
   A. un tablier
   B. des fleurs
   C. du pain
   D. un couteau

4. Il a lu un conte.
   A. un roman.
   B. un panorama.
   C. un vélo.
   D. un marquis.

5. Madame Boileau a de belles roses dans son jardin.
   A. fermes
   B. jupes
   C. marguerites
   D. framboises

6. Madame Duval adore les cerises.
   A. les fraises.
   B. les orangers.
   C. les orages.
   D. les pommiers.

7. Monsieur Sétou vient d'acheter un beau costume.
   A. chapeau.
   B. cravate.
   C. complet.
   D. soulier.

8. Le pauvre garçon a mal à l'épaule.
   A. au cou.
   B. de mer.
   C. une mauvaise note.
   D. souffrant.

9. Cette maison a une grande salle de bains.
   A. porte.
   B. fenêtre.
   C. jardin.
   D. chambre à coucher.

10. Madame Boucher a peur des souris.
    A. citronniers.
    B. oeillets.
    C. avions.
    D. rats.

11. Monsieur et Madame Guichy ont bien l'air triste ce soir.
    A. gai
    B. joyeux
    C. morne
    D. drôle

12. Nous avons passé la nuit dans un hôtel.
    A. une auberge.
    B. un brouillard.
    C. un collier.
    D. une fourrure.

13. J'aime le bifteck cuit à point.
    A. sanglant.
    B. à l'enquête.
    C. en argile.
    D. à la bonne heure.

14. Le voleur ne veut pas admettre ce qu'il a fait.
    A. refuser
    B. avouer
    C. appuyer
    D. cacher

15. N'aimez-vous pas son époux?
    A. son espèce?
    B. son espérance?
    C. sa serviette?
    D. son mari?

Choose the word or words that can be **substituted** *for the underlined word or words in each sentence so that they fit grammatically and sensibly in the sentence given. Blacken the space under the letter of your choice on the special answer sheet.*

16. De quoi parlez-vous?
    A. qui
    B. quel
    C. lequel
    D. lesquelles

17. Ce matin Monique est <u>arrivée</u> à l'école à huit heures.
    A. venue
    B. marché
    C. partie
    D. quitté

18. Voyez-vous cet <u>homme</u> là-bas?
    A. femme
    B. arbre
    C. garçons
    D. jeune fille

19. Ce stylo est à <u>elle</u>.
    A. me.
    B. le.
    C. lui.
    D. tu.

20. <u>Rien n'</u>arrive.
    A. Quelque chose n'
    B. Personne n'
    C. Tout le monde n'
    D. Quelqu'un n'

21. <u>Lequel</u> de ces livres préférez-vous?
    A. Combien de
    B. Lesquelles de
    C. Quels
    D. De laquelle

22. La semaine prochaine ce groupe ira au <u>Canada</u>.
    A. Etats-Unis.
    B. France.
    C. Portugal.
    D. Amérique de Sud.

23. <u>Auquel</u> de vos amis écrivez-vous tous les jours?
    A. Auxquels
    B. Duquel
    C. Laquelle
    D. Quel

24. <u>Qui</u> cherchez-vous?
    A. Qu'est-ce que
    B. Que
    C. Qui est-ce qui
    D. Quoi

25. Que voulez-vous que je vous <u>dise</u>?
    A. réponde?
    B. fais?
    C. dites?
    D. faites?

In each of the following sentences, choose the word or words that will complete each sentence and fit grammatically and sensibly.

26. Je doute fort que Madame Dulac . . . malade.
    A. a
    B. ait
    C. soit
    D. devient

27. Si vous . . ., vous sauriez la leçon.
    A. étudiez
    B. étudiiez
    C. étudierez
    D. avez étudié

28. Avez-vous mis l'argent dans le tiroir? Oui, je . . . ai mis.
    A. l'y
    B. lui en
    C. le leur
    D. l'en

29. Que faites-vous ici? J'attends l'autobus . . . vingt minutes.
    A. pour
    B. dès
    C. par
    D. depuis

30. J'espère qu'il . . . demain.
    A. viendra
    B. vienne
    C. soit venu
    D. sera venu

31. Si je vous dis que j'agis à la légère, cela veut dire que
    A. je ne suis pas sérieux dans mes actions.
    B. je suis bien certain de ce que je fais.
    C. je me rends compte de ce que je fais.
    D. je refuse d'agir.

32. Quand je suis entré dans la cuisine ma mère
    A. a préparé le dîner.
    B. prépara le repas.
    C. est en train de préparer la soupe.
    D. était en train de faire la cuisine.

33. Je suis tellement fâché que
    A. je suis hors de moi.
    B. je l'ai échappé belle.
    C. je connais à fond.
    D. j'ai une faim de loup.

34. Quand nous avons fait du camping, nous avons
    A. fait autant.
    B. dormi à la belle étoile.
    C. eu la langue bien pendue.
    D. regardé de plus près.

35. Quand une personne me dit "merci", je réponds:
    A. Je suis à tue-tête.
    B. Je vous en prie.
    C. J'ai de quoi vivre.
    D. Ne dites pas du mal.

36. Madame Duval a acheté un nouveau chapeau mais
    A. il ne lui va pas.
    B. elle reprend la parole.
    C. elle lui en veut.
    D. elle parvient à tout ce qu'elle fait.

37. Ma soeur a refusé de garder les enfants des voisins parce qu'elle
    A. ne veut pas s'en charger.
    B. n'aime pas faire la grasse matinée.
    C. s'en est servi.
    D. pense ne pas avoir inventé la poudre.

38. Samedi prochain nous . . . chez nos voisins.
    A. dînerons
    B. dînerions
    C. ayons dîné
    D. aurions dîné

39. Mon père s'est fait mal en . . . la viande.
    A. couper
    B. coupant
    C. coupé
    D. ayant coupé

40. Henri est le plus grand garçon . . . la classe.
    A. dans
    B. en
    C. de
    D. à

41. Aimez-vous les fleurs que je viens . . . acheter?
    A. à
    B. de
    C. en
    D. d'

42. Je n'aime pas la blouse que vous avez
    A. acheter.
    B. acheté.
    C. achètes.
    D. achetée.

43. Je veux voir votre père parce que j'ai besoin . . . parler.
    A. de lui
    B. lui
    C. de le
    D. à lui

44. Maman va nous dire tout de suite que le déjeuner . . . prêt.
   A. soit
   B. est
   C. a
   D. ait

45. Voilà une heure que . . . l'ouverture de guichet.
   A. j'ai attendu
   B. j'attends
   C. j'attende
   D. j'attendrai

46. Les deux jeunes filles ont souri
   A. en se quittant.
   B. ayant quitté.
   C. avoir quitté.
   D. s'être quittées.

47. Je vais me promener dans le parc bien qu'il
   A. pleuve.
   B. pleut.
   C. pleure.
   D. fait froid.

48. Sans doute tous les étudiants . . . reçus.
   A. sera
   B. seront
   C. soient
   D. aient été

49. Avez-vous oublié votre carte d'identité? J'ai
   A. le mien
   B. la mienne.
   C. les miennes.
   D. mien.

Read each passage and select the best answer to each question by blackening the space under the letter of your choice on the special answer sheet.

Georges était heureux quand son grand-père Edouard venait le chercher pour aller se promener au bois. Edouard ne disait rien à son petit-fils pendant des heures. Alors, Georges était libre pour penser à tout, ce qui lui plaisait énormément.

50. Quel aspect de la promenade Georges aimait-il surtout?
   A. la gaieté de son compagnon
   B. la durée de la promenade
   C. l'occasion de réfléchir
   D. le lieu qu'il visitait

Près de la gare Saint-Lazare vient de s'ouvrir un magasin très nouveau qu'on appelle Le Prébac. C'est un magasin extraordinaire. Pour la première fois, les jeunes personnes y sont traitées comme des acheteurs et non comme des enfants. Les employés sont de leur âge. Il a eu tant de succès que bientôt la France verra s'ouvrir beaucoup de magasins comme le premier Prébac.

51. Qu'est-ce qui distingue le magasin <u>Prébac</u> des autres magasins?
   A. On y trouve surtout des personnes âgées.
   B. On y sert des choses gratuites.
   C. On y essaie de plaire aux jeunes gens.
   D. On y vend des articles très rares.

Il suffit sans doute d'un très petit effort; on leur dit: Ne mangez pas de glace toute la journée, et ne mangez pas de bonbons avec excès. Les mannequins ne sont pas mal nourris; ces personnes prennent très normalement leurs trois repas par jour, mais elles ne mangent pas de choses faites avec du sucre et, surtout, elles mangent régulièrement.

52. Qu'est-ce que les jeunes femmes qui travaillent comme mannequins font pour rester maigres?
   A. Elles font un peu de gymnastique.
   B. Elles vont patiner.
   C. Elles se privent de choses sucrées.
   D. Elles prennent très peu de nourriture.

Sur dix-huit millions de Canadiens, plus de cinq millions parlent français, les autres parlent anglais. Chacun des deux groupes est très attaché à sa langue et à ses souvenirs. Mais le Canada français tient surtout à ses usages purement régionaux.

53. Qu'est-ce qui est le plus cher au coeur des Canadiens français?
   A. leurs coutumes locales
   B. leur attachement à l'Angleterre
   C. leurs héros légendaires
   D. la langue anglaise

Au cours d'une conférence prononcée à l'occasion de l'ouverture du troisième congrès du Spectacle pour célébrer dix ans de télévision dans son pays, l'orateur disait:
"Les gens s'ennuient; ils sont prisonniers de la vie ordinaire, prisonniers de leurs devoirs, prisonniers de leur condition. Il faut les amener quelque part sur la terre où ça ne ressemble pas tout à fait à la vie de tous les jours.
"Ils demandent à rire ou à pleurer; ils demandent qu'on les intéresse. Et je crois qu'en dix ans, la télévision au Canada français a réussi la plupart du temps à émouvoir le public et à l'intéresser malgré les erreurs trop fréquentes et les succès trop rares. Cependant, je dois dire que quelque chose a été fait dont nous devons être fiers. De tous les efforts accumulés, est née dans le monde du spectacle une fraternité entre les artistes, les artisans, les techniciens, les administrateurs qui le composent."

54. L'occasion de ce discours était
   A. une visite universitaire.
   B. une représentation théâtrale.
   C. un concert télévisé.
   D. un dixième anniversaire.

55. Pourquoi les gens s'ennuient-ils?
   A. parce que leur vie est monotone
   B. parce qu'ils sont fatigués
   C. parce qu'ils sont en prison
   D. parce qu'ils n'aiment pas la télévision

56. Le conférencier trouve qu'en somme la télévision franco-canadienne
   A. n'a point répondu aux désirs du peuple.
   B. a obtenu des résultats continuellement favorables.
   C. a réussi généralement malgré tous les obstacles.
   D. a progressé trop lentement.

57. Quel fut le résultat du travail en commun?
  A. des conversations inutiles
  B. des fautes inexcusables
  C. une collaboration plus intime parmi les travailleurs
  D. des relations regrettables parmi les participants

Autrefois, dans la région montagneuse où se trouve la ville de Grenoble, la saison d'hiver était la saison du repos à l'intérieur. La vie s'y concentrait dans les distractions et les travaux intellectuels; c'était la saison des représentations théâtrales et des concerts; dans les confortables logis de l'aristocratie ou de la bourgeoisie, celle des réceptions, des dîners et des bals. Mais cette animation se manifestait seulement pendant la nuit, et par les rues couvertes de neige. On se limitait aux sorties inévitables, san songer à sortir inutilement en plein air, s'exposer à la violence du vent du nord. Tout cela changea dès que les sports d'hiver furent importés.

58. Ce passage nous apprend quelques détails sur
  A. la vie paysanne dans la vieille France.
  B. l'ancienne façon de s'amuser en hiver.
  C. les dangers de sortir quand il fait froid.
  D. les orages dans les montagnes.

59. Dans cette région, on sortait rarement de la maison à cause
  A. de la rigueur du temps.
  B. de la peur des bandits.
  C. de la possibilité de rencontrer des animaux sauvages.
  D. des dangers d'une révolution sociale.

60. Comment la situation a-t-elle changé à Grenoble?
  A. On enlève toute la neige.
  B. On essaie de s'habiller plus chaudement.
  C. On fait plus d'athlétisme.
  D. Le climat n'est plus le même dans la montagne.

END OF TEST NO. 2

**USE THE SPECIAL ANSWER SHEET ON PAGE 163.
THE TIME LIMIT FOR EACH TEST IS ONE HOUR.**

*Choose the word or words that can be **substituted** for the underlined word or words in each sentence so that they fit grammatically and sensibly in the sentence given. Blacken the space under the letter of your choice on the special answer sheet.*

1. Robert est plus petit que ce garçon.
   A. celui.
   B. celui-ci.
   C. cela.
   D. ceux-là.

2. Mademoiselle Duval a fait une promenade aujourd'hui.
   A. s'est promené
   B. s'est promenée
   C. s'est levé
   D. s'est lavé

3. Quelles jolies cerises! Donnez-m'en, s'il vous plaît.
   A. l'en
   B. lui en
   C. le lui
   D. le leur

4. Ce livre est très beau.
   A. homme
   B. arbre
   C. monsieur
   D. peinture

5. Ce monsieur a bien des amis.
   A. beaucoup de
   B. beaucoup des
   C. beaucoup d'
   D. peu des

6. Cette voiture-ci roule plus vite que la mienne.
   A. le leur.
   B. la leur.
   C. le sien.
   D. les siens.

7. En voyant la dame, il l'a saluée.
   A. parlant
   B. voir
   C. quitté
   D. quittant

8. Paul a reçu une meilleure <u>note</u> que son frère.
   A. cadeau
   B. vélo
   C. bicyclette
   D. balai

9. Le bonhomme a fait cela pour <u>eux</u>.
   A. nous.
   B. me.
   C. ils.
   D. je.

10. Le professeur <u>me les</u> a expliquées.
    A. leur les
    B. les leur
    C. les vous
    D. les nous

Each of the incomplete statements or questions below is followed by four suggested completions. Select the most appropriate completion.

11. Après . . . au théâtre, je suis allé prendre un café.
    A. être allé
    B. m'en allant
    C. aller
    D. allant

12. Pourquoi ne voulez-vous pas . . . ?
    A. allez-y?
    B. y allez?
    C. aller y?
    D. y aller?

13. A quelle heure Monsieur et Madame Paquet . . . à l'aéroport?
    A. ils sont arrivés
    B. sont-ils arrivées
    C. sont-ils montés
    D. sont-ils arrivés

14. Quand ma mère . . . jeune, elle était belle.
    A. a été
    B. sera
    C. était
    D. est

15. Où . . . hier soir?
    A. ira-t-elle
    B. irait-elle
    C. est-elle allée
    D. allât-elle

16. Un synonyme pour *immédiatement* est
   A. à temps.
   B. à l'heure.
   C. tout à l'heure.
   D. tout de suite.

17. Nous avons les yeux pour voir et les oreilles pour
   A. attendre.
   B. percevoir.
   C. ouïr.
   D. courir.

18. Le travail d'un pompier est d'éteindre
   A. un incendie.
   B. la lumière.
   C. l'eau.
   D. la lampe.

19. J'ai besoin de me laver la figure mais il n'y a pas
   A. de brosse à dents.
   B. de savon.
   C. de dentifrice.
   D. de peigne.

20. Le professeur de mathématiques ne peut pas parler à haute voix parce qu'il a mal
   A. à l'épaule.
   B. au dos.
   C. à l'épingle.
   D. à la gorge.

21. Cette petite fille aime beaucoup jouer avec
   A. sa poupée.
   B. un savant.
   C. une foule.
   D. son voeu.

22. Mon pére ronfle pendant qu'il
   A. travaille.
   B. dort.
   C. nage.
   D. attrape le train.

23. Je ne peux pas voir les enfants dans la cour d'ici à cause
   A. de la vie compliquée.
   B. de la vitre sale.
   C. du bruit.
   D. de la volaille.

24. Il est . . . de stationner la voiture dans cet endroit.
   A. interrompu
   B. brisé
   C. interdit
   D. enfoncé

25. Quand je lui ai dit, "Au revoir, à bientôt," il m'a . . . la main.
    A. coupé
    B. serré
    C. emprunté
    D. dépouillé

26. Madame Dufy est en deuil parce que son mari
    A. est bien content.
    B. est au bal.
    C. assiste à une conférence.
    D. est mort.

27. Si vous voulez acheter des billets pour la représentation ce soir, il faut . . . au guichet.
    A. faire la queue
    B. procurer des billets
    C. faire la vaisselle
    D. être bouleversé

28. Je suis entré dans une boulangerie pour acheter
    A. de la viande.
    B. du pain.
    C. de la pâtisserie.
    D. des produits laitiers.

29. La pauvre vieille femme . . . en voyant qu'il n'y avait rien à manger dans le buffet.
    A. a frémi
    B. a avalé du pain
    C. semblait heureuse
    D. a mangé

30. Le poulet est une espèce de
    A. voleur.
    B. volaille.
    C. brume.
    D. brouillard.

Each of the incomplete statements or questions below is followed by four suggested completions. Select the most appropriate completion.

31. Je vais entrer dans cette papeterie parce que je n'ai pas
    A. de quoi écrire.
    B. la même intention que vous.
    C. de quoi manger.
    D. la moindre idée.

32. Vous . . . lire; vous ne comprendrez rien du tout.
    A. avez beau
    B. savez bien
    C. aimez bien
    D. adorez

33. Je ne veux pas sortir ce soir parce que
    A. je n'ai pas envie de m'amuser.
    B. j'ai la parole.
    C. je m'en approche.
    D. je m'en sers.

34. C'est vrai, j'ai fait une erreur et maintenant
   A. je m'en rends compte.
   B. je m'y rends.
   C. je peux me passer de sel.
   D. je suis de retour.

35. Le train de Paris arrive à neuf heures ce matin et je vais . . . de ma famille.
   A. à la pêche
   B. à la rencontre
   C. à partir
   D. à peu près

36. Madame Tellier va arriver . . . . d'un mois.
   A. au bas
   B. au bout
   C. à la fois
   D. à l'étranger

37. Si vous avez l'intention d'aller au bal, une cravate noire est
   A. de bon coeur.
   B. d'avance.
   C. de nouveau.
   D. de rigueur.

38. Le bureau de poste se trouve en face de l'église; c'est à dire, il est
   A. en bas.
   B. en haut.
   C. au coin.
   D. de l'autre côté de la rue.

39. J'ai trouvé ce billet de mille francs
   A. çà et là.
   B. par hasard.
   C. et ainsi de suite.
   D. bon gré mal gré.

40. Aimez-vous mon nouveau chapeau? Je n'ai pas payé beaucoup. Je l'ai acheté
   A. bon marché.
   B. tant pis.
   C. tant bien que mal.
   D. de mon côté.

Read each passage and select the best answer to each question by blackening the space under the letter of your choice on the special answer sheet.

Le Père Pire, qui a reçu le Prix de la Paix en 1958, a donné l'argent de son prix pour fonder des villages abritant des enfants et des vieillards pitoyables qui ont tout perdu, même leur patrie. Il a fait cela pour "arriver à une civilisation vraiment humaine".

41. Comment le Père Pire a-t-il fait usage de son prix?
   A. en le mettant au service des réfugiés malheureux
   B. en offrant des récompenses aux élèves
   C. en s'en servant pour voyager à l'étranger
   D. en l'employant pour la défense nationale

Soyons francs, la saison théâtrale a bien mal commencé. Les pièces présentées jusqu'à maintenant n'ont satisfait ni les spectateurs ni les critiques. Il semble que les bons auteurs soient moins nombreux que les bons directeurs de théâtre et les excellents comédiens.

42. Qui faut-il blâmer pour les mauvaises pièces de théâtre?
   A. les acteurs
   B. les auteurs
   C. les directeurs
   D. les critiques

On dit souvent que le café empêche de dormir. Il n'y a aucun doute qu'une tasse de café prise avant d'aller dormir peut causer l'insomnie aux personnes qui n'ont pas l'habitude d'en boire. A vrai dire, les grands buveurs de café sont suffisamment accoutumés pour qu'une tasse ou deux n'aient sur eux aucun effet.

43. Quand le café peut-il empêcher de dormir?
   A. quand on le boit trop chaud
   B. quand on n'en boit que rarement
   C. quand on le prend trop vite
   D. quand on en prend tous les soirs

Une commission ministérielle chargée d'étudier la réforme éventuelle de l'orthographe vient de remettre son rapport au ministre de l'Education Nationale. Le but de cette étude était de rendre l'orthographe de la langue française plus claire et plus logique, particulièrement en ce qui concerne les accents, certains pluriels et l'e muet inutile. Le rapport explique que la nouvelle orthographe apparaîtra bientôt dans les manuels de première année de l'école primaire.

44. Qu'est-ce que le ministre de l'Education Nationale a demandé à une commission de faire?
   A. d'imposer une discipline plus ferme dans les écoles
   B. de diminuer la durée du cours élémentaire
   C. de changer la signification des mots
   D. de simplifier la manière d'écrire les mots

Il est maintenant interdit de porter le "short" à Québec. Le directeur de la police a déclaré qu'il était obligé de mettre ce règlement en vigueur à cause des abus dans le vêtement. Les personnes qui n'observeront pas le nouveau règlement recevront un avertissement pour la première infraction et une punition pour la seconde. Les agents de police ont reçu des instructions en conséquence.

45. Qu'est-ce qu'il est interdit de faire à Québec?
   A. de stationner en tout temps dans les rues
   B. de porter l'uniforme en ville
   C. de poser des questions aux sergents de ville
   D. de sortir dans la rue en culotte de sport

Anne était une écolière vive et de belle humeur. Elle s'entendait bien avec tous ses professeurs. Cependant le vieux Monsieur Keller, professeur de mathématiques, resta fâché contre elle assez longtemps. Elle bavardait trop pendant les leçons. Il la réprimanda plusieurs fois avant de la punir. Elle dut écrire un essai sur le sujet "une jeune fille bavarde". Une bavarde! Que pouvait-on bien écrire là-dessus?

Le soir, après avoir fini ses devoirs, Anne se mit à réfléchir en mettant le bout de son stylo entre ses dents. Evidemment, elle pouvait, d'une grande écriture, et en laissant le plus d'espace possible entre les mots, écrire quelques phrases sur le sujet imposé—mais avoir le dernier mot en prouvant la nécessité de parler, c'était ce qu'elle voulait essayer de faire. Elle y réussit. Voici son argument: Le bavardage est un défaut féminin qu'elle pouvait bien s'appliquer à corriger un peu, sans s'en débarrasser tout à fait puisqu'il s'agissait d'une chose héréditaire.

46. Pourquoi Anne s'entendait-elle mal avec Monsieur Keller?
   A. Elle n'aimait pas le sujet qu'il enseignait.
   B. Elle trouvait son professeur trop âgé.
   C. Elle croyait qu'il connaissait mal les mathématiques.
   D. Elle parlait sans permission.

47. Après que M. Keller eut réprimandé Anne plusieurs fois, qu'est-ce qui se passa?
   A. Elle dut quitter la classe.
   B. Elle dut faire un devoir supplémentaire.
   C. Elle fit des efforts pour changer de conduite.
   D. Elle cessa de causer.

48. Que fit Anne avant d'écrire sa composition?
   A. Elle décida de se soumettre sans restriction.
   B. Elle se mit en colère.
   C. Elle demanda au professeur de lui pardonner.
   D. Elle médita sur le thème de sa composition.

49. Quelle décision Anne a-t-elle prise?
   A. de terminer ses exercices de classe plus vite
   B. de s'exercer à garder le silence
   C. de chercher à se justifier
   D. d'essayer d'avoir une meilleure note

50. Son raisonnement était
   A. qu'il est facile de se corriger de ses défauts.
   B. qu'il vaut mieux écrire que de parler.
   C. que son défaut était tout naturel.
   D. que cela ne lui arriverait plus.

Il y avait Monsieur Babor le père, grand, gros et rose, sa femme couverte de bijoux, et leur petit garçon, Paul Babor, que ses parents appelaient Trop-Beau. Il était leur fils unique, gâté plus qu'on ne saurait le dire. Dès qu'il exprimait un désir, il avait ce qu'il voulait. Et il voulait toujours quelque chose: un train électrique, une automobile à pédales, un cinématographe électrique avec films en couleur, etc. Un jour, il dit: "Je veux un bateau."

—Un bateau comment, Trop-Beau? lui demandèrent ses parents. Comme le France?

—Ou un beau yacht, peut-être?

—Ou bien un bateau de guerre avec des canons?

Mais Paul secouait la tête à chaque question de ses parents. "Non, non, non. Vous n'y êtes pas du tout." Et il était déjà en colère, il commençait à taper du pied. "Je vous dis que je veux un bateau, un bateau d'homme pour me promener sur la rivière, pour m'y asseoir et m'amuser en plein air. Voilà le bateau que je veux."

Ses parents étaient tristes. "Voyons, Paul, tu n'es pas raisonnable. Nous voulons bien te donner un bateau, mais pas pour aller sur l'eau. As-tu pensé que tu pourrais tomber à l'eau et perdre la vie? Tu ne sais même pas nager."

"Eh bien, dit Paul, vous n'avez qu'à me faire apprendre." Et il continua à insister tant et tant que ses parents finirent par capituler et lui promirent un vrai bateau.

51. Qu'est-ce qui semble montrer que les parents étaient prospères?
   A. Les parents avaient beaucoup d'enfants.
   B. La mère portait beaucoup de bagues et de colliers.
   C. Trop-Beau avait plusieurs bateaux.
   D. Le père était propriétaire de cinémas.

52. D'ordinaire lorsque Trop-Beau demandait quelque chose, les parents
   A. refusaient obstinément.
   B. ne promettaient rien.
   C. perdaient patience.
   D. cédaient à la longue.

53. Paul Babor voulait un bateau
   A. à pédales.
   B. à vapeur.
   C. de commerce.
   D. de sport.

54. Les parents craignaient que leur fils
  A. ne se fâchât.
  B. ne tombât à l'eau.
  C. n'allât trop loin.
  D. ne perdît son temps.

55. Pour avoir le bateau le fils eut besoin
  A. de mieux étudier.
  B. d'entrer dans la marine.
  C. de demander plusieurs fois.
  D. de promettre d'être obéissant.

Les chasseurs ont souvent constaté que l'imagination du renard, lorsqu'il s'agit de trouver sa nourriture, n'a pas de limites. Voilà pourquoi beaucoup de personnes croient que la fable du corbeau et du renard est vraie.

Dans certaines fermes d'Europe, on avait autrefois l'habitude de laisser les poules coucher dehors, même l'hiver, perchées sur les branches des arbres. A partir du mois de décembre, quand la neige enveloppait la campagne, les fermiers constataient la disparition des poules pendant la nuit. Comment le renard faisait-il descendre les poules de leur arbre? Ils ont monté la garde. A une heure du matin ils ont aperçu le renard sous l'arbre. Il lève la tête pour s'assurer que les poules sont là. Avec ses pattes, il commence à gratter le tronc de l'arbre, faisant ainsi un petit bruit. Puis il "aboie" doucement. Après une dizaine de minutes lorsqu'il est certain que les poules sont réveillées, il commence à courir autour de l'arbre, d'abord lentement, puis de plus en plus vite. Bientôt une poule, qui a suivi ses tours, perd l'équilibre—ayant certainement le vertige—et tombe. Le renard s'arrête, l'attrappe et, en un clin d'oeil, s'enfuit.

56. On croit que la fable du corbeau et du renard est
  A. une anecdote qui ridiculise les paysans.
  B. une invention des villageois.
  C. un conte en vers basé sur des faits.
  D. un récit inventé par des amateurs de chasse.

57. Autrefois, les poules passaient la nuit
  A. dans une cabane.
  B. en plein air.
  C. en ville.
  D. au dortoir.

58. Quel problème les poules causaient-elles aux fermiers?
  A. Elles s'envolaient de la cour.
  B. Elles disparaissaient mystérieusement en hiver.
  C. Elles se perdaient dans la forêt.
  D. Elles les empêchaient de dormir.

59. En apercevant les poules endormies, que faisait le renard?
  A. Il grimpait les chercher.
  B. Il marchait sans bruit.
  C. Il leur faisait peur.
  D. Il les réveillait peu à peu.

60. Comment le renard réussissait-il à prendre les poules?
  A. Il leur faisait perdre l'équilibre.
  B. Il leur faisait signe de descendre.
  C. Il se cachait au pied d'un arbre.
  D. Il faisait semblant de dormir.

END OF TEST NO. 3

**USE THE SPECIAL ANSWER SHEET ON PAGE 164.
THE TIME LIMIT FOR EACH TEST IS ONE HOUR.**

Each of the incomplete statements or questions below is followed by four suggested completions. Select the most appropriate completion and blacken the space under the letter of your choice on the special answer sheet.

1. Madame Fleurit garde son argent dans
   A. une borne.
   B. un sac à main.
   C. une bague.
   D. une boucle.

2. Généralement, je porte des gants quand
   A. il fait froid.
   B. je suis dans une piscine.
   C. il fait du soleil.
   D. je bois une tasse de café.

3. Madame Rivière a acheté des bonbons uniquement
   A. pour les mettre dans une poubelle.
   B. pour les mettre dans un cadre.
   C. pour les donner aux écoliers.
   D. pour les planter dans son jardin.

4. Janine et Monique sont entrées chez la confiseuse pour
   A. acheter du chocolat.
   B. écouter des disques.
   C. danser avec Paul et Raymond.
   D. se confesser de quelque chose.

5. Ces gros livres sont tellement lourds que je ne peux pas
   A. les lire.
   B. les porter.
   C. les comprendre.
   D. les étudier.

6. Il fait si chaud dans cette salle de classe que je vais enlever
   A. ma fenêtre.
   B. ma carte.
   C. mon pullover.
   D. l'ascenseur.

7. Généralement, quand une personne rougit, cela se voit dans
   A. les pieds.
   B. la figure.
   C. les cheveux.
   D. les chevaux.

8. Le sang est nécessaire pour
    A. s'amuser.
    B. faire des études.
    C. patiner.
    D. vivre.

9. Madame, prenez cette chaise, je vous en prie.—Non, merci, je préfère rester
    A. debout.
    B. assise.
    C. immobile.
    D. inquiète.

10. L'enfant a renversé son verre de lait sur le tapis et sa maman s'est mise
    A. en colère.
    B. à lui chanter.
    C. à lui lire une lettre de son père.
    D. à le boire.

11. Trois pièces d'une maison sont la cuisine, la salle de bains, et
    A. le toit.
    B. la cheminée.
    C. le salon.
    D. la plafond.

12. Tiens! On joue de la musique;
    A. n'attendez-vous pas?
    B. ne vous en chargez-vous pas?
    C. n'entendez-vous pas?
    D. est-ce que vous ne vous y attendez pas?

13. La petite fille pleure parce qu'elle
    A. s'est fait mal.
    B. a reçu une poupée.
    C. peut se tirer d'affaire.
    D. a éclaté de rire.

14. Ah! Bon! Vous sortez maintenant. Quand est-ce que vous serez
    A. de bon appétit?
    B. de mon côté?
    C. de nouveau?
    D. de retour?

15. La tapisserie est
    A. un ouvrage d'art en tissu qu'on met, généralement, au mur.
    B. un magasin.
    C. une boutique.
    D. quelque chose qu'on mange après un repas.

16. Le contraire de l'expression *tant mieux* est *tant*
    A. *chance.*
    B. *meilleur.*
    C. *même.*
    D. *pis.*

17. Je ne peux pas laisser un pourboire sur la table parce que je n'ai pas
  A. une chaise.
  B. une fourchette.
  C. le temps maintenant.
  D. de monnaie.

18. Demain matin nous allons nous réveiller avec le soleil; c'est à dire,
  A. tôt.
  B. tard.
  C. la pluie.
  D. la lune.

19. Allons dans le parloir pour . . . un peu.
  A. manger
  B. causer
  C. jouer
  D. étudier

20. La reine se meurt; elle
  A. chante.
  B. éclate de rire.
  C. demeure près de l'église.
  D. agonise.

21. Je t'ai prêté mon crayon; maintenant . . . tu veux?
  A. qu'est-ce que
  B. quoi
  C. qu'est-ce qui
  D. qui est-ce qui

22. Je vous attendrai pourvu que vous . . . avant cinq heures.
  A. revenez
  B. reveniez
  C. reviendrez
  D. reviendriez

23. C'est le tiroir . . . j'ai mis l'argent et maintenant il est vide.
  A. dans lequel
  B. dans laquelle
  C. dont
  D. que

24. Tiens! Voilà la Parisienne que j'ai . . . au théâtre.
  A. rencontré
  B. rencontrées
  C. rencontrée
  D. rencontrés

25. Dès que tu comprendras, tu me le
  A. diras.
  B. dis.
  C. disais.
  D. dirais.

26. Vous le saurez aussitôt que vous
   A. l'entendez.
   B. l'entendiez.
   C. l'aurez entendu.
   D. l'auriez entendu.

27. Robert a couru . . . plus vite de tous les garçons.
   A. le
   B. à
   C. de
   D. en

28. Ma mère écrivait des cartes postales quand . . . dans la chambre.
   A. je vais entrer
   B. je suis entré
   C. j'entrerais
   D. j'étais entré

29. Voici deux pommes; . . . préférez-vous?
   A. lesquels
   B. lesquelles
   C. laquelle
   D. lequel

30. Elle m'a salué . . . entrant dans la pièce.
   A. à
   B. en
   C. par
   D. d'

31. Cléopâtre eut ses défauts et Antoine eut
   A. les siens.
   B. les siennes.
   C. les aussi.
   D. en aussi.

32. Je viendrai vous . . . après la dernière classe.
   A. cherchez
   B. chercher
   C. chercherez
   D. chercherai

33. Je vous écoute mais . . . vous racontez est faux.
   A. tout ce que
   B. tout ce qui
   C. tout
   D. ce qui

34. Les élèves font leurs devoirs
   A. à réussir.
   B. pour réussir.
   C. de réussir.
   D. réussir.

35. Moi, je vais te téléphoner à midi; et toi, . . . téléphoneras-tu?
   A. qui
   B. à qui
   C. que
   D. à que

36. La nature que Dieu a . . . est belle.
   A. créé
   B. créée
   C. cru
   D. crue

37. Jeanne et sa soeur se sont . . . tôt.
   A. couché
   B. couchée
   C. couchées
   D. couchés

38. Après s'être . . . elle a commencé à parler doucement.
   A. assise
   B. assis
   C. assied
   D. assieds

39. Les jeunes gens ont . . . beaucoup d'eau.
   A. bu
   B. bus
   C. bue
   D. bues

40. Je ne pense pas qu'elle
   A. est parti.
   B. est partie.
   C. soit partie.
   D. part.

41. Monsieur Bernard n'habite plus ici. Il a . . . partir.
   A. dû
   B. du
   C. due
   D. probablement

42. Jeanne d'Arc . . . à Domrémy.
   A. naquis
   B. naquit
   C. est né
   D. est mort

43. Dépêchez-vous! Le train va partir. On crie:
   A. en voiture!
   B. à l'instant!
   C. de parti pris!
   D. d'ailleurs!

44. Si je vous dis que j'ai vu un bon film au lieu de faire mes études, cela veut dire que
    A. je suis allé à la bibliothèque.
    B. je suis allé au cinéma.
    C. je suis resté dans l'église.
    D. j'ai monté une échelle.

45. Si je vous dis qu'il y a un oiseau sur le toit, cela signifie qu'il est
    A. au haut de la maison.
    B. au bas de la colline.
    C. dans la cave.
    D. sur une branche du pommier.

46. Si je vous dis que je vais à travers le bois, cela veut dire que
    A. je veux le couper en morceaux.
    B. j'ai l'intention d'en sortir de l'autre côté.
    C. je préfère un parc.
    D. le bois est plus cher que le charbon.

47. Si je fais quelque chose à mon gré, je le fais
    A. pour me plaire.
    B. au loin.
    C. à la mode.
    D. pour me dégoûter.

48. Le devoir pour demain commence . . . vingt.
    A. à la page
    B. à page
    C. sur page
    D. de page

49. La lettre au milieu du mot *Paris* est
    A. la voyelle *i*.
    B. la consonne *s*.
    C. celle que j'ai déjà écrite.
    D. la consonne *r*.

50. Ah! Tu as acheté une nouvelle robe?! . . . est-elle?
    A. quel couleur
    B. quelle couleur
    C. de quelle couleur
    D. de quel couleur

Read each passage and select the best answer to each question by blackening the space under the letter of your choice on the special answer sheet.

On peut prendre un repas en voiture, au restaurant, en pique-nique ou chez soi. A Montréal, on peut aussi, à midi, prendre son repas au théâtre, formule nouvelle qui attire chaque jour les hommes d'affaires, les employés, les acheteurs ou les visiteurs du gratte-ciel Place Ville-Marie.

Un restaurant-théâtre! Voilà, direz-vous, une façon bien peu orthodoxe de rendre hommage à l'art dramatique. La formule, cependant, a déjà fait fortune en attirant à l'heure du déjeuner une foule de clients-spectateurs à qui l'on offre, outre les sandwichs et le café que l'on achète dans le foyer du théâtre, des pièces en un acte représentées trois ou quatre fois par jour entre midi et deux heures et demie.

Ces pièces, de grande qualité, ont une durée de 25 à 40 minutes. Les spectateurs sont autorisés à prendre dans leur fauteuil le repas de leur choix, à condition de ne plus manipuler, après le lever du rideau, le papier qui enveloppe ce repas.

Ce Théâtre de la Place est dû à la double initiative d'un étudiant de 23 ans et d'une jeune comédienne. "Nous souhaitons, dit le jeune homme, un théâtre destiné au public le plus nombreux, composé de spectacles de qualité à un prix à la portée de toutes les bourses." En réalisant ce souhait, on a amené aux guichets de ce théâtre des dizaines de milliers de gens qui travaillent dans les bureaux ou font leurs achats dans les boutiques du grand complexe.

"Faites du bon théâtre professionnel en un lieu qui convient au grand public, et vous le verrez accourir à vous," prédisaient les directeurs du théâtre-lunch qui, se voyant forcés de refuser l'entrée à des centaines de personnes, purent constater jusqu'à quel point ils avaient raison.

51. Que fait-on de neuf pour attirer plus de clients vers ce théâtre?
    A. On organise des repas en plein air.
    B. On permet aux gens de manger à leur place.
    C. On leur sert de la nourriture gratis.
    D. On leur fait visiter un édifice à multiples étages.

52. Quand les représentations ont-elles généralement lieu?
    A. au début de l'après-midi
    B. au cours de la soirée
    C. avant midi
    D. aux heures de bureau

53. Qu'est-ce qu'il est défendu de faire après le lever du rideau?
    A. de quitter sa place
    B. de boire ou de manger
    C. de faire du bruit avec son papier
    D. d'écrire des lettres

54. Qu'est-ce que les organisateurs du Théâtre de la Place ont tenté de faire?
    A. de donner du travail à un grand nombre d'acteurs
    B. de présenter des oeuvres dramatiques supérieures et à bon marché
    C. d'encourager les collégiens à jouer la comédie
    D. d'aider les marchands à vendre leur marchandise

55. Qu'est-ce qui a fait le succès de l'entreprise?
    A. les suggestions faites par le public
    B. les réunions des hommes d'affaires
    C. l'exclusion des indésirables
    D. le choix de l'endroit et des pièces

Voltaire croyait que la doctrine et l'histoire d'un peuple aussi extraordinaire que les quakers méritaient la curiosité d'un homme raisonnable. Pour s'en instruire, il alla trouver un des plus célèbres quakers d'Angleterre, qui, après avoir été trente ans dans le commerce, avait su limiter sa fortune et ses désirs, et s'était retiré dans une campagne non loin de Londres. Il alla le chercher dans sa retraite; c'était une maison petite, mais bien bâtie et ornée de sa seule propreté. Le quaker était un vieillard frais qui n'avait jamais eu de maladie, parce qu'il n'avait jamais connu l'intempérance; Voltaire n'avait point vu dans sa vie d'air plus noble ni plus engageant que le sien. Il était vêtu, comme tous ceux de sa religion, d'un habit sans plis dans les côtés, et sans boutons sur les poches ni sur les manches, et portait un grand chapeau sur la tête. Il s'avança vers Voltaire sans faire la moindre inclinaison du corps.

56. Voltaire voulait parler à un des quakers pour
    A. le renseigner.
    B. chercher à mieux comprendre leur culture.
    C. acheter quelque chose.
    D. célébrer une date importante.

57. Le commerçant s'était retiré dans
   A. le centre de la ville.
   B. une maison propre et bien construite.
   C. une caverne difficile à trouver.
   D. un château du Moyen Age.

58. Il paraît que le quaker
   A. avait toujours été en bonne santé.
   B. avait mené une vie de plaisir.
   C. était un homme timide.
   D. accueillait les visiteurs avec cérémonie.

59. Les quakers d'Angleterre s'habillaient généralement
   A. comme à la cour.
   B. d'une façon négligée.
   C. d'un vêtement de soirée.
   D. d'un costume très simple.

60. Le quaker reçut le visiteur
   A. avec beaucoup de chaleur.
   B. en lui serrant la main.
   C. d'une manière réservée.
   D. en faisant la révérence.

END OF TEST NO. 4

USE THE SPECIAL ANSWER SHEET ON PAGE 165.
THE TIME LIMIT FOR EACH TEST IS ONE HOUR.

Each of the incomplete statements or questions below is followed by four suggested completions. Select the most appropriate completion and blacken the space under the letter of your choice on the special answer sheet.

1. Il est important . . . si vous voulez apprendre.
   A. étudier
   B. d'étudier
   C. à étudier
   D. pour étudier

2. Je désire . . . longtemps avoir un petit chien.
   A. pour
   B. depuis
   C. puisque
   D. dès

3. Ce matin Monique est allée prendre . . . petit déjeuner dans un café-restaurant.
   A. son
   B. sa
   C. se
   D. ses

4. Hier soir, les grands-parents de la petite Hélène lui ont donné une jolie poupée; elle l'a . . . dans ses bras tout de suite.
   A. pris
   B. prise
   C. prends
   D. prît

5. Demain je . . . mon possible pour obtenir de bonnes notes dans tous mes cours.
   A. fera
   B. ferai
   C. faisais
   D. fis

6. Je . . . à l'école maintenant.
   A. va
   B. vais
   C. vas
   D. vois

7. Je pense; donc,
   A. je suis.
   B. j'étais.
   C. je fus.
   D. je fis.

8. Deux et deux . . . quatre.
   A. feront
   B. fasse
   C. fassent
   D. font

9. Voir . . . croire.
   A. serai
   B. ce fut
   C. c'est
   D. être

10. C'est aujourd'hui vendredi. Ma mère . . . malade depuis mardi.
    A. est
    B. sera
    C. était
    D. serait

11. Que faites-vous ici?—Vous voyez, j'attends l'autobus. Je l'attends . . . dix minutes.
    A. lors
    B. depuis
    C. quand
    D. pour

12. Tous les soirs ma soeur lit pendant que . . .
    A. j'écris.
    B. j'écrivais.
    C. j'ai écrit.
    D. je vais écrire.

13. Hier soir . . . un bon livre quand vous êtes entré dans ma chambre.
    A. je lirais
    B. je lisais
    C. j'ai lu
    D. je lirai

14. Quand j'ai vu Mademoiselle Fifi dans le métro hier, elle . . . triste.
    A. était
    B. a été
    C. serait
    D. soit

15. Quand mon père était jeune, il . . . très beau.
    A. était
    B. a été
    C. fut
    D. fit

16. Robert, que faisais-tu ce matin au coin de la rue quand . . .?
    A. je te voyais?
    B. je vous ai vu?
    C. je t'ai vue?
    D. je t'ai vu?

17. L'été prochain . . . en France avec un groupe d'amis.
   A. j'irai
   B. je suis allé
   C. je suis allée
   D. j'irais

18. Maintenant je vais faire ce travail parce que . . . le temps.
   A. j'ai eu
   B. j'ai
   C. j'avais
   D. j'avais eu

19. Si j'avais le temps . . . au cinéma avec toi.
   A. j'irais
   B. j'irai
   C. je suis allé
   D. j'allai

20. Si j'ai le temps . . . au cinéma avec mes amis ce soir.
   A. j'irai
   B. j'irais
   C. je suis allé
   D. je serais allé

21. Tous les samedis soirs . . . au théâtre avec ma famille.
   A. je vais
   B. j'allai
   C. j'aille
   D. je sois allée

22. Hier, si j'avais eu le temps, . . . à la bibliothèque avec toi, je t'assure.
   A. je serais allé
   B. j'étais allé
   C. je serai allé
   D. j'allais

23. Je vous dis franchement pour la dernière fois; . . . à l'heure, je vous en prie!
   A. êtes
   B. sois
   C. soit
   D. soyez

24. Je ne le ferais pas si . . . vous.
   A. j'étais
   B. je serais
   C. j'ai été
   D. je suis

25. J'insiste que vous . . . à trois heures précises.
   A. arrivez
   B. arriviez
   C. arriverez
   D. arrivassiez

26. Si je veux faire . . . , je vais au bord du fleuve.
    A. la vaisselle
    B. la cuisine
    C. la pêche
    D. beau

27. Le toit de cette maison est
    A. d'ardoise.
    B. du ciel.
    C. de papier.
    D. de maïs.

28. Je vais balayer le trottoir et j'ai besoin
    A. d'une roue.
    B. d'une boîte.
    C. d'un balai.
    D. d'une malle.

29. Un chef d'orchestre se sert
    A. d'un bâton.
    B. d'une épingle.
    C. d'un morceau de fil.
    D. d'une bourse.

30. Madame Deauville est bavarde; elle . . . constamment.
    A. parle
    B. pleure
    C. crie
    D. vole

31. Quelquefois un pompier a besoin
    A. d'étain.
    B. d'une échelle.
    C. d'un écrin.
    D. d'un coffre.

32. Le contraire du mot *paradis* est
    A. durée.
    B. carré.
    C. cadre.
    D. enfer.

33. L'Ile de la Cité est considérée . . . de Paris.
    A. le berceau
    B. la bavarde
    C. l'enseigne
    D. la tâche

34. Une personne qui est folle est une personne
    A. qui ne peut pas voir.
    B. qui ne peut pas bien entendre.
    C. qui a de belles qualités.
    D. qui se comporte d'une manière insensée.

35. Je ne veux pas prendre le métro tous les matins parce qu'il y a beaucoup de monde et je n'aime pas être
    A. bousculé.
    B. bouffée.
    C. denrée.
    D. enflé.

36. Il y a des animaux qui font des . . . dans le sol pour se cacher.
    A. trous
    B. plantes
    C. éponges
    D. croûtes

37. La femme de Monsieur Dutour est morte récemment et il est maintenant
    A. neuf.
    B. veuf.
    C. veuve.
    D. cloué.

38. Le criminel refuse d' . . . son crime devant le juge.
    A. acheter
    B. avouer
    C. user
    D. éteindre

39. Une personne aveugle est une personne qui ne peut pas
    A. entendre.
    B. marcher.
    C. boire.
    D. voir.

40. L'aigle est un grand
    A. oiseau.
    B. carré.
    C. chauffage.
    D. chêne.

41. En montant dans l'autobus ce matin, je n'ai pas . . . parce que j'avais couru.
    A. pu reprendre haleine
    B. acheté un billet
    C. vendu mon billet
    D. entendu la musique

42. Si je vous dis que j'ai passé une nuit blanche cela veut dire que
    A. je préfère le jour.
    B. je n'ai pas du tout dormi.
    C. j'ai bien dormi.
    D. j'ai pleuré toute la nuit.

43. Pour attraper le train qui allait partir, le jeune homme
    A. a pris ses jambes à son cou.
    B. a mis son imperméable.
    C. s'est assis sur un banc.
    D. s'est couché par terre.

44. Si je vous demande ce que vous voulez dire, je vous demande
  A. de me donner quelque chose à manger.
  B. de me donner quelque chose à boire.
  C. de m'expliquer votre pensée en des termes simples et clairs.
  D. de vous taire.

45. Monsieur et Madame Paquet tardaient à arriver à cause
  A. de leur bonheur.
  B. de la neige.
  C. de l'étoile.
  D. du coussin.

46. Si je vous dis que je tiens à vous parler, cela signifie que
  A. je veux bien vous parler.
  B. je ne veux pas du tout vous parler.
  C. je vous parle de temps en temps.
  D. je vous parle rarement.

47. Vous avez . . . parler; je ne vous écoute pas!
  A. belle
  B. beau
  C. bien
  D. bon

48. Ce monsieur a trouvé un billet de mille francs; il a eu
  A. du malheur.
  B. de la peine.
  C. de la chance.
  D. par hasard.

49. Est-ce que vous vous souvenez de notre première rencontre? Vous
  A. n'aviez que dix-huit ans.
  B. n'aurez que dix-huit ans.
  C. aviez eu dix-huit ans.
  D. avez dix-huit ans.

50. Ces deux garçons se disputent constamment; je peux dire, donc, qu'ils
  A. se regardent dans une glace.
  B. se font mal.
  C. se voient tous les jours.
  D. ne s'entendent pas.

Read each passage and select the best answer to each question by blackening the space under the letter of your choice on the special answer sheet.

Ma chambre donnait sur la rue principale du village. L'après-midi était beau. Cependant, les gens étaient peu nombreux et pressés encore. C'était d'abord une famille allant en promenade, deux petits garçons en costume marin, la culotte au-dessous du genou, mal à l'aise dans leurs vêtements neufs, et une petite fille avec un gros ruban rose sur la tête et portant des souliers noirs vernis. Derrière eux, une mère énorme, en robe de soie marron, et le père, un petit homme assez maigre que je connaissais de vue. Il avait un chapeau de paille sur la tête et une canne à la main. En le voyant passer, j'ai compris pourquoi dans le quartier on disait de lui qu'il était distingué. Un peu plus tard passèrent les jeunes gens du village, cheveux soigneusement peignés et cravate rouge, le veston très étroit, et des souliers à bouts carrés. J'ai compris qu'ils allaient aux cinémas du centre. C'était pourquoi ils partaient si tôt vers le tramway en riant très fort.

Après eux, la rue peu à peu est devenue déserte. Les spectacles étaient partout commencés, je crois. Il n'y avait plus dans la rue que les boutiquiers et les chats.

51. L'auteur de ce passage décrit
    A. une fête au village.
    B. une scène dans une rue.
    C. une présentation de mode.
    D. un film intéressant.

52. Le premier groupe à passer était
    A. des matelots.
    B. des marchands.
    C. des touristes.
    D. une famille de cinq.

53. Comment les enfants étaient-ils habillés?
    A. avec soin
    B. comme leur père
    C. très pauvrement
    D. pour le sport

54. L'auteur indique que
    A. les parents étaient vêtus chaudement.
    B. la mère était extrêmement élégante.
    C. le père semblait très raffiné.
    D. le père et la mère étaient de taille égale.

55. Les jeunes gens du village étaient très gais parce qu'ils
    A. trouvaient les promeneurs amusants.
    B. connaissaient tout le monde.
    C. aimaient faire des emplettes.
    D. se rendaient au spectacle.

56. Quel aspect prenait le village pendant la représentation?
    A. Le silence s'installait dans le quartier.
    B. Les chats disparaissaient.
    C. La circulation devenait intense.
    D. La foule augmentait dans les rues.

Que sont maintenant devenus les aviateurs canadiens de la deuxième guerre mondiale? Au moment de la démobilisation, les membres d'un groupe surnommé *Alouettes*, qui faisait partie de l'armée de l'air, décidèrent de former un club. Ils voulaient continuer des liens d'amitié, maintenir l'esprit de corps qu'ils avaient développé durant le guerre, et participer au maintien d'une paix durable. L'emblème des *Alouettes* évoque encore chez plusieurs les actes héroïques que des centaines de ces Canadiens accomplirent durant la dernière guerre. L'alouette agile que l'on a choisie rappelle le dynamisme, le bon esprit, et le sens des responsabilités, manifestés par les membres de ce groupe d'aviateurs.

57. Quand les membres de l'escadrille ont-ils décidé de former un club?
    A. à la fin de la guerre
    B. avant la guerre
    C. entre les deux grandes guerres
    D. au cours d'une mission récente

58. Un des buts de cette organisation était de
    A. conserver la santé.
    B. protéger les oiseaux.
    C. faire apprécier son courage.
    D. travailler ensemble à la paix.

59. Les *Alouettes* se sont acquis une si haute renommée à cause de leur
   A. nombre.
   B. héroïsme.
   C. imagination.
   D. originalité.

60. Les aviateurs ont choisi l'alouette comme emblème parce qu'elle
   A. est originaire de leur pays.
   B. fait partie de leur folklore.
   C. figure au drapeau national.
   D. possède les mêmes qualités qu'eux.

END OF TEST NO. 5

USE THE SPECIAL ANSWER SHEET ON PAGE 166.
THE TIME LIMIT FOR EACH TEST IS ONE HOUR.

Each of the incomplete statements or questions below is followed by four suggested completions. Select the most appropriate completion and blacken the space under the letter of your choice on the special answer sheet.

1. Téléphonez-moi dès que vous
   A. serez arrivé.
   B. seriez venu.
   C. venez.
   D. êtes venu.

2. Quand nous sommes arrivés à Cannes, . . . un temps magnifique.
   A. il a fait
   B. il fera
   C. il ferait
   D. il faisait

3. Je me suis lavé . . . mains.
   A. mes
   B. les
   C. aux
   D. des

4. Il a fermé la porte derrière lui . . . ses amis.
   A. après quitté
   B. après avoir quitté
   C. quittant
   D. a quitté

5. Après le film, les garçons et les jeunes filles sont rentrés
   A. chez elles.
   B. chez leur.
   C. chez eux.
   D. chez elle.

6. Je ne comprends pas du tout . . . vous arrive.
   A. ce que
   B. ce qui
   C. de
   D. ce

7. Je comprends très bien . . . vous dites.
   A. ce que
   B. ce qui
   C. celle
   D. celui

8. Dis-moi, Robert, de . . . as-tu besoin?
A. que
B. quoi
C. ce
D. dont

9. Je regrette, mais je ne me rappelle pas l'homme . . . le fils est soldat.
A. dont
B. que
C. qui
D. ce dont

10. Pensez-vous à ce que je vous ai dit?—Oui, j'y pense . . . une heure.
A. pour
B. jusqu'à
C. depuis
D. lors

11. Qu'est-ce que vous dites?! Le prof est absent aujourd'hui? Mais comment . . . fait-il?
A. se
B. vous
C. cela
D. sa

12. Si tu avais été présent à l'école ce matin, nous . . . ensemble.
A. nagerons
B. nagerions
C. aurions nagé
D. aurons nagé

13. Dis-moi . . . tu as fait, je te prie.
A. ce qui
B. ce que
C. est-ce que
D. qu'est-ce que

14. Est-ce que vous allez me prêter de l'argent?—Oui, volontiers, je . . . prêter.
A. vais vous en
B. vais en vous
C. vais y
D. vais y en

15. Avez-vous pris vos gants?—Moi, j'ai oublié
A. les miennes.
B. la mienne.
C. les miens.
D. celles-là.

16. Je vous assure que c'est la plus belle voiture que . . . jamais vue.
A. j'ai
B. j'aie
C. je vois
D. je verrai

17. Je vais rester ici jusqu'à ce qu'il
    A. vienne.
    B. venez.
    C. soyez venu.
    D. viendriez.

18. Si j'ai le temps, . . . au Canada.
    A. j'irai
    B. j'irais
    C. je serais allé
    D. j'étais allé

19. Si j'avais le temps, . . . en France.
    A. je serais allé
    B. j'irais
    C. j'irai
    D. j'étais allé

20. Si j'avais eu le temps, . . . en Italie.
    A. je serais allé
    B. j'étais allé
    C. j'irai
    D. j'irais

21. Quand . . . assez d'argent, j'irai en Espagne.
    A. j'aurai
    B. j'avais
    C. j'ai eu
    D. j'eus

22. Je doute fort que mon père . . . avant siz heures.
    A. part
    B. soit parti
    C. est parti
    D. partira

23. Je suis sûr que le professeur commencera la leçon dès qu'il
    A. viendra.
    B. viendrait.
    C. venait.
    D. vienne.

24. Notre maison se trouve . . . bibliothèque municipale.
    A. près
    B. près du
    C. près de la
    D. auprès

25. Je voudrais savoir . . . vous avez acheté.
    A. ce que
    B. ce qui
    C. que
    D. qu'est-ce que

26. J'aimerais avoir du chocolat. Donnez . . . , s'il vous plaît.
   A. moi
   B. m'en
   C. m'y
   D. vous en

27. Ce pauvre vieillard n'a pas . . . amis.
   A. des
   B. de
   C. d'
   D. les

28. Voulez-vous . . . ?
   A. les me donner
   B. me les donner
   C. donner les moi
   D. donnez-les-moi

29. Vous avez trois frères; . . . est le plus intelligent?
   A. laquelle
   B. lesquelles
   C. lesquels
   D. lequel

30. J'ai deux pommes; est-ce que vous préférez . . . ?
   A. celui-ci ou celui-là
   B. celle-ci ou celle-là
   C. celles-ci ou celles-là
   D. ceux-ci ou ceux-là

31. Pour coudre il faut avoir une aiguille et . . .
   A. du fil.
   B. de fils.
   C. du fils.
   D. fil.

32. Un oiseau a deux . . .
   A. têtes.
   B. becs.
   C. cuissons.
   D. ailes.

33. Pour se raser, on a besoin . . .
   A. d'une lame.
   B. d'une brosse.
   C. d'un peigne.
   D. d'orgueil.

34. Généralement, on met le lait et le beurre dans . . .
   A. un coffre.
   B. une bourse.
   C. une glacière.
   D. un trou.

35. Si je vous dis que ce bistro est bizarre, cela veut dire qu'il est
  A. étrange.
  B. ordinaire.
  C. autant.
  D. en plein air.

36. Si je vous dis que votre ami est actuellement à Paris, cela veut dire qu'il y est
  A. à présent.
  B. autrefois.
  C. tout à l'heure.
  D. dans un instant.

37. Un conte drôle est un conte
  A. long.
  B. court.
  C. amusant.
  D. agaçant.

38. Un synonyme de *combattre* est
  A. pacifier.
  B. achever.
  C. fabriquer.
  D. lutter.

39. Une reine auguste est une reine
  A. majestueuse.
  B. faible.
  C. timide.
  D. pitoyable.

40. Vous pensez que cette actrice est laide; mais moi, je la trouve
  A. belle.
  B. petite.
  C. grande.
  D. bête.

41. Madame Feuilleverte est gravement malade; elle devient . . . faible.
  A. longtemps
  B. depuis
  C. autant que
  D. de plus en plus

42. Tu m'entends? Va te laver; tu as les mains
  A. propres.
  B. sales.
  C. grandes.
  D. petites.

43. Il n'y a absolument rien dans ce tiroir. Il est tout à fait
  A. plein.
  B. craintif.
  C. rempli.
  D. vide.

44. Raymond a dit à sa femme: Ma chérie, je t'aimerai
   A. à jamais.
   B. autrefois.
   C. actuellement.
   D. depuis longtemps.

45. Monique ne fait rien dans la maison pour aider sa mère; elle est
   A. pitoyable.
   B. diligente.
   C. laide.
   D. paresseuse.

46. Pierre, tu as l'air pensif; à quoi . . . ?
   A. écris-tu
   B. prends-tu
   C. songes-tu
   D. parles-tu

47. Prenez garde à ce chien; il est
   A. méchant.
   B. bon.
   C. magnifique.
   D. obéissant.

48. Je n'ai rien à faire et
   A. je suis bien occupé.
   B. je m'ennuie.
   C. je m'amuse.
   D. je m'égare.

49. Mon ami n'a pas réussi à l'examen de ce matin; au fait, il a
   A. échoué.
   B. passé.
   C. essuyé.
   D. allumé.

50. Madame Beauregard . . . le garçon parce qu'il avait brisé la vitre avec une pierre.
   A. a remercié
   B. a avalé
   C. a félicité
   D. a grondé

Read each passage and select the best answer to each question by blackening the space under the letter of your choice on the special answer sheet.

Fort-de-France, ville de la Martinique, est réputée pour sa cuisine, ses plages et ses divertissements variés. La cuisine y est typiquement française avec une touche particulière. Mais ce qui distingue surtout Fort-de-France, c'est qu'elle est probablement la seule ville au monde entourée de rivières représentant les deux sexes: la rivière Madame et la rivière Monsieur.

51. Comment la ville de Fort-de-France est-elle différente des autres?
   A. Il y a plus de touristes qui viennent la visiter.
   B. Tous les habitants sont des Français.
   C. Ses cours d'eau portent des noms peu ordinaires.
   D. Elle est située dans une île tropicale.

Jacques est tombé malade. Il n'est pas allé en classe. Il est resté au lit et n'a pas déjeuné. Plusieurs camarades sont allés les uns après les autres lui faire un peu de conversation. On est venu prendre de ses nouvelles en lui apportant des sucreries.

52. Pourquoi a-t-on rendu visite à Jacques?
A. pour l'amener à l'école
B. pour l'aider à lire le journal et les nouvelles
C. pour lui offrir quelque chose en causant
D. pour lui faire garder le lit

Le travail scolaire est très dur et l'écolier français est sans doute le plus fatigué du monde. Il a des horaires ridicules et des programmes chargés qui exigent très tôt de lui un gros effort d'abstraction. Il vit dans des classes trop remplies et il a de trop longues vacances qui l'obligent à absorber tout son programme en quelques mois.

53. Qu'est-ce qui rend le travail de l'écolier français très fatigant?
A. L'écolier français est mal nourri.
B. Ses nombreux compagnons d'études cherchent souvent à le ridiculiser.
C. Ses courtes vacances ne lui permettent pas de se reposer.
D. On lui fait étudier rapidement des sujets difficiles.

L'excès de poids, s'il n'est pas soigné, risque d'entraîner chez l'adolescent, lorsqu'il est devenu adulte, des troubles graves. Il crée d'inquiétants complexes. Les étudiants trop gras sont aussi bien indifférents qu'agressifs, d'ailleurs. Dans ces cas, une cure améliore le rendement scolaire et permet une meilleure adaptation.

54. Pourquoi l'excès de poids est-il dangereux chez l'adolescent?
A. Il est la cause de nombreux accidents.
B. Il peut conduire à des problèmes très compliqués.
C. Il force les élèves à travailler d'une façon exagérée à l'école.
D. Il est sans aucun remède.

On a publié récemment un nouveau guide destiné au voyageur en Europe. Il indique les ressources touristiques dans vingt et un pays du continent. Ce guide ne peut pas donner autant de détails que les guides spécialisés pour chaque pays, mais il donne une idée générale du genre d'hôtel ou de restaurant où l'on veut s'arrêter.

55. Quel est l'avantage de ce livre?
A. Il est très complet.
B. Il a beaucoup de rivaux.
C. Il rend des services satisfaisants au touriste.
D. Il permet de voyager gratuitement.

Madame de Charlus soupait un vendredi soir en compagnie de personnages bien connus chez Madame la Princesse de Conti. Elle portait, comme c'était la mode, une perruque de haute taille. Madame de Charlus était assise auprès du maire de Reims. On servit des oeufs à la coque; elle ouvrit le sien, et, s'avançant pour prendre du sel, mit sa coiffure en feu à la flamme d'une chandelle, sans s'en apercevoir. Le maire, qui la vit tout en feu, se précipita sur la coiffure et la jeta par terre. Madame de Charlus, dans la surprise et l'indignation de se voir sans cheveux sans savoir pourquoi, jeta son oeuf au visage du maire. Il ne fit qu'en rire et toute la compagnie l'imita en voyant la tête grise de Madame de Charlus et le visage du maire transformé en omelette. La coiffure était brûlée. Madame de Conti en fit donner une autre à Mme de Charlus et après avoir enfin compris ce qui lui était arrivé celle-ci se calma et retrouva sa bonne humeur.

56. Le repas était offert par
A. Madame de Charlus.
B. Madame de Conti.
C. le maire de Reims.
D. un coiffeur renommé.

57. Madame de Charlus portait une coiffure
  A. à la mode de l'époque.
  B. très différente de celle des autres femmes.
  C. très naturelle.
  D. mal soignée.

58. Que fit alors le maire?
  A. Il se contenta de regarder le feu.
  B. Il courut chercher de l'eau.
  C. Il arracha la perruque à la dame.
  D. Il tomba à la renverse.

59. Quelle fut la première réaction de la dame?
  A. Elle demeura très calme.
  B. Elle se défendit avec énergie.
  C. Elle se sauva à la cuisine.
  D. Elle demanda qu'on lui apporte son chapeau.

60. Comment cet incident finit-il?
  A. On fit venir un coiffeur.
  B. Mme de Conti fut brûlée vive.
  C. La victime rentra chez elle en colère.
  D. Mme de Charlus se remit de ses émotions.

END OF TEST NO. 6

TEST 7

USE THE SPECIAL ANSWER SHEET ON PAGE 167.
THE TIME LIMIT FOR EACH TEST IS ONE HOUR.

Each of the incomplete statements or questions below is followed by four suggested completions. Select the most appropriate completion and blacken the space under the letter of your choice on the special answer sheet.

1. Monique et ses amies . . . au cinéma hier soir.
   A. est allée
   B. sont allés
   C. sont allées
   D. sommes allées

2. Paulette . . . ce matin avant d'aller à l'école.
   A. s'est lavé
   B. s'est lavée
   C. s'est levé
   D. se sont lavées

3. Henriette . . . la figure et les mains avant de s'asseoir à table.
   A. s'est lavé
   B. s'est lavée
   C. s'est lavées
   D. s'est assise

4. Aimez-vous les fleurs que je vous ai . . . ?
   A. envoyé
   B. envoyée
   C. envoyées
   D. envoyés

5. Où avez-vous mis l'assiette?—Je l'ai . . . là sur la table.
   A. mis
   B. mise
   C. mises
   D. mettre

6. Si j'étais riche, je
   A. voyagerai.
   B. voyagerais.
   C. voyageais.
   D. voyageai.

7. Quand j'étais jeune, . . . souvent au bord de la mer avec ma famille.
   A. j'irai
   B. j'irais
   C. j'allais
   D. j'allai

8. Je vous dirai tout quand je vous
   A. verrai.
   B. verrais.
   C. voyais.
   D. vis.

9. Madame Aubain doute fort que son amie . . . partie.
   A. est
   B. soit
   C. a
   D. avait

10. Est-ce que vous voulez savoir tout . . . je lui ai dit?
   A. ce qui
   B. ce que
   C. que
   D. qu'est-ce

11. As-tu bu du lait ce matin au petit déjeuner?—Oui, . . . bu.
   A. je l'ai
   B. j'en ai
   C. j'y ai
   D. j'y en ai

12. Ces jeunes filles n'ont pas . . . frères.
   A. de
   B. des
   C. du
   D. les

13. Je sais bien la règle . . . tu parlais.
   A. dont
   B. de quoi
   C. avec quoi
   D. laquelle

14. De tes deux frères, . . . joue bien?
   A. lequel
   B. ceux-ci
   C. laquelle
   D. duquel

15. Je te dis pour la dernière fois: Donne-
   A. les moi.
   B. me les.
   C. moi les.
   D. les me.

16. La semaine dernière Monsieur et Madame Gervais . . . leur maison.
   A. aient vendu
   B. ont vendu
   C. ont vendue
   D. avons vendu

17. Je vous dirai tout quand je vous
  A. verrai.
  B. vois.
  C. voit.
  D. verrais.

18. Je doute fort que cette personne . . . coupable.
  A. est
  B. soit
  C. aient
  D. ait

19. Quand nous étions en Angleterre, il . . . souvent.
  A. pleuvait
  B. pleut
  C. va pleuvoir
  D. pleurait

20. Après . . . , elle s'est mise à travailler.
  A. être arrivée
  B. arriver
  C. être arrivé
  D. arrivant

21. Quelle équipe . . . le match aujourd'hui?
  A. a exigé
  B. a essayé
  C. a fourni
  D. a gagné

22. Mon enfant, pourquoi y a-t-il des . . . qui coulent de tes yeux?
  A. larmes
  B. lames
  C. joues
  D. lieux

23. Cette valise est lourde mais celle-là est
  A. facile.
  B. légère.
  C. blanche.
  D. grise.

24. Aujourd'hui Madame Bélier est laide, mais . . . elle était belle.
  A. autrefois
  B. désormais
  C. donc
  D. dès aujourd'hui

25. Pierre fait des études pour devenir médecin; c'est un garçon
  A. d'avenir.
  B. d'avance.
  C. de plus en plus.
  D. d'un certain âge.

26. J'aime beaucoup . . . que vous portez.
   A. les bas
   B. les bouts
   C. les fours
   D. les ficelles

27. Mademoiselle Cartier est une femme d'une beauté extraordinaire; c'est
   A. une déesse.
   B. une durée.
   C. une écurie.
   D. une écume.

28. L'agent de police m'a dit qu'il est . . . de stationner ma voiture ici.
   A. défendu
   B. épargné
   C. éperdu
   D. éteint

29. Je souffre parce que je me suis fait mal
   A. au coude.
   B. au salut.
   C. au gratin.
   D. à la bûche.

30. Avez-vous lu le roman *Autant en . . . le vent*, la traduction française de *Gone with the Wind* de Margaret Mitchell?
   A. *emporte*
   B. *déprime*
   C. *égorge*
   D. *chuchote*

31. Un synonyme du verbe *ruiner* est
   A. abîmer.
   B. habiter.
   C. lutter.
   D. abattre.

32. Le fer est
   A. quelque chose à boire.
   B. une qualité ignoble.
   C. une pâtisserie.
   D. un métal.

33. Si une personne vous irrite, cela veut dire que cette personne vous
   A. agace.
   B. aimez bien.
   C. appelle.
   D. agacez.

34. Le contraire du verbe *accorder* est
   A. opposer.
   B. consentir.
   C. admettre.
   D. avouer.

35. Si je vous dis que j'appuie l'échelle contre la porte, cela veut dire que . . . l'échelle.
   A. j'y pose
   B. j'y réponds
   C. j'y suis
   D. j'y cherche

36. La chasse est
   A. un abri pour certains animaux.
   B. quelque chose que l'on fait dans un musée.
   C. une chose religieuse.
   D. un sport.

37. Si vous ne voulez pas rester debout, alors
   A. méfiez-vous!
   B. lavez-vous!
   C. levez-vous!
   D. asseyez-vous!

38. Madame Poulin ne va pas bien du tout; elle est
   A. souffrante.
   B. cuisinière.
   C. confuse.
   D. couturière.

39. Le médecin a . . . le malade.
   A. grimpé
   B. guéri
   C. imprimé
   D. enfoncé

40. Si je vous dis que Madame Corbeil gaspille toute sa fortune, cela veut dire qu'elle est
   A. d'une famille noble.
   B. économe.
   C. parcimonieuse.
   D. prodigue.

41. Je te quitte maintenant pour aller en ville; je vais
   A. faire la grasse matinée.
   B. faire des emplettes.
   C. faire un coup de vent.
   D. en avoir par-dessus la tête.

42. Vous avez beau parler; je
   A. livre bataille.
   B. lie connaissance.
   C. n'y entends rien.
   D. fais d'une pierre deux coups.

43. Mademoiselle Belair fait des châteaux en Espagne; elle est
   A. avare.
   B. rêveuse.
   C. économe.
   D. voyageuse.

44. Cela ne vous regarde pas; occupez-vous
   A. cette maison.
   B. ce bâtiment.
   C. cette table.
   D. de vos affaires.

45. Monsieur Beauchamp a le coeur gros parce que
   A. le train va arriver en retard.
   B. demain c'est un jour de congé.
   C. sa femme a gagné dix mille francs.
   D. sa femme vient de mourir.

Read each passage and select the best answer to each question by blackening the space under the letter of your choice on the special answer sheet.

Nice compte parmi les plus antiques cités d'Europe. Les Grecs qui la fondèrent au IVe siècle avant le Christ, lui donnèrent son nom éclatant: "Nikê, la victoire." Les Romains qui leur succédèrent établirent dans la banlieue un centre administratif et militaire dont les ruines subsistent sur la colline. La ville moderne, née du tourisme, riche aujourd'hui de plus de 500 hôtels, connaît une expansion qui la place actuellement au sixième rang des villes françaises. Nice jouit d'un climat privilégié. En hiver, il ne gèle pratiquement jamais, et le climat de Nice est réputé pour son caractère tempéré et ensoleillé. Par contre, en été, la brise marine rafraîchit l'atmosphère.

La douceur de la température et le soleil toute l'année favorisent une extraordinaire végétation, et les fleurs règnent dans la ville même, où leur présence est liée à la vie de la cité. Chaque soir, d'immenses quantités de fleurs cultivées dans la région sont expédiées à travers toute l'Europe, par camions, wagons et avions.

46. L'histoire nous apprend que Nice
   A. date de l'ère chrétienne.
   B. a moins de quatre cents ans d'existence.
   C. est une ville très ancienne.
   D. doit son appellation à une brillante bataille romaine.

47. Quel rôle les Romains jouèrent-ils dans l'histoire de Nice?
   A. Ils détruisirent d'abord la ville et la rebâtirent plus tard.
   B. Ils en firent une station thermale.
   C. Ils en firent un siège de leur gouvernement.
   D. Ils en changèrent le nom.

48. L'expansion de Nice est due principalement à
   A. la multitude de ses visiteurs.
   B. la gloire de son passé.
   C. sa base navale.
   D. sa haute altitude.

49. Le climat de Nice se distingue par
   A. sa douce uniformité.
   B. sa rigueur en hiver.
   C. ses vents violents.
   D. ses températures basses.

50. Toute l'Europe importe de Nice et de ses environs des
   A. spécialités culinaires.
   B. instruments agricoles.
   C. voitures de toutes sortes.
   D. produits de ses vastes jardins.

Pour retrouver l'oeuf de Pâques tel que nous le mangeons de nos jours, il faut remonter trois siècles en arrière, précisément en 1667, au moment où la cour de Louis XIV était avide de plaisirs. Habituellement, des joies frivoles marquaient la fête de Pâques où princes et princesses s'offraient des boîtes en forme d'oeuf qui contenaient des bonbons succulents.

Cette année-là, le Roi-Soleil avait décidé de transformer la distribution des oeufs de Pâques en un Jeu de Pâques où celui qui montrerait le plus d'originalité dans la présentation de son oeuf aurait l'honneur de causer dix minutes avec sa Majesté le roi. C'était tout dire!

Le dimanche de Pâques, quelle n'est pas la surprise de Sa Majesté à la vue du ministre Colbert qui s'approche de la reine Marie-Thérèse pour lui offrir un gigantesque oeuf de Pâques emprisonné dans un magnifique coffret garni de rubans. La reine se saisit aussitôt de l'oeuf appétissant, puis en prend royalement le premier morceau. Dès qu'elle y eut goûté, un sourire tout en fleur apparut sur ses lèvres, si bien que Louis XIV accorda le prix à Colbert sans tarder.

Avec quelle gourmandise la reine a-t-elle mangé ce premier oeuf en chocolat?—Nul ne saurait le dire. De fait, le lendemain de la fête, Marie-Thérèse tombait malade: trop de chocolat sans doute!

Pour cette raison, le roi édicta une loi: à l'avenir, on ne laissera plus de gros oeufs de Pâques en chocolat sur le marché. On ne permettra que la vente des oeufs de grosseur naturelle, c'est-à-dire pas gros du tout. Voilà pourquoi, aujourd'hui, nous n'avons que de petits oeufs de Pâques, ou s'ils sont plus gros, l'intérieur est souvent rempli d'air.

51. La tradition moderne des oeufs de Pâques date
   A. du début du christianisme.
   B. du Moyen âge.
   C. de la monarchie française.
   D. de notre époque.

52. Pour rendre la célébration de Pâques plus intéressante, le roi a
   A. demandé d'organiser un concours.
   B. distribué des oeufs lui-même.
   C. offert un oeuf de Pâques en récompense.
   D. fait un discours de longue durée.

53. Le ministre Colbert a surpris le roi le dimanche de Pâques en
   A. présidant à un office religieux.
   B. allant voir la reine en prison.
   C. apportant un cadeau délicieux à la reine.
   D. offrant un bouquet aux monarques.

54. Quel effet cette surprise produisit-elle chez la reine?
   A. Elle refusa d'accepter le cadeau.
   B. Elle invita Colbert à dîner.
   C. Elle resta sans parler.
   D. Elle eut mal à l'estomac.

55. Le roi a proclamé une nouvelle loi limitant la grosseur des oeufs de Pâques pour
   A. protéger la production des oeufs.
   B. augmenter la consommation des oeufs frais.
   C. empêcher les gens de manger trop de chocolat.
   D. prohiber la vente des oeufs vides.

La vieille grange qu'avait bâtie Joseph-Edouard Hardy, sur le chemin de la Grande-Côte, à Rosemère, en 1897 et qui, il y a quelques années à peine était encore solide . . . n'est plus! Elle a été transportée dans la ville même, pièce par pièce.

Cette vieille grange, toute de pin, a son histoire bien à elle. D'une dimension considérable pour l'époque, elle a servi, dans les premières années du siècle, de lieu de réunions politiques. C'est dans la belle grange neuve d'alors que les Chapleau et les Nantel, et après eux les Prévost et les David, prononcèrent leurs discours devant le peuple de Terrebonne avant d'atteindre plus tard les sommets de la politique provinciale.

Et ne s'est-on pas laissé dire qu'au cours d'une partie de chasse, lors d'un voyage au Canada, le Prince de Galles, l'héritier du trône d'Angleterre, serait venu chasser les oiseaux migrateurs de la rivière des Mille-Iles et que la vieille grange aurait servi de pavillon de chasse pour recevoir l'illustre visiteur?

Et voilà comment cette vieille grange construite à la campagne il y a près de trois-quarts de siècle, est venue à Montréal. Elle sera désormais connue sous le joli nom du GOBELET. Rien n'a été négligé pour reconstituer la chaude atmosphère et la cordiale hospitalité de nos vieilles auberges d'autrefois. Son style typiquement canadien, son mobilier et son décor rappelant le vieux régime français ont été soigneusement choisis afin de faire du GOBELET le restaurant le plus recherché de ceux qui s'y connaissent en bonne cuisine canadienne.

56. Qu'est-il arrivé à cette vieille grange de Rosemère?
    A. On l'a réparée.
    B. On l'a reconstruite ailleurs.
    C. Elle a été frappée par la foudre.
    D. Elle est tombée en ruines.

57. Qu'y avait-il d'extraordinaire à propos de cette grange?
    A. Des candidats y rencontraient leurs électeurs.
    B. On pouvait y coucher sans payer.
    C. On interdisait au public d'y entrer.
    D. Elle appartenait au gouvernement.

58. Quelques-uns ont rapporté
    A. qu'on y gardait des chevaux de course.
    B. qu'elle avait été emportée par une inondation
    C. qu'un futur roi s'y était arrêté.
    D. que les bêtes sauvages s'y réfugiaient.

59. On peut maintenant visiter l'ancienne grange de M. Hardy
    A. sur le chemin de la Grande-Côte.
    B. aux Mille-Iles.
    C. à Terrebonne.
    D. à Montréal.

60. Cette grange qui s'appelle aujourd'hui le GOBELET sert de
    A. salle de conférences.
    B. musée national.
    C. club de chasse.
    D. rendez-vous gastronomique.

END OF TEST NO. 7

TEST 8

USE THE SPECIAL ANSWER SHEET ON PAGE 168.
THE TIME LIMIT FOR EACH TEST IS ONE HOUR.

Each of the incomplete statements or questions below is followed by four suggested completions. Select the most appropriate completion and blacken the space under the letter of your choice on the special answer sheet.

1. Je ne suis pas sorti aujourd'hui . . . la pluie.
   A. parce que
   B. car
   C. à cause de
   D. pour

2. Le prof va nous donner le devoir pour demain avant
   A. oublier.
   B. qu'il oublie.
   C. de ce qu'il oublie.
   D. qu'il oubliât.

3. J'insiste que vous . . . ici à l'heure.
   A. êtes
   B. ayez
   C. avez
   D. soyez

4. Je préfère qu'il . . . le travail maintenant.
   A. fait
   B. fera
   C. fasse
   D. fut

5. J'exige que le voleur . . . puni.
   A. soit
   B. est
   C. sera
   D. ait

6. Elle veut que je lui . . . un mot.
   A. dis
   B. dit
   C. dirai
   D. dise

7. Mes parents . . . demain.
   A. sont revenus
   B. reviendront
   C. reviendraient
   D. revenaient

8. S'il m'avait parlé, je lui . . . la vérité.
A. aurais dit
B. avais dit
C. aurai dit
D. disais

9. J'ai oublié . . . vous dire quelque chose.
A. à
B. de
C. pour
D. en

10. Mon petit frère a peur . . . chiens.
A. aux
B. du
C. des
D. par

11. Cet étudiant n'a pas besoin . . . papier.
A. de
B. au
C. de la
D. des

12. J'ai une chose . . . vous dire.
A. de
B. à
C. en
D. par

13. Avez-vous écrit la lettre?—Oui, je
A. l'écrit.
B. l'ai écrit.
C. l'ai écrite.
D. l'aurais écrite.

14. Il n'a pas . . . l'histoire.
A. crue
B. cru
C. crû
D. croire

Choose the word or words that can be **substituted** *for the underlined word or words in each sentence so that they fit grammatically and sensibly in the sentence given. Blacken the space under the letter of your choice on the special answer sheet.*

15. Ta jupe est plus jolie que <u>la sienne</u>.
A. celui de Georgette.
B. celle de Monique.
C. ceux de Paulette.
D. leur.

16. Cet <u>arbre</u> est très beau, n'est-ce pas?
A. maison
B. garçon
C. ciel
D. homme

17. Ce livre est à moi; et <u>ce livre-ci</u> à qui est-il?
   A. celle-ci
   B. ceux-ci
   C. celles-ci
   D. celui-ci

18. Je me suis <u>couché</u> tôt.
   A. arrivé
   B. partie
   C. levé
   D. sorti

19. Elle <u>s'est mise</u> à écrire une lettre à sa soeur.
   A. a fini
   B. a commencé
   C. est devenue
   D. s'est tue

20. Madame Choquette dit à son enfant: Tais-toi, je te dis.—Et tout de suite, il <u>a cessé de parler.</u>
   A. s'est tu.
   B. s'est tué.
   C. s'est mis.
   D. est devenu.

21. Vas-tu cesser de parler constamment?—Oui, je vais <u>cesser de parler.</u>
   A. me dépêcher.
   B. me blesser.
   C. me bénir.
   D. me taire.

22. Monsieur Maillot a fini par <u>surprendre</u> ses amis.
   A. étonner
   B. écrivant à
   C. offrant des cadeaux à
   D. lisant à

23. Mademoiselle Marin <u>a épousé</u> un docteur de l'hôpital.
   A. a marié
   B. a mariée
   C. s'est mariée avec
   D. a pris comme femme

24. Il <u>a voulu</u> rendre trois francs à la vendeuse.
   A. a essayé
   B. a désiré
   C. a refusé
   D. a oublié

25. Pourquoi avez-vous l'air si distrait?—<u>Je songe</u> à mon examen.
   A. Je pense
   B. Je sais
   C. J'ai étudié
   D. J'ai préparé

26. Ils <u>veulent</u> dire bonsoir aux invités.
  A. Ils refusent
  B. Ils ont envie de
  C. Ils essayent
  D. Ils regardent

27. Mademoiselle Bouchard a fait de la <u>politique</u>.
  A. pâtisserie.
  B. travail.
  C. fautes.
  D. erreur.

28. Monsieur Laflamme est <u>arrivé</u> en retard.
  A. parlé
  B. discuté
  C. couché
  D. parti

29. Elle a ouvert la <u>fenêtre</u>.
  A. bureau.
  B. porte.
  C. parapluie.
  D. yeux.

30. Les garçons ont <u>faim</u>.
  A. en retard.
  B. soif.
  C. malades.
  D. intelligents.

Each of the incomplete statements or questions below is followed by four suggested completions. Select the most appropriate completion and blacken the space under the letter of your choice on the special answer sheet.

31. Si cette phrase n'est pas vraie, alors elle doit être
  A. faux.
  B. tout à fait.
  C. ignoble.
  D. fausse.

32. Madame Perrault était si heureuse qu'elle a commencé à
  A. sourire.
  B. pleurer.
  C. pleuvoir.
  D. gémir.

33. Cette soupe est bien fade; donnez-moi
  A. un peu de poisson.
  B. quelques grains.
  C. un peu de sel.
  D. une cuiller.

34. Ce garçon se lave tous les matins; il a, donc, les mains
  A. propres.
  B. sales.
  C. grandes.
  D. petites.

35. La poule est une espèce de
    A. voleur.
    B. volaille.
    C. vertige.
    D. voiture.

36. Robert est rentré chez lui sain et
    A. sauf.
    B. malade.
    C. triste.
    D. blessé.

37. Madame Durocher demeure dans une jolie maison au coin de cette
    A. boulevard.
    B. ruelle.
    C. toit.
    D. cave.

38. Il fait très froid dans cette chambre et on a laissé la fenêtre ouverte. Je vais l'abaisser.

    Abaisser veut dire

    A. faire descendre plus bas.
    B. faire monter plus haut.
    C. faire faire.
    D. embrasser quelqu'un.

39. Ce couloir aboutit plus loin, là-bas, où vous voyez la porte.

    Aboutir signifie

    A. commencer.
    B. se terminer.
    C. grandir.
    D. devenir petit.

40. Nous avons passé une bonne fin de semaine à la campagne et deux bonnes nuits dans une auberge.

    Une auberge est une sorte

    A. de forêt où l'on peut faire la chasse.
    B. de maison où l'on peut loger et manger.
    C. d'usine où l'on fabrique des marchandises.
    D. d'école où l'on apprend à parler des langues étrangères.

41. Mes parents sont actuellement à Paris où ils s'amusent beaucoup.

    Actuellement veut dire

    A. autrefois.
    B. dans l'avenir.
    C. à présent.
    D. dès aujourd'hui.

42. Monsieur et Madame Morin nous ont bien accueillis à la porte de leur maison quand nous y sommes entrés pour dîner avec eux.

    Accueillir veut dire

    A. éviter.
    B. mettre à la porte.
    C. décourager.
    D. recevoir.

43. Le professeur d'histoire nous accable toujours de travail; par exemple, nous avons deux chapitres à lire tous les soirs, une composition à écrire tous les jours et un examen tous les quinze jours.

Accabler veut dire

A. donner des excuses.
B. accepter des faveurs.
C. faire du travail.
D. surcharger.

44. Monsieur Hardy pousse une barbe parce qu'il n'aime pas se raser.

Se raser est l'action de

A. se coucher tôt.
B. se lever tard le matin.
C. couper le poil au ras de la peau au visage.
D. assembler de nouveau.

45. Madame Gobelin n'aime pas boire du lait quand il est froid; elle le préfère chaud. Pour le petit déjeuner ce matin, elle a chauffé le lait avant de le boire.

Chauffer veut dire

A. rendre chaud.
B. rendre froid.
C. boire.
D. manger.

Read each passage and select the best answer to each question by blackening the space under the letter of your choice on the special answer sheet.

Pour devenir membre de L'Académie française, il faut d'abord que le candidat plaise à M. le Directeur. De plus, le candidat doit avoir fait preuve d'une intelligence supérieure, jouir d'une bonne réputation et se montrer propre aux fonctions académiques. L'Académie française est chargée de composer le Dictionnaire. Il ne paraît que deux éditions de ce Dictionnaire par siècle!

46. Qu'est-ce qu'on exige des personnes chargées de la composition du Dictionnaire?
A. des connaissances administratives
B. une éloquence exceptionnelle
C. une personnalité peu commune
D. des talents variés

Une nouvelle expédition dans le domaine de l'exploration sous la mer est actuellement préparée par le commandant Jacques-Yves Cousteau. Cette expédition permettra à dix hommes de vivre pendant deux mois dans un véritable village sous-marin. Ce village est prévu pour l'exploration du fond de la mer jusqu'à deux mille mètres.

47. Qu'est-ce que l'exploration de Jacques-Yves Cousteau prouvera?
A. qu'on trouve sous l'océan des villages habités
B. qu'il est possible de vivre longtemps sous l'eau
C. que l'on peut construire des sous-marins très petits
D. que l'océan est plus profond qu'on ne le croyait

Un écrivain français fut, dans sa jeunesse, un journaliste pauvre. Il disait que durant les deux premiers mois de sa carrière littéraire il n'avait réussi à vendre que quatre articles. Et encore, ces quatre articles étaient son chapeau, ses deux costumes et son pardessus.

48. Au commencement de sa carrière littéraire, que faisait cet écrivain français pour vivre?
A. Il distribuait des journaux.
B. Il travaillait chez un tailleur.
C. Il vendait ses effets personnels.
D. Il enseignait aux jeunes à écrire.

Les Anglais ont inventé un instrument pour contrôler la vitesse qui peut s'adapter à n'importe quelle voiture. Il permet de fixer une vitesse-limite qui, une fois atteinte, ne peut absolument pas être dépassée. Moyen idéal lorsque l'on ne veut pas consommer trop d'essence ou que l'on veut prêter la voiture à ses enfants.

49. Quel sera un des avantages de cette invention?
   A. On achètera les voitures à meilleur marché.
   B. On pourra stationner plus facilement.
   C. Les voitures pourront aller plus vite.
   D. Les jeunes gens seront forcés de conduire moins vite.

Dans certains pays le français constitue l'une des langues nationales et l'enseignement se donne en français. Même l'indépendance de certains pays ne les empêche pas d'admirer cette langue. Oui, la langue française reste populaire et avec elle demeure encore l'esprit d'une civilisation très avancée.

50. Pourquoi enseigne-t-on le français dans certains pays étrangers?
   A. à cause de son excellence et de son contenu culturel
   B. à cause d'un accord conclu avec la France
   C. à cause du patriotisme admirable des Français
   D. à cause du système français d'instruction publique

Le conseiller culturel de Washington a reçu à déjeuner une jeune étudiante de dix-sept ans, qui vient de se classer seconde dans le concours national de français. Cette distinction lui vaut une belle pièce de bronze ainsi que la somme de cent dollars, et bientôt un voyage en France. Elle a encore un an d'études à faire, ce qui lui permettra d'aller ensuite en France.

51. Qu'est-ce que cette étudiante a gagné?
   A. le Tour de France
   B. un poste à Washington
   C. un prix de beauté
   D. une médaille et de l'argent

Si les enfants font des dessins sur les murs, il y a une solution: des crayons en savon. Les enfants feront des images sur les murs de la salle de bains. Vous les effacerez en quelques secondes. Les enfants se serviront de ces mêmes crayons pour se laver.

52. Quel moyen a-t-on trouvé d'empêcher les enfants de détériorer les murs?
   A. On leur enseigne le dessin.
   B. On les fait écrire avec une substance soluble.
   C. On leur donne des images pour s'amuser.
   D. On leur fait faire leur toilette rapidement.

Un fermier de la Province de Beauce vient d'être condamné à payer une somme d'argent pour avoir désobéi à la loi. On l'accusait de faire trop de bruit dans sa ferme. Il avait installé dans le jardin un bonhomme de paille armé d'un instrument qui faisait explosion toutes les trois minutes, même pendant la nuit, pour faire peur aux oiseaux.

53. Comment un fermier de la Beauce ennuyait-il ses voisins?
   A. en sortant tard la nuit
   B. en prenant leur argent
   C. en troublant leur repos
   D. en gardant des oiseaux

Les résultats des jeux olympiques ont été très inquiétants pour la France qui n'a remporté que peu de prix dans cette compétition. Est-ce à cause d'un manque d'aptitude des jeunes Français pour le sport? Certes non, mais parce que ce pays n'est pas suffisamment équipé pour donner aux jeunes gens le goût et l'occasion d'un entraînement sportif.

54. Qu'est-ce que les jeux olympiques ont prouvé à propos du sport en France?
   A. que les Français sont des athlètes sans courage
   B. que les athlètes sont mal payés
   C. que l'équipement est insuffisant pour former des champions
   D. que les jeunes Français mangent trop avant de faire de l'exercice physique

J'aime bien tous les chiens de misère: ceux qui vont çà et là, solitaires, ceux qui disent à l'homme abandonné, avec des yeux tristes: "Prends-moi avec toi, et de nos deux misères, nous ferons une espèce de bonheur."

55. Qu'est-ce que les chiens vagabonds semblent faire?
   A. Ils cherchent l'amitié parmi les hommes.
   B. Ils évitent les gens qui leur veulent du bien.
   C. Ils ont horreur du monde cruel où ils se trouvent.
   D. Ils ne se trouvent bien que parmi les chiens semblables à eux.

Un empereur du Japon avait rassemblé dans son palais vingt vases de porcelaine, les plus beaux qui fussent alors dans tout son empire. Or, il arriva qu'un officier en brisa un par inattention. L'Empereur entra dans une violente colère et ordonna que le coupable fût mis à mort. Le lendemain, au moment où la sentence allait être exécutée, un très vieux Brahmane qui marchait péniblement à l'aide d'un bâton se présenta dans le palais, —Seigneur, dit-il, je possède un secret pour réparer le vase brisé. A peine le Brahmane est-il en présence des dix-neuf vases qui restent que, d'un coup violent de son bâton, il les renverse tous sur le sol où ils se brisent en mille pièces.
   —Misérable, qu'as-tu fait? s'écrie l'Empereur.
   —J'ai fait mon devoir, répond tranquillement le Brahmane. Chacun de ces vases aurait pu coûter la vie à un de vos sujets. Qu'il vous suffise de prendre la mienne.
   L'Empereur fut frappé de la sagesse de ces paroles.
   —Vieillard, dit-il, tu as raison; tous ces vases dorés sont moins précieux que la vie d'une créature humaine.
   Et il eut pitié du maladroit officier et du courageux Brahmane.

56. Que fit le monarque quand l'officier maladroit brisa un des vases précieux?
   A. Il frappa l'officier.
   B. Il bannit l'officier du royaume.
   C. Il condamna l'officier à mourir.
   D. Il entra dans le palais.

57. Comment marchait le vieillard?
   A. difficilement
   B. rapidement
   C. sans aucune aide
   D. d'un pas léger

58. Que fit le Brahmane, à peine arrivé devant les objets d'art?
   A. Il emporta le vase brisé.
   B. Il brisa dix-neuf vases.
   C. Il brisa son bâton en mille pièces.
   D. Il renversa l'Empereur.

59. Le Brahmane convainquit l'Empereur
   A. que les vases de porcelaine sont aussi beaux que les vases dorés.
   B. que l'Empereur avait raison.
   C. que l'officier maladroit était courageux.
   D. qu'une vie humaine vaut plus qu'un vase.

60. Comment se termine cette anecdote?
   A. L'Empereur pardonna au Brahmane mais pas à l'officier.
   B. L'Empereur pardonna à tous les deux.
   C. L'Empereur félicita l'officier de son courage.
   D. L'Empereur remercia l'officier.

END OF TEST NO. 8

USE THE SPECIAL ANSWER SHEET ON PAGE 169.
THE TIME LIMIT FOR EACH TEST IS ONE HOUR.

Each of the incomplete statements or questions below is followed by four suggested completions. Select the most appropriate completion and blacken the space under the letter of your choice on the special answer sheet.

1. Ce matin, . . . d'entrer dans mon bureau quand le téléphone a sonné.
   A. je viens
   B. je venais
   C. je suis venu
   D. je vins

2. Je vois des gouttes d'eau sur les fleurs dans le jardin et la terre est mouillée. Est-ce qu'il . . . cette nuit?
   A. a fait froid
   B. a plu
   C. a neigé
   D. y avait une lune visible

3. Paul, as-tu les billets?—Oui, je les ai . . . ce matin.
   A. acheté
   B. achetée
   C. achetés
   D. achetées

4. Savez-vous . . . est ce chapeau?
   A. à quoi
   B. à qui
   C. dont
   D. laquelle

5. Si elle m'avait parlé, je lui . . . répondu.
   A. avais
   B. eus
   C. aurai
   D. aurais

6. Dis-moi, Pierre, à . . . penses-tu?
   A. lequel
   B. lesquels
   C. qui
   D. quel

7. Monsieur et Madame Arland . . . allés au théâtre s'ils avaient eu le temps d'y aller.
   A. sont
   B. seront
   C. étaient
   D. seraient

8. Monsieur et Madame Oranger . . . au cinéma s'ils avaient le temps d'y aller.
   A. iront
   B. allaient
   C. sont allés
   D. iraient

9. Monsieur et Madame Plumet . . . toujours au théâtre quand ils ont le temps d'y aller.
   A. vont
   B. sont allés
   C. iront
   D. iraient

10. Monsieur et Madame Beaulieu . . . au cinéma quand ils auront le temps d'y aller.
   A. sont allés
   B. iront
   C. allaient
   D. seraient allés

11. Avant qu'on . . . fini de parler, ils sont partis.
   A. a
   B. ait
   C. soit
   D. ont

12. Janine fait toujours ses devoirs . . . son frère Pierre est paresseux.
   A. à moins que
   B. tandis que
   C. parce que
   D. avant que

13. Monsieur et Madame Archambault vont sortir ce soir . . . ne pleuve.
   A. à moins qu'il
   B. parce qu'il
   C. tandis qu'il
   D. de sorte qu'il

14. Je te dis de ne pas bouger . . . je revienne.
   A. tandis que
   B. avant que
   C. parce que
   D. à cause de

15. Madame Arland vient d'acheter du beurre, du pain et . . . viande.
   A. du
   B. de la
   C. des
   D. de l'

After each statement, there is a question or incomplete statement. Select the most appropriate answer or completion and blacken the space under the letter of your choice on the special answer sheet.

16. Le pauvre homme n'avait rien mangé depuis une semaine et il était bien affamé.

   Cet homme souffrait de

   A. la soif.
   B. la faim.
   C. l'injustice.
   D. plusieurs blessures.

17. Dans la classe de français Robert parle constamment avec ses voisins au lieu de faire attention au professeur.

    Robert est

    A. studieux.
    B. paresseux.
    C. scrupuleux.
    D. bavard.

18. Monsieur Deguy, professeur de mathématiques, va toujours au fond des choses quand il explique le leçon.

    Monsieur Deguy explique la leçon

    A. clairement.
    B. confusément.
    C. obscurément.
    D. vaguement.

19. Dans la classe de géométrie, Hélène est la meilleure étudiante.

    Elle est sans doute

    A. la pire.
    B. grosse.
    C. petite.
    D. studieuse.

20. Monsieur Godard a dit à son voisin:—J'en ai assez de tout cela; j'en ai même plein le dos.

    Monsieur Godard est

    A. heureux.
    B. pressé.
    C. fâché.
    D. en retard.

21. Hier soir, j'ai dû faire la queue pour prendre des billets pour la représentation de *Carmen* à l'opéra.

    Faire la queue veut dire

    A. se comporter comme un animal.
    B. avoir envie d'assister à l'opéra.
    C. faire de son mieux.
    D. attendre son tour dans un groupe en ordre de progression.

Each of the following contains two words related to each other in some way. Under each, there are four other pairs of words. Choose the two words that are related to each other in the same way as the pair of words given. Blacken the space under the letter of your choice on the special answer sheet.

22. mère—fille
    A. père—fils
    B. cousin—cousine
    C. neveu—nièce
    D. oncle—tante

23. bateau—mer
    A. avion—passager
    B. train—gare
    C. avion—ciel
    D. automobile—chauffeur

24. charcutier—porc
    A. boulanger—pâtisserie
    B. libraire—livres
    C. coiffeur—dames
    D. poulet—viande

25. médecin—médecine
    A. professeur—étudiant
    B. avocat—loi
    C. sténographie—lettre
    D. lettre—courier

26. plus—moins
    A. grand—petit
    B. jolie—belle
    C. laid—hideux
    D. jeune fille—femme

Each of the incomplete statements or questions below is followed by four suggested answers or completions. Select the most appropriate answer or completion and blacken the space under the letter of your choice on the special answer sheet.

27. Monsieur Martin cache toujours son argent et il n'en donne jamais à personne.

    Monsieur Martin est

    A. généreux.
    B. actif.
    C. mélancolique.
    D. avare.

28. Le chauffeur avançait lentement dans sa voiture à cause de la brume.

    Une brume est

    A. un brouillard léger.
    B. une pluie légère.
    C. une tempête.
    D. un orage.

29. Pour acheter du sel et du poivre je vais chez l'épicier.

    Une épicerie est

    A. le magasin du marchand d'épingles.
    B. une inscription sur un édifice.
    C. le magasin du marchand d'épices.
    D. un morceau de viande.

30. Dans un parc on voit souvent des écureuils.

    Un écureuil est

    A. un arbre.
    B. un arbuste.
    C. un jeu.
    D. un animal.

31. Après la représentation théâtrale, tous les enfants ont battu des mains.

Battre des mains veut dire

A. se faire mal.
B. applaudir.
C. siffler.
D. crier.

32. En voyant un ours couché dans le lit de la petite Claudine, celle-ci est restée bouche bée.

Bouche bée veut dire

A. bouche fermée.
B. bouche pleine.
C. bouche d'un animal.
D. bouche ouverte d'étonnement.

33. Madeleine et Paulette se promènent dans le parc bras dessus, bras dessous.

Les deux filles sont sans doute

A. amies.
B. ennemies.
C. grandes.
D. petites.

34. Monsieur et Madame Hibou s'arrêtent devant un café-restaurant. Ils y entrent pour
A. casser les meubles.
B. casser la croûte.
C. acheter un journal.
D. briser la vitrine.

35. Après avoir dîné dans un restaurant célèbre, Monsieur et Madame Chermeux passent à la caisse pour payer l'addition y compris le pourboire.

Un pourboire est

A. quelque chose qu'on mange.
B. quelque chose qu'on boit.
C. une gratification.
D. une menace.

36. La dame ne pouvait pas lever la malle parce qu'elle était très lourde; alors, elle a demandé au porteur: Donnez-moi un coup de main, s'il vous plaît.

Donner un coup de main veut dire

A. aider quelqu'un à faire quelque chose.
B. empêcher quelqu'un de faire quelque chose.
C. demander à quelqu'un de faire quelque chose.
D. battre quelqu'un avec les mains.

37. Cette nuit j'ai dormi sur les deux oreilles et ce matin je suis en bonne forme.

Dormir sur les deux oreilles veut dire

A. dormir mal.
B. dormir bien.
C. ne pas dormir.
D. passer une nuit blanche.

38. Madame Jasmin, qui habite seule, ferme toutes les fenêtres et les portes à clef parce qu'elle a peur des cambrioleurs.

Fermer à clef veut dire

A. fermer de sorte qu'on ne puisse pas ouvrir.
B. fermer légèrement.
C. fermer une ouverture.
D. laisser ouverte.

39. L'agent de police a montré du doigt le musée que les touristes cherchaient.

Montrer du doigt signifie

A. mettre les doigts sur quelque chose.
B. mettre le doigt sur le nez.
C. chasser une mouche.
D. indiquer.

40. Les Béry ne peuvent pas nouer les deux bouts dans leur ménage à cause de l'inflation.

Nouer les deux bouts veut dire

A. aller d'un endroit à un autre.
B. rester dans le milieu de deux extrémités.
C. faire une chose d'une autre.
D. réussir à payer ses dettes et vivre avec confort.

Read each passage and select the best answer to each question by blackening the space under the letter of your choice on the special answer sheet.

Napoléon, debout avant le jour, donnait ce matin-là ses dernières instructions à ses lieutenants, et faisait passer ses soldats en revue. La nuit était froide, la campagne couverte au loin d'un brouillard très dense, comme celui qui avait enveloppé pendant quelques heures le champ de bataille d'Austerlitz. Escorté par des hommes portant des torches, Napoléon parcourut le front des troupes, parla aux officiers et leur démontra que les Prussiens étaient aussi compromis que les Autrichiens l'année précédente. Il ajouta que si les Prussiens étaient vaincus dans cette journée, ils seraient coupés de l'Elbe et de l'Oder, séparés des Russes et que la monarchie prussienne tout entière tomberait aux mains des Français. Il conclut que dans une telle situation, le corps français qui se laisserait battre ferait échouer les plus vastes desseins et se déshonorerait à jamais.

41. Napoléon s'était levé tôt pour
A. préparer ses troupes.
B. tromper l'ennemi.
C. donner l'exemple à ses lieutenants.
D. assister au lever du soleil.

42. En ce moment-là, la campagne était couverte
A. de neige et de glace.
B. d'une brume épaisse.
C. de rayons de soleil.
D. de pluie et d'éclairs.

43. Avant la bataille, Napoléon expliqua à ses officiers
A. la façon de trouver son chemin par un temps couvert.
B. la manière de protéger la tête des soldats.
C. les conséquences d'une défaite de la Prusse.
D. les propositions de paix que ferait l'Autriche.

44. Ce jour-là, il faudrait que les Français réussissent à
A. battre les Russes.
B. traverser deux fleuves à la nage.
C. remporter la victoire sur la Prusse.
D. faire beaucoup de prisonniers.

45. Les soldats d'un groupe responsable d'une défaite seraient
   A. frappés de coups.
   B. condamnés à l'exil.
   C. forcés d'en donner les raisons.
   D. couverts de honte.

Quelques enfants du voisinage venaient dans le jardin jouer avec Camille, une petite fille sourde. C'était une chose étrange que la manière dont elle les regardait parler. Ces enfants, à peu près du même âge qu'elle, essayaient, bien entendu, de répéter des mots, et tâchaient, en ouvrant les lèvres, d'exercer leur intelligence au moyen d'un bruit qui ne semblait qu'un mouvement à la pauvre fille. Souvent, pour prouver qu'elle avait compris, elle étendait les mains vers ses petites compagnes qui, de leur côté, se retiraient effrayées devant cette autre expression de leur propre pensée.

46. Les jeunes qui s'amusaient chez Camille étaient
   A. des enfants d'une autre ville.
   B. les enfants du quartier.
   C. les enfants du jardinier.
   D. des étrangers.

47. Lorsqu'on parlait à Camille, elle
   A. répondait poliment.
   B. était mal à l'aise.
   C. fixait les yeux sur ses interlocuteurs.
   D. articulait des sons.

48. Les enfants faisaient tant d'efforts pour se faire comprendre de la petite parce que la petite Camille
   A. restait indifférente.
   B. ne voyait pas ses camarades.
   C. n'était pas très intelligente.
   D. ne pouvait pas entendre les paroles.

49. Camille montrait à ses petites amies qu'elle les comprenait en
   A. allongeant les bras.
   B. allant vers eux.
   C. leur souriant.
   D. inclinant la tête.

50. Qu'est-ce qui faisait fuir les enfants?
   A. Ils pensaient que Camille était fatiguée.
   B. Ils avaient peur d'elle.
   C. Ils n'aimaient pas son langage.
   D. Ils étaient blessés.

Dans le Val de Loire, en Normandie, en Bretagne ou en Touraine, on rencontre partout des centaines de splendides châteaux qui s'acheminent, lentement mais sûrement, vers la ruine et l'abandon. Les châtelains d'autrefois ne peuvent plus faire face aux frais d'entretien et aux taxes considérables que leur vaut une telle propriété déclarée. Le prix de vente de ces magnifiques demeures rend la vie de château accessible à tous ceux qui en rêvent et qui sont assurés, voilà l'important, d'un excellent revenu.
   Le château d'Avray, près d'Orléans, vient d'être vendu à une société qui a entrepris la remise en état et la transformation des lieux en quarante petits appartements qui seront vendus en co-propriété. Pour un prix d'environ quinze mille dollars, vous aurez le bonheur d'être propriétaire d'un petit appartement dans le château d'Avray, mais trente-neuf autres propriétaires partageront ce bonheur avec vous.

51. Selon l'article précédent, on peut voir dans plusieurs provinces de France
   A. des palais non achevés.
   B. beaucoup de châteaux sans cheminée.
   C. des châteaux détériorés mais encore habitables.
   D. des ruines sur des routes abandonnées.

52. Cet état de choses existe parce que
   A. les châtelains ne s'intéressent pas à leurs affaires.
   B. les dépenses sont trop élevées.
   C. les prix de ces immeubles sont exorbitants.
   D. ces propriétés sont mal construites.

53. Pour devenir propriétaire d'un château il est nécessaire
   A. d'avoir eu des ancêtres nobles.
   B. d'avoir beaucoup d'influence.
   C. d'avoir suffisamment d'argent.
   D. d'être d'origine française.

54. Le but de la société mentionnée dans l'article est de
   A. remplacer les châteaux par des bâtiments modernes.
   B. changer la façade des châteaux.
   C. restaurer les châteaux pour les faire habiter.
   D. vendre ces châteaux tels qu'ils sont.

55. Quel sera peut-être le plus grand désavantage de la propriété en commun?
   A. On aura trop peu de solitude.
   B. Les châteaux seront mal entretenus.
   C. Les logements seront trop petits.
   D. La conversion sera trop lente.

Un mot de Madame de Montespan fut cause de la guerre de Hollande. Les Hollandais offraient toutes sortes de satisfactions sur les plaintes du Roi, et Monsieur de Colbert dit: "Sire, vous ne pourriez en exiger davantage, si vous les aviez battus."

Le Roi avait promis de voir leur ambassadeur. Le Roi revenant de chasse, dit à Mme de Montespan qu'il avait fait une belle chasse.

"Ne vous lasserez-vous point, dit-elle, de suivre des bêtes, pendant que les autres gagnent des batailles?"

Le Roi, là-dessus, résolut la guerre.

56. Qu'est-ce qui força le Roi à prendre une décision?
   A. les observations d'une personne influente
   B. les offres peu avantageuses de la Hollande
   C. le mécontentement des Hollandais
   D. le besoin de bêtes à chasser

57. Colbert pensait que les offres des Hollandais étaient
   A. absurdes.
   B. intéressantes.
   C. provocatrices.
   D. inacceptables.

58. De quoi le Roi était-il si content ce jour-là?
   A. de la décision de ses courtisans
   B. de la beauté de sa dame préférée
   C. des promesses de son représentant aux étrangers
   D. d'avoir tué plusieurs animaux

59. Mme de Montespan dit au Roi qu'il
   A. devrait retourner à ses plaisirs sportifs.
   B. devrait se reposer.
   C. employait mal son temps.
   D. était très sage.

60. Qu'est-ce que le Roi décida de faire?
   A. de laisser faire les Hollandais
   B. de rester tranquille
   C. de garder le silence
   D. d'essayer de remporter des victoires

END OF TEST NO. 9

USE THE SPECIAL ANSWER SHEET ON PAGE 170.
THE TIME LIMIT FOR EACH TEST IS ONE HOUR.

*Choose the word or words that can be **substituted** for the underlined word or words in each sentence so that they fit grammatically and sensibly in the sentence given. Blacken the space under the letter of your choice on the special answer sheet.*

1. A qui pensez-vous?
   A. que
   B. lequel
   C. quel
   D. quoi

2. Les parents de Paul sont plus heureux que les parents de Pierre.
   A. ceux
   B. celles
   C. celui
   D. lesquels

3. En général, tous les étudiants doivent se lever tôt les matins.
   A. se couchent
   B. se lèvent
   C. s'habiller
   D. mangent

4. Je partirai quand mon ami arrivera.
   A. vient.
   B. partira.
   C. parte.
   D. veux.

5. Je suis triste que tu deviennes malade.
   A. est
   B. sois
   C. soit
   D. aies

6. Est-ce que vous vous souvenez de moi?
   A. lui?
   B. en?
   C. y?
   D. toi?

7. Ta maison est grande mais la maison de Claudine est petite.
   A. laquelle
   B. lequel
   C. celle
   D. celui

8. Je ne comprends pas ce que vous dites. De <u>quoi</u> parlez-vous?
  A. qui
  B. lequel
  C. duquel
  D. celle

9. Je vous assure que vous auriez dû <u>venir</u> plus tôt.
  A. vous lavez
  B. vous levez
  C. coucher
  D. partir

10. Je regrette, mon cher ami, mais je ne peux pas te prêter de l'argent parce que je n'en ai <u>pas</u>.
  A. aucun.
  B. aucune.
  C. point.
  D. que.

11. Je viens de <u>lui</u> donner l'article.
  A. vous
  B. elle
  C. y
  D. eux

12. Je ne sais pas du tout où j'ai mis <u>mes</u> gants.
  A. ton
  B. ta
  C. leurs
  D. votre

13. <u>Qui</u> est à la porte?
  A. Qui est-ce qui
  B. Qui est-ce que
  C. Qui est-ce qu'
  D. Quoi

14. Quel <u>programme</u> de télévision préférez-vous?
  A. actrice
  B. acteur
  C. acteurs
  D. actrices

15. De <u>quoi</u> parle-t-il?
  A. lequel
  B. qui
  C. quel
  D. ce que

16. La semaine dernière nous sommes arrivés à Paris et nous avons <u>quitté</u> nos amis devant l'hôtel.
  A. parlé
  B. vu
  C. partis
  D. parti

17. Connaissez-vous cette <u>dame</u>?
    A. monsieur?
    B. garçon?
    C. personne?
    D. arbre?

18. Demain nous allons en <u>France</u>.
    A. Canada.
    B. Portugal.
    C. Etats-Unis.
    D. Italie.

19. Voulez-vous que je vous <u>explique</u> la vérité?
    A. dis
    B. dit
    C. dise
    D. dites

20. <u>Que</u> cherchez-vous?
    A. Qu'est-ce que
    B. Quel
    C. Qui
    D. Quoi

Each of the incomplete statements or questions below is followed by four suggested answers or completions. Select the most appropriate answer or completion and blacken the space under the letter of your choice on the special answer sheet.

21. Est-ce que vous désirez acheter ce livre-ci?—Non, je préfère
    A. celle.
    B. celle-ci.
    C. celle-là.
    D. celui-là.

22. Après avoir . . . la leçon, elle est sortie.
    A. finir
    B. fini
    C. finissant
    D. terminer

23. Avez-vous beaucoup d'amis?—Qui, j' . . . ai beaucoup.
    A. en
    B. y
    C. les
    D. les en

24. Voyez-vous cette jolie maison? Elle est entourée . . . fleurs.
    A. de
    B. des
    C. par
    D. les

25. Si tu as le temps, . . . -moi un coup de téléphone ce soir.
    A. donne
    B. donnes
    C. donnez
    D. donner

26. A qui parlez-vous?—Je parle à
   A. leur.
   B. il.
   C. tu.
   D. eux.

27. Qui est cette femme-là? Est-elle . . . ?
   A. français
   B. Français
   C. française
   D. Française

28. C'est aujourd'hui mardi, le premier avril, mille neuf cent
   A. quatre-vingts.
   B. quatre-vingt.
   C. quatres-vingt.
   D. quatres-vingts.

29. Cet après-midi je vais jouer . . . tennis avec mes amis.
   A. à la
   B. au
   C. du
   D. en

30. Savez-vous jouer . . . piano?
   A. au
   B. du
   C. de la
   D. à la

Each of the following contains two words related to each other in some way. Under each, there are four other pairs of words. Choose the two words that are related to each other in the same way as the pair of words given. Blacken the space under the letter of your choice on the special answer sheet.

31. neveu   nièce
   A. père—oncle
   B. cousin—cousine
   C. mère—tante
   D. crayon—stylo

32. chanteur—chanson
   A. professeur—maîtresse
   B. noir—blanc
   C. orateur—discours
   D. pomme—pêche

33. roi—reine
   A. romain—roman
   B. livre—cahier
   C. tableau—image
   D. marquis—marquise

34. lire—livre
   A. boire—manger
   B. se lever—s'asseoir
   C. écrire—lettre
   D. parler—causer

35. beurre—pain
    A. lait—café
    B. vanille—chocolat
    C. chaise—fauteuil
    D. laver—se laver

Each of the incomplete statements or questions below is followed by four suggested answers or completions. Select the most appropriate answer or completion and blacken the space under the letter of your choice on the special answer sheet.

36. Je lui dirai tout . . . je la verrai.
    A. tandis que
    B. à moins que
    C. de sorte que
    D. quand

37. Tous les étudiants . . . à faire leurs devoirs.
    A. ont fini
    B. ont commencé
    C. ont envie
    D. veulent

38. Mon dernier examen aura . . . après-demain.
    A. lieux
    B. lieu
    C. place
    D. milieu

39. Les personnes qui ne disent pas la vérité disent
    A. ce qui est vrai.
    B. des mensonges.
    C. des profondeurs.
    D. des propos.

40. Pour me lever tôt le matin j'ai besoin
    A. d'une revanche.
    B. d'une réserve.
    C. d'un manteau.
    D. d'un réveille-matin.

41. Madame Beausoleil était si heureuse qu'elle s'est mise à
    A. sourire.
    B. pleuvoir.
    C. pleurer.
    D. retentir.

42. Vous parlez trop . . . et vous allez réveiller l'enfant qui dort.
    A. fort
    B. bien
    C. bas
    D. vite

43. Madame Cartier a envoyé . . . de fruits à Madame Linteau qui est malade.
    A. un mouchoir
    B. une carte
    C. une corbeille
    D. un menton

44. Le client a dit au garçon de restaurant:—Je refuse de manger ce potage parce qu'il y a . . . dedans.
   A. une cuillère
   B. des légumes
   C. de la soupe
   D. une mouche

45. Cette banane n'est pas jaune; elle est verte. Donc, elle n'est pas
   A. mûre.
   B. délicieux.
   C. bon.
   D. pénible.

Read each passage and select the best answer to each question by blackening the space under the letter of your choice on the special answer sheet.

Une dame âgée de quatre-vingts ans, Mme Cécile Clemenceau, cousine de l'homme d'état surnommé le Tigre, s'est défendue comme une lionne lorsqu'un bandit masqué l'a surprise un jour dans sa boutique. Elle s'est précipitée sur le voleur en lui arrachant son masque et s'est mise à lui expliquer qu'elle n'avait pas d'argent. Alors, le criminel a renoncé à son projet.

46. Qu'est-ce que Mme Cécile Clemenceau a fait d'extraordinaire à son âge?
   A. Elle a fait de la politique.
   B. Elle a pénétré dans la cage d'un zoo.
   C. Elle a ouvert un commerce profitable.
   D. Elle a réussi à empêcher un crime.

En France, on parlait récemment d'une jeune Américaine qui était tombée dans une rivière glacée. Elle y resta dix jours et en fut retirée pratiquement morte de froid. Les docteurs de l'hôpital réussirent à la ranimer en pratiquant le massage du coeur et ramenèrent à une température normale ce corps qui avait été soumis à une période d'hibernation.

47. Qu'est-ce qui est arrivé à cette dame?
   A. Elle a échappé à la mort.
   B. Elle a pratiqué illégalement la médecine.
   C. Elle a épousé un docteur de l'hôpital.
   D. Elle a sauvé la vie d'une personne.

Un petit garçon revient dans un magasin et dit à la marchande:
—Madame, en me rendant la monnaie tout à l'heure, vous vous êtes trompée de trois francs.
—Je le regrette, répond la vendeuse. Mais, c'est trop tard maintenant.
—Alors, tant pis, répond le garçon, je les garde.

48. Qu'est-ce qui a ramené ce garçon au magasin?
   A. Il avait trouvé le magasin fermé la première fois.
   B. Il avait oublié son argent à la maison la première fois.
   C. Il n'aimait pas ce qu'il avait acheté.
   D. Il voulait rendre trois francs à la vendeuse.

A minuit Pierre se réveille et dit à son frère:
—Lève-toi! J'entends marcher quelqu'un en bas dans la salle à manger. C'est peut-être un voleur. Je vais descendre.
—Je vais t'accompagner, répond son frère.

49. Pourquoi les deux frères descendent-ils à la salle à manger?
   A. Il y a du bruit à l'étage inférieur.
   B. Ils veulent dire bonsoir aux invités.
   C. Ils ont faim.
   D. On les a appelés.

Un petit garçon arrive à l'école un lundi matin et demande à son professeur:
—Dites, Monsieur, est-ce que vous me puniriez pour une chose que je n'ai pas faite?
Le professeur répond que non.
—Merci, Monsieur, répond le garçon, je n'ai pas fait mes devoirs pour aujourd'hui.

50. De quoi cet écolier est-il coupable?
    A. Il est arrivé en retard.
    B. Il a négligé de faire son travail.
    C. Il a manqué de politesse envers son maître.
    D. Il a été distrait en classe.

Turenne, maréchal de France, commanda l'armée française pendant la guerre de Dévolution en 1667 et pendant la guerre de Hollande en 1672. La guerre de Dévolution, entreprise par Louis XIV qui réclamait les Pays-Bas au nom de sa femme Marie-Thérèse, fut très rapidement conduite, et se termina par le traité d'Aix-la-Chapelle, qui donnait la Flandre à la France. Turenne mourut au champ d'honneur près de Salzbach en 1675.

Le maréchal Turenne commandait une fois une armée en Allemagne. Les magistrats de la ville de Francfort jugèrent, par les mouvements de ses troupes, que Turenne se disposait à passer sur leur territoire. Les magistrats firent offrir au maréchal cent mille florins pour l'engager à prendre une autre route. Aux députés chargés de lui faire cette offre Turenne dit: "Je ne puis en conscience accepter votre argent car je n'ai jamais eu l'intention de passer sur votre territoire."

51. Quelle fut la cause de la guerre de Dévolution?
    A. l'ambition de Turenne
    B. la conduite de la reine
    C. les actions des Hollandais
    D. les prétentions du roi

52. Quel fut un des résultats principaux de la victoire française dans la guerre de Dévolution?
    A. Aix-la-Chapelle fut réuni à la France.
    B. Louis XIV épousa Marie-Thérèse.
    C. La France acquit la Flandre.
    D. On céda les Pays-Bas à la France.

53. Pourquoi les magistrats de Francfort offrirent-ils de l'argent au maréchal?
    A. Ils voulaient lui venir en aide.
    B. Ils craignaient l'entrée en ville de l'armée de Turenne.
    C. Turenne avait demandé cent mille florins.
    D. Ils cherchaient à lui faire trahir la France.

54. Quelle fut la réponse de Turenne aux magristrats de Francfort?
    A. Il décida de traverser leur territoire.
    B. Il demanda plus d'argent.
    C. Il changea de route.
    D. Il refusa de prendre leur argent.

55. Turenne se révéla un homme
    A. incorruptible.
    B. malhonnête.
    C. avare.
    D. rusé.

A quinze ans Jean-Christophe donnait des leçons de piano dans un château voisin à Minna, une jeune fille de son âge dont les parents étaient nobles et riches. Christophe, fils de très petites gens, était pauvre, mais fier et peu patient. Minna était coquette et capricieuse.

Le petit Christophe, assis auprès d'elle, n'était pas très poli. Il ne lui faisait jamais de compliments: loin de là. Il était l'objet de son ressentiment, et elle ne laissait passer aucune de ses observations sans réplique. Quand elle se trompait, elle s'obstinait à soutenir qu'elle jouait ce qui était marqué. Il s'irritait, et ils continuaient à échanger des impertinences. Elle inventait de petites ruses pour interrompre la leçon et provoquer Christophe; elle toussait ou bien elle avait quelque chose à dire à la femme de chambre. Elle savait que Christophe se doutait bien que c'était de la comédie, et elle s'en amusait.

Un jour qu'elle se livrait à ce divertissement et qu'elle faisait semblant de tousser en se cachant le visage dans son mouchoir et en observant du coin de l'oeil Christophe exaspéré, elle eut l'idée ingénieuse de laisser tomber son mouchoir pour forcer Christophe à le ramasser: ce qu'il fit de la plus mauvaise grâce du monde. Elle l'en remercia d'un "Merci!" de grande dame qui irrita Christophe. Elle jugea ce jeu trop bon pour ne pas le redoubler. Le lendemain, elle recommença. Christophe ne bougea pas. Il bouillait de colère. Elle demanda: "Voudriez-vous, je vous prie, ramasser mon mouchoir?" Christophe répondit: "Je ne suis pas votre domestique. Ramassez-le vous-même!"

Elle se leva brusquement, tapa rageusement sur le piano et sortit furieuse.

Christophe l'attendit, mais elle ne revint pas. Il avait honte de son action: il sentait qu'il s'était mal conduit. Il craignit que Minna ne se plaignît et qu'il ne perdît pour toujours l'estime de la mère de Minna, madame de Kerich. Il ne savait que faire; car, s'il regrettait sa brutalité, pour rien au monde il n'eût demandé pardon.

Malgré leurs querelles Christophe et Minna s'attachèrent l'un à l'autre et décidèrent de se fiancer. Mais l'aristocratique maman de Minna se soucia peu d'un pareil fiancé et sépara les deux jeunes amoureux désespérés.

56. Ce qui réunissait souvent Christophe et Minna lorsqu'ils avaient quinze ans, c'était leur
   A. étude de la musique.
   B. mauvaise santé.
   C. vie sociale.
   D. compatibilité de caractère.

57. Minna se fâchait contre Christophe parce qu'il
   A. la critiquait trop sévèrement.
   B. s'approchait trop près d'elle.
   C. la punissait par plaisir.
   D. refusait de répondre à ses questions.

58. Minna réussit à mettre Christophe en colère en
   A. gardant un silence obstiné.
   B. le regardant en plein visage.
   C. lui demandant un service.
   D. commettant des erreurs exprès.

59. De quoi Christophe eut-il peur?
   A. de s'excuser
   B. de s'enrhumer
   C. des reproches de la dame
   D. de rester seul dans la pièce

60. Pour quelle raison les deux jeunes gens renoncèrent-ils à leur amour?
   A. Ils restèrent fâchés.
   B. Ils ne purent se décider à se marier.
   C. La mère voulait un noble comme gendre.
   D. Ils devinrent ennemis.

END OF TEST NO. 10

USE THE SPECIAL ANSWER SHEET ON PAGE 171.
THE TIME LIMIT FOR EACH TEST IS ONE HOUR.

*Choose the word or words that can be **substituted** for the underlined word or words in each sentence so that they fit grammatically and sensibly in the sentence given. Blacken the space under the letter of your choice on the special answer sheet.*

1. Cet <u>enfant</u> est beau.
   A. jeune fille
   B. garçon
   C. hôtel
   D. année

2. Quelles belles pommes! Donnez-<u>m'en</u> cinq.
   A. les lui
   B. lui en
   C. les moi
   D. les leur

3. Madame Plessy <u>s'est promenée</u> dans le parc aujourd'hui.
   A. a fait une promenade
   B. s'est promené
   C. a fait un voyage
   D. en se promenant

4. Cette femme a <u>bien des</u> amies.
   A. beaucoup des
   B. beaucoup d'
   C. peu des
   D. guère d'

5. En <u>quittant</u> ses amis, il les a salués.
   A. parlant
   B. parler
   C. voyant
   D. sortant

6. C'est ma mère qui <u>me les</u> a donnés.
   A. les leur
   B. leur les
   C. les vous
   D. à moi les

7. Ma mère est plus belle que <u>la vôtre.</u>
   A. le leur.
   B. le nôtre.
   C. celui de Paulette.
   D. celle de Pierre.

8. Ce matin Marie s'est habillée vite.
    A. a déjeuné
    B. s'est levé
    C. s'est couché
    D. est resté

9. Cette bicyclette est à moi; et cette bicyclette-là, à qui est-elle?
    A. celle-ci
    B. celle-là
    C. la leur
    D. le leur

10. Je regrette, mais je n'ai pas d'argent aujourd'hui.
    A. assez de temps
    B. des devoirs
    C. guère d'argent
    D. du café

Each of the incomplete statements or questions below is followed by four suggested answers or completions. Select the most appropriate answer or completion and blacken the space under the letter of your choice on the special answer sheet.

11. Il faut toujours répondre . . . la question que le professeur pose.
    A. à
    B. de
    C. pour
    D. y

12. Faites attention . . . marches en descendant l'escalier, s'il vous plaît!
    A. des
    B. aux
    C. pour les
    D. par les

13. Que faites-vous?—Mais vous voyez, je cherche . . . mon parapluie.
    A. pour
    B. à
    C. au
    D. Nothing needed

14. Ce matin les petits enfants . . . tôt.
    A. se sont éveillés
    B. s'est éveillé
    C. se sont éveillées
    D. ont réveillé

15. Avez-vous . . . les gants que vous cherchiez?
    A. trouvé
    B. trouvés
    C. trouvées
    D. trouver

16. Aimez-vous les souliers que je viens d' . . . ?
    A. acheter
    B. achetés
    C. achetées
    D. acheté

17. As-tu répondu . . . questions du maître?
   A. au
   B. des
   C. de
   D. aux

18. Madame Claude . . . en faisant la cuisine.
   A. s'est coupé
   B. s'est coupée
   C. se couper
   D. a coupé

19. Monsieur Belair vous . . . depuis vingt minutes.
   A. attendez
   B. attend
   C. attende
   D. attendra

20. Madame Poulin . . . le doigt ce matin mais elle va mieux maintenant.
   A. s'est coupé
   B. s'est coupée
   C. a coupé
   D. a coupée

21. Nous sommes dans . . . auberge depuis une semaine et nous nous amusons beaucoup.
   A. ce
   B. cet
   C. cette
   D. ces

22. Nous avons . . . trois fois à la campagne cet été.
   A. été
   B. eu
   C. eus
   D. resté

23. Quand nous sommes rentrés chez nous, nous . . . fatigués.
   A. avions
   B. étions
   C. avons eu
   D. été

24. Robert, combien de fois est-ce que je dois vous dire que vous êtes assis trop près de Cécile dans cette salle de classe? . . . , s'il vous plaît.
   A. Éloignez-vous
   B. Asseyez-vous
   C. Lavez-vous
   D. Dépêchez-vous

25. Emile, que penses-tu . . . potage?—Je le trouve excellent, maman.
   A. à la
   B. au
   C. de
   D. du

Each of the following contains two words related to each other in some way. Under each, there are four other pairs of words. Choose the two words that are related to each other in the same way as the pair of words given. Blacken the space under the letter of your choice on the special answer sheet.

26. garçon—jeune fille
    A. cloche—horloge
    B. salle de classe—études
    C. bain—douche
    D. homme—femme

27. virgule—point
    A. paragraphe—phrase
    B. pause—arrêt
    C. parapluie—pluie
    D. neige—hiver

28. printemps—fleurs
    A. été—froid
    B. hiver—neige
    C. automne—arbres
    D. saison—quatre

29. parapluie—pluie
    A. soleil—lune
    B. cerise—banane
    C. froid—chaud
    D. manteau—froid

30. pêche—épinards
    A. viande—poisson
    B. café—thé
    C. couteau—fourchette
    D. pomme—pomme de terre

Each of the incomplete statements or questions below is followed by four suggested answers or completions. Select the most appropriate answer or completion and blacken the space under the letter of your choice on the special answer sheet.

31. Généralement, un artiste travaille dans
    A. une caverne.
    B. un toit.
    C. un atelier.
    D. un troupeau.

32. En France il y a des châteaux qui sont . . . de belles fleurs.
    A. environnés
    B. entraînées
    C. chatouillés
    D. voûtés

33. Madame Leberger est souffrante dans son lit depuis deux semaines. Elle sera . . . jusqu'à la fin du mois.
    A. alitée
    B. déçue
    C. entêtée
    D. étourdie

34. Madame Jasmin a mis son bébé dans le lit
   A. divertissement.
   B. soigneusement.
   C. soupçonnant.
   D. supprimant.

35. Madame Arland a mis le linge au soleil pour
   A. soigner.
   B. se quereller.
   C. terrasser.
   D. sécher.

36. Monsieur Colbert boit trop de vin; il est souvent
   A. ivre.
   B. besogne.
   C. en retard.
   D. en velours.

37. Mon chien aime chasser
   A. les trêves.
   B. les tissus.
   C. les sourcils.
   D. les papillons.

38. Madame Poulenc ne comprend jamais . . . on lui dit.
   A. ce qui
   B. ce qu'
   C. qu'
   D. quoi

39. Monsieur Feuilleverte est bavard; il parle
   A. rarement.
   B. renseignement.
   C. moyennant.
   D. constamment avec abondance.

40. Ce livre-ci coûte cher mais celui-là est
   A. en plus.
   B. de plus.
   C. égal.
   D. meilleur marché.

41. Pourquoi êtes-vous tout mouillé?—J'ai été dehors sans imperméable et . . . à verse.
   A. il neige
   B. il fait du soleil
   C. il pleut
   D. il tonne

42. Pourquoi fais-tu toujours . . . aux chiens qui passent?
   A. mauvais
   B. mal
   C. meilleur
   D. de retour

43. La pauvre vieille femme s'est mise à genoux devant . . . de l'église pour prier.
   A. l'autel
   B. l'atelier
   C. la fierté
   D. l'effroi

44. On peut acheter du chocolat dans une
   A. pâtisserie.
   B. boulangerie.
   C. charcuterie.
   D. confiserie.

45. Généralement, un dictateur . . . le peuple.
   A. opprime
   B. loue
   C. surprend
   D. survend

Read each passage and select the best answer to each question by blackening the space under the letter of your choice on the special answer sheet.

Le propriétaire d'un établissement de bowling dit qu'on pourrait faire des études sociologiques assez amusantes en regardant les clients en train de se livrer à leur sport favori. Par exemple: Pour les Français, une partie de bowling a l'air d'une performance de mimes c'est-à-dire d'acteurs qui expriment des idées au moyen de gestes et d'attitudes. Ils agitent les bras et leur visage exprime toutes sortes de sentiments. Pour les Allemands, on dirait un concours scientifique. Ils ont l'air appliqué et organisent des consultations pour résoudre un problème. Les Japonais sont probablement les seuls joueurs qui peuvent jouer une partie complète sans prononcer un seul mot. Pour les Italiens, une partie de bowling c'est un peu une réunion de famille. Les joueurs amènent leurs propres admirateurs et ils forment le groupe le plus animé et le plus joyeux de l'établissement.

46. Le patron de cet établissement sportif croit qu'en observant ses clients au jeu il peut
   A. comprendre ce qu'ils disent.
   B. découvrir leur nationalité.
   C. éviter des difficultés sérieuses.
   D. deviner leur métier.

47. Quand le Français joue au bowling, il semble
   A. manifester beaucoup de froideur.
   B. employer un langage vulgaire.
   C. faire du théâtre.
   D. vouloir se battre.

48. En jouant au bowling, un Allemand paraît
   A. prendre des décisions difficiles.
   B. manquer de méthode.
   C. avoir confiance en lui seul.
   D. causer inutilement.

49. Comment le joueur japonais aime-t-il jouer une partie?
   A. en prenant des risques
   B. sans aucun spectateur
   C. sans faire d'effort
   D. en silence

50. Pour un Italien, une partie de bowling révèle
   A. le besoin de sortir de chez lui.
   B. le désir de montrer sa force.
   C. son esprit familial.
   D. son enthousiasme modéré.

Albert Schweitzer, docteur en philosophie, en théologie, et en médecine, naquit en Alsace en 1875. Il devint prédicateur à l'Eglise Saint-Nicolas à Strasbourg. Pendant dix ans, de 1902 à 1912, il fut organiste de la Société Jean-Sébastien Bach. En apprenant que la Société des Missions Evangéliques à Paris avait besoin d'hommes pour son oeuvre en Afrique, il décida d'étudier la médecine pour secourir, comme médecin, la population indigène. Il fut fondateur de l'hôpital de Lambaréné dans l'Afrique Equatoriale Française. En 1952, il reçut le Prix Nobel de la Paix. Dans toutes ses activités le docteur Schweitzer s'efforça de respecter la vie. C'est pour cela qu'il soigna les malades et qu'il chercha à guérir la population indigène d'une maladie sans microbes, la peur. Les Africains sont craintifs devant les forces de la nature; il faut les calmer, leur rendre confiance. Le docteur Schweitzer nous donna le grand secret du bonheur humain: aimer et se rendre utile. Albert Schweitzer mourut en 1965.

51. Le docteur Schweitzer fut médecin, théologien, philosophe, et
   A. avocat.
   B. ingénieur.
   C. musicien.
   D. homme d'état.

52. Selon le docteur Schweitzer qu'est-ce qu'il faut pour être heureux?
   A. recevoir des prix
   B. être renommé partout
   C. vivre en égoïste
   D. faire du bien aux autres

53. Qu'est-ce qui est arrivé à Schweitzer après beaucoup d'années en Afrique?
   A. Il a guéri presque tous les malades.
   B. Il a découvert la cause d'une maladie africaine.
   C. On lui a accordé un des plus grands honneurs du monde.
   D. La peur l'a forcé à abandonner ses projets.

54. Sur quel principe est fondée la philosophie du docteur Schweitzer?
   A. La nature nous comble de malheurs.
   B. On doit attacher une grande valeur à la vie.
   C. On trouve rarement ce qu'on cherche.
   D. La peur fait naître l'espérance.

55. Quel sentiment les Africains éprouvent-ils devant la nature?
   A. Ils ont peur.
   B. Ils sont orgueilleux.
   C. Ils restent indifférents.
   D. Ils se croient tout-puissants.

Le jour de l'examen du certificat d'études approchait. M. Rambourg présentait neuf candidats qu'il faisait travailler de sept heures du matin à six heures du soir. Le matin, il donnait du travail pour la journée aux autres élèves en leur recommandant de ne pas lever le nez; cependant, ils avaient la permission de rire des candidats, au commandement du maître. Ce procédé devait stimuler les concurrents.

Après les dictées et les problèmes venaient les interrogations de français, d'histoire et de géographie. Les élèves savaient par coeur tous les résumés de leurs petits manuels.

M. Rambourg travailla tant que ses neuf élèves furent reçus au certificat d'études, l'un avec le numéro un, un autre avec le numéro trois. Le soir de l'examen il y avait foule à la gare pour les attendre. Les enfants sautèrent joyeusement hors des compartiments, et les parents riaient. On entourait M. Rambourg, rayonnant, on le félicitait, et dans le village en fête, on chantait la gloire du maître d'école.

56. Pour préparer ses candidats à l'examen, le professeur
   A. les obligeait à étudier énormément.
   B. les laissait travailler par eux-mêmes.
   C. leur permettait de perdre leur temps.
   D. leur lisait des histoires drôles.

57. Les autres élèves aidaient les candidats en
   A. leur posant des questions.
   B. leur soufflant les réponses.
   C. se moquant d'eux.
   D. leur prêtant des livres.

58. Cette méthode d'apprendre était surtout
   A. de tout réciter en groupe.
   B. de se servir de la mémoire.
   C. d'associer certaines idées générales.
   D. de faire des raisonnements subtils.

59. Que font les habitants du village pour partager le succès des écoliers?
   A. Ils les envoient en voyage.
   D. Ils les attendent à la maison.
   C. Ils viennent les rencontrer au train.
   D. Ils les font travailler toute la journée.

60. Quelle est l'attitude des parents envers le maître d'école?
   A. Ils lui offrent un cadeau.
   B. Ils restent indifférents.
   C. Ils le critiquent sévèrement.
   D. Ils le trouvent très bon professeur.

END OF TEST NO. 11

USE THE SPECIAL ANSWER SHEET ON PAGE 172.
THE TIME LIMIT FOR EACH TEST IS ONE HOUR.

*Choose the word or words that can be **substituted** for the underlined word or words in each sentence so that they fit grammatically and sensibly in the sentence given. Blacken the space under the letter of your choice on the special answer sheet.*

1. Cet arbre est très grand.
   A. homme
   B. bâtiment
   C. avenue
   D. jeune fille

2. J'ai un bon appartement pour lequel je n'ai pas beaucoup payé.
   A. voiture
   B. maison
   C. livre
   D. pomme

3. Madame Godard ne peut jamais entrer dans une pâtisserie sans manger tout ce qu'elle voit devant elle.
   A. plus
   B. moins
   C. formidable
   D. avoir faim

4. Aimez-vous la cuisine dans ce restaurant?
   A. réfectoire?
   B. hôtel?
   C. auberge?
   D. cuisine?

5. Depuis combien de temps demeurez-vous dans cette maison?
   A. Depuis quand
   B. Pour quand
   C. Puisque
   D. Lors

6. Monsieur et Madame Auclair viennent de trouver une belle maison.
   A. acheter
   B. louer
   C. annoncer
   D. se trouver

7. Je ne sais pas du tout si Janine est amoureuse de vous.
   A. leur.
   B. les.
   C. toi.
   D. me.

8. <u>Actuellement</u> mes amis sont en France.
   A. Demain
   B. Hier
   C. En ce moment
   D. La semaine dernière

9. Aimez-vous <u>travailler</u> dans la classe de français?
   A. étudiant
   B. être
   C. étudiez
   D. pleuvoir

10. Laquelle de vos <u>soeurs</u> est allée en Angleterre?
   A. frères
   B. cousines
   C. amis
   D. parents

11. Qu'est-ce que vous venez <u>faire</u> ici?
   A. être
   B. étudiez
   C. attendre
   D. partir

12. Monsieur Boucher a étudié l'<u>espagnol</u>.
   A. français.
   B. grec.
   C. russe.
   D. anglais.

13. Laquelle de ces étudiantes est <u>sérieuse</u>?
   A. intelligents?
   B. curieux?
   C. capable?
   D. curieuses?

14. Ce soir nous allons chez Janine; demain nous <u>irons</u> chez Madeleine.
   A. manquons
   B. nous moquons
   C. serons
   D. chantions

Each of the incomplete statements below is followed by four suggested completions. Select the most appropriate completion and blacken the space under the letter of your choice on the special answer sheet.

15. J'ai eu un bon dîner dans ce restaurant pour . . . je n'ai pas beaucoup payé.
   A. laquelle
   B. lequel
   C. qui
   D. quel

16. Hier, pendant que . . . dans le parc, il a commencé à pleuvoir à verse.
   A. je me suis promené
   B. je faisais une promenade
   C. je me promènerai
   D. je me promenai

17. Je suis aussi grand . . . ma soeur.
   A. de
   B. comme
   C. de ce que
   D. que

18. Pierre est moins intelligent . . . Robert.
   A. que
   B. comme
   C. de
   D. de ce que

19. . . . vingt minutes que j'attends l'autobus.
   A. Depuis
   B. Pour
   C. Voilà
   D. Ce sont

20. Janine est plus jolie . . . Monique.
   A. comme
   B. de
   C. que
   D. de ce que

21. Entendez-vous la femme . . . chante?
   A. que
   B. qui
   C. quelle
   D. ce que

22. Comprenez-vous . . . je vous dis?
   A. que
   B. quoi
   C. ce que
   D. qui

23. Voyez-vous les enfants . . . ?
   A. jouer
   B. jouent
   C. à jouer
   D. joué

24. Mon professeur d'histoire est une personne . . . j'admire beaucoup.
   A. que
   B. qui
   C. lequel
   D. ce que

25. Avez-vous aimé . . . livre?
   A. cette
   B. ce
   C. ces
   D. cet

26. Que penses-tu de . . . examen?
    A. ce
    B. cet
    C. cette
    D. celui

27. Georges, tu as l'air pensif; . . . quoi penses-tu?
    A. à
    B. de
    C. en
    D. sur

28. Madame de Chaillot a beaucoup . . . robes.
    A. de
    B. des
    C. de la
    D. en

29. Madame Arland a . . . beaux chapeaux.
    A. de
    B. des
    C. de la
    D. en

30. Monsieur Plumet vend toujours . . . bon café.
    A. de
    B. du
    C. de la
    D. en

Each of the following contains two words related to each other in some way. Under each, there are four other pairs of words. Choose the two words that are related to each other in the same way as the pair of words given. Blacken the space under the letter of your choice on the special answer sheet.

31. oiseau—cage
    A. maison—édifice
    B. personne—maison
    C. voiture—automobile
    D. essence—liquide

32. secondes—minutes
    A. cloche—montre
    B. minutes—heures
    C. faim—soif
    D. dîner—petit déjeuner

33. feuille de papier—cahier
    A. parapluie—imperméable
    B. paragraphe—chapitre
    C. mot—parole
    D. page—livre

34. France—Espagne
    A. Angleterre—France
    B. France—Italie
    C. Portugal—Grèce
    D. Suisse—Espagne

35. vrai—faux
   A. juste—justice
   B. quantité—qualité
   C. correct—incorrect
   D. long—court

36. écolier—écolière
   A. ciel—terre
   B. professeur—médecin
   C. taxi—autobus
   D. étudiant—étudiante

37. boulangerie—pain
   A. confiserie—confession
   B. église—musée
   C. montagne—fleuve
   D. pâtisserie—gâteau

38. faim—manger
   A. jouet—jouer
   B. argent—monnaie
   C. soif—boire
   D. travailler—s'amuser

39. porc—charcuterie
   A. papier—papeterie
   B. confiserie—confiseur
   C. coiffeur—coiffeuse
   D. terre—sable

40. gants—mains
   A. quincaillerie—marteau
   B. arbre—feuilles
   C. chaussettes—chaussures
   D. bas—jambes

Read each passage and select the best answer to each question by blackening the space under the letter of your choice on the special answer sheet.

Nous manquons de techniciens! C'est le cri général de l'entreprise en France. Il y a une grande activité dans l'industrie et les demandes pour ce personnel spécialisé sont nombreuses. On a donc décidé de créer des instituts spéciaux destinés uniquement à former des techniciens supérieurs.

41. Comment a-t-on décidé de remédier à la rareté des techniciens?
   A. en centralisant les établissements de commerce
   B. en faisant travailler les personnes sans emploi
   C. en ouvrant de nouvelles écoles
   D. en fermant quelques industries

Napoléon se levait vers sept heures du matin, il procédait assez longuement à sa toilette et, pendant qu'il se rasait, son secrétaire lui lisait des extraits de journaux français et étrangers. Les idées naissaient au cours de cette lecture dans le cerveau de l'Empereur.

42. Comment les idées naissaient-elles dans le cerveau de l'Empereur Napoléon?
   A. en réfléchissant dans son lit le matin
   B. en écoutant les nouvelles publiées dans la presse
   C. en causant avec son coiffeur
   D. en assistant à des conférences

Comme beaucoup d'Américains et d'Européens, Robert imaginait le Canada comme un pays à peu près désert.

Ce fut une révélation pour lui de constater combien l'homme a marqué ici son habitat naturel. "J'ai été complètement surpris, avoue-t-il, de voir que malgré une si petite population dans un territoire tellement vaste on sent partout la présence de l'homme."

43. Qu'est-ce qui a impressionné Robert au Canada?
    A. la multitude des races en terre canadienne
    B. l'imagination des habitants
    C. la crise du logement
    D. les nombreux indices du passage des humains

Tous les pays industriels d'Europe manquent de main-d'oeuvre pour les travaux les plus rudes et font venir des étrangers. En France, sur 100 mineurs quatorze sont étrangers. La France a besoin aussi d'ouvriers pour travailler dans les usines et dans la construction d'habitations. Les travailleurs viennent dans ce pays parce qu'ils y mènent une vie moins dure que chez eux.

44. Pourquoi y a-t-il tant de travailleurs étrangers en France?
    A. Les maisons coûtent moins cher à construire.
    B. Les travailleurs français sont trop vieux.
    C. L'étranger peut y vivre plus aisément.
    D. La France a besoin de paysans.

Trois étudiants devaient accompagner le Ministre des Finances en visite pendant cinq jours à Bucarest pour assister à la signature d'un accord commercial international. Ces trois lycéens avaient été choisis pour leur mérite scolaire.

Le Ministre de l'Education Nationale a empêché le départ de ces trois lycéens français pour la Roumanie. Il considérait que son autorisation avait été demandée trop tardivement. Les élèves ont défait leurs valises.

45. Pourquoi le Ministre de l'Education Nationale a-t-il empêché le départ de trois lycéens?
    A. Ils n'avaient pas fait leur demande assez tôt.
    B. Ils avaient été choisis à la hâte.
    C. Ils étaient trop jeunes pour voyager à l'étranger.
    D. Le Ministre des Finances refusait de payer leurs dépenses.

Ma chère Marthe,

Tu peux compter sur la discrétion de l'homme qui t'apportera cette lettre; il ne sait ni lire ni écrire; c'est un des plus solides républicains de la conspiration; ton père s'est servi de lui souvent, et il regarde le sénateur comme un traître. Or, ma chère femme, le sénateur a été emprisonné par nous dans la cellule où nous avons autrefois caché nos maîtres. Le misérable n'a de nourriture que pour cinq jours, et comme il est de notre intérêt qu'il vive, dès que tu auras lu ce mot, porte-lui de quoi manger pour au moins cinq autres jours. La forêt doit être surveillée; prends autant de précautions que nous en prenions pour nos jeunes maîtres. Ne dis pas un mot à Malin, ne lui parle point et mets un de nos masques que tu trouveras sur une des marches de la cave. Si tu ne veux pas compromettre nos têtes, tu garderas le silence le plus entier sur le secret que je suis forcé de te confier. Nous sommes certains de la bonne issue de cette affaire et, quand il le faudra, Malin sera notre sauveur. Enfin, dès que cette lettre sera lue, brûle-la tout de suite, car elle me coûterait la tête si l'on en voyait une seule ligne.

                                    Je t'embrasse,
                                    Michu

46. Une des raisons pour lesquelles Michu croit que la lettre est entre bonnes mains, c'est que
    A. les hommes savent garder un secret.
    B. l'enveloppe est solidement collée.
    C. le messager ne peut pas la lire.
    D. le porteur refuse de conspirer.

47. Où se trouve le sénateur?
    A. dans une école publique
    B. dans un endroit secret
    C. à la chasse
    D. au parlement

48. Dans quelle situation le prisonnier se trouve-t-il?
    A. Il est gravement malade.
    B. Il fait des travaux forestiers.
    C. Il va bientôt manquer de provisions.
    D. Il est obligé de fournir de l'argent pour la cause républicaine.

49. Marthe doit aider le sénateur en
    A. lui donnant de la nourriture.
    B. lui apportant son courrier.
    C. lui donnant de quoi écrire.
    D. l'amenant chez elle.

50. Marthe devra prendre la précaution de
    A. prévenir les membres de son parti politique.
    B. donner moins de nourriture.
    C. descendre sur la pointe des pieds.
    D. se cacher la figure.

51. Michu conseille à Marthe
    A. d'être très discrète.
    B. de répondre à sa lettre.
    C. de se sauver.
    D. de payer le messager.

Autrefois les petits Savoyards devaient quitter leurs villages cachés sous la neige épaisse des Alpes et fuir la pauvreté de leur province pour aller chercher fortune à Paris.

On les retrouvait sur les toits de la capitale et sur les bords de la Seine, occupés à nettoyer les cheminées, à soigner les chiens des Parisiens et ainsi de suite.

Quand on naissait montagnard, il était entendu qu'on serait pauvre et qu'on passerait chaque année quatre ou cinq mois dans l'obscurité d'une sorte de mort appelée hiver, entre quatre murs avec des vaches dans un chalet de pierre qui parfois n'avait d'autre fenêtre que le trou de la cheminée qu'on devait fermer avec une trappe si la neige tombait trop fort.

En une vingtaine d'années à peine cette montagne de silence et de solitude est devenue un autre monde. Les gens des villes y viennent maintenant apprendre l'art du ski sous la direction de leurs anciens nettoyeurs de cheminées.

52. Les jeunes Savoyards allaient à Paris pour
    A. éviter d'être reconnus.
    B. mieux gagner leur vie.
    C. passer les vacances de Noël.
    D. faire des études.

53. Que faisaient les Savoyards à Paris?
    A. Ils faisaient de petits travaux.
    B. Ils s'occupaient de haute finance.
    C. Ils travaillaient pour les bouquinistes.
    D. Ils demandaient l'aumône le long des quais.

54. On dit que pendant l'hiver, les habitants de la montagne
    A. faisaient de la peinture.
    B. mouraient en grand nombre.
    C. vivaient auprès de leurs animaux.
    D. avaient de nombreuses occupations.

55. Quand il neigeait abondamment, les gens
   A. se réfugiaient dans des palais.
   B. éteignaient les lumières.
   C. chassaient les bêtes.
   D. fermaient toutes les ouvertures.

56. Aujourd'hui, un grand nombre de Savoyards préfèrent
   A. pêcher dans la Seine.
   B. enseigner un sport d'hiver chez eux.
   C. éviter les visiteurs.
   D. faire leur métier dans les grandes villes.

Louis XIV avait dans l'esprit plus de justesse et de dignité que de mots spirituels et d'ailleurs on n'exige pas qu'un roi dise des choses mémorables, mais qu'il en fasse. Ce qui est nécessaire à tout homme d'importance, c'est de ne laisser sortir personne mécontent de sa présence, et de se rendre agréable à tous ceux qui l'approchent. On ne peut faire du bien à tout moment; mais on peut toujours dire des choses qui plaisent. Il s'en était fait une heureuse habitude . . . Il était, surtout avec les femmes, d'une attention et d'une politesse qui surpassaient encore l'amabilité de ses courtisans . . . Loin de dire des choses désagréables, qui sont des coups mortels dans la bouche d'un prince, il ne se permettait ni les plus innocentes ni les plus douces moqueries.

57. Ce que l'on demande d'un roi, c'est qu'il
   A. fasse de longs discours.
   B. soit très difficile à satisfaire.
   C. assiste à toutes les conférences.
   D. accomplisse des actes extraordinaires.

58. Louis XIV ne manquait jamais
   A. de faire un compliment.
   B. d'adresser des reproches.
   C. de parler de ses actions valeureuses.
   D. de renvoyer ceux qu'il n'aimait pas.

59. L'auteur dit que Louis XIV
   A. se soumettait à l'influence de ses courtisans.
   B. donnait l'exemple de la courtoisie.
   C. fuyait les conversations prolongées.
   D. manquait de justice.

60. Le roi était particulièrement galant avec
   A. les dames.
   B. les princes.
   C. ses serviteurs.
   D. ses officiers.

END OF TEST NO. 12

USE THE SPECIAL ANSWER SHEET ON PAGE 173.
THE TIME LIMIT FOR EACH TEST IS ONE HOUR.

Each of the incomplete statements or questions below is followed by four suggested completions. Select the most appropriate completion and blacken the space under the letter of your choice on the special answer sheet.

1. Mon dernier examen aura . . . après-demain.
   A. lieu
   B. mal
   C. difficile
   D. falloir

2. Henri reçoit toujours de . . . notes.
   A. bons
   B. bonnes
   C. mal
   D. bien

3. Moi, je devrai . . . ici à travailler.
   A. rester
   B. resté
   C. restai
   D. reste

4. Alors, tu peux . . . un voyage tous les étés.
   A. aller
   B. faire
   C. prendre
   D. fais

5. Je suis en train . . . chercher un livre que je veux offrir à mon oncle.
   A. de
   B. à
   C. pour
   D. en

6. Je ne pense pas qu'il . . . le problème.
   A. comprenne
   B. comprend
   C. a compris
   D. soit compris

7. Ce garçon ne s'intéresse pas . . . sports.
   A. au
   B. aux
   C. en
   D. les

8. Lequel de ces deux stylos prendrez-vous?—Je prendrai
   A. celle-ci.
   B. celui-ci.
   C. ceux-ci.
   D. celles-ci.

9. Ma tante Tatie a . . . belles jambes.
   A. des
   B. de
   C. les
   D. quelques

10. Savez-vous . . . heure il est?
   A. quel
   B. quelle
   C. quelles
   D. laquelle

11. Connaissez-vous Janine et Pierre Paquet?—Oui, je . . . connais.
   A. les
   B. leur
   C. en
   D. les leur

12. Est-ce que c'est Robert là-bas qui parle avec Jacques?—Oui, c'est bien
   A. lui.
   B. le.
   C. leur.
   D. il.

13. Combien d'enfants les Piquot ont-ils?—Je crois qu'ils . . . six.
   A. ont
   B. en ont
   C. y ont
   D. aient

14. Avez-vous besoin d'argent pour sortir ce soir?—Oui, . . . besoin.
   A. j'ai
   B. je suis
   C. j'en ai
   D. j'y ai

15. Aimez-vous la maison que nous avons . . . ?
   A. acheté
   B. achetée
   C. acheter
   D. achetés

16. Quelle voiture avez-vous . . . ?
   A. acheté
   B. achetée
   C. achetez
   D. acheter

17. Samedi dernier nous avons . . . une voiture.
A. acheté
B. achetée
C. achetés
D. achetées

18. Il paraît que Monsieur et Madame Maillot sont en vacances. Hier soir je . . . ai téléphoné et il n'y avait pas de réponse.
A. les
B. leur
C. leurs
D. y

19. Moi, je préfère aller au cinéma. Et toi, . . . tu veux faire?
A. que
B. qu'est-ce que
C. qui est-ce qui
D. qu'est-ce qui

20. Savez-vous . . . parle au téléphone avec ma soeur?
A. qui
B. que
C. qu'est-ce qui
D. quoi

21. Vous avez l'air inquiet, Paul; . . . vous arrive?
A. qu'est-ce qui
B. qui est-ce qui
C. que
D. quoi

22. Dis-moi . . . tu vois tous les jours après les classes! Est-ce Paul?
A. qui
B. que
C. quel
D. quoi

23. As-tu de . . . manger?
A. qui
B. quoi
C. ce que
D. ce qui

24. Je ne vous comprends pas; . . . dites-vous?
A. quoi
B. que
C. ce que
D. ce qui

25. Je doute fort que mes amis . . . ce soir.
A. viennent
B. vont
C. vienne
D. sont venus

26. J'exige que le criminel . . . puni.
    A. soit
    B. est
    C. ait
    D. être

27. Je préfère que vous . . . le devoir immédiatement.
    A. faites
    B. fassiez
    C. avez fait
    D. fissiez

28. J'insiste que vous . . . ici à l'heure.
    A. soyez
    B. êtes
    C. soient
    D. soit

29. Madame Bouchard est heureuse que vous . . . la voir.
    A. veniez
    B. vinssiez
    C. venez
    D. vîntes

30. Je regrette que vous . . . si tôt.
    A. partez
    B. partirez
    C. partiez
    D. partiriez

Each of the incomplete statements or questions below is followed by four suggested completions. Select the most appropriate completion and blacken the space under the letter of your choice on the special answer sheet.

31. Madame Plessy a été gravement . . . dans un accident.
    A. injurié
    B. blessée
    C. cassée
    D. brisée

32. Je n'aime pas du tout cette soupe; elle est absolument
    A. fade.
    B. délicieuse.
    C. merveilleux.
    D. empruntée.

33. La mère a dit à son fils:—Georges, je te dis encore une fois de ramasser tes vêtements sous le lit et
    A. accroche-les.
    B. apaise-les.
    C. avise-les.
    D. bénis-les.

34. Il me semble que l'eau est assez . . . pour en faire du thé.
    A. brumeuse
    B. bruyante
    C. bubonique
    D. bouillante

35. Je vais chez un photographe pour acheter . . . pour ce tableau.
  A. un carré
  B. une bourse
  C. un chef-d'oeuvre
  D. un cadre

36. Pour savoir combien elle va payer, Madame Béry met les bananes sur . . . pour les peser.
  A. la balance
  B. le trottoir
  C. le toit
  D. la ceinture

37. Madame Corbeille est absente aujourd'hui; elle a un mauvais
  A. rhume.
  B. pré.
  C. puits.
  D. hibou.

38. Je n'ai pas bien dormi cette nuit parce que mon . . . est vieux.
  A. gibier
  B. gilet
  C. matelas
  D. fossé

39. Généralement, on met un bracelet
  A. au cou.
  B. au poignet.
  C. à l'oreille.
  D. à l'orteil.

40. Si je vous dis qu'il est interdit de marcher sur l'herbe, cela veut dire
  A. qu'il est nécessaire de faire cela.
  B. qu'il ne faut pas faire cela.
  C. qu'il se fait facilement.
  D. qu'il se fait avec difficulté.

41. Un synonyme de *las* est
  A. triste.
  B. actif.
  C. honnête.
  D. fatigué.

42. Si vous continuez à manger si peu, vous deviendrez
  A. maigre.
  B. grosse.
  C. gourmande.
  D. couturière.

43. A la fin d'une représentation théâtrale, généralement on
  A. apprécie.
  B. applaudit.
  C. s'endort.
  D. veille.

44. Si je vous dis que Madame Paquet voit tout en rose, cela veut dire qu'elle est probablement
   A. optimiste.
   B. pessimiste.
   C. méchante.
   D. malhonnête.

45. Si je vous dis que ce que vous faites ne sert à rien, cela signifie que ce que vous faites est
   A. utile.
   B. très important.
   C. accablant.
   D. inutile.

46. Si j'entre dans une église à pas de loup, j'y entre
   A. doucement.
   B. avec grand bruit.
   C. en chantant.
   D. avec des amis.

47. Si je vous dis que je suis en train de faire mes devoirs, cela veut dire que
   A. je vais faire un voyage.
   B. je n'ai rien à faire.
   C. je suis bien content.
   D. je suis occupé.

48. Si vous faites quelque chose exprès, c'est
   A. intentionnel.
   B. à l'instant.
   C. à la mode.
   D. à jamais.

49. Madame Boivin ne peut pas faire un voyage aux États-Unis cette année, faute
   A. d'argent.
   B. d'amis.
   C. d'ennemis.
   D. de lettres.

50. Joseph a réussi à l'examen de mathématiques; il en est très
   A. malcontent.
   B. triste.
   C. déçu.
   D. fier.

Read each passage and select the best answer to each question by blackening the space under the letter of your choice on the special answer sheet.

Le capitaine Audubon voulait faire un officier de marine de son fils qui quitta l'école navale pour revenir faire des dessins dans sa province de Vendée.
   —Jean-Jacques, dit le père, je vois que tu aimes le dessin. Veux-tu aller étudier l'art à Paris?
   —Bien sûr, mon père, répond le fils. Je préfère cela à la navigation et aux mathématiques. Attention, dit le capitaine, n'oublie pas qu'un artiste doit travailler dur!
   Quelques jours plus tard, Jean-Jacques Audubon devint l'élève du peintre David. Il allait souvent sur les bords de la Seine où il dessinait des hommes et des oiseaux.

51. Pourquoi Jean-Jacques a-t-il quitté la navigation?
   A. pour étudier les beaux-arts
   B. pour prendre soin de ses parents
   C. pour devenir mathématicien
   D. pour voyager à travers la France

Edouard Branly, né à Amiens en 1844, a fait ses études à l'Ecole Normale Supérieure où il reçut le grade de licencié et l'agrégation de physique et de mathématiques. Il a enseigné d'abord les sciences au lycée de Bourges, puis est venu à Paris comme chef de laboratoire de physique à la Sorbonne. Il a été nommé ensuite professeur de physique à l'Institut catholique de Paris où il a fait toutes ses découvertes sensationnelles sur le principe de la télégraphie sans fil dont l'utilisation a été mise au point par Marconi.

52. Qui est Edouard Branly?
    A. le directeur d'un lycée français
    B. l'inventeur d'une formule scientifique
    C. un chef cuisinier très réputé dans son pays
    D. un grand littérateur français

—S'il vous plaît, mademoiselle, J'ai besoin de différentes choses.
—Bien, monsieur. Je suis à vous dans un instant. Il y a trois personnes avant vous.
—Oh là là! Je vais manquer le cours d'histoire, dit le jeune homme.
—Je regrette, monsieur . . . Enfin, si vous êtes si pressé. . . . vous désirez?
—Une bouteille d'encre, un stylo, cinq crayons, une gomme et six cahiers, s'il vous plaît, mademoiselle.

53. Qu'est-ce que ce jeune homme a demandé à la demoiselle?
    A. de servir les autres clients d'abord
    B. de l'accompagner à ses cours
    C. de prendre son temps
    D. de lui vendre des articles scolaires

Un de nos amis, rentré de voyage plus tôt que prévu, au beau milieu de la nuit, s'aperçoit qu'il n'a pas sa clé. Il sonne, appelle, frappe à la fenêtre de la chambre sans arriver à tirer sa femme d'un sommeil profond. Alors, il a une inspiration. Il murmure d'une voix plaintive: "Maman." Aussitôt elle se lève et lui ouvre.

54. Comment cet homme a-t-il réussi à réveiller sa femme?
    A. en sonnant plusieurs fois
    B. en imitant la voix d'un bébé
    C. en criant très fort
    D. en frappant vigoureusement à la porte

—Hélène, vous voilà arrivée au sommet de la gloire dans l'aviation, pourquoi ne pas vous arrêter là maintenant?
—M'arrêter? dit Hélène.
—Oui, répond son ami, vous marier, fonder un foyer, vous consacrer à votre mari, à vos enfants . . . oublier l'aviation.
—Oublier l'aviation? dit la jeune fille.
—Peut-être pas complètement, dit l'autre. Mais n'en faire à l'avenir que pour votre plaisir . . . en touriste.

55. Qu'est-ce qu'un ami suggère à Hélène Boucher?
    A. de faire de l'alpinisme
    B. de voyager exclusivement en avion
    C. de rester célibataire
    D. de ne plus faire de vol

Les touristes qui vont à Paris auront prochainement à leur disposition un moyen très agréable de découvrir la ville. Ils pourront louer pour quinze francs l'heure, de petites voitures sans chauffeur. Dans ces voitures on a installé un appareil qui leur fera entendre, enregistrés sur bandes, les commentaires d'un guide. La promenade finie, ils n'auront même pas à retourner au garage.

56. Comment les touristes pourront-ils visiter Paris à bon marché?
    A. en prenant un guide
    B. en écoutant des bandes en auto
    C. en consultant les postes d'essence
    D. en prenant un train omnibus

Nous sommes au premier octobre. Comme professeur je viens de prendre au Secrétariat l'horaire de l'année nouvelle, et je m'arrête un instant devant ma classe pour considérer ce papier avec inquiétude. Comment ferai-je pour développer en si peu de temps mon programme? Comment les élèves, surtout, feront-ils pour l'appliquer? Heureusement pour eux, ils n'y songent pas. Ils ont bien d'autres préoccupations. Ils choisissent leurs places, se poussent les uns les autres; on entend des cris et des rires: "Dépêchons-nous! Entrons!"

Le silence se fait brusquement, un de ces silences profonds qu'explique seule la crainte ou la curiosité. Rassurez-vous. Sous la discipline moderne, et malgré l'ordre que l'on impose dans notre lycée, la crainte est le dernier sentiment que nos collégiens connaissent.

57. Dans ce passage, l'auteur décrit
   A. l'absence du maître.
   B. la rentrée des classes.
   C. la proclamation des notes.
   D. le commencement des vacances.

58. Ce jour-là, la plupart des élèves de cet établissement scolaire agissent
   A. sans se presser.
   B. avec une peur mortelle.
   C. avec beaucoup de tendresse.
   D. avec grand bruit.

59. Quel problème semble se poser tout d'abord pour ce maître?
   A. les longues heures de ses cours
   B. le grand nombre de ses élèves
   C. le temps trop court
   D. l'interruption de ses rêves de bonheur

60. Quelle méthode de discipline est en vigueur dans cette école?
   A. On intimide les élèves.
   B. On demande une conduite raisonnable.
   C. On exige une subordination rigoureuse.
   D. On permet aux élèves de perdre leur temps.

END OF TEST NO. 13

USE THE SPECIAL ANSWER SHEET ON PAGE 174.
THE TIME LIMIT FOR EACH TEST IS ONE HOUR.

Each of the incomplete statements or questions below is followed by four suggested answers. Select the most appropriate completion and blacken the space under the letter of your choice on the special answer sheet.

1. Je viens d'acheter un livre . . . j'ai besoin.
   A. dont
   B. laquelle
   C. lequel
   D. que

2. Paul n'a pas . . . soeurs.
   A. des
   B. de
   C. d'
   D. de la

3. Cet homme-là est riche; . . . est pauvre.
   A. celui-ci
   B. celle-ci
   C. ceux-ci
   D. celles-là

4. Robert veut . . . présenter.
   A. me les
   B. les me
   C. moi les
   D. les moi

5. Je vais partir maintenant parce qu'il faut que je . . . à l'heure.
   A. suis
   B. sois
   C. viens
   D. arrive

6. J'exige que vous . . . au lit parce que vous avez de la fièvre.
   A. restez
   B. vous reposez
   C. ayez
   D. restiez

7. Ma mère . . . descendu la valise.
   A. est
   B. a
   C. soit
   D. ait

8. Voulez-vous . . . fromage, monsieur?
  A. du
  B. de
  C. des
  D. de la

9. Y a-t-il du café sur la table?—Oui, il . . . a.
  A. en y
  B. y en
  C. y
  D. y a-t-il

10. Ma soeur . . . descendue vite ce matin pour aller à l'école.
  A. a
  B. est
  C. va
  D. ait

11. Ma soeur . . . descendu une chaise de sa chambre.
  A. a
  B. est
  C. va
  D. ait

12. Aimes-tu le cadeau que je t'ai . . . ?
  A. donné
  B. donnée
  C. donner
  D. donnes

13. Aimes-tu la rose que je t'ai . . . ?
  A. donné
  B. donnée
  C. donner
  D. donnes

14. A qui as-tu . . . la rose?
  A. donné
  B. donnée
  C. donner
  D. donnes

15. Aimes-tu les chocolats . . . je t'ai donnés?
  A. que
  B. qui
  C. quels
  D. quelles

16. La semaine prochaine je . . . dans un restaurant français.
  A. dînerais
  B. dînerai
  C. dîne
  D. dînais

17. Il vaut toujours mieux que vous . . . vos devoirs tous les jours.
   A. faites
   B. avez fait
   C. aurez fait
   D. fassiez

18. Aimez-vous les belles fleurs que j'ai . . . ?
   A. acheté
   B. achetée
   C. achetées
   D. achetés

19. Madame Poulin se maquille toujours . . . figure avant de sortir.
   A. la
   B. de la
   C. à la
   D. sa

20. Monsieur et Madame Paré . . . à Paris depuis une semaine.
   A. ont été
   B. seront
   C. sont
   D. soient

21. Janine . . . descendue vite quand sa mère a appelé.
   A. est
   B. a
   C. soit
   D. sera

22. Voilà bien vingt minutes . . . j'attends l'autobus.
   A. qui
   B. que
   C. ce que
   D. qu'est-ce que

Read the following statements and choose the correct missing word or words that would fit grammatically and sensibly in each statement.

Une dame . . . de soixante ans, Mme Lucille Belair, s'est . . .

23. A. âgé
   B. âgée
   C. avoir
   D. ayant

24. A. défendue
   B. défendu
   C. défendait
   D. défenderait

comme une lionne . . . un bandit masqué l'a surprise un jour dans . . . boutique.

25. A. puisqu'un
   B. lorsqu'un
   C. de sorte qu'
   D. pourvu qu'

26. A. sa
   B. son
   C. sès
   D. leurs

En Belgique, on parlait récemment d'une jeune . . . qui était . . .

27. A. Français
   B. Américaine
   C. Espagnol
   D. Italien

28. A. tombé
   B. tomber
   C. tombée
   D. tombant

dans une rivière glacée. Elle . . . est restée dix jours, et a été retirée

29. A. y
    B. en
    C. y en
    D. en y

presque . . . de froid.

30. A. mort
    B. morte
    C. mourant
    D. mourante

A minuit Pierre . . . réveille et dit à son frère: Lève- . . . ! J'entends

31. A. me
    B. se
    C. te
    D. nous

32. A. moi
    B. toi
    C. nous
    D. vous

marcher quelqu'un . . . bas dans la salle . . . manger!

33. A. à
    B. en
    C. au
    D. de

34. A. de
    B. pour
    C. à
    D. en

Choose the word or words that **cannot be substituted** *for the underlined word or words in each of the following statements or questions. The correct answer is the one that does* **not** *fit grammatically or sensibly. Blacken the space under the letter of your choice on the special answer sheet.*

Example: Qu'est-ce que vous <u>dites</u>?
    A. racontez
    B. préférez
    C. suit
    D. cherchez

(The correct answer is **C. suit**; choices A, B, and D can fit grammatically and sensibly, but choice **C** does not fit because it is not the correct form of the verb "suivre" with the subject "vous.")

35. Qu'est-ce que vous <u>voulez</u>, monsieur?
    A. cherchez
    B. faites
    C. avez
    D. obéissez

36. Je <u>lui</u> ai dit de venir tôt.
    A. les
    B. vous
    C. leur
    D. t'

37. J'ai attrapé <u>un rhume</u>.
    A. une balle.
    B. l'autobus.
    C. le train.
    D. le ciel.

38. Paul est Français.
   A. Américain.
   B. Anglais.
   C. Espagnole.
   D. Belge.

39. Madame Piquot est une belle femme.
   A. petite
   B. grand
   C. jolie
   D. bonne

40. Suzanne obéit à sa mère.
   A. parle
   B. écoute
   C. écrit
   D. désobéit

41. Ce monsieur a acheté une belle voiture.
   A. a vendu
   B. a obtenu
   C. a reçu
   D. est descendu

42. Anne n'a pas fait les devoirs pour aujourd'hui.
   A. leçons
   B. composition
   C. exercices
   D. gâteaux

43. Avez-vous téléphoné à vos amis?
   A. ses
   B. leurs
   C. leur
   D. mes

44. Nos voisins sont partis en vacances.
   A. Mes
   B. Ses
   C. Vos
   D. Notre

45. L'été passé nous sommes allés dans les montagnes.
   A. avons passé une semaine
   B. avons été
   C. irons
   D. nous sommes bien amusés

46. Le professeur me souhaite bonne chance dans les examens.
   A. vous
   B. nous
   C. te
   D. eux

47. Est-ce que vous vous intéressez à la musique <u>française</u>?
    A. italienne?
    B. anglaise?
    C. américaine?
    D. allemand?

48. C'est pour <u>moi</u> seulement
    A. toi
    B. vous
    C. elle
    D. il

49. Ce matin, Janine <u>s'est habillée</u> vite avant de quitter la maison.
    A. s'est lavée
    B. s'est levée
    C. a déjeuné
    D. est parti

50. As-tu <u>envoyé</u> la lettre à tes parents?
    A. écrit
    B. composé
    C. fini
    D. reçue

51. Ma dernière <u>classe</u> finit à trois heures et demie.
    A. cours
    B. leçon
    C. heure de pratique
    D. récitation

Read each passage and select the best answer to each question by blackening the space under the letter of your choice on the special answer sheet.

En 1795, deux jeunes hommes qui habitaient un village des environs de la baie Mahone eurent l'idée d'aller chasser le canard dans les îles; on leur avait dit que les animaux qu'on prend à la chasse étaient très abondants dans l'Ile-au-Chêne et ils se dirigèrent de ce côté-là.

Ils venaient de débarquer et inspectaient les lieux quand ils découvrirent un endroit de la forêt où les arbres étaient moins nombreux et qui présentait une légère dépression vers le centre. Un chêne solitaire étendait une forte branche au-dessus de cette dépression et son tronc portait une inscription rendue illisible par les années.

La curiosité des hommes fut éveillée. Examinant le sol à l'endroit de la dépression, ils constatèrent qu'on avait visiblement creusé un trou en ce lieu. Les légendes concernant les trésors cachés dans la région leur revinrent à la mémoire: ils avaient la certitude d'avoir fait une découverte beaucoup plus intéressante que toute chasse au canard.

Gardant pour eux-mêmes leur précieux secret, ils retournèrent en hâte au village pour revenir bientôt armés de pelles et d'instruments. Une excavation de dix pieds de profondeur révéla une plate-forme de pièces de bois très épaisses; tremblant d'émotion, les hommes continuèrent à creuser. A vingt pieds, une seconde plate-forme fut déterrée; puis une troisième à trente pieds. A chaque fois ils croyaient découvrir le trésor, mais chaque fois, ils étaient déçus.

La tâche était trop rude pour deux hommes seulement et ils durent renoncer à leur projet. Tentant d'obtenir de l'aide, ils eurent à faire face à la crainte superstitieuse des villageois de Chester, car la rumeur courait qu'on voyait d'étranges lumières dans l'île la nuit.

52. Les deux hommes allèrent à l'Ile-au-Chêne parce qu'ils
    A. y avaient caché un tresor.
    B. voulaient abattre un arbre.
    C. espéraient y faire une bonne chasse.
    D. voulaient y planter des arbres.

53. En débarquant ils trouvèrent un
    A. terrain singulier.
    B. livre très vieux.
    C. magnifique bijou.
    D. dépôt de munitions.

54. Ils retournèrent au village pour
    A. annoncer leur découverte.
    B. chercher des outils.
    C. vendre des canards.
    D. écrire leurs mémoires.

55. Les hommes abandonnèrent leur travail
    A. parce qu'il était trop difficile.
    B. parce qu'on se moquait d'eux.
    C. parce qu'ils avaient découvert ce qu'ils cherchaient.
    D. parce qu'ils avaient été expulsés de l'île.

La Province de Québec est le berceau de la civilisation française sur le continent nord-américain. Environ 82% de sa population est d'origine française, mais la majorité de ses citoyens sont bilingues.

Le Québec est la plus grande province du Canada. Sa superficie, de 600.000 milles carrés, dépasse de six fois celle de la Grande-Bretagne. Elle est égale à celle des états de New-York, du Vermont, du New-Hampshire, du Maine, du Massachusetts, du Connecticut, du Rhode-Island, du New-Jersey, de la Pennsylvanie, de la Californie et du Texas réunis. Extrêmement riche en ressources naturelles, dont certaines encore inexploitées, le Québec dispose en outre d'une puissance hydro-électrique sans pareille: 11.000.000 de chevaux-vapeur (h.p.) lui assurent 45% du potentiel total du Canada. Le Québec est le plus gros producteur d'énergie électrique par tête au monde.

Son domaine forestier est presque inestimable et il est protégé par une législation de préservation et de reforestation. L'exploitation des forêts, la fabrication du papier et l'extraction du minerai constituent ses principales industries. Son économie s'industrialise à un rythme accéléré.

La Province de Québec fait les délices des touristes. Ceux qui cherchent à se recréer y trouvent d'innombrables sources de distractions. Amateurs de pêche, de chasse ou de camping jouissent de nombreux avantages que leur fournit le gouvernement provincial dans de vastes régions où quantité de rivières, de lacs remplis de poissons et de sites pittoresques procurent une tranquillité et un repos incomparables.

56. On dit que la majorité des habitants du Québec
    A. sont des jeunes enfants.
    B. sont nés en France.
    C. viennent des Etats-Unis.
    D. parlent deux langues.

57. La Province de Québec est imposante par
    A. l'étendue de son territoire.
    B. la densité de sa population.
    C. ses rapports avec l'étranger.
    D. ses hautes altitudes.

58. Le Québec surpasse tous les autres pays du monde par
    A. la richesse de ses habitants.
    B. son système de gouvernement.
    C. sa production de force électromotrice.
    D. la fertilité de son territoire.

59. Pour assurer la conservation de ses richesses forestières la Province de Québec a
   A. promulgué des lois.
   B. discontinué la fabrication du papier.
   C. encouragé l'exploitation des mines.
   D. développé l'industrie touristique.

60. De nombreux visiteurs sont attirés au Québec par
   A. le charme de la nature.
   B. les nombreux sports d'hiver.
   C. la fine cuisine.
   D. la population française.

END OF TEST NO. 14

**USE THE SPECIAL ANSWER SHEET ON PAGE 175.
THE TIME LIMIT FOR EACH TEST IS ONE HOUR.**

Read the statements given below and select the best answer which is related to the situation described. Blacken the space under the letter of your choice on the special answer sheet.

1. Une dame entre dans un magasin parce qu'elle a besoin d'acheter une paire de chaussures. Elle découvre qu'elle n'a que quarante dollars sur elle et elle dit au vendeur:
   A. J'aimerais avoir cette paire de chaussures que vous portez, monsieur.
   B. Je voudrais acheter une paire de chaussures qui coûtent plus de quarante dollars.
   C. J'ai besoin d'une paire de chaussures qui coûtent moins de trente dollars.
   D. Avez-vous une paire de chaussures à un prix de cent dollars?

2. Monique attend Janine à l'arrêt quand elle la voit descendre de l'autobus. Janine est bien en retard et Monique lui dit:
   A. Le ciel est gris; il va pleuvoir.
   B. Je t'attends depuis vingt minutes ici. Pourquoi n'es-tu pas arrivée à l'heure?
   C. Un tiens vaut mieux que deux tu l'auras, tu sais.
   D. Tu es à l'heure comme d'habitude.

3. Monsieur Vardy dîne sur la terrasse d'un café-restaurant. Il trouve que le poulet est très salé. Il dit à la serveuse:
   A. Apportez-moi un verre d'eau, s'il vous plaît; ce poulet salé m'a donné soif.
   B. J'ai besoin de me laver les mains.
   C. Ce poulet est bien fade.
   D. Ce que je mange est délicieux.

4. Pierre vient de sortir du cinéma et il n'a pas du tout aimé le film. Il est accompagné de son frère et il lui dit ses impressions:
   A. Veux-tu manger quelque chose maintenant ou plus tard?
   B. Ce film ne m'a pas plu.
   C. Je suis sûr qu'il a plu pendant que nous étions dans le cinéma.
   D. Le film m'a beaucoup plu.

5. Le professeur de mathématiques a trouvé bien des fautes dans le devoir de Pierre. En voyant la note que Pierre a reçue pour son travail, il s'est exclamé:
   A. Maintenant je suis certain que mes parents me donneront la nouvelle bicyclette!
   B. Mes parents seront bien fâchés!
   C. Cette note plaira beaucoup à mes parents!
   D. Mes parents comprennent bien la mathématique!

6. Monsieur et Madame Pareil sortent du théâtre. Elle dit à son mari que la représentation était mauvaise. Son mari lui répond:
   A. Tu aurais dû rester à la maison.
   B. Je suis content que tu aimes le théâtre.
   C. Oui, c'était excellent.
   D. Oui, ce n'est pas tous les jours que nous voyons un bon spectacle.

7. Madame Leberger ne réussit pas à lire le journal quotidien avec aise. Elle demande à son mari:
   A. Chéri, il n'y a pas assez de lumière dans le salon.
   B. Apporte-moi mes pantoufles, chéri.
   C. Y a-t-il quelque chose que tu veux faire cet après-midi?
   D. Est-ce que le café est prêt?

8. Monsieur et Madame Linteau font une promenade en voiture dans les montagnes. Tout d'un coup, l'automobile s'arrête et Monsieur dit à sa femme:
   A. Il n'y a plus d'essence, j'en suis sûr!
   B. Quel beau spectacle dans cet endroit!
   C. Comme tu es belle aujourd'hui!
   D. Sais-tu quelle heure il est?

Choose the word or words that can be **substituted** *for the underlined word or words in each sentence so that they fit grammatically and sensibly in the sentence given. Blacken the space under the letter of your choice on the special answer sheet.*

9. Je leur ai téléphoné à une heure.
   A. lui
   B. les
   C. l'
   D. la

10. Janine aime sa mère.
    A. parle
    B. téléphone
    C. dit
    D. prend soin de

11. J'adore les cerises.
    A. détestc
    B. aime
    C. appelle
    D. arrive

12. Je vous ai demandé de venir tôt.
    A. supplié
    B. prêté
    C. accompagné
    D. vu

13. De qui parlez-vous?
    A. lequel
    B. ce que
    C. que
    D. quoi

14. En voyant ses amis, il les a salués.
    A. s'approchant de
    B. parlant
    C. disant
    D. partant

15. Je le lui ai déjà donné.
    A. leur
    B. les
    C. vous
    D. te

16. Qu'est-ce que vous <u>dites</u>?
 A. parlez
 B. arrivez
 C. faites
 D. partez

17. Cette <u>enfant</u> est belle.
 A. amie
 B. ami
 C. hôtel
 D. arbre

18. Cet <u>arbre</u> est beau.
 A. hôtel
 B. dame
 C. monsieur
 D. amie

19. Cet <u>enfant</u> est beau.
 A. homme
 B. monsieur
 C. personne
 D. garçon

20. Après s'être <u>lavée</u>, Hélène est sortie.
 A. habillée
 B. déjeuné
 C. entrer
 D. parlée

Read the following statements and choose the correct missing word or words that would fit grammatically and sensibly in each statement. Blacken the space under the letter of your choice on the special answer sheet.

Je . . . appelle Paul. J' . . . seize ans. Je vais à l'école tous

21. A. m'
 B. me
 C. se
 D. s'

22. A. ai
 B. suis
 C. tiens
 D. a

les jours et j'apprends . . . français. J'aime beaucoup . . . mes amis.

23. A. la
 B. un
 C. une
 D. le

24. A. toutes
 B. tout
 C. tous
 D. toute

Tous les matins Richard se . . . à six heures et demie. Il . . . sa

25. A. lever
 B. lève
 C. levé
 D. mange

26. A. donne
 B. aime
 C. déjeune
 D. fait

toilette et il descend . . . prendre son petit déjeuner. A sept heures et

27. A. pour
 B. de
 C. avec
 D. afin

demie il attend . . . amis à l'arrêt de l'autobus.

28. A. son
B. sa
C. leur
D. ses

En général, il . . . chaud en été et en hiver il fait . . . . Aujourd'hui

29. A. est
B. a
C. donne
D. fait

30. A. doux
B. froid
C. chaud
D. pluie

il fait un . . . splendide. Je vais . . . parc pour jouer . . . balle.

31. A. temps
B. heure
C. chaud
D. pluie

32. A. à la
B. aux
C. à l'
D. au

33. A. au
B. à la
C. du
D. de la

Quand il pleut, je . . . à la maison. Quand il neige, j'aime . . . promener

34. A. reste
B. suis allé
C. entre
D. arrive

35. A. se
B. te
C. moi
D. me

dans le parc pour jouer dans . . . neige. Aujourd'hui il neige; je . . . au parc.

36. A. la
B. le
C. les
D. il

37. A. va
B. vais
C. aille
D. vont

—Bonjour, madame. Vous . . . l'air malade. Est-ce que vous . . . bien?

38. A. êtes
B. soyez
C. ayez
D. avez

39. A. portez
B. allez
C. sentez
D. avez

—Moi? Ai-je l'air . . . ? Mais non, pas du tout. Je suis en . . . santé!

40. A. mal
B. malade
C. maladie
D. pure

41. A. bonne
B. mauvais
C. bon
D. mauvaise

Each of the incomplete statements or questions below is followed by four suggested answers. Select the most appropriate completion and blacken the space under the letter of your choice on the special answer sheet.

42. Avez-vous donné le livre à Pierre?—Oui, monsieur, je . . . ai donné.
A. lui le
B. la lui
C. les leur
D. le lui

43. As-tu envoyé la lettre à tes parents?—Oui, je . . . ai envoyée.
   A. la leur
   B. leur la
   C. la lui
   D. les leur

44. Pierre a goûté le ragoût brûlé mais moi, je ne veux pas
   A. goûter le.
   B. goûtez-en.
   C. goûtez-y.
   D. le goûter.

45. Caroline . . . en descendant l'escalier.
   A. a tombé
   B. est tombée
   C. s'est tombé
   D. a tombée

46. Viens-tu de la bibliothèque, Marie?—Oui, . . . viens.
   A. j'y
   B. je
   C. j'en
   D. tu

47. Il est interdit de . . . sur l'herbe.
   A. marcher
   B. marchent
   C. marchant
   D. marché

48. Il est probable que Madame Dupain . . . vous voir aujourd'hui.
   A. vienne
   B. viendra
   C. soit venue
   D. viendrez

49. Il est certain qu'ils . . . le criminel.
   A. fassent punir
   B. punissions
   C. punir
   D. puniront

50. Je partirai quand vous
   A. arriver.
   B. arriviez.
   C. arriverez.
   D. êtes arrivé.

Read each passage and select the best answer to each question by blackening the space under the letter of your choice on the special answer sheet.

"Tu devrais te faire couper les cheveux," dit Boris à son ami Henri Troyat, le grand écrivain français.
   L'idée de se faire couper les cheveux par un coiffeur américain plut à Henri qui entra d'un pas décidé chez le coiffeur. Lorsqu'il en ressortit, il avait dépensé cinq dollars, mais éprouvé des sensations tellement singulières que cette expérience aurait bien valu le double. Lui ayant taillé les cheveux et les ayant brossés avec une brosse en fer, le coiffeur s'était fixé sur la main un petit appareil électrique qui la faisait vibrer au contact du crâne du Français dont toute la tête tremblait comme une gélatine. Il avait l'impression que ses dents

jouaient aux quatre coins dans sa bouche. Ce premier massage fut suivi d'un shampooing à l'huile, d'un rinçage des cheveux à l'eau tiède, d'une douche glacée, d'un séchage à air chaud, puis d'une application de lotions diverses. Ensuite le coiffeur s'attaqua aux joues, au menton et au front de son client dont il remuait la figure comme de la pâte malgré des expressions de ressentiment. Quand vint le tour d'un énorme appareil de rayons ultraviolets, Henri entendit Boris qui disait, "C'est pour brunir." L'idée de bains de soleil dans une cave semblait tellement ridicule à Henri qu'il éclata de rire, ce qui fâcha le coiffeur.

Puis Henri abandonna ses mains à la manucure et ses pieds au cireur de souliers. Trois personnes s'occupaient de lui.

Quand tout fut fini, Henri se regarda dans une glace, le coiffeur le contempla en clignant des yeux avec satisfaction, comme un artiste devant sa toile. La manucure se mirait dans ses ongles et le cireur dans ses chaussures. Alors Boris dit à son ami:

"Tu te sens mieux, n'est-ce pas?"

Henri paya et sortit dans la rue avec la sensation délicieuse qu'une fleur précieuse avait poussé sur ses épaules.

51. Le Français, Henri Troyat, fut poussé à entrer chez le coiffeur par
A. le besoin de se reposer.
B. les prix très bas.
C. une vanité excessive.
D. un conseil amical.

52. Après avoir coupé les cheveux à son client, le coiffeur se mit à lui
A. serrer chaleureusement la main.
B. prodiguer de multiples traitements.
C. parler français.
D. brosser les dents.

53. Qu'est-ce qu'Henri trouvait désagréable?
A. le massage de son visage
B. la température du rinçage
C. l'odeur des lotions
D. l'usage de l'huile

54. Le coiffeur s'irrita à cause
A. du nombre excessif des employés.
B. du long travail exigé par son client.
C. d'une remarque faite par Boris.
D. d'une réaction de son client.

55. L'auteur précise que tous les employés du salon de coiffure pour hommes avaient accompli un travail
A. trop lent.
B. peu soigné.
C. très artistique.
D. presque inutile.

À environ 20 milles de Paris, on a vendu un village entier avec ses 300 maisons. Inscrit dans les registres de l'administration sous le nom de Noisiel, il est de fait connu sous celui de "Village Menier". C'est ce dernier nom qu'on entend partout dans les rues, et surtout, dans les conversations de certains de ses habitants.

Situé dans le département de Seine-et-Marne, le village a pris son second nom de la fabrique de chocolat qui lui fournissait du travail. Il y a quelque temps la fabrique a dû se séparer du village où elle s'était établie en 1816.

L'usine avait été fondée par Antoine-Brutus Menier. Elle a connu avec le village des heures de gloire. On peut même dire que les deux ont grandi ensemble. Mais, aujourd'hui, la séparation se produit parce que l'usine s'est vue obligée de sacrifier son "enfant", en vendant ses propriétés voisines afin de pouvoir refinancer et moderniser son établissement.

La manufacture de chocolat qui jadis parvenait à nourrir plus de deux mille ouvriers, n'en comptait plus que 200. Autrefois, tous les habitants de Noisiel gagnaient leur vie en faisant du chocolat. En 1963, ce n'est plus qu'une faible minorité des habitants du village, qui prennent tous les matins le chemin de l'usine. Les autres ont été forcés de chercher du travail ailleurs.

Un village au complet, ses maisons, ses rues, ses arbres, ses canalisations, vendus à un établissement commercial! En plein 1963, on éprouve quelque difficulté à s'imaginer qu'un village puisse appartenir à une autre institution que l'Etat. En apprenant que tout, sauf quelques hectares occupés par l'usine, avait été vendu, les habitants ont ressenti une inquiétude que l'on comprend facilement.

56. Qu'y a-t-il de particulier au sujet du village français de Noisiel?
    A. Il est situé près de Paris.
    B. Il comprend beaucoup de maisons.
    C. On l'appelle par un autre nom.
    D. Ses habitants parlent différentes langues.

57. Comment quelques habitants de Noisiel gagnent-ils encore leur vie?
    A. Ils travaillent pour leur département.
    B. Ils fabriquent des produits alimentaires.
    C. Ils sont fonctionnaires à Paris.
    D. Ils sont à la retraite.

58. Qu'est-ce qui a fait autrefois la gloire du village?
    A. la date de sa fondation
    B. les soins accordés aux enfants
    C. la production du chocolat
    D. l'importance attachée à la culture physique

59. Qu'est-ce qui a rendu la séparation nécessaire?
    A. le manque de chocolat
    B. la dissatisfaction des travailleurs
    C. les mauvaises routes
    D. la situation financière de l'usine

60. On a finalement décidé de
    A. vendre le village.
    B. fermer l'usine.
    C. remettre le village au gouvernement.
    D. forcer les gens à cultiver la terre.

END OF TEST NO. 15

USE THE SPECIAL ANSWER SHEET ON PAGE 176.
THE TIME LIMIT FOR EACH TEST IS ONE HOUR.

Each of the incomplete statements or questions below is followed by four suggested answers. Select the most appropriate completion and blacken the space under the letter of your choice on the special answer sheet.

1. Si je vous dis que Madame Boivin est souffrante aujourd'hui, cela veut dire qu'elle est
   A. malade.
   B. heureuse.
   C. riche.
   D. pauvre.

2. Si je vous dis que mes parents se sont mis à travailler, cela veut dire qu'ils
   A. ont refusé de travailler.
   B. ont commencé à travailler.
   C. sont bien heureux de travailler.
   D. n'aiment pas du tout travailler.

3. Si une personne vous dérange et vous ne voulez pas être dérangé, vous lui direz probablement
   A. Aussitôt dit aussitôt fait.
   B. Il y a un oiseau sur le toit.
   C. Occupez-vous de vos affaires.
   D. Un tiens vaut mieux que deux tu l'auras.

4. J'ai l'habitude de boire quand
   A. j'ai dix-huit ans.
   B. j'ai faim.
   C. j'ai soif.
   D. j'ai sommeil.

5. Le contraire de l'expression *avoir raison* est
   A. avoir tort.
   B. avoir envie.
   C. avoir l'air.
   D. avoir l'intention.

6. Quand j'ai sommeil, généralement
   A. je me suis couché.
   B. je me coucherais.
   C. je me couche.
   D. je me couchais.

7. Quand . . . argent, j'en demande à mon père ou à ma mère.
   A. j'ai besoin de l'
   B. j'ai besoin d'
   C. j'ai besoin des
   D. je vois qu'il est nécessaire

8. Il ne faut pas que vous . . . peur des chiens.
   A. avez
   B. ayez
   C. soyez
   D. craindre

9. Quoi?! Vous dites que vous avez trouvé mille dollars dans la rue?! Eh bien, vous . . . chance.
   A. êtes de
   B. avez de la
   C. avez du
   D. soyez

10. Madame Cartier a l'intention . . . aller à Paris cet été.
   A. d'
   B. pour
   C. à
   D. en

11. Si j'ai le temps, . . . au cinéma ce soir.
   A. j'aurai
   B. j'irai
   C. j'allais
   D. je serais allé

12. L'examen de français a . . . aujourd'hui.
   A. place
   B. lieu
   C. milieu
   D. endroit

13. Vois-tu ce . . . arbre là-bas? C'est moi qui l'ai planté.
   A. beau
   B. belle
   C. beaux
   D. bel

14. C'est vous qui . . . fait cela, n'est-ce pas?
   A. a
   B. avez
   C. aura
   D. eut

15. C'est moi qui . . . fait cela, oui, c'est vrai.
   A. ai
   B. a
   C. avez
   D. ont

16. Qu'est-ce que tu as, Pierre?—Qu'est-ce que j'ai?! Mais, tu vois . . . le bras.
   A. j'ai cassé
   B. je me suis cassé
   C. je me suis cassée
   D. je me serai cassé

17. J'aime beaucoup l'été parce qu'en général il . . . beau et je peux jouer aux sports.
  A. est
  B. fasse
  C. sera
  D. fait

18. Pour apprendre bien à l'école, il faut
  A. s'amuser.
  B. faire des bêtises.
  C. faire les devoirs à fond.
  D. faire sa malle.

19. Demain matin, je vais faire un voyage; alors, il faut . . . tôt ce soir.
  A. me coucher
  B. se coucher
  C. coucher
  D. me faire

20. Lui avez-vous donné les fleurs?—Oui, je . . . ai données.
  A. les lui
  B. lui les
  C. la leur
  D. leur la

Choose the word or words that **cannot be substituted** *for the underlined word or words in each of the following statements or questions. The correct answer is the one that does* **not** *fit grammatically or sensibly. Blacken the space under the letter of your choice on the special answer sheet.*

Example: Madame Belair est une jolie femme.
  A. belle
  B. petite
  C. grande
  D. bon

(The correct answer is **D, bon;** choices A, B, and C can fit grammatically and sensibly but choice **D** does not fit grammatically because *bon* is masculine singular and what is needed is a feminine singular adjective, as in the given statement.)

21. Pauline est intelligente.
  A. bête
  B. stupide
  C. joli
  D. mignonne

22. Je ne peux pas écrire parce que je n'ai ni papier ni stylo.
  A. crayon
  B. encre
  C. gomme
  D. livres

23. Madame Paquet est debout depuis une heure.
  A. absente
  B. assise
  C. couché
  D. partie

24. Le premier élève va commencer à lire.
  A. garçon
  B. jeune fille
  C. étudiant
  D. homme

25. Michel <u>étudie</u> la leçon.
  A. fait
  B. écrit
  C. lit
  D. obéis

26. En entrant dans la salle de classe, <u>Justine</u> est tombée.
  A. Anne-Marie
  B. Florence
  C. Jeanne
  D. Jean

27. Monsieur Barrière <u>a décidé</u> de venir tout de même.
  A. a essayé
  B. s'est dépêché
  C. a refusé
  D. a aidé

28. La première <u>présidente</u> fut Claire Audubon.
  A. actrice
  B. chanteuse
  C. artiste
  D. ouvrier

29. Mademoiselle Sétout a invité toutes les <u>jeunes filles</u> du voisinage.
  A. garçons
  B. dames
  C. femmes
  D. mères

30. <u>Le professeur a décidé</u> de lire lentement à la classe.
  A. Il s'agit
  B. Je suis heureux
  C. Fifi n'a pas réussi
  D. Monsieur Piquet a cessé

Read the statements given below and select the best answer which is related to the situation described. Blacken the space under the letter of your choice on the special answer sheet.

31. Hier, j'ai été dans un restaurant chic et quand j'ai goûté le potage j'ai trouvé qu'il était froid; alors, j'ai appelé le garçon et je lui ai dit:
  A. Savez-vous quelle heure il est, s'il vous plaît?
  B. Rechauffez ce potage, s'il vous plaît.
  C. L'addition, s'il vous plaît.
  D. Est-ce que ce potage est pour moi?

32. Monsieur Paquet se trouve à New York. Puisqu'il est touriste, il ne connaît pas la ville. Il s'approche d'un agent de police et lui demande:
  A. Pourquoi portez-vous ce costume?
  B. Je ne comprends pas pourquoi il y a tant de circulation.
  C. Où est ma voiture, s'il vous plaît?
  D. J'ai besoin de renseignements.

33. Ma mère a regardé le linge qu'il fallait laver et elle s'est dit:
  A. Tout ce qui brille n'est pas or!
  B. La prochaine fois je ferai un ragoût à la grecque!
  C. J'ai besoin de laver le plafond!
  D. Encore du travail à faire!

34. Un petit garçon nommé Kiki entre dans une confiserie pour acheter quelque chose. La vendeuse lui demande: "Qu'est-ce que tu désires, mon petit garçon?" Kiki répond:
  A. Une petite poupée
  B. Une boîte de chocolats
  C. Une balle
  D. Un jouet

35. Une jeune dame se trouve dans la salle d'attente à la Gare du Nord pour attendre l'arrivée de son mari. Elle le voit à l'entrée de la salle et elle se précipite vers lui. Elle dit:
  A. Te voilà, enfin, mon chéri; dépêchons-nous parce que le train va partir.
  B. Attends-moi ici; je vais rester dans la salle d'attente.
  C. Dépêchons-nous; le train vient de partir.
  D. N'es-tu pas mon mari? Ne suis-je pas ta femme?

36. Monsieur et Madame Poulin viennent de recevoir une invitation pour dîner chez les Milot. Ils veulent bien accepter mais, malheureusement, ils ont déjà rendez-vous chez les Dupain. Alors, Madame Poulin téléphone à Madame Milot et elle lui dit:
  A. Nous serons très heureux de venir chez vous; merci, et à bientôt.
  B. Nous venons de recevoir une invitation pour le dîner chez vous la semaine prochaine. Merci beaucoup!
  C. Avez-vous téléphoné à tous vos amis?
  D. Nous vous remercions pour l'invitation mais nous ne pouvons pas venir parce que nous avons rendez-vous chez d'autres amis le même jour. Merci tout de même. A une autre fois, j'espère!

Read the following statements and choose the correct missing word or words that would fit grammatically and sensibly in each statement. Blacken the space under the letter of your choice on the special answer sheet.

Monsieur et Madame Martin vont passer une semaine . . . campagne

  37. A. au
     B. à la
     C. dans le
     D. en la

au . . . de juillet. Ils . . . demain matin. Ils . . . bien.,

38.	**39.**	**40.**
A. moi	A. quittent	A. vont s'amuser
B. mois	B. partent	B. se sont amusés
C. temps	C. laissent	C. vont nous amuser
D. jours	D. empêchent	D. l'amuseront

Barbara a envie . . . manger. Elle mange quand elle . . . faim.

41.	**42.**
A. pour	A. est
B. à	B. sent
C. en	C. tiens
D. de	D. a

Elle . . . du café au lait. Elle a l'habitude de manger . . . chez elle.

43.	**44.**
A. boive	A. à
B. bois	B. dans
C. boit	C. en
D. boira	D. Nothing needed

Il y a deux parcs dans . . . ville. Il y . . . un près   . . . église

45. A. ce	**46.** A. en a	**47.** A. de
B. cet	B. a	B. d'
C. cette	C. en	C. de la
D. ces	D. avoir	D. de l'

et . . . en face   . . . grand magasin Au Bon Marché.

48. A. un autre	**49.** A. de
B. des autres	B. du
C. une autre	C. des
D. d'autre	D. de la

Read each passage and select the best answer to each question by blackening the space under the letter of your choice on the special answer sheet.

Deux écoliers bavardent en rentrant de l'école.

—Notre nouvelle auto, dit Louis, est très belle. C'est une Renault, de 10 chevaux. Mon père vient de l'acheter. Viens faire une promenade avec nous à Chartres jeudi après-midi et tu verras comme elle roule bien.

—Tu es bien gentil, Louis. J'accepte avec plaisir, répond l'autre garçon.

50. Pourquoi Louis invite-t-il son camarade à faire une promenade en auto?
   A. Il veut lui faire apprécier une nouvelle voiture.
   B. Il aimerait lui présenter une amie de la famille.
   C. Il croit que son ami est un peu fatigué des études.
   D. Il désire rendre une politesse à son ami.

Pour retrouver l'oeuf de Pâques tel que nous le mangeons de nos jours, il faut remonter trois siècles en arrière, précisément en 1667, au moment où la cour de Louis XIV était avide de plaisirs. Habituellement, des joies frivoles marquaient la fête de Pâques où princes et princesses s'offraient des boîtes en forme d'oeuf qui contenaient des bonbons succulents.

Cette année-là, le Roi-Soleil avait décidé de transformer la distribution des oeufs de Pâques en un Jeu de Pâques où celui qui montrerait le plus d'originalité dans la présentation de son oeuf aurait l'honneur de causer dix minutes avec sa Majesté le roi. C'était tout dire!

Le dimanche de Pâques, quelle n'est pas la surprise de Sa Majesté à la vue du ministre Colbert qui s'approche de la reine Marie-Thérèse pour lui offrir un gigantesque oeuf de Pâques emprisonné dans un magnifique coffret garni de rubans. La reine se saisit aussitôt de l'oeuf appétissant, puis en prend royalement le premier morceau. Dès qu'elle y eut goûté, un sourire tout en fleur apparut sur ses lèvres, si bien que Louis XIV accorda le prix à Colbert sans tarder.

Avec quelle gourmandise la reine a-t-elle mangé ce premier oeuf en chocolat? Nul ne saurait le dire. De fait, le lendemain de la fête, Marie-Thérèse tombait malade: trop de chocolat sans doute!

Pour cette raison, le roi édicta une loi: à l'avenir, on ne laissera plus de gros oeufs de Pâques en chocolat sur le marché. On ne permettra que la vente des oeufs de grosseur naturelle, c'est-à-dire pas gros du tout. Voilà pourquoi, aujourd'hui, nous n'avons que de petits oeufs de Pâques, ou s'ils sont plus gros, l'intérieur est souvent rempli d'air.

51. La tradition moderne des oeufs de Pâques date
   A. du début du christianisme.
   B. du Moyen âge.
   C. de la monarchie française.
   D. de notre époque.

52. Pour rendre la célébration de Pâques plus intéressante, le roi a
    A. demandé d'organiser un concours.
    B. distribué des oeufs lui-même.
    C. offert un oeuf de Pâques en récompense.
    D. fait un discours de longue durée.

53. Le ministre Colbert a surpris le roi le dimanche de Pâques
    A. en présidant à un office religieux.
    B. en allant voir la reine en prison.
    C. apportant un cadeau délicieux à la reine.
    D. offrant un bouquet aux monarques.

54. Quel effet cette surprise produisit-elle chez la reine?
    A. Elle refusa d'accepter le cadeau.
    B. Elle invita Colbert à dîner.
    C. Elle resta sans parler.
    D. Elle eut mal à l'estomac.

55. Le roi a proclamé une nouvelle loi limitant la grosseur des oeufs de Pâques pour
    A. protéger la production des oeufs.
    B. augmenter la consommation des oeufs frais.
    C. empêcher les gens de manger trop de chocolat.
    D. prohiber la vente des oeufs vides.

La vieille grange qu'avait bâtie Joseph-Edouard Hardy, sur le chemin de la Grande-Côte, à Rosemère, en 1897 et qui, il y a quelques années à peine était encore solide, n'est plus! Elle a été transportée dans la ville même, pièce par pièce.

Cette vieille grange, tout de pin, a son histoire bien à elle. D'une dimension considérable pour l'époque, elle a servi, dans les premières années du siècle, de lieu de réunions politiques. C'est dans la belle grange neuve d'alors que les Chapleau et les Nantel, et après eux les Prévost et les David, prononcèrent leurs discours devant le peuple de Terrebonne avant d'atteindre plus tard les sommets de la politique provinciale.

Et ne s'est-on pas laissé dire qu'au cours d'une partie de chasse, lors d'un voyage au Canada, le Prince de Galles, l'héritier du trône d'Angleterre, serait venu chasser les oiseaux migrateurs de la rivière des Mille-Iles et que la vieille grange aurait servi de pavillon de chasse pour recevoir l'illustre visiteur?

Et voilà comment cette vieille grange construite à la campagne il y a près de trois-quarts de siècle, est venue à Montréal. Elle sera désormais connue sous le joli nom du GOBELET. Rien n'a été négligé pour reconstituer la chaude atmosphère et la cordiale hospitalité de nos vieilles auberges d'autrefois. Son style typiquement canadien, son mobilier et son décor rappelant le vieux régime français ont été soigneusement choisis afin de faire du GOBELET le restaurant le plus recherché de ceux qui s'y connaissent en bonne cuisine canadienne.

56. Qu'est-il arrivé à cette vieille grange de Rosemère?
    A. On l'a réparée.
    B. On l'a reconstruite ailleurs.
    C. Elle a été frappée par la foudre.
    D. Elle est tombée en ruines.

57. Qu'y avait-il d'extraordinaire à propos de cette grange?
    A. Des candidats y rencontraient leurs électeurs.
    B. On pouvait y coucher sans payer.
    C. On interdisait au public d'y entrer.
    D. Elle appartenait au gouvernement.

58. Quelques-uns ont rapporté
    A. qu'on y gardait des chevaux de course.
    B. qu'elle avait été emportée par une inondation.
    C. qu'un futur roi s'y était arrêté.
    D. que les bêtes sauvages s'y réfugiaient.

59. On peut maintenant visiter l'ancienne grange de M. Hardy
  A. sur le chemin de la Grande–Côte.
  B. aux Mille–Iles.
  C. à Terrebonne.
  D. à Montréal.

60. Cette grange qui s'appelle aujourd'hui le GOBELET sert de
  A. salle de conférences.
  B. musée national.
  C. club de chasse.
  D. restaurant célèbre.

END OF TEST NO. 16

TEST **17**

USE THE SPECIAL ANSWER SHEET ON PAGE 177.
THE TIME LIMIT FOR EACH TEST IS ONE HOUR.

Each of the incomplete statements or questions below is followed by four suggested answers. Select the most appropriate completion and blacken the space under the letter of your choice on the special answer sheet.

1. Je te dis pour la dernière fois de me donner l'argent! Tu m'entends? Donne-
   A. le-moi!
   B. moi-le!
   C. leur-la!
   D. moi-la!

2. Hier soir Monsieur et Madame Arland . . . allés à l'opéra.
   A. sont
   B. est
   C. ont
   D. vont

3. Madame Panurge est . . . à sa place tout de suite après avoir bu un jus d'orange.
   A. rentré
   B. retournée
   C. pris
   D. revenu

4. Je vais m'asseoir ici près de la fenêtre et je vais lire
   A. ce comte.
   B. ce conte.
   C. ce réveil.
   D. ce rêve.

5. Etes-vous allé à la bibliothèque ce matin?—Oui, monsieur, . . . allé.
   A. je suis
   B. j'en suis
   C. j'y suis
   D. j'y

6. D'où venez-vous? Des grands magasins?—Oui, monsieur,
   A. j'en viens.
   B. j'y arrive.
   C. je viens.
   D. j'y vais.

7. Avez-vous mis les lettres dans le tiroir?—Oui, madame,
   A. je les ai mises.
   B. je les y ai mis.
   C. je l'y ai mis.
   D. je les y ai mises.

8. Aimez-vous jouer . . . tennis?
   A. à
   B. au
   C. de
   D. du .

9. Savez-vous jouer . . . piano?
   A. à
   B. au
   C. du
   D. de la

10. A qui est ce livre?—Il est . . . , madame.
    A. de mon frère
    B. de moi
    C. à moi
    D. à personne

11. Pierre est absent aujourd'hui . . . une maladie.
    A. parce que
    B. parce qu'
    C. à cause de
    D. à cause d'

12. Quel temps faisait-il ce matin quand vous avez quitté la maison?—Ce matin il faisait du
    A. beau.
    B. frais.
    C. pluie.
    D. soleil.

13. En . . . dans la salle de classe, le professeur a salué les étudiants.
    A. entrer
    B. entrée
    C. quitter
    D. entrant

14. Il n'y a ni sucre . . . lait dans la maison. Je vais en acheter.
    A. ne
    B. ni
    C. pas
    D. point

Read the statements given below and select the best answer which is related to the situation described. Blacken the space under the letter of your choice on the special answer sheet.

15. C'est le matin de l'examen de français du mois de juin. Jeanne et Paul parlent des examens et de leurs projets pour l'été. Jeanne dit: Il me reste encore un examen pour demain, puis les vacances vont commencer!—Paul répond:
    A. Mon dernier examen aura lieu après-demain.
    B. Pour combien de personnes, s'il vous plaît?
    C. Mais, bien sûr! Je vous en prie.
    D. Vers une heure et quart.

16. Monsieur Godard entre chez un libraire pour acheter un livre pour son épouse. Le libraire lui recommande deux livres: le premier est sur l'art moderne et le second est sur l'histoire de France. Le client choisit un livre et dit:
    A. Ma femme n'aimerait ni l'un ni l'autre.
    B. Mon épouse aime bien nager; alors, je prends celui-là sur la natation.
    C. Mon épouse aime bien lire; elle a beaucoup de livres dans sa bibliothèque.
    D. Nous avons un excellent choix de livres.

17. Madame Claude entre dans un supermarché du quartier pour acheter du jambon, du fromage, et des oeufs. Elle s'approche d'un vendeur et elle lui dit:
    A. Il nous en reste encore du demi-kilo que j'ai acheté hier.
    B. Est-ce que je peux y aller à pied?
    C. Mon mari aimerait une bonne omelette pour souper; alors, donnez-moi une demi-douzaine de ces oeufs, s'il vous plaît.
    D. Combien est-ce que je vous dois, s'il vous plaît?

18. Vous êtes assis dans un train sur le point de partir pour Paris. Un jeune homme s'approche et demande la permission de s'asseoir près de vous. Il dit:
    A. Vous permettez?
    B. Je pense qu'il est déjà une heure.
    C. J'ai l'air triste parce que j'ai perdu mon chat.
    D. Je suppose que le train va partir bientôt.

19. Monsieur Marin entre dans un hôtel de Paris pour louer une chambre. Il n'y a pas beaucoup de choix, mais il accepte une chambre et il dit:
    A. Pour combien de personnes, s'il vous plaît?
    B. C'est combien pour la chambre?
    C. C'est pour combien de temps?
    D. Je ferai monter vos bagages tout de suite.

20. Monsieur et Madame Martin se trouvent dans un restaurant. Le maître d'hôtel s'approche et il les conduit à une table. Puis, Monsieur Martin commande quelque chose à manger et à boire. Il dit:
    A. Donnez-nous l'addition, s'il vous plaît.
    B. Apportez-nous deux omelettes aux pommes frites, s'il vous plaît, et deux verres de vin blanc.
    C. Le filet mignon est superbe aujourd'hui, monsieur.
    D. Il n'y a plus de vin blanc mais nous avons du vin rouge. Lequel préférez-vous?

21. Michel est en train de quitter la maison pour passer une soirée chez des amis. Son père lui dit qu'il faut se coucher tôt ce soir parce que le lendemain ils vont partir à la campagne. Le père dit à Michel:
    A. Il faudra faire le plein d'essence de la voiture.
    B. Michel, tâche de rentrer avant minuit.
    C. Michel, tu as oublié tes livres.
    D. Sais-tu quelle heure il est, Michel?

22. Charles vient d'apprendre que son ami Robert a eu un accident. Il en parle à Suzanne, la soeur de son ami. Il lui demande:
    A. Ta mère m'a dit que ton frère a eu un accident.
    B. Est-ce qu'il va mieux aujourd'hui?
    C. Où est ta mère?
    D. Est-ce que tes parents sont à la maison?

23. Monsieur Stevenson, un touriste américain, ne trouve pas son chemin dans la ville de Québec. Un agent de police s'approche de lui et propose de l'aider. Il lui demande:
A. Avez-vous besoin d'un renseignement, Monsieur? Vous semblez perdu.
B. Est-ce que c'est trop loin d'ici?
C. Est-ce que tous les autobus passent par ici?
D. Tous les autobus ne passent pas par ici.

24. La mère appelle son fils Léon qui a de la difficulté à se lever le matin parce que ses longs devoirs l'ont forcé à se coucher tard le soir précédent. Il demande de rester au lit encore quelques minutes avant de descendre déjeuner, mais sa mère refuse et elle lui dit:
A. Tu es fatigué, mon garçon? Alors, reste au lit encore quelques heures!
B. Que veux-tu pour le petit déjeuner?
C. Je comprends bien que tu as sommeil.
D. Lève-toi et descends vite!

25. Bob, un étudiant américain, est à bord d'un avion en train de causer en français avec son voisin, un jeune Français très sympathique. Il dit à Bob:
A. Le saumon avec sauce est excellent.
B. Je voudrais bien voir ce film.
C. Je trouve que vous parlez et comprenez bien le français.
D. Je vais m'habiller vite et je vais descendre.

26. Madame Leduc est dans un petit restaurant avec quelques dames. Le garçon de restaurant ne semble pas les voir. Les dames deviennent de plus en plus impatientes et Madame Leduc s'exclame:
A. Si le garçon ne vient pas bientôt, je vais mourir de faim.
B. Je suis certaine que la cuisine est bonne dans ce restaurant.
C. C'est moi qui ai dit cela.
D. Garçon, apportez-nous l'addition tout de suite, s'il vous plaît!

*Choose the word or words that can be **substituted** for the underlined word or words in each sentence so that they fit grammatically in the sentence given. There is only one correct answer that fits in each given sentence from the four choices. Blacken the space under the letter of your choice on the special answer sheet.*

Example: Janine <u>aime</u> sa mère. (The correct answer is **D, écoute;** choices A, B, and C cannot fit
    A. parle grammatically because each verb requires **à** after it, but choice **D** does
    B. téléphone fit grammatically because it does not require **à.**)
    C. écrit
    D. écoute

27. Voulez-vous aller le <u>voir</u> ce soir?
A. visiter
B. parler
C. écouter
D. entendre

28. Plusieurs personnes m'ont dit que ce film est <u>bon</u>.
A. mauvaise
B. laide
C. magnifique
D. intéressante

29. Quel livre français avez-vous <u>lu</u> cette année?
A. reçue
B. acheté
C. vendue
D. prise

30. Combien de personnes y a-t-il dans <u>votre</u> famille?
  A. ta
  B. son
  C. ses
  D. leurs

31. Qu'est-ce qu'un <u>coiffeur</u>?
  A. ouvreuse
  B. actrice
  C. acteur
  D. coiffeuse

32. Que faites-vous dans cette <u>bibliothèque</u>?
  A. magasin
  B. bureau
  C. endroit
  D. gare

33. Aimez-vous la voiture que j'ai <u>achetée</u>?
  A. acquise?
  B. peint?
  C. emprunté?
  D. stationné?

34. Dès que tu <u>comprendras</u>, tu me le diras.
  A. venez
  B. viens
  C. venais
  D. viendras

35. Voilà la femme que j'ai <u>rencontrée</u>.
  A. connu.
  B. aimée.
  C. rencontrés.
  D. rencontrées.

36. C'est dans ce tiroir où j'ai <u>mis</u> la gomme.
  A. trouvée
  B. trouvé
  C. vue
  D. prise

37. J'irai <u>la</u> chercher vers huit heures.
  A. lui
  B. eux
  C. l'
  D. le

38. Est-ce que vous allez au théâtre avec <u>elle</u>?
  A. lui?
  B. le?
  C. les?
  D. on?

39. Tout ce que vous <u>me</u> dites est vrai.
A. se
B. le
C. nous
D. la

Read the following statements and choose the correct missing word or words that would fit grammatically and sensibly in each statement. Blacken the space under the letter of your choice on the special answer sheet.

Ma . . . classe finit à trois . . . et demie. Beaucoup d'élèves

40. A. dernier   **41.** A. heure
B. dernière   B. temps
C. premier   C. heures
D. nouveau   D. précis

restent . . . école après les cours pour participer . . . sports ou . . .

42. A. à   **43.** A. dans   **44.** A. dans
B. dans   B. au   B. au
C. en   C. aux   C. aux
D. à l'   D. en les   D. en les

réunions de cercles.

_____

D'ordinaire, je préfère rentrer . . . de suite chez moi . . . autobus.

45. A. toute   **46.** A. en
B. tous   B. dans
C. toutes   C. avec
D. tout   D. en l'

La raison pour . . . je me dépêche de rentrer c'est . . . j'ai faim et

47. A. lequel   **48.** A. qui
B. lesquels   B. que
C. lesquelles   C. ce que
D. laquelle   D. comme

soif. En . . . le dîner, je vais faire un tour . . . bicyclette.

49. A. attendant   **50.** A. à
B. attendu   B. par
C. attendre   C. en
D. manger   D. avec

_____

Read each passage and select the best answer to each question by blackening the space under the letter of your choice on the special answer sheet.

La grandeur dont parle le Général de Gaulle n'est pas d'abord militaire; elle est morale et spirituelle. "Nous sommes faits pour être un grand peuple. Nous voulons l'être et nous le sommes," a-t-il dit. Cette grandeur est aussi industrielle et économique; et De Gaulle s'est écrié sans penser à l'histoire: "Il faut que la France avance avec le temps."

51. Qu'est-ce que Charles de Gaulle souhaite pour la France?
A. la supériorité absolue des armes
B. une population nombreuse
C. le retour vers le passé
D. la modernisation constante

La Bibliothèque Américaine de Paris a été fondée par des Américains résidant en France. Ses progrès ont été incessants et elle distribue ses livres dans plusieurs pays différents. Les bureaux principaux sont situés à Paris, mais beaucoup de branches existent en province. Ainsi des milliers de Français ont pu se familiariser avec la littérature américaine dans le domaine des Arts, des Sciences, de l'Histoire, et de la Politique.

52. A quoi sert cette bibliothèque?
   A. à rassembler les Américains émigrés
   B. à combattre la propagande progressiste
   C. à faire apprécier la culture américaine à l'étranger
   D. à encourager les paysans à s'établir en Amérique

Une ménagère a décidé de calculer la distance qu'elle parcourt tous les jours. Cette dame, qui était curieuse de savoir le nombre de pas qu'elle fait chaque jour pour prendre soin de son mari, de ses trois enfants et de sa maison, se procura un instrument appelé *podomètre* pour compter les pas. Elle a découvert qu'elle parcourt dans la maison une distance moyenne de quatre kilomètres par jour.

53. Qu'est-ce que cette femme a réussi à faire?
   A. à trouver le nombre de pas dans un kilomètre
   B. à inventer un instrument pour mesurer la distance
   C. à inventer une formule de mathématiques
   D. à mesurer la distance qu'elle parcourait chaque jour

Au théâtre, Jean-Jacques Gautier, critique du journal *Le Figaro*, est l'homme sur qui les regards du public sont fixés tous les soirs pendant deux heures. Comme il est passé maître dans l'art de cacher ses sentiments, il sourit rarement et n'applaudit presque jamais. On le suit dans les couloirs pendant l'entracte pour essayer d'écouter sa conversation, mais il faut lire *Le Figaro* le surlendemain pour savoir si la pièce a reçu un bon ou mauvais commentaire de Gautier.

54. Pourquoi ce monsieur attire-t-il l'attention du public?
   A. C'est un acteur bien connu.
   B. C'est un professeur de peinture.
   C. Il critique les pièces de théâtre.
   D. Il parle continuellement pendant la représentation.

Le roquefort, considéré en France comme le roi des fromages, est peut-être le plus anciennement connu dans ce pays. Vers le milieu du premier siècle, un écrivain romain, nommé Pline, a parlé de ce fromage avec admiration. Charlemagne en mangeait à sa table royale, ce qui a fait dire que si le roquefort est le roi des fromages, il était aussi le fromage des rois.

55. Qu'est-ce que l'auteur dit à propos du fromage roquefort?
   A. Il a un goût très doux.
   B. Il est apprécié depuis des siècles.
   C. Pline en vendait.
   D. Les rois l'ont inventé.

La France a été le premier pays du monde à émettre des timbres-poste en l'honneur des premières transmissions de télévision intercontinentales. Deux jolis timbres portant le nom d'un petit village breton, Pleumeur-Bodou, ont été mis en vente. Le Général de Gaulle a visité ce petit village, maintenant célèbre à cause du succès récent dans les télécommunications dans l'espace.

56. Qu'est-ce qui a rendu le village de Pleumeur-Bodou célèbre?
   A. la station terrestre de communications spatiales
   B. son nom long et intéressant
   C. son bureau de poste très étrange
   D. la maison où Charles de Gaulle est né

La Fontaine est un écrivain qui a immortalisé la langue française. Il passait beaucoup de temps dans les bois et à la campagne où il observait tous les animaux et en faisait les personnages de ses fables qui sont pleines d'esprit, de grâce, et de naturel. En même temps, ses fables montrent aux hommes les défauts dont ils devraient se corriger.

57. Qu'est-ce que le fabuliste Jean de La Fontaine a essayé de faire?
  A. d'amuser les petits enfants
  B. de donner une leçon de morale
  C. d'enseigner aux bêtes à parler
  D. de critiquer la langue française

Un touriste américain, Monsieur Bob Armstrong, architecte résidant à New York, se promenait un jour sur les rives de la Seine à Paris. Soudain, il vit un homme tomber accidentellement à l'eau. M. Armstrong, n'écoutant que son courage, plongea dans le fleuve et fut assez heureux pour maintenir la victime à la surface, jusqu'à l'arrivée d'un bateau-mouche.

58. Quel malheur Monsieur Armstrong a-t-il réussi à éviter?
  A. un vol à main armée
  B. une inondation
  C. la perte d'une vie humaine
  D. la perte d'un navire

A bord du paquebot France, un passager fait une crise cardiaque très grave. Un spécialiste de New York et un autre de Paris sont contactés et ils attendent devant leurs téléviseurs l'électrocardiogramme qui est transmis simultanément à New York et à Paris par l'intermédiaire du satellite Early Bird. Les deux spécialistes discutent leurs constations par téléphone. La vie du malade a été sauvé.

59. Comment ce malade a-t-il été sauvé?
  A. par les soins du médecin du bateau
  B. grâce aux communications modernes
  C. par une annonce à la radio
  D. grâce à l'expérience d'un astronaute

Un jeune garçon, Jean-Paul, remarqua un jour des enfants cruels qui prenaient plaisir à regarder souffrir des animaux. Une actrice française très populaire l'a aidé à fonder le club des Jeunes Amis des Animaux. Aujourd'hui le président Jean-Paul peut être fier du club qui compte douze mille membres, reçoit des encouragements de personnages célèbres, et publie dans son journal des études sur les bêtes.

60. Pourquoi Jean-Paul a-t-il fondé son club?
  A. pour punir ceux qui torturent les bêtes
  B. pour connaître des célébrités
  C. pour protéger les bêtes
  D. pour rendre les animaux plus dociles

END OF TEST NO. 17

USE THE SPECIAL ANSWER SHEET ON PAGE 178.
THE TIME LIMIT FOR EACH TEST IS ONE HOUR.

Each of the incomplete statements or questions below is followed by four suggested answers. Select the most appropriate completion and blacken the space under the letter of your choice on the special answer sheet.

1. J'ai mes grands défauts et ma soeur a
   A. les siennes.
   B. les siens.
   C. ses.
   D. son.

2. Je t'ai prêté mon stylo. Maintenant . . . tu veux?
   A. quoi
   B. qui est-ce qui
   C. qu'est-ce qui
   D. qu'est-ce que

3. Je vous attendrai pourvu que vous . . . avant cinq heures.
   A. revenez
   B. reveniez
   C. reviendrez
   D. reviendriez

4. Mon meilleur ami habite
   A. à la France.
   B. la France.
   C. France.
   D. dans la France.

5. Je doute que Robert . . . le faire.
   A. puisse
   B. pourra
   C. peut
   D. pourrait

6. Je voudrais boire encore
   A. café.
   B. le café.
   C. du café.
   D. de café.

7. Si nous l'avions su, nous . . . voir ce film.
   A. irions
   B. irons
   C. serions allés
   D. étions allés

8. Ils se parlent
A. l'un l'autre.
B. l'un à l'autre.
C. les uns les autres.
D. les unes les autres.

9. Nous commencerons à lire dès qu'il
A. arrive.
B. arrivera.
C. soit arrivé.
D. est arrivé.

10. Montrez-moi les gants qu'elle a
A. choisis.
B. choisies.
C. choisi.
D. choisie.

11. J'irai au cinéma après . . . mes devoirs.
A. avoir fini
B. ayant fini
C. finir
D. finissant

12. Michel a passé ses vacances . . . Italie.
A. dans l'
B. en
C. à
D. au

13. Il faut que vous . . . me voir demain.
A. venez
B. viendrez
C. veniez
D. viendriez

14. Mon oncle achètera ces bonbons uniquement
A. faire plaisir aux enfants.
B. pour faire plaisir aux enfants.
C. à faire plaisir aux enfants.
D. de faire plaisir aux enfants.

15. Monsieur Maillet s'en est allé sans . . . ses adieux.
A. faire
B. faisant
C. fait
D. que faire

Read the statements given below and select the best answer which is related to the situation described. Blacken the space under the letter of your choice on the special answer sheet.

16. Un voyageur, qui veut aller à Marseille le lendemain, va au bureau de la garde de la Société des Chemins de Fer Français pour obtenir des renseignements.

Il demande à l'employé au guichet:
A. Vous désirez des renseignements, Monsieur?
B. Dites-moi s'il y avait un train hier pour Marseille vers trois heures de l'après-midi, s'il vous plaît.
C. Dites-moi s'il y a un train pour Marseille cet après-midi vers deux heures.
D. Je voudrais savoir s'il y a un train qui part pour Marseille demain matin vers neuf heures.

17. Votre ami Paul et vous constatez que ce dimanche en huit c'est l'anniversaire de naissance de Pierre, un autre ami. Vous proposez une petite fête. Puis, vous discutez du cadeau à lui acheter, de l'endroit, des invités, et des distractions.

Paul dit: Nous ne pouvons pas avoir la fête chez moi parce que mes parents reçoivent des amis ce soir-là.

Vous répondez:
A. Nous inviterons seulement les meilleurs amis.
B. Nous servirons des sandwichs, du café et de la glace.
C. Achetons-lui un disque.
D. Nous pouvons nous réunir tous chez moi, si tu veux.

18. Monsieur Potin téléphone au restaurant Normandie pour retenir une table. Il donne au maître d'hôtel tous les renseignements nécessaires et promet enfin de l'avertir s'il y a un changement dans ses projets.

Monsieur Potin dit: Je voudrais retenir une table pour demain soir.

Le maître d'hôtel répond:
A. Ce sera pour combien de personnes?
B. Je compte sur vous.
C. Je crois qu'il va pleuvoir demain soir.
D. Savez-vous quel temps il fait en ce moment?

19. Votre mère et vous, vous êtes pressés de sortir pour acheter quelques provisions à l'épicerie et à la dernière minute votre mère ne peut pas trouver la liste.

Votre mère s'exclame: Malheur! Où ai-je mis la liste?

Vous répondez:
A. Tu as dit que nous avions besoin de quelques provisions pour la cuisine.
B. Il nous faut partir tout de suite!
C. Tu les a dans ta bourse.
D. Elle est là, sur la table.

20. Madame Arland entre dans une pharmacie pour acheter quelques aspirines parce qu'elle a mal à la tête. Puis, elle veut savoir s'il y a un docteur dans le quartier. Le pharmacien lui donne les aspirines et il lui demande: Y a-t-il autre chose, madame?

Elle répond:
A. Si ça ne va pas mieux demain, que faudra-t-il que je fasse?
B. Voici l'argent pour les aspirines. Maintenant, pouvez-vous me donner le nom et l'adresse d'un bon médecin qui a son bureau près d'ici?
C. Combien d'aspirines dois-je prendre?
D. J'ai passé plus de deux heures à étudier hier soir. C'est bien, n'est-ce pas?

21. Mademoiselle Piquot entre dans un magasin pour s'acheter des chaussures. Le vendeur a le modèle qu'elle aime et elle achète les souliers.

Le vendeur lui demande: Avez-vous besoin d'autre chose, mademoiselle?

Elle répond:
A. Je voudrais acheter des souliers.
B. Je prends d'ordinaire du 8 et je préfère le brun.
C. Elles me vont très bien, n'est-ce pas?
D. Non, c'est tout pour aujourd'hui.

22. C'est la veille de Noël. Monsieur Milot rencontre Monsieur Bleau dans la rue et celui-là lui dit: Je vous souhaite Joyeux Noël et bonne année!

    Monsieur Bleau répond:
    A. Merci! Et à vous de même!
    B. Nous avons beaucoup de neige cet hiver, n'est-ce pas?
    C. Il fait bien froid aujourd'hui!
    D. Est-ce que le Père Noël est venu chez vous?

23. Votre grand'mère vous a donné une somme d'argent pour votre anniversaire de naissance. Vous discutez avec votre mère comment utiliser cet argent.

    Votre mère vous dit: Tu auras besoin de cet argent pour t'acheter des vêtements pour l'école.

    Vous êtes d'accord avec ce qu'elle dit et vous répondez:
    A. Mais elle a tout ce qu'il lui faut!
    B. Non, je ne veux pas faire cela.
    C. Oui, tu as raison; je vais acheter une nouvelle bicyclette.
    D. Oui, c'est une bonne idée; j'ai besoin d'un pullover.

24. Debby vient d'arriver en France par avion et elle rencontre son amie française, Suzanne, à l'aéroport.

    Suzanne lui demande: Est-ce que tu as eu des difficultés en passant par la douane?

    Debby répond:
    A. Mais non, pas du tout, tout était parfait dans l'avion.
    B. Oui, je n'ai pas aimé les repas dans l'avion.
    C. Non, le voyage a été bien fatigant.
    D. Oui, on m'a fait ouvrir toutes mes valises.

25. Louise et Brigitte parlent au téléphone de leurs emplettes. Brigitte dit qu'elle a acheté une jolie robe rouge et elle veut savoir ce que Louise a acheté.

    Louise répond:
    A. Je suis allée faire des emplettes.
    B. Je suis rentrée à quatre heures.
    C. Je me suis acheté une jolie blouse blanche.
    D. La prochaine fois je vais acheter un joli chapeau jaune.

*Choose the word or words that can be **substituted** for the underlined word or words in each sentence so that they fit grammatically in the sentence given. There is only one correct answer that fits in each given sentence from the four choices. Blacken the space under the letter of your choice on the special answer sheet.*

Example: Janine aime sa mère.
    A. parle
    B. téléphone
    C. écrit
    D. écoute

(The correct answer is **D, écoute;** choices A, B, and C cannot fit grammatically because each verb requires the preposition **à** after it, but choice **D** does fit grammatically because it does not require **à** after it.)

26. Vous pensez toujours à tout.
    A. tout le temps
    B. jamais
    C. que
    D. pas

27. Qu'est-ce qui arrive?
    A. Qu'est-ce que
    B. Qui
    C. Que
    D. Quoi

28. Vous allez rester chez <u>moi</u> ce soir, n'est-ce pas?
    A. eux
    B. ils
    C. votre
    D. tu

29. Monique répond <u>à la lettre</u>.
    A. le professeur.
    B. à l'employé.
    C. le vendeur.
    D. sa mère.

30. Dites-moi ce que vous <u>avez l'intention</u> de faire en France.
    A. allez essayer
    B. pensez
    C. penser
    D. voulez

31. Je suis très heureux de <u>vous</u> voir!
    A. lui
    B. toi
    C. la
    D. leur

32. Alors, Suzanne, <u>votre</u> voyage n'a pas été trop fatigant, j'espère.
    A. ta
    B. sa
    C. ton
    D. leurs

33. Georges a rencontré <u>son</u> amie Pauline.
    A. ta
    B. ton
    C. ma
    D. sa

34. Savez-vous jouer <u>du piano</u>?
    A. de la guitare?
    B. le violon?
    C. à cartes?
    D. tennis?

35. Monsieur Godard <u>a décidé</u> tout à coup de prendre un café au lait.
    A. a voulu
    B. a désiré
    C. a essayé
    D. a pensé

Read the following statements and choose the correct missing word or words that would fit grammatically and sensibly in each statement. Blacken the space under the letter of your choice on the special answer sheet.

Janine a été très . . . quand son père . . . a donné la permission

    36. A. heureux   **37.** A. lui
          B. heureuses   B. l'
          C. content   C. la
          D. contente   D. les

d'aller en France avec . . . et . . . amis. Le départ . . . lieu

38. A. moi	**39.** A. notre	**40.** A. aura
B. soi	B. nos	B. a eu
C. les	C. votre	C. avait
D. nos	D. son	D. auraient

lundi prochain.

Nous allons prendre un avion . . . compagnie Air France. Trois professeurs

        41. A. de la
            B. de
            C. du
            D. avec

vont . . . le voyage avec nous. Nous . . . de Kennedy pour arriver à

42. A. prendre	**43.** A. partirons
B. font	B. sommes partis
C. faire	C. partions
D. faisant	D. partiront

Orly le lendemain matin. Là-bas, j'aimerais rencontrer beaucoup . . . Français

        44. A. des
            B. du
            C. de
            D. très

et parler avec . . .

    45. A. ils.
        B. les.
        C. elle.
        D. eux.

Hier, j'ai . . . une promenade en voiture avec . . . meilleur ami.

46. A. eu	**47.** A. ma
B. été	B. mes
C. pris	C. sa
D. fait	D. mon

Comme ma mère était . . . , la voiture était . . . . Il . . .

48. A. présent	**49.** A. libre	**50.** A. faisait
B. absent	B. libres	B. fera
C. absente	C. occupé	C. ferait
D. absents	D. pris	D. font

un temps splendide et nous nous sommes bien amusés.

Read each passage and select the best answer to each question by blackening the space under the letter of your choice on the special answer sheet.

    Les arbres plantés au bord des routes sont utiles pour plusieurs raisons mais peuvent causer des accidents. Certaines routes américaines sont bordées de rangées d'arbres qui forment un véritable rideau. On propose de faire couper ces arbres afin de réduire le nombre des accidents de la route ou pour en rendre les effets moins graves.

51. Pourquoi veut-on enlever les arbres qui bordent les routes?
   A. pour diminuer le danger
   B. pour en faire du bois de construction
   C. pour les remplacer par des chaînes
   D. pour construire des voies plus larges

Sur le port de Marseille, au Café du Marché, les clients ont l'habitude de discuter les prochaines élections avec le patron en prenant leurs rafraîchissements.
—Cette année, dit un jeune homme, la bataille n'a pas encore commencé.
—Sois tranquille, dit le patron, ça va venir. Avec les taxes qu'on a eu à payer, on n'a pas de raisons d'être content.

52. De quoi parle-t-on généralement au Café du Marché?
   A. de la guerre
   B. de la navigation
   C. de la politique
   D. du prix des repas

Une dame riche, mais avare, monte dans un train en route pour Toulouse. Elle est accompagnée de son petit chien. Comme le contrôleur passe pour vérifier les billets, la dame en profite pour lui présenter une objection.
—C'est une honte de faire payer un billet pour cette pauvre petite bête! Rendez-moi l'argent de son billet!

53. Pourquoi la dame est-elle de mauvaise humeur?
   A. Elle a perdu son billet.
   B. Elle a dû payer une somme supplémentaire parce que son petit chien l'accompagne.
   C. Elle ne peut pas garder son chien avec elle.
   D. Elle déteste le transport en commun.

Dimanche dernier, Paris ressemblait à une ville transformée: toutes les rues de la capitale, en effet, étaient recouvertes d'une couche de glace où les enfants s'amusaient à patiner; et par une température de zéro degré centigrade chacun a préféré rester chez soi.

54. Qu'est-ce qui a forcé les Parisiens à rester chez eux?
   A. la réparation des routes publiques
   B. un désastre national
   C. un froid glacial
   D. les ordres de la police

A New York, on a organisé une réception pour des marchands de vin et pour des membres de la presse américaine. A cette occasion, les tables étaient couvertes de plats typiques des Etats-Unis et de bouteilles de vin français. Ainsi on a pu apprécier le célèbre steak grillé au feu de bois du Texas, en même temps qu'un bon vin rouge venant de France. Les organisateurs de cette présentation ont réussi à prouver que les vins français vont très bien avec la cuisine américaine.

55. Qu'est-ce qu'on a découvert à cette réception franco-américaine?
   A. Les vins français accompagnent bien les plats américains.
   B. Les Américains n'aiment pas boire le vin français.
   C. Les vins américains sont meilleurs que ceux de France.
   D. Les Français détestent la cuisine américaine.

François Truffaut, metteur en scène d'importants films français, tourne des films qui sont vivants et extrêmement divertissants. Il déclare avoir vu deux mille films avant l'âge de vingt ans. C'est peut-être pourquoi son premier film, "Les quatre cents Coups," est principalement autobiographique. C'est une étude des jeunes de son époque. Il s'agit d'un adolescent abandonné et incompris qui se laisse aller à la délinquance.

56. Quel est le sujet du premier film de Truffaut?
   A. C'est un grand roman d'amour.
   B. C'est une comédie musicale.
   C. C'est l'histoire d'un jeune homme abandonné et incompris.
   D. C'est un film de gangsters.

En juillet, cent vingt jeunes Français garçons et filles de plus de dix-huit ans vont s'embarquer à Deauville pour faire le tour du monde sur douze bateaux à voile. Dans chaque pays visité, des produits français seront présentés, des conférences et des jeux seront organisés. Le but du voyage est de créer une atmosphère d'amitié entre les Français et les étrangers dans les domaines du commerce et de l'industrie.

57. Dans quelle intention a-t-on organisé ce voyage?
   A. pour battre un record de vitesse
   B. pour préparer des échanges scolaires
   C. pour former une marine internationale
   D. pour établir de bonnes relations

Nous avons débarqué ce matin vers onze heures après une traversée assez mouvementée. On avait plusieurs heures de retard. D'abord, le moteur ne marchait pas bien. Ensuite, il y a eu du brouillard, puis du vent, enfin, il a plu. La mer était très agitée et beaucoup de voyageurs étaient malades. Moi aussi, naturellement. Je t'assure que le mal de mer, ça n'est pas agréable du tout!

58. Comment cette personne a-t-elle fait le voyage?
   A. en bateau
   B. en avion
   C. en train
   D. en voiture

Le premier Festival International du Film pour l'Enfance et la Jeunesse a eu lieu à la Bourboule sous le haut patronage de Madame Giscard d'Estaing, en présence de nombreuses personnalités étrangères. Pour donner le prix au meilleur film, il y avait un jury de sept enfants âgés de 8 à 13 ans.

59. Qui a choisi le meilleur film de ce festival?
   A. la femme du Président de la République
   B. des actrices étrangères
   C. un groupe de jeunes gens
   D. le directeur du festival

Les Parisiens ont besoin de cinq paires de chaussures par an. Les autres Français en ont besoin de trois seulement. C'est peut-être parce que, dans la capitale, on est toujours pressé et on court tout le temps.

60. Pourquoi les Parisiens ont-ils peut-être besoin de plus de chaussures que les autres Français?
   A. Ils se dépêchent trop.
   B. Ils sont plus riches.
   C. Ils ont des chaussures de qualité inférieure.
   D. Ils en prennent beaucoup soin.

END OF TEST NO. 18

USE THE SPECIAL ANSWER SHEET ON PAGE 179.
THE TIME LIMIT FOR EACH TEST IS ONE HOUR.

Each of the incomplete statements or questions below is followed by four suggested answers. Select the most appropriate completion and blacken the space under the letter of your choice on the special answer sheet.

1. Je ne peux pas écrire une composition parce que je n'ai ni papier . . . stylo.
   A. ne
   B. ni
   C. plus
   D. pas

2. J'ai l'habitude de boire mon café dans
   A. une jupe.
   B. une tasse.
   C. un soulier.
   D. une chaussure.

3. Aimes-tu mon nouveau chapeau?—Oui, j'aime beaucoup le tien, mais je n'aime pas . . . de Marguerite.
   A. le sien
   B. la sienne
   C. celle
   D. celui

4. Après avoir . . . la lettre, il sortit.
   A. lu
   B. lire
   C. lisant
   D. lit

5. C'est dommage que Paul . . . rarement nous voir.
   A. viens
   B. vient
   C. vienne
   D. est venu

6. Dans . . . mettez-vous vos vêtements pour voyager?
   A. que
   B. quel
   C. l'un
   D. quoi

7. Oui, je . . . l'été que nous avons passé ensemble au bord de la mer.
   A. me souviens de
   B. se souvient
   C. me souviens
   D. me souvènir

8. Je regrette, monsieur, mais la directrice est très . . . en ce moment.
   A. occupé
   B. occupée
   C. occupés
   D. occupées

9. Veuillez accepter, chère madame, l'expression de mes . . . sentiments.
   A. meilleurs
   B. meilleures
   C. meilleur
   D. meilleure

10. Il y a un proverbe français qui dit: Qui ne risque rien . . . rien.
    A. a
    B. n'a
    C. ni a
    D. n'a pas

11. Je demeure . . . une grande maison avec ma famille.
    A. en
    B. à
    C. dans
    D. à la

12. Où se trouve la bibliothèque municipale, s'il vous plaît?—Elle se trouve . . . ici.
    A. près
    B. auprès
    C. près à
    D. près d'

13. Aimez-vous notre jardin?—Oui, il y a beaucoup . . . fleurs dans votre jardin.
    A. de
    B. des
    C. du
    D. Nothing needed

14. Votre maison est plus jolie que
    A. le mien.
    B. la mienne.
    C. les siens.
    D. le sien.

15. Je m'intéresse plus à mes devoirs qu'
    A. les siens.
    B. les siennes.
    C. les tiens.
    D. aux vôtres.

Read the statements given below and select the best answer which is related to the situation described. Blacken the space under the letter of your choice on the special answer sheet.

16. Monsieur et Madame Auclair sont à table pour dîner, mais leur fille Simone n'est pas encore là.

    Monsieur Auclair demande à sa femme: Où donc est Simone? Elle sait très bien que nous dînons toujours à huit heures.

Madame répond:
A. Mais, tu vois, la soupe est excellente.
B. Je suis certaine qu'il est déjà huit heures!
C. Je ne peux pas m'occuper de toutes ces histoires maintenant!
D. Je n'ai aucune idée. Tant pis pour elle! Mangeons sans elle!

17. Robert entre chez un fleuriste pour acheter un cadeau pour sa mère; il n'a pas beaucoup d'argent et il dit au fleuriste:
A. J'aimerais bien acheter ce joli bracelet pour ma mère mais je n'ai pas beaucoup d'argent sur moi.
B. Je voudrais acheter une jolie rose pour ma mère.
C. Ma mère a besoin d'une jolie robe. Est-ce que je peux vous payer demain?
D. Est-ce que je peux vous aider?

18. Miss Jones, une jeune dame américaine, est à Paris et un jour elle entre dans une banque. Elle veut échanger quelques dollars.

Le caissier lui demande: Vous voulez échanger combien d'argent?

Miss Jones répond:
A. Je n'ai pas beaucoup d'argent sur moi.
B. Le dollar est plus bas que la semaine dernière.
C. Vous désirez?
D. Cent dollars.

19. Robert et Marc parlent de l'équipe de basket-ball de leur école. Marc dit: Richard est notre meilleur joueur, n'est-ce pas?

Robert répond:
A. Oui, c'est lui qui marque toujours le plus de points.
B. Oui, nous avons une bonne équipe.
C. Non, je doute fort que nous soyons les champions cette saison.
D. Oui, nous jouons notre dernier match la semaine prochaine.

20. Charles et Jacques parlent de leurs projets pour les grandes vacances. Jacques dit à Charles qu'il a trouvé du travail pour l'été.

Charles dit:
A. Il faut faire des projets pour les grandes vacances.
B. Tu crois que mon père pourrait trouver du travail?
C. Ah, bon! Tu as trouvé du travail pour l'été! Où est-ce que tu vas travailler?
D. Oui, j'ai trouvé du travail pour l'été!

21. Guillaume téléphone à Denise pour l'inviter à aller au cinéma avec lui. Guillaume dit: J'ai entendu dire qu'il y a un bon film au cinéma ce soir. Tu veux y aller?

Denise lui répond:
A. Oui, avec plaisir.
B. Pourquoi Jacques ne peut-il pas aller au cinéma avec toi?
C. Pourquoi veux-tu y aller sans moi?
D. J'irai seule au cinéma si tu ne veux pas y aller avec moi!

22. Monsieur Perrault conduit sa voiture. Tout à coup, un agent de police arrête sa voiture et il lui dit: Pourquoi est-ce que vous ne vous êtes pas arrêté au feu rouge?

Monsieur Perrault lui répond:
A. Vous avez l'air pressé!
B. Il y a longtemps que j'ai mon permis de conduire.
C. Voyez-vous, c'est une voiture toute neuve!
D. Je ne l'ai pas vu, Monsieur!

23. Vous venez d'arriver à Paris et un représentant des services de la compagnie aérienne vous pose quelques questions.

D'abord, il vous demande: Est-ce que vous connaissez déjà la France?

Vous répondez:
A. Non, c'est ma première visite.
B. Oui, les questions que vous me posez sont bonnes.
C. Oui, les repas français dans l'avion étaient excellents.
D. Non, je ne connais personne.

24. Dick Smith passe un an dans un lycée français à Paris. Son ami Pierre lui téléphone pour lui demander de l'aider à faire un devoir d'anglais très difficile.

Pierre lui demande: Tu peux m'aider à faire mon devoir d'anglais? Je n'y comprends rien.

Dick répond:
A. C'est une très longue traduction, n'est-ce pas? Tu ne peux pas faire ce devoir?
B. Bien sûr, je veux bien assister au cours d'anglais avec toi.
C. Je vais assister à une conférence au lycée aujourd'hui; veux-tu venir avec moi?
D. Très volontiers.

25. Les Cartier comptent faire un voyage à Québec. Monsieur Cartier en parle avec vous parce que vous y êtes allé l'année dernière. Monsieur vous demande des renseignements; il veut savoir si vous connaissez un bon endroit où lui et sa famille peuvent trouver du logement.

Vous lui répondez:
A. J'ai l'adresse d'un hôtel qui n'est pas trop cher.
B. J'ai l'adresse d'un musée où vous et votre famille pouvez voir des objets d'art.
C. Vous avez de la chance. La ville de Québec est très belle.
D. Quand partirez-vous? J'aimerais y aller avec vous.

*Choose the word or words that **cannot be substituted** for the underlined word or words in each of the following statements or questions. The correct answer is the one that does **not** fit grammatically or sensibly. Blacken the space under the letter of your choice on the special answer sheet.*

Example: Qui parle?
      A. Qui est-ce qui
      B. Est-ce que le bébé
      C. Est-ce que c'est la dame qui
      D. Que

(The correct answer is **D. Que;** choices A, B, and C can fit grammatically and sensibly, but choice D does not fit because que cannot be used as the subject of a verb.)

26. Où étiez-vous exactement quand l'accident est arrivé?
A. l'homme
B. le monsieur
C. la dame
D. le garçon

27. Qui a téléphoné à la police?
A. gare
B. bibliothèque
C. maison
D. magasin

28. Quelle voiture avez-vous d'abord remarquée?
A. dame
B. femme
C. homme
D. étudiante

29. Dites-moi <u>comment</u> l'accident est arrivé.
  A. quand
  B. où
  C. combien
  D. pourquoi

30. Attendez! Ne <u>parlez</u> pas si vite!
  A. marchez
  B. marche
  C. courez
  D. finissez

Choose the word or words that can be **substituted** *for the underlined word or words in each sentence so that they fit grammatically in the sentence given. There is only one correct answer that fits in each given sentence from the four choices. Blacken the space under the letter of your choice on the special answer sheet.*

Example: Janine <u>aime</u> sa mère.
  A. parle
  B. téléphone
  C. écrit
  D. écoute

(The correct answer is **D, écoute;** choices A, B, and C cannot fit grammatically because each verb requires the preposition **à** after it, but choice D does fit grammatically because it does not require **à** after it.)

31. Ce parc est vraiment <u>immense</u>.
  A. énorme.
  B. grande.
  C. petite.
  D. jolie.

32. J'ai mal aux <u>pieds</u>.
  A. cou.
  B. tête.
  C. genou.
  D. mains.

33. Nous sommes près du <u>lac</u>.
  A. école.
  B. église.
  C. jeune fille.
  D. magasin.

34. Nous allons maintenant louer un <u>appartement</u>.
  A. maison.
  B. chambre.
  C. bateau.
  D. cabane.

35. Je ne sais pas s'il me reste assez d'<u>argent</u>.
  A. de temps.
  B. monnaie.
  C. gâteau.
  D. glace.

Read the following statements and choose the correct missing word or words that would fit grammatically and sensibly in each statement. Blacken the space under the letter of your choice on the special answer sheet.

Anne s'est . . . à neuf heures . . . matin. Pour le petit

36. A. levé   **37.** A. ce
      B. lever   B. cet
      C. levait   C. la
      D. levée   D. cette

déjeuner elle . . . pris un petit pain, . . . croissants, . . .

38. A. est   **39.** A. de   **40.** A. de la
      B. a   B. des   B. du
      C. allait   C. du   C. des
      D. veut   D. un   D. de

confiture, . . . beurre, et . . . café . . . lait.

41. A. du   **42.** A. de   **43.** A. à
      B. de la   B. du   B. en
      C. des   C. une   C. au
      D. une   D. de la   D. à la

Elle n'a pas . . . la maison. Pendant . . . la matinée

44. A. laissé   **45.** A. tout
      B. laissée   B. tous
      C. quitté   C. toute
      D. quittée   D. toutes

elle . . . étudié les mathématiques. A midi et quart elle . . . dans

46. A. est   **47.** A. était
      B. a   B. serais
      C. allait   C. serait
      D. voulait   D. eut été

l'autobus . . . route pour le lycée. Après . . . rentrée, elle

48. A. en   **49.** A. avoir
      B. à   B. être
      C. pour   C. été
      D. la   D. eu

a fait une partie de tennis avec . . . amis.

50. A. son
      B. sa
      C. ses
      D. quelque

Read each passage and select the best answer to each question by blackening the space under the letter of your choice on the special answer sheet.

Vos animaux favoris s'attendent à ce que vous les aidiez à supporter les chaleurs de l'été. Quant à votre oiseau en cage, sortir dehors ne l'intéresse pas. Il est même possible que cela lui fasse peur; que des chiens, des chats, ou des oiseaux plus gros l'attaquent; ou que le soleil soit trop chaud ou trop brillant pour lui. Gardez-le plutôt dans une pièce ni trop chaude ni trop froide, sans courants d'air. Suspendez un os pour lui. Ajoutez un peu de laitue et des jaunes d'oeufs durs à sa portion de graines afin de soigner son alimentation. Nettoyez ses perchoirs tous les jours et plongez-les dans l'eau bouillante au moins deux fois la semaine. Essuyez-les bien avant de les remettre en place. Changez chaque jour le papier qui couvre le fond de sa cage et recouvrez de sable propre.

51. Si vous avez un oiseau en cage, il faut
    A. jouer avec lui chaque matin.
    B. le mettre au soleil.
    C. le laisser voler à l'extérieur.
    D. lui donner très peu de liberté.

52. Pour le confort de l'oiseau, il faudrait le
    A. laisser dans une salle où la température est modérée.
    B. mettre près d'une fenêtre ouverte.
    C. faire sortir souvent de sa cage.
    D. garder avec d'autres animaux.

53. Il faut donner des jaunes d'oeufs à l'oiseau pour
    A. le tenir occupé.
    B. lui conserver sa couleur.
    C. lui donner de l'intelligence.
    D. le nourrir mieux.

54. Il faut nettoyer les perchoirs en les
    A. frottant avec du sable.
    B. mettant dans un courant d'air.
    C. lavant avec du lait.
    D. stérilisant fréquemment.

55. Quant au papier qui sert de tapis, il importe
    A. de le remplacer tous les jours.
    B. d'en couvrir la cage.
    C. d'employer une couleur qui plaise.
    D. de le plier en forme d'accordéon.

Il y a quelques années nous avons salué à Paris l'arrivée d'un pianiste inconnu en France, mais que nous trouvions grand. Après un travail continu, Cziffra est devenu aujourd'hui un virtuose qui a autant d'admirateurs qu'une grande étoile de music-hall et c'est bien rassurant pour la musique classique et pour le piano.

Il est agréable de fêter la même année l'anniversaire du premier concert à Paris de Cziffra et le cent cinquantenaire de Liszt dont il est le plus célèbre interprète. En cinq ans Cziffra est devenu pour le monde entier l'interprète romantique pour qui Liszt semble avoir écrit ses plus brillantes compositions musicales.

Généreux et tourmenté, ce pianiste impétueux et violent vit paisiblement dans une grande maison près de Paris, entouré de sa femme, de ses enfants, de ses six chiens et d'autant de pianos. Là, ce grand travailleur voudrait oublier le charme de l'ancienne ville de Budapest qu'il a quittée il y a moins de dix ans.

56. Au moment de son arrivée à Paris, le pianiste était
    A. célèbre dans tous les pays.
    B. peu connu dans sa nouvelle patrie.
    C. entouré d'amis.
    D. révolté contre le sort.

57. Pendant ses premières années à Paris, Cziffra a
    A. fait du cinéma.
    B. abandonné la musique.
    C. chanté à l'Opéra.
    D. fait du piano.

58. Le succès de Cziffra prouve que le public moderne
    A. apprécie la musique des grands compositeurs.
    B. aime seulement la musique de danse.
    C. préfère le concert de musique populaire.
    D. s'intéresse peu aux instruments à cordes.

59. Cziffra est de nos jours l'interprète de Liszt qui
   A. chante le mieux.
   B. est le plus connu.
   C. est le plus âgé.
   D. reste le plus ignoré.

60. La vie de ce musicien est
   A. très solitaire.
   B. une chose qu'il essaie d'oublier.
   C. marquée par beaucoup de travail.
   D. continuellement troublée par des considérations politiques.

END OF TEST NO. 19

USE THE SPECIAL ANSWER SHEET ON PAGE 180.
THE TIME LIMIT FOR EACH TEST IS ONE HOUR.

Each of the incomplete statements or questions below is followed by four suggested answers. Select the most appropriate completion and blacken the space under the letter of your choice on the special answer sheet.

1. Mon cher ami, vous êtes très maigre! N'avez-vous . . . envie de manger?
   A. aucune
   B. aucun
   C. lequel
   D. laquelle

2. Et vous, monsieur? . . . est votre métier?
   A. Quel
   B. Quelle
   C. Quoi
   D. Auquel

3. Je ne reçois jamais . . . j'ai besoin.
   A. dont
   B. ce dont
   C. que
   D. ce que

4. Tu peux venir chez moi cet après-midi, ce soir, ou demain; en bref, n'importe
   A. quand.
   B. où.
   C. quoi.
   D. qui.

5. Cette femme irait à Paris, à New York, à Chicago ou n'importe . . . pour trouver un mari!
   A. quand
   B. où
   C. comment
   D. qui

6. Ce matin j'ai entendu Monique . . . un air joli.
   A. chantant
   B. chantante
   C. chante
   D. chantée

7. Si vous voulez le faire, alors faites-le! Cela dépend . . . vous voulez faire.
   A. de ce que
   B. ce que
   C. de
   D. que

8. Après . . . bu son café, il s'en est allé.
   A. ayant
   B. être
   C. avoir
   D. été

9. Après . . . sortie, elle est allée voir son fiancé.
   A. ayant
   B. être
   C. avoir
   D. été

10. Monsieur Paré a lu son journal avant . . . dîner.
   A. de
   B. d'avoir
   C. que
   D. à

11. Dans la classe de français, Paul lève toujours . . . bras gauche quand il veut poser une question.
   A. son
   B. le
   C. leur
   D. les

12. Les deux jeunes filles se sont . . . les cheveux.
   A. lavé
   B. lavée
   C. lavés
   D. lavées

13. Henriette est la plus intelligente . . . la classe.
   A. dans
   B. de
   C. à
   D. en

14. Mon père est obligé . . . aller au travail tous les jours.
   A. à
   B. de
   C. d'
   D. pour

15. Après . . . couchée, elle s'endormit.
   A. s'être
   B. avoir
   C. s'étant
   D. ayant

Read the statements given below and select the best answer which is related to the situation described. Blacken the space under the letter of your choice on the special answer sheet.

16. Les élèves dans la classe de français aimeraient aller dîner dans un restaurant français. Il s'agit du prix du dîner qui devrait être raisonnable. Vous n'avez pas beaucoup d'argent et vous dites:
   A. De toute façon, il faut choisir un restaurant où tout est cher.
   B. Quant à moi, mes ressources financières sont bien limitées.
   C. Nous pouvons dîner n'importe où pour n'importe quel prix.
   D. Pourquoi voulez-vous aller toujours à cet endroit-là?

17. Vous êtes dans un bureau de poste à Paris. Vous voulez envoyer des cartes postales à des amis.

Vous parlez à l'employé du bureau de poste et vous lui demandez:
A. Dites-moi, s'il vous plaît, ai-je mis assez de timbres sur ces cartes postales?
B. Je vous prie de me dire si j'ai assez de monnaie sur moi.
C. Ces cartes postales sont jolies, n'est-ce pas?
D. J'aimerais expédier ce paquet aux Etats-Unis.

18. Vous êtes à Paris et un monsieur qui est assis à côté de vous dans un autobus vous demande si la Cathédrale Notre-Dame de Paris est loin de l'arrêt de l'autobus où vous vous trouvez. Le monsieur veut savoir s'il doit descendre ou continuer son chemin.

Vous lui répondez:
A. Vous devriez descendre tout de suite. Ne voyez-vous pas la Cathédrale là-bas de l'autre côte de la rue?
B. Oui, il y a beaucoup d'églises à visiter.
C. La Cathédrale Notre-Dame de Paris est la plus belle.
D. Il faut continuer votre chemin si vous voulez voir ce musée.

19. Un soir, au théâtre, vous rencontrez un ami que vous n'avez pas vu depuis longtemps. Il ne vous reconnaît pas mais vous le reconnaissez tout de suite.

Vous lui dites:
A. Est-ce que vous aimez le spectacle?
B. J'ai fait la connaissance de plusieurs personnes ce soir au théâtre. Et vous?
C. Jacques! C'est bien toi?!
D. Pourquoi me regardez-vous? Je ne vous connais point!

20. Madame Gervais se trouve dans un magasin où elle essaye de nombreux chapeaux. Après vingt minutes, elle fait un choix et elle dit à la vendeuse:
A. Tous vos chapeaux sont beaux.
B. Je ne suis pas venue pour acheter mais pour essayer.
C. J'ai laissé mon chapeau et mon parapluie dans l'autobus ce matin.
D. Je prends celui-ci. Combien coûte-t-il?

21. Madame Béry attend son amie à l'arrêt de l'autobus depuis trente minutes. Elle devient impatiente et elle est sur le point de partir quand elle voit son amie qui descend de l'autobus. Elle lui dit:
A. Tu sais, tu es toujours à l'heure.
B. Il ne faut pas être impatiente, ma chère amie!
C. Pourquoi es-tu toujours en retard quand nous avons rendez-vous à une heure précise?
D. Je sais qu'il pleut à verse et j'ai oublié mon imperméable et mon parapluie à la maison!

22. Vous travaillez comme réceptionniste dans un hôtel pour l'été. Le téléphone sonne, vous décrochez et vous dites:
A. Allô! J'écoute!
B. Allô! Ma foi! Je ne sais pas ce que je dois faire!
C. Allô! Je vais décrocher maintenant!
D. Allô! Je vais raccrocher maintenant!

23. Sally, une jeune fille américaine qui étudie le français dans une école, est à Paris avec une camarade anglaise, Priscilla. Les deux demoiselles sont assises sur la terrasse d'un café en train de manger leur glace au chocolat.

Priscilla demande à sa camarade: Dis-moi, comment s'appelait Paris autrefois?

Sally répond:
A. La Gaule.
B. Parisii.
C. Lutèce.
D. L'île de la Cité.

24. Votre amie Colette est malade depuis quelques jours à cause d'un mal aux dents. Vous allez la voir et vous lui apportez un cadeau. C'est une boîte de chocolats.

En ouvrant la boîte, Colette s'exclame:
A. Bravo! Comment puis-je manger du chocolat puisque tu vois que j'ai mal aux dents!
B. Je ne savais pas que tu avais mal aux dents!
C. Tu sais, il y a un proverbe français qui dit: Qui se ressemble s'assemble!
D. La prochaine fois tu m'apporteras une boîte de chocolats! Merci pour le miel!

25. La petite Hélène ne peut pas s'endormir et elle demande à sa mère de lui dire un conte de fées. Sa mère commence à lire:
A. Il était une fois une jeune princesse, belle et gaie . . .
B. Je vais compter à dix et si tu ne dors pas, je te donne une belle gifle . . .
C. Il était une fois une petite fille nommée Hélène. Elle ne pouvait pas s'endormir et elle a demandé à sa mère une bonne tape . . .
D. Je te dis une fois que si tu ne t'endors pas, tu vas passer une nuit blanche . . .

*Choose the word or words that **cannot be substituted** for the underlined word or words in each of the following statements or questions. The correct answer is the one that does **not** fit grammatically or sensibly. Blacken the space under the letter of your choice on the special answer sheet.*

Example: Qui parle?
    A. Qui est-ce qui
    B. Est-ce que l'enfant
    C. Est-ce que c'est le professeur qui
    D. Que

(The correct answer is **D. Que;** choices A, B, and C can fit grammatically and sensibly, but choice D does NOT fit because que cannot be used as the subject of a verb.)

26. Lequel de ces deux garçons est plus intelligent?
A. hommes
B. messieurs
C. camionneurs
D. jeunes filles

27. Que cherchez-vous?
A. faites-vous?
B. chantez-vous?
C. cherche-t-il?
D. écoutez-vous?

28. Ecoute! Ne dis rien!
A. bouge
B. parlez
C. fais
D. chante

29. Je parle à Paul.
A. cherche
B. réponds
C. demande
D. pense

30. Ses vêtements coûtent moins cher que les vôtres.
A. miens.
B. nôtres.
C. leur.
D. tiens.

*Choose the word or words that can be **substituted** for the underlined word or words in each sentence so that they fit grammatically in the sentence given. There is only one correct answer that fits in each given sentence of the four choices. Blacken the space under the letter of your choice on the special answer sheet.*

Example: Janine <u>aime</u> sa mère.
    A. parle
    B. téléphone
    C. écrit
    D. écoute

(The correct answer is **D. écoute;** choices A, B, and C cannot fit grammatically because each verb requires the preposition **à** after it, but choice D does fit grammatically because it does not require **à** after it.)

31. <u>Les hommes</u> auxquels vous avez parlé sont mes cousins.
    A. Les garçons
    B. Les dames
    C. Les étudiantes
    D. Les jeunes filles

32. Dans la <u>valise</u> de qui a-t-on trouvé un revolver?
    A. paquet
    B. colis
    C. malle
    D. pantalon

33. La maison que nous avons <u>trouvée</u> est très moderne.
    A. vendu
    B. acheté
    C. vue
    D. visité

34. Nous vous verrons à la fin du <u>déjeuner.</u>
    A. la semaine.
    B. la journée.
    C. l'été.
    D. cours.

35. <u>Qu'est-ce qui</u> arrive?
    A. Que
    B. Quoi
    C. Qui
    D. Qu'est-ce que

Read the following statements and choose the correct missing word or words that would fit grammatically and sensibly in each statement. Blacken the space under the letter of your choice on the special answer sheet.

J'aime la campagne parce que . . . amuse bien. Pendant les mois

        36. A. je m'
             B. j'amuse
             C. je me suis
             D. je m'y

de l'année je suis . . . ville, mais . . . mois de juillet et août

    37. A. à   **38.** A. au
        B. dans   B. à la
        C. en   C. à les
        D. au   D. aux

je passe . . . vacances à la campagne. Mon plus grand plaisir consiste à

39. A. la
B. mon
C. ma
D. mes

. . . une promenade le long d'un chemin tortueux à la nuit . . .

40. A. prendre
B. exécuter
C. remplir
D. faire

41. A. tombĕe.
B. tombant.
C. tombante.
D. tombé.

J'ai passé . . . premier jour à l'école d'une manière très agréable.

42. A. ma
B. mes
C. mon
D. leurs

. . . arrivé avec mon ami Henri à huit heures . . . .

43. A. J'ai
B. Je suis
C. J'y suis
D. Nous sommes

44. A. précise
B. précis
C. exacte
D. précises

Nous sommes . . . dans l'édifice et nous avons vu nos professeurs.

45. A. entré
B. entrés
C. entrant
D. entrer

Read each passage and select the best answer to each question by blackening the space under the letter of your choice on the special answer sheet.

—A ce compte, dit la marquise, la philosophie en est arrivée au point de suivre les lois qui règlent les machines?

—A tel point, répondis-je, que je crains qu'on n'en ait bientôt honte. On veut que l'univers ne soit en grand que ce qu'une montre est en petit, et que tout s'y conduise par des mouvements réglés qui dépendent de l'arrangement des parties.

—Et moi, répliqua-t-elle, j'estime l'univers beaucoup plus depuis que vous me dites tout cela. Il est surprenant que l'ordre de la nature ne roule que sur des choses si simples.

—Je ne sais pas, lui répondis-je, qui vous a donné des idées si saines; mais en vérité, il n'est pas trop commun de les avoir. Assez de gens ont toujours dans la tête un faux merveilleux, enveloppé d'une obscurité qu'ils respectent. Ils n'admirent la nature que parce qu'ils la croient une espèce de magie où l'on n'entend rien.

46. La philosophie de nos jours
A. est très mécanique.
B. donne lieu à la honte.
C. règle les lois de l'univers.
D. est peu mécanique.

47. Certaines gens disent que l'univers
A. est petit comme une montre.
B. ne ressemble aucunement à une montre.
C. donne peu d'indications d'ordre.
D. est réglé comme une montre.

48. La marquise est surprise
   A. que tout soit si incompréhensible.
   B. qu'il n'y ait que confusion dans le monde.
   C. que le principe de l'univers soit tellement facile à comprendre.
   D. que l'ordre des choses soit si compliqué.

49. Les idées saines sont
   A. peu communes.
   B. forcément claires.
   C. obscures.
   D. très communes.

50. Certaines personnes admirent
   A. ce qui fait du bruit.
   B. ce qu'ils ne comprennent pas.
   C. ce qui est silencieux.
   D. ce qui est clair.

"Pour Dieu, dit le maréchal, que cette bataille nous apporte honneur! Celui qui se conduirait mal serait banni de la gloire de Notre-Seigneur. Souvenez-vous de nos ancêtres très courageux dont les noms sont encore rappelés dans les histoires. Sachez bien que celui qui mourra pour Dieu dans cette bataille, son âme s'en ira toute fleurie en paradis. Le champ de bataille est à nous, pourvu que nous ayons pleine foi en Dieu. Si les ennemis sont plus nombreux que nous, que nous importe? Ils sont arrogants aujourd'hui parce qu'ils nous ont trouvés ces jours-ci un peu las; mais nous voilà reposés et prêts à les étonner. Pour Dieu, n'attendons pas qu'ils nous attaquent les premiers. J'ai assez l'expérience de la guerre pour savoir que si on attaque ses ennemis du premier coup avec promptitude, on a moins de peine à les mettre en déroute. Allons! celui qui s'épargnera dans ce combat, que le Dieu de gloire ne lui donne jamais honneur!"

51. Nous savons que nos ancêtres
   A. n'ont pas oublié leurs noms.
   B. sont restés dans l'oubli.
   C. se racontaient des histoires.
   D. vivent dans les livres d'histoire.

52. Celui qui mourra dans cette bataille
   A. sera banni de la gloire de Notre-Seigneur.
   B. ira au ciel.
   C. sera vite oublié.
   D. recevra le blâme de la postérité.

53. Pour gagner la bataille, il faut
   A. croire en Dieu.
   B. être arrogant.
   C. être plus nombreux que l'ennemi.
   D. mourir.

54. Aujourd'hui l'ennemi va nous trouver
   A. disposés à fuir.
   B. sur le point de dormir.
   C. désireux de combattre.
   D. résignés devant la mort.

55. Dans la bataille, il vaut mieux
   A. prendre ses aises.
   B. attendre l'attaque de l'adversaire.
   C. éviter le combat.
   D. attaquer d'abord l'adversaire.

Rendu à sa famille, Robert parvint à force de travail et avec le secours de quelques amis à rétablir ses affaires. Cependant son fils s'occupait toujours à découvrir le généreux bienfaiteur qui se cachait si obstinément aux remerciements de sa famille. Un an s'était écoulé sans qu'il eût pu le découvrir, lorsqu'il le rencontra enfin, un dimanche matin, se promenant seul sur le quai.

56. Où Robert retourna-t-il?
   A. à l'hôpital
   B. à son bureau
   C. chez lui
   D. chez des amis

57. Comment Robert réussit-il à rétablir ses affaires?
   A. très facilement
   B. par la force
   C. avec l'aide de son fils
   D. avec l'aide d'autres personnes

58. Que faisait le fils de Robert?
   A. Il cherchait une personne inconnue.
   B. Il cachait un bienfaiteur.
   C. Il remerciait la famille.
   D. Il continuait à se cacher.

59. Combien de temps le fils mit-il à cette affaire?
   A. une fin de semaine
   B. douze mois
   C. plusieurs journées
   D. quinze jours

60. Où se trouvait le personnage évasif?
   A. près de l'eau
   B. dans la mer
   C. dans une voiture
   D. à l'église

END OF TEST NO. 20

ANSWER SHEET ▪ TEST 5

Use a soft lead pencil to blacken the space under the letter which you choose as your answer. If you finish the test before the time limit has expired, go over the questions and your answers again and, if necessary, be sure that you erase completely before you blacken another space. The time limit is one hour.

	A B C D		A B C D		A B C D
1	‖ ‖ ‖ ‖	21	‖ ‖ ‖ ‖	41	‖ ‖ ‖ ‖
2	‖ ‖ ‖ ‖	22	‖ ‖ ‖ ‖	42	‖ ‖ ‖ ‖
3	‖ ‖ ‖ ‖	23	‖ ‖ ‖ ‖	43	‖ ‖ ‖ ‖
4	‖ ‖ ‖ ‖	24	‖ ‖ ‖ ‖	44	‖ ‖ ‖ ‖
5	‖ ‖ ‖ ‖	25	‖ ‖ ‖ ‖	45	‖ ‖ ‖ ‖
6	‖ ‖ ‖ ‖	26	‖ ‖ ‖ ‖	46	‖ ‖ ‖ ‖
7	‖ ‖ ‖ ‖	27	‖ ‖ ‖ ‖	47	‖ ‖ ‖ ‖
8	‖ ‖ ‖ ‖	28	‖ ‖ ‖ ‖	48	‖ ‖ ‖ ‖
9	‖ ‖ ‖ ‖	29	‖ ‖ ‖ ‖	49	‖ ‖ ‖ ‖
10	‖ ‖ ‖ ‖	30	‖ ‖ ‖ ‖	50	‖ ‖ ‖ ‖
11	‖ ‖ ‖ ‖	31	‖ ‖ ‖ ‖	51	‖ ‖ ‖ ‖
12	‖ ‖ ‖ ‖	32	‖ ‖ ‖ ‖	52	‖ ‖ ‖ ‖
13	‖ ‖ ‖ ‖	33	‖ ‖ ‖ ‖	53	‖ ‖ ‖ ‖
14	‖ ‖ ‖ ‖	34	‖ ‖ ‖ ‖	54	‖ ‖ ‖ ‖
15	‖ ‖ ‖ ‖	35	‖ ‖ ‖ ‖	55	‖ ‖ ‖ ‖
16	‖ ‖ ‖ ‖	36	‖ ‖ ‖ ‖	56	‖ ‖ ‖ ‖
17	‖ ‖ ‖ ‖	37	‖ ‖ ‖ ‖	57	‖ ‖ ‖ ‖
18	‖ ‖ ‖ ‖	38	‖ ‖ ‖ ‖	58	‖ ‖ ‖ ‖
19	‖ ‖ ‖ ‖	39	‖ ‖ ‖ ‖	59	‖ ‖ ‖ ‖
20	‖ ‖ ‖ ‖	40	‖ ‖ ‖ ‖	60	‖ ‖ ‖ ‖

ANSWER SHEET • TEST 6

Use a soft lead pencil to blacken the space under the letter which you choose as your answer. If you finish the test before the time limit has expired, go over the questions and your answers again and, if necessary, be sure that you erase completely before you blacken another space. The time limit is one hour.

	A	B	C	D			A	B	C	D			A	B	C	D
1	‖	‖	‖	‖		21	‖	‖	‖	‖		41	‖	‖	‖	‖
2	‖	‖	‖	‖		22	‖	‖	‖	‖		42	‖	‖	‖	‖
3	‖	‖	‖	‖		23	‖	‖	‖	‖		43	‖	‖	‖	‖
4	‖	‖	‖	‖		24	‖	‖	‖	‖		44	‖	‖	‖	‖
5	‖	‖	‖	‖		25	‖	‖	‖	‖		45	‖	‖	‖	‖
6	‖	‖	‖	‖		26	‖	‖	‖	‖		46	‖	‖	‖	‖
7	‖	‖	‖	‖		27	‖	‖	‖	‖		47	‖	‖	‖	‖
8	‖	‖	‖	‖		28	‖	‖	‖	‖		48	‖	‖	‖	‖
9	‖	‖	‖	‖		29	‖	‖	‖	‖		49	‖	‖	‖	‖
10	‖	‖	‖	‖		30	‖	‖	‖	‖		50	‖	‖	‖	‖
11	‖	‖	‖	‖		31	‖	‖	‖	‖		51	‖	‖	‖	‖
12	‖	‖	‖	‖		32	‖	‖	‖	‖		52	‖	‖	‖	‖
13	‖	‖	‖	‖		33	‖	‖	‖	‖		53	‖	‖	‖	‖
14	‖	‖	‖	‖		34	‖	‖	‖	‖		54	‖	‖	‖	‖
15	‖	‖	‖	‖		35	‖	‖	‖	‖		55	‖	‖	‖	‖
16	‖	‖	‖	‖		36	‖	‖	‖	‖		56	‖	‖	‖	‖
17	‖	‖	‖	‖		37	‖	‖	‖	‖		57	‖	‖	‖	‖
18	‖	‖	‖	‖		38	‖	‖	‖	‖		58	‖	‖	‖	‖
19	‖	‖	‖	‖		39	‖	‖	‖	‖		59	‖	‖	‖	‖
20	‖	‖	‖	‖		40	‖	‖	‖	‖		60	‖	‖	‖	‖

ANSWER SHEET · TEST 9

Use a soft lead pencil to blacken the space under the letter which you choose as your answer. If you finish the test before the time limit has expired, go over the questions and your answers again and, if necessary, be sure that you erase completely before you blacken another space. The time limit is one hour.

	A B C D		A B C D		A B C D
1	‖ ‖ ‖ ‖	21	‖ ‖ ‖ ‖	41	‖ ‖ ‖ ‖
2	‖ ‖ ‖ ‖	22	‖ ‖ ‖ ‖	42	‖ ‖ ‖ ‖
3	‖ ‖ ‖ ‖	23	‖ ‖ ‖ ‖	43	‖ ‖ ‖ ‖
4	‖ ‖ ‖ ‖	24	‖ ‖ ‖ ‖	44	‖ ‖ ‖ ‖
5	‖ ‖ ‖ ‖	25	‖ ‖ ‖ ‖	45	‖ ‖ ‖ ‖
6	‖ ‖ ‖ ‖	26	‖ ‖ ‖ ‖	46	‖ ‖ ‖ ‖
7	‖ ‖ ‖ ‖	27	‖ ‖ ‖ ‖	47	‖ ‖ ‖ ‖
8	‖ ‖ ‖ ‖	28	‖ ‖ ‖ ‖	48	‖ ‖ ‖ ‖
9	‖ ‖ ‖ ‖	29	‖ ‖ ‖ ‖	49	‖ ‖ ‖ ‖
10	‖ ‖ ‖ ‖	30	‖ ‖ ‖ ‖	50	‖ ‖ ‖ ‖
11	‖ ‖ ‖ ‖	31	‖ ‖ ‖ ‖	51	‖ ‖ ‖ ‖
12	‖ ‖ ‖ ‖	32	‖ ‖ ‖ ‖	52	‖ ‖ ‖ ‖
13	‖ ‖ ‖ ‖	33	‖ ‖ ‖ ‖	53	‖ ‖ ‖ ‖
14	‖ ‖ ‖ ‖	34	‖ ‖ ‖ ‖	54	‖ ‖ ‖ ‖
15	‖ ‖ ‖ ‖	35	‖ ‖ ‖ ‖	55	‖ ‖ ‖ ‖
16	‖ ‖ ‖ ‖	36	‖ ‖ ‖ ‖	56	‖ ‖ ‖ ‖
17	‖ ‖ ‖ ‖	37	‖ ‖ ‖ ‖	57	‖ ‖ ‖ ‖
18	‖ ‖ ‖ ‖	38	‖ ‖ ‖ ‖	58	‖ ‖ ‖ ‖
19	‖ ‖ ‖ ‖	39	‖ ‖ ‖ ‖	59	‖ ‖ ‖ ‖
20	‖ ‖ ‖ ‖	40	‖ ‖ ‖ ‖	60	‖ ‖ ‖ ‖

ANSWER SHEET ▪ TEST 10

Use a soft lead pencil to blacken the space under the letter which you choose as your answer. If you finish the test before the time limit has expired, go over the questions and your answers again and, if necessary, be sure that you erase completely before you blacken another space. The time limit is one hour.

	A	B	C	D			A	B	C	D			A	B	C	D
1	‖	‖	‖	‖		21	‖	‖	‖	‖		41	‖	‖	‖	‖
2	‖	‖	‖	‖		22	‖	‖	‖	‖		42	‖	‖	‖	‖
3	‖	‖	‖	‖		23	‖	‖	‖	‖		43	‖	‖	‖	‖
4	‖	‖	‖	‖		24	‖	‖	‖	‖		44	‖	‖	‖	‖
5	‖	‖	‖	‖		25	‖	‖	‖	‖		45	‖	‖	‖	‖
6	‖	‖	‖	‖		26	‖	‖	‖	‖		46	‖	‖	‖	‖
7	‖	‖	‖	‖		27	‖	‖	‖	‖		47	‖	‖	‖	‖
8	‖	‖	‖	‖		28	‖	‖	‖	‖		48	‖	‖	‖	‖
9	‖	‖	‖	‖		29	‖	‖	‖	‖		49	‖	‖	‖	‖
10	‖	‖	‖	‖		30	‖	‖	‖	‖		50	‖	‖	‖	‖
11	‖	‖	‖	‖		31	‖	‖	‖	‖		51	‖	‖	‖	‖
12	‖	‖	‖	‖		32	‖	‖	‖	‖		52	‖	‖	‖	‖
13	‖	‖	‖	‖		33	‖	‖	‖	‖		53	‖	‖	‖	‖
14	‖	‖	‖	‖		34	‖	‖	‖	‖		54	‖	‖	‖	‖
15	‖	‖	‖	‖		35	‖	‖	‖	‖		55	‖	‖	‖	‖
16	‖	‖	‖	‖		36	‖	‖	‖	‖		56	‖	‖	‖	‖
17	‖	‖	‖	‖		37	‖	‖	‖	‖		57	‖	‖	‖	‖
18	‖	‖	‖	‖		38	‖	‖	‖	‖		58	‖	‖	‖	‖
19	‖	‖	‖	‖		39	‖	‖	‖	‖		59	‖	‖	‖	‖
20	‖	‖	‖	‖		40	‖	‖	‖	‖		60	‖	‖	‖	‖

ANSWER SHEET ▪ TEST 13

Use a soft lead pencil to blacken the space under the letter which you choose as your answer. If you finish the test before the time limit has expired, go over the questions and your answers again and, if necessary, be sure that you erase completely before you blacken another space. The time limit is one hour.

	A	B	C	D			A	B	C	D			A	B	C	D
1	‖	‖	‖	‖		21	‖	‖	‖	‖		41	‖	‖	‖	‖
2	‖	‖	‖	‖		22	‖	‖	‖	‖		42	‖	‖	‖	‖
3	‖	‖	‖	‖		23	‖	‖	‖	‖		43	‖	‖	‖	‖
4	‖	‖	‖	‖		24	‖	‖	‖	‖		44	‖	‖	‖	‖
5	‖	‖	‖	‖		25	‖	‖	‖	‖		45	‖	‖	‖	‖
6	‖	‖	‖	‖		26	‖	‖	‖	‖		46	‖	‖	‖	‖
7	‖	‖	‖	‖		27	‖	‖	‖	‖		47	‖	‖	‖	‖
8	‖	‖	‖	‖		28	‖	‖	‖	‖		48	‖	‖	‖	‖
9	‖	‖	‖	‖		29	‖	‖	‖	‖		49	‖	‖	‖	‖
10	‖	‖	‖	‖		30	‖	‖	‖	‖		50	‖	‖	‖	‖
11	‖	‖	‖	‖		31	‖	‖	‖	‖		51	‖	‖	‖	‖
12	‖	‖	‖	‖		32	‖	‖	‖	‖		52	‖	‖	‖	‖
13	‖	‖	‖	‖		33	‖	‖	‖	‖		53	‖	‖	‖	‖
14	‖	‖	‖	‖		34	‖	‖	‖	‖		54	‖	‖	‖	‖
15	‖	‖	‖	‖		35	‖	‖	‖	‖		55	‖	‖	‖	‖
16	‖	‖	‖	‖		36	‖	‖	‖	‖		56	‖	‖	‖	‖
17	‖	‖	‖	‖		37	‖	‖	‖	‖		57	‖	‖	‖	‖
18	‖	‖	‖	‖		38	‖	‖	‖	‖		58	‖	‖	‖	‖
19	‖	‖	‖	‖		39	‖	‖	‖	‖		59	‖	‖	‖	‖
20	‖	‖	‖	‖		40	‖	‖	‖	‖		60	‖	‖	‖	‖

ANSWER SHEET ▪ TEST 14

Use a soft lead pencil to blacken the space under the letter which you choose as your answer. If you finish the test before the time limit has expired, go over the questions and your answers again and, if necessary, be sure that you erase completely before you blacken another space. The time limit is one hour.

1 A B C D   21 A B C D   41 A B C D
2 A B C D   22 A B C D   42 A B C D
3 A B C D   23 A B C D   43 A B C D
4 A B C D   24 A B C D   44 A B C D
5 A B C D   25 A B C D   45 A B C D
6 A B C D   26 A B C D   46 A B C D
7 A B C D   27 A B C D   47 A B C D
8 A B C D   28 A B C D   48 A B C D
9 A B C D   29 A B C D   49 A B C D
10 A B C D   30 A B C D   50 A B C D
11 A B C D   31 A B C D   51 A B C D
12 A B C D   32 A B C D   52 A B C D
13 A B C D   33 A B C D   53 A B C D
14 A B C D   34 A B C D   54 A B C D
15 A B C D   35 A B C D   55 A B C D
16 A B C D   36 A B C D   56 A B C D
17 A B C D   37 A B C D   57 A B C D
18 A B C D   38 A B C D   58 A B C D
19 A B C D   39 A B C D   59 A B C D
20 A B C D   40 A B C D   60 A B C D

ANSWER SHEET ▪ TEST 15

Use a soft lead pencil to blacken the space under the letter which you choose as your answer. If you finish the test before the time limit has expired, go over the questions and your answers again and, if necessary, be sure that you erase completely before you blacken another space. The time limit is one hour.

	A	B	C	D		A	B	C	D		A	B	C	D
1	‖	‖	‖	‖	21	‖	‖	‖	‖	41	‖	‖	‖	‖
2	‖	‖	‖	‖	22	‖	‖	‖	‖	42	‖	‖	‖	‖
3	‖	‖	‖	‖	23	‖	‖	‖	‖	43	‖	‖	‖	‖
4	‖	‖	‖	‖	24	‖	‖	‖	‖	44	‖	‖	‖	‖
5	‖	‖	‖	‖	25	‖	‖	‖	‖	45	‖	‖	‖	‖
6	‖	‖	‖	‖	26	‖	‖	‖	‖	46	‖	‖	‖	‖
7	‖	‖	‖	‖	27	‖	‖	‖	‖	47	‖	‖	‖	‖
8	‖	‖	‖	‖	28	‖	‖	‖	‖	48	‖	‖	‖	‖
9	‖	‖	‖	‖	29	‖	‖	‖	‖	49	‖	‖	‖	‖
10	‖	‖	‖	‖	30	‖	‖	‖	‖	50	‖	‖	‖	‖
11	‖	‖	‖	‖	31	‖	‖	‖	‖	51	‖	‖	‖	‖
12	‖	‖	‖	‖	32	‖	‖	‖	‖	52	‖	‖	‖	‖
13	‖	‖	‖	‖	33	‖	‖	‖	‖	53	‖	‖	‖	‖
14	‖	‖	‖	‖	34	‖	‖	‖	‖	54	‖	‖	‖	‖
15	‖	‖	‖	‖	35	‖	‖	‖	‖	55	‖	‖	‖	‖
16	‖	‖	‖	‖	36	‖	‖	‖	‖	56	‖	‖	‖	‖
17	‖	‖	‖	‖	37			‖	‖	57	‖	‖	‖	‖
18	‖	‖	‖	‖	38	‖	‖	‖	‖	58	‖		‖	‖
19	‖	‖	‖	‖	39	‖	‖	‖	‖	59	‖	‖	‖	‖
20	‖	‖	‖	‖	40	‖	‖	‖	‖	60	‖	‖	‖	‖

ANSWER SHEET ▪ TEST 16

Use a soft lead pencil to blacken the space under the letter which you choose as your answer. If you finish the test before the time limit has expired, go over the questions and your answers again and, if necessary, be sure that you erase completely before you blacken another space. The time limit is one hour.

	A	B	C	D			A	B	C	D			A	B	C	D
1	‖	‖	‖	‖		21	‖	‖	‖	‖		41	‖	‖	‖	‖
2	‖	‖	‖	‖		22	‖	‖	‖	‖		42	‖	‖	‖	‖
3	‖	‖	‖	‖		23	‖	‖	‖	‖		43	‖	‖	‖	‖
4	‖	‖	‖	‖		24	‖	‖	‖	‖		44	‖	‖	‖	‖
5	‖	‖	‖	‖		25	‖	‖	‖	‖		45	‖	‖	‖	‖
6	‖	‖	‖	‖		26	‖	‖	‖	‖		46	‖	‖	‖	‖
7	‖	‖	‖	‖		27	‖	‖	‖	‖		47	‖	‖	‖	‖
8	‖	‖	‖	‖		28	‖	‖	‖	‖		48	‖	‖	‖	‖
9	‖	‖	‖	‖		29	‖	‖	‖	‖		49	‖	‖	‖	‖
10	‖	‖	‖	‖		30	‖	‖	‖	‖		50	‖	‖	‖	‖
11	‖	‖	‖	‖		31	‖	‖	‖	‖		51	‖	‖	‖	‖
12	‖	‖	‖	‖		32	‖	‖	‖	‖		52	‖	‖	‖	‖
13	‖	‖	‖	‖		33	‖	‖	‖	‖		53	‖	‖	‖	‖
14	‖	‖	‖	‖		34	‖	‖	‖	‖		54	‖	‖	‖	‖
15	‖	‖	‖	‖		35	‖	‖	‖	‖		55	‖	‖	‖	‖
16	‖	‖	‖	‖		36	‖	‖	‖	‖		56	‖	‖	‖	‖
17	‖	‖	‖	‖		37	‖	‖	‖	‖		57	‖	‖	‖	‖
18	‖	‖	‖	‖		38	‖	‖	‖	‖		58	‖	‖	‖	‖
19	‖	‖	‖	‖		39	‖	‖	‖	‖		59	‖	‖	‖	‖
20	‖	‖	‖	‖		40	‖	‖	‖	‖		60	‖	‖	‖	‖

ANSWER SHEET ▪ TEST 17

Use a soft lead pencil to blacken the space under the letter which you choose as your answer. If you finish the test before the time limit has expired, go over the questions and your answers again and, if necessary, be sure that you erase completely before you blacken another space. The time limit is one hour.

	A B C D		A B C D		A B C D
1	‖ ‖ ‖ ‖	21	‖ ‖ ‖ ‖	41	‖ ‖ ‖ ‖
2	‖ ‖ ‖ ‖	22	‖ ‖ ‖ ‖	42	‖ ‖ ‖ ‖
3	‖ ‖ ‖ ‖	23	‖ ‖ ‖ ‖	43	‖ ‖ ‖ ‖
4	‖ ‖ ‖ ‖	24	‖ ‖ ‖ ‖	44	‖ ‖ ‖ ‖
5	‖ ‖ ‖ ‖	25	‖ ‖ ‖ ‖	45	‖ ‖ ‖ ‖
6	‖ ‖ ‖ ‖	26	‖ ‖ ‖ ‖	46	‖ ‖ ‖ ‖
7	‖ ‖ ‖ ‖	27	‖ ‖ ‖ ‖	47	‖ ‖ ‖ ‖
8	‖ ‖ ‖ ‖	28	‖ ‖ ‖ ‖	48	‖ ‖ ‖ ‖
9	‖ ‖ ‖ ‖	29	‖ ‖ ‖ ‖	49	‖ ‖ ‖ ‖
10	‖ ‖ ‖ ‖	30	‖ ‖ ‖ ‖	50	‖ ‖ ‖ ‖
11	‖ ‖ ‖ ‖	31	‖ ‖ ‖ ‖	51	‖ ‖ ‖ ‖
12	‖ ‖ ‖ ‖	32	‖ ‖ ‖ ‖	52	‖ ‖ ‖ ‖
13	‖ ‖ ‖ ‖	33	‖ ‖ ‖ ‖	53	‖ ‖ ‖ ‖
14	‖ ‖ ‖ ‖	34	‖ ‖ ‖ ‖	54	‖ ‖ ‖ ‖
15	‖ ‖ ‖ ‖	35	‖ ‖ ‖ ‖	55	‖ ‖ ‖ ‖
16	‖ ‖ ‖ ‖	36	‖ ‖ ‖ ‖	56	‖ ‖ ‖ ‖
17	‖ ‖ ‖ ‖	37	‖ ‖ ‖ ‖	57	‖ ‖ ‖ ‖
18	‖ ‖ ‖ ‖	38	‖ ‖ ‖ ‖	58	‖ ‖ ‖ ‖
19	‖ ‖ ‖ ‖	39	‖ ‖ ‖ ‖	59	‖ ‖ ‖ ‖
20	‖ ‖ ‖ ‖	40	‖ ‖ ‖ ‖	60	‖ ‖ ‖ ‖

ANSWER SHEET ▪ TEST **18**

Use a soft lead pencil to blacken the space under the letter which you choose as your answer. If you finish the test before the time limit has expired, go over the questions and your answers again and, if necessary, be sure that you erase completely before you blacken another space. The time limit is one hour.

	A B C D		A B C D		A B C D
1	‖ ‖ ‖ ‖	21	‖ ‖ ‖ . ‖	41	‖ ‖ ‖ ‖
2	‖ ‖ ‖ ‖	22	‖ ‖ ‖ ‖	42	‖ ‖ ‖ ‖
3	‖ ‖ ‖ ‖	23	‖ ‖ ‖ ‖	43	‖ ‖ ‖ ‖
4	‖ ‖ ‖ ‖	24	‖ ‖ ‖ ‖	44	‖ ‖ ‖ ‖
5	‖ ‖ ‖ ‖	25	‖ ‖ ‖ ‖	45	‖ ‖ ‖ ‖
6	‖ ‖ ‖ ‖	26	‖ ‖ ‖ ‖	46	‖ ‖ ‖ ‖
7	‖ ‖ ‖ ‖	27	‖ ‖ ‖ ‖	47	‖ ‖ ‖ ‖
8	‖ ‖ ‖ ‖	28	‖ ‖ ‖ ‖	48	‖ ‖ ‖ ‖
9	‖ ‖ ‖ ‖	29	‖ ‖ ‖ ‖	49	‖ ‖ ‖ ‖
10	‖ ‖ ‖ ‖	30	‖ ‖ ‖ ‖	50	‖ ‖ ‖ ‖
11	‖ ‖ ‖ ‖	31	‖ ‖ ‖ ‖	51	‖ ‖ ‖ ‖
12	‖ ‖ ‖ ‖	32	‖ ‖ ‖ ‖	52	‖ ‖ ‖ ‖
13	‖ ‖ ‖ ‖	33	‖ ‖ ‖ ‖	53	‖ ‖ ‖ ‖
14	‖ ‖ ‖ ‖	34	‖ ‖ ‖ ‖	54	‖ ‖ ‖ ‖
15	‖ ‖ ‖ ‖	35	‖ ‖ ‖ ‖	55	‖ ‖ ‖ ‖
16	‖ ‖ ‖ ‖	36	‖ ‖ ‖ ‖	56	‖ ‖ ‖ ‖
17	‖ ‖ ‖ ‖	37	‖ ‖ ‖ ‖	57	‖ ‖ ‖ ‖
18	‖ ‖ ‖ ‖	38	‖ ‖ ‖ ‖	58	‖ ‖ ‖ ‖
19	‖ ‖ ‖ ‖	39	‖ ‖ ‖ ‖	59	‖ ‖ ‖ ‖
20	‖ ‖ ‖ ‖	40	‖ ‖ ‖ ‖	60	‖ ‖ ‖ ‖

ANSWER SHEET ▪ TEST 19

Use a soft lead pencil to blacken the space under the letter which you choose as your answer. If you finish the test before the time limit has expired, go over the questions and your answers again and, if necessary, be sure that you erase completely before you blacken another space. The time limit is one hour.

	A B C D		A B C D		A B C D
1	‖ ‖ ‖ ‖	21	‖ ‖ ‖ ‖	41	‖ ‖ ‖ ‖
2	‖ ‖ ‖ ‖	22	‖ ‖ ‖ ‖	42	‖ ‖ ‖ ‖
3	‖ ‖ ‖ ‖	23	‖ ‖ ‖ ‖	43	‖ ‖ ‖ ‖
4	‖ ‖ ‖ ‖	24	‖ ‖ ‖ ‖	44	‖ ‖ ‖ ‖
5	‖ ‖ ‖ ‖	25	‖ ‖ ‖ ‖	45	‖ ‖ ‖ ‖
6	‖ ‖ ‖ ‖	26	‖ ‖ ‖ ‖	46	‖ ‖ ‖ ‖
7	‖ ‖ ‖ ‖	27	‖ ‖ ‖ ‖	47	‖ ‖ ‖ ‖
8	‖ ‖ ‖ ‖	28	‖ ‖ ‖ ‖	48	‖ ‖ ‖ ‖
9	‖ ‖ ‖ ‖	29	‖ ‖ ‖ ‖	49	‖ ‖ ‖ ‖
10	‖ ‖ ‖ ‖	30	‖ ‖ ‖ ‖	50	‖ ‖ ‖ ‖
11	‖ ‖ ‖ ‖	31	‖ ‖ ‖ ‖	51	‖ ‖ ‖ ‖
12	‖ ‖ ‖ ‖	32	‖ ‖ ‖ ‖	52	‖ ‖ ‖ ‖
13	‖ ‖ ‖ ‖	33	‖ ‖ ‖ ‖	53	‖ ‖ ‖ ‖
14	‖ ‖ ‖ ‖	34	‖ ‖ ‖ ‖	54	‖ ‖ ‖ ‖
15	‖ ‖ ‖ ‖	35	‖ ‖ ‖ ‖	55	‖ ‖ ‖ ‖
16	‖ ‖ ‖ ‖	36	‖ ‖ ‖ ‖	56	‖ ‖ ‖ ‖
17	‖ ‖ ‖ ‖	37	‖ ‖ ‖ ‖	57	‖ ‖ ‖ ‖
18	‖ ‖ ‖ ‖	38	‖ ‖ ‖ ‖	58	‖ ‖ ‖ ‖
19	‖ ‖ ‖ ‖	39	‖ ‖ ‖ ‖	59	‖ ‖ ‖ ‖
20	‖ ‖ ‖ ‖	40	‖ ‖ ‖ ‖	60	‖ ‖ ‖ ‖

ANSWER SHEET ▪ TEST 20

Use a soft lead pencil to blacken the space under the letter which you choose as your answer. If you finish the test before the time limit has expired, go over the questions and your answers again and, if necessary, be sure that you erase completely before you blacken another space. The time limit is one hour.

	A	B	C	D			A	B	C	D			A	B	C	D
1	‖	‖	‖	‖		21	‖	‖	‖	‖		41	‖	‖	‖	‖
2	‖	‖	‖	‖		22	‖	‖	‖	‖		42	‖	‖	‖	‖
3	‖	‖	‖	‖		23	‖	‖	‖	‖		43	‖	‖	‖	‖
4	‖	‖	‖	‖		24	‖	‖	‖	‖		44	‖	‖	‖	‖
5	‖	‖	‖	‖		25	‖	‖	‖	‖		45	‖	‖	‖	‖
6	‖	‖	‖	‖		26	‖	‖	‖	‖		46	‖	‖	‖	‖
7	‖	‖	‖	‖		27	‖	‖	‖	‖		47	‖	‖	‖	‖
8	‖	‖	‖	‖		28	‖	‖	‖	‖		48	‖	‖	‖	‖
9	‖	‖	‖	‖		29	‖	‖	‖	‖		49	‖	‖	‖	‖
10	‖	‖	‖	‖		30	‖	‖	‖	‖		50	‖	‖	‖	‖
11	‖	‖	‖	‖		31	‖	‖	‖	‖		51	‖	‖	‖	‖
12	‖	‖	‖	‖		32	‖	‖	‖	‖		52	‖	‖	‖	‖
13	‖	‖	‖	‖		33	‖	‖	‖	‖		53	‖	‖	‖	‖
14	‖	‖	‖	‖		34	‖	‖	‖	‖		54	‖	‖	‖	‖
15	‖	‖	‖	‖		35	‖	‖	‖	‖		55	‖	‖	‖	‖
16	‖	‖	‖	‖		36	‖	‖	‖	‖		56	‖	‖	‖	‖
17	‖	‖	‖	‖		37	‖	‖	‖	‖		57	‖	‖	‖	‖
18	‖	‖	‖	‖		38	‖	‖	‖	‖		58	‖	‖	‖	‖
19	‖	‖	‖	‖		39	‖	‖	‖	‖		59	‖	‖	‖	‖
20	‖	‖	‖	‖		40	‖	‖	‖	‖		60	‖	‖	‖	‖

PART TWO

ANSWER KEYS TO ALL TESTS WITH ANSWERS EXPLAINED

#	Ans	#	Ans	#	Ans
1	D	21	D	41	B
2	A	22	A	42	C
3	A	23	B	43	B
4	D	24	C	44	D
5	B	25	D	45	B
6	B	26	B	46	A
7	A	27	B	47	A
8	C	28	A	48	B
9	C	29	D	49	D
10	D	30	A	50	A
11	C	31	C	51	C
12	B	32	D	52	A
13	A	33	A	53	B
14	B	34	A	54	A
15	B	35	D	55	B
16	C	36	A	56	A
17	B	37	A	57	A
18	D	38	A	58	A
19	A	39	C	59	C
20	D	40	A	60	A

	A	B	C	D			A	B	C	D			A	B	C	D
1			▌			21	▌					41				▌
2				▌		22			▌			42				▌
3				▌		23	▌					43	▌			
4	▌					24	▌					44	▌			
5			▌			25	▌					45		▌		
6	▌					26			▌			46	▌			
7			▌			27		▌				47	▌			
8	▌					28		▌				48		▌		
9				▌		29				▌		49		▌		
10				▌		30	▌					50			▌	
11				▌		31	▌					51			▌	
12	▌					32				▌		52			▌	
13	▌					33	▌					53	▌			
14		▌				34		▌				54				▌
15				▌		35		▌				55	▌			
16	▌					36	▌					56	▌			
17	▌					37	▌					57			▌	
18		▌				38	▌					58		▌		
19			▌			39		▌				59	▌			
20		▌				40			▌			60			▌	

#	Ans	#	Ans	#	Ans
1	B	21	A	41	A
2	B	22	B	42	B
3	B	23	B	43	B
4	C	24	D	44	D
5	C	25	B	45	D
6	B	26	D	46	D
7	D	27	A	47	C
8	C	28	A	48	D
9	A	29	A	49	C
10	B	30	A	50	C
11	A	31	A	51	B
12	D	32	A	52	D
13	D	33	A	53	D
14	C	34	A	54	B
15	C	35	B	55	C
16	C	36	B	56	C
17	C	37	D	57	B
18	A	38	D	58	B
19	B	39	B	59	D
20	D	40	A	60	A

#	Answer	#	Answer	#	Answer
1	B	21	A	41	A
2	A	22	B	42	B
3	C	23	A	43	A
4	A	24	C	44	B
5	B	25	A	45	A
6	C	26	C	46	B
7	B	27	A	47	A
8	D	28	B	48	A
9	A	29	C	49	D
10	A	30	B	50	C
11	C	31	A	51	B
12	C	32	B	52	A
13	A	33	A	53	C
14	D	34	C	54	B
15	A	35	A	55	D
16	D	36	B	56	B
17	D	37	C	57	B
18	A	38	A	58	A
19	B	39	A	59	D
20	D	40	C	60	C

#	Answer	#	Answer	#	Answer
1	B	21	A	41	A
2	B	22	A	42	A
3	A	23	D	43	A
4	B	24	A	44	C
5	B	25	B	45	B
6	B	26	C	46	A
7	A	27	A	47	A
8	D	28	C	48	C
9	C	29	A	49	A
10	A	30	A	50	D
11	B	31	C	51	B
12	A	32	D	52	D
13	B	33	A	53	A
14	A	34	D	54	C
15	D	35	A	55	D
16	D	36	A	56	A
17	A	37	B	57	A
18	B	38	B	58	D
19	A	39	D	59	B
20	A	40	A	60	A

#	A	B	C	D
1	■			
2				■
3		■		
4		■		
5			■	
6		■		
7	■			
8		■		
9	■			
10		■		
11	■			
12			■	
13		■		
14	■			
15			■	
16		■		
17	■			
18	■			
19		■		
20	■			

#	A	B	C	D
21	■			
22		■		
23	■			
24				■
25	■			
26		■		
27		■		
28		■		
29				■
30		■		
31	■			
32				■
33	■			
34			■	
35			■	
36	■			
37			■	
38				■
39	■			
40	■			

#	A	B	C	D
41				■
42		■		
43				■
44	■			
45				■
46			■	
47	■			
48		■		
49	■			
50				■
51			■	
52			■	
53				■
54	■			
55	■			
56		■		
57	■			
58			■	
59		■		
60				■

#	Answer	#	Answer	#	Answer
1	C	21	D	41	B
2	B	22	A	42	C
3	A	23	A	43	B
4	C	24	A	44	D
5	B	25	A	45	D
6	B	26	A	46	D
7	C	27	A	47	C
8	A	28	A	48	A
9	A	29	A	49	A
10	B	30	A	50	D
11	B	31	A	51	C
12	A	32	D	52	A
13	A	33	A	53	C
14	A	34	A	54	D
15	A	35	A	55	C
16	B	36	D	56	C
17	A	37	D	57	A
18	B	38	B	58	C
19	A	39	B	59	D
20	A	40	D	60	D

#	Answer	#	Answer	#	Answer
1	C	21	D	41	C
2	B	22	A	42	D
3	D	23	C	43	D
4	C	24	C	44	C
5	A	25	A	45	A
6	D	26	B	46	D
7	B	27	A	47	B
8	A	28	C	48	C
9	B	29	B	49	D
10	C	30	B	50	A
11	A	31	D	51	D
12	B	32	A	52	B
13	C	33	C	53	C
14	B	34	A	54	B
15	B	35	B	55	A
16	D	36	A	56	C
17	D	37	B	57	A
18	C	38	A	58	A
19	B	39	B	59	D
20	A	40	A	60	B

#	Ans	#	Ans	#	Ans
1	B	21	D	41	A
2	A	22	A	42	B
3	C	23	C	43	C
4	B	24	A	44	B
5	D	25	B	45	D
6	C	26	A	46	B
7	D	27	D	47	B
8	D	28	A	48	D
9	A	29	C	49	A
10	B	30	D	50	B
11	C	31	B	51	C
12	B	32	D	52	A
13	A	33	A	53	C
14	B	34	A	54	B
15	B	35	C	55	A
16	B	36	A	56	A
17	D	37	B	57	B
18	A	38	A	58	D
19	D	39	D	59	C
20	C	40	D	60	D

#	Answer	#	Answer	#	Answer
1	D	21	D	41	A
2	A	22	D	42	A
3	C	23	A	43	C
4	B	24	A	44	D
5	B	25	A	45	A
6	A	26	D	46	D
7	C	27	D	47	A
8	A	28	A	48	D
9	D	29	B	49	A
10	C	30	B	50	B
11	A	31	B	51	D
12	C	32	C	52	C
13	A	33	D	53	A
14	B	34	B	54	C
15	B	35	A	55	A
16	B	36	D	56	A
17	C	37	B	57	A
18	D	38	B	58	C
19	C	39	B	59	C
20	C	40	D	60	C

ANSWER KEY · TEST 11

#	Ans	#	Ans	#	Ans
1	C	21	C	41	C
2	B	22	A	42	B
3	A	23	B	43	A
4	B	24	A	44	D
5	C	25	B	45	A
6	A	26	D	46	B
7	D	27	B	47	A
8	A	28	B	48	A
9	B	29	C	49	D
10	A	30	D	50	B
11	A	31	C	51	B
12	B	32	A	52	D
13	D	33	D	53	B
14	A	34	D	54	A
15	A	35	C	55	A
16	A	36	A	56	A
17	D	37	C	57	C
18	B	38	A	58	B
19	B	39	C	59	C
20	A	40	D	60	C

#	Answer		#	Answer		#	Answer
1	A		21	C		41	C
2	C		22	C		42	B
3	A		23	A		43	D
4	A		24	A		44	C
5	A		25	B		45	A
6	B		26	B		46	C
7	C		27	A		47	B
8	C		28	A		48	A
9	B		29	A		49	A
10	B		30	A		50	D
11	C		31	C		51	A
12	D		32	B		52	B
13	C		33	C		53	A
14	C		34	A		54	C
15	B		35	C		55	D
16	B		36	D		56	B
17	D		37	D		57	D
18	A		38	C		58	A
19	C		39	A		59	B
20	C		40	D		60	A

#	A	B	C	D		#	A	B	C	D		#	A	B	C	D
1	▮					21	▮					41				▮
2		▮				22	▮					42	▮			
3	▮					23		▮				43		▮		
4			▮			24		▮				44	▮			
5	▮					25	▮					45				▮
6	▮					26	▮					46			▮	
7		▮				27			▮			47			▮	
8		▮				28	▮					48	▮			
9		▮				29	▮					49	▮			
10		▮				30		▮				50				▮
11	▮					31		▮				51	▮			
12	▮					32	▮					52		▮		
13		▮				33	▮					53				▮
14			▮			34			▮			54		▮		
15		▮				35				▮		55				▮
16		▮				36	▮					56	▮			
17	▮					37	▮					57		▮		
18		▮				38			▮			58				▮
19		▮				39		▮				59			▮	
20	▮					40		▮				60		▮		

#	Answer	#	Answer	#	Answer
1	A	21	A	41	D
2	B	22	B	42	C
3	A	23	B	43	C
4	A	24	A	44	D
5	B	25	B	45	C
6	D	26	A	46	D
7	B	27	B	47	C
8	A	28	C	48	D
9	B	29	A	49	C
10	B	30	B	50	D
11	A	31	B	51	A
12	A	32	B	52	B
13	B	33	A	53	A
14	A	34	C	54	B
15	A	35	D	55	A
16	B	36	A	56	D
17	D	37	D	57	A
18	C	38	C	58	C
19	A	39	A	59	A
20	C	40	B	60	A

#	Ans		#	Ans		#	Ans
1	C		21	C		41	A
2	B		22	A		42	D
3	A		23	D		43	A
4	B		24	C		44	D
5	B		25	A		45	B
6	A		26	D		46	C
7	A		27	A		47	C
8	A		28	D		48	B
9	A		29	C		49	D
10	D		30	B		50	C
11	B		31	A		51	D
12	A		32	D		52	B
13	D		33	B		53	A
14	A		34	A		54	D
15	A		35	D		55	B
16	C		36	A		56	A
17	A		37	B		57	A
18	A		38	D		58	C
19	A		39	B		59	D
20	A		40	C		60	A

#	A	B	C	D
1	■			
2		■		
3			■	
4			■	
5	■			
6			■	
7		■		
8		■		
9	■			
10	■			
11	■			
12		■		
13				■
14		■		
15	■			
16		■		
17				■
18			■	
19	■			
20	■			

#	A	B	C	D
21			■	
22				■
23			■	
24		■		
25				■
26				■
27	■			
28			■	
29	■			
30			■	
31		■		
32				■
33				■
34	■			
35	■			
36				■
37			■	
38		■		
39		■		
40	■			

#	A	B	C	D
41				■
42				■
43			■	
44				■
45			■	
46	■			
47	■			
48	■			
49		■		
50	■			
51			■	
52	■			
53			■	
54				■
55			■	
56		■		
57	■			
58			■	
59				■
60				■

#	Ans	#	Ans	#	Ans
1	A	21	A	41	A
2	A	22	B	42	D
3	B	23	A	43	A
4	B	24	D	44	C
5	C	25	C	45	D
6	A	26	A	46	A
7	D	27	A	47	A
8	B	28	C	48	B
9	C	29	B	49	A
10	C	30	A	50	A
11	D	31	D	51	A
12	D	32	D	52	C
13	D	33	A	53	D
14	B	34	D	54	C
15	A	35	A	55	A
16	B	36	A	56	A
17	C	37	D	57	B
18	A	38	A	58	C
19	C	39	C	59	B
20	B	40	B	60	C

#	A	B	C	D		#	A	B	C	D		#	A	B	C	D
1		▮				21				▮		41	▮			
2				▮		22	▮					42			▮	
3		▮				23				▮		43	▮			
4			▮			24				▮		44			▮	
5	▮					25						45				▮
6			▮			26	▮					46				▮
7			▮			27		▮				47				▮
8						28	▮					48			▮	
9		▮				29		▮				49	▮			
10	▮					30	▮					50	▮			
11	▮					31			▮			51	▮			
12		▮				32			▮			52			▮	
13			▮			33		▮				53		▮		
14		▮				34	▮					54			▮	
15	▮					35			▮			55	▮			
16				▮		36				▮		56			▮	
17				▮		37	▮					57				▮
18	▮					38	▮					58	▮			
19				▮		39		▮				59			▮	
20		▮				40	▮					60	▮			

#	A	B	C	D		#	A	B	C	D		#	A	B	C	D
1		■				21	■					41		■		
2		■				22				■		42		■		
3				■		23	■					43			■	
4	■					24				■		44			■	
5			■			25	■					45			■	
6				■		26			■			46			■	
7	■					27				■		47	■			
8		■				28			■			48	■			
9	■					29			■			49		■		
10		■				30		■				50			■	
11			■			31	■					51				■
12				■		32				■		52	■			
13	■					33			■			53				■
14		■				34			■			54			■	
15				■		35	■					55	■			
16				■		36				■		56		■		
17		■				37	■					57				■
18				■		38		■				58	■			
19	■					39	■					59		■		
20			■			40	■					60			■	

#	Ans	#	Ans	#	Ans
1	A	21	C	41	C
2	A	22	A	42	B
3	B	23	C	43	B
4	A	24	C	44	A
5	B	25	A	45	C
6	A	26	D	46	A
7	A	27	C	47	C
8	C	28	B	48	B
9	B	29	A	49	A
10	A	30	C	50	B
11	B	31	A	51	C
12	A	32	C	52	B
13	B	33	C	53	A
14	D	34	D	54	C
15	A	35	B	55	D
16	B	36	C	56	C
17	A	37	A	57	D
18	A	38	D	58	A
19	C	39	C	59	B
20	D	40	D	60	A

ANSWERS EXPLAINED ▪ TEST 1

Students, please note: Throughout the *Answers Explained* section, question numbers which are omitted are those which do not require grammatical explanations because they test a knowledge of French vocabulary, idioms, and skill in general reading comprehension. If you had an incorrect answer because you did not recognize the meaning of a French word or idiom, look it up in the French-English vocabulary at the end of this book. If it is not there, consult a standard French-English dictionary.

11. See §20.6 and 39.81 for the present indicative forms of **avoir**.

12. See §20.14 where **près de** is listed.

13. The verb form has to be **dis** because the subject is **je**. See §39.2 and §40.1 where the irregular verb **dire** is conjugated for you in all the tenses.

14. See §4.3 and §4.4(f).

15. See §35.ff and §35.8. Review the present subjunctive of **être** in §39.81.

16. See §29.48.

17. See §29.—§29.2ff. Review also §42.2.

19. See §25.1(f) and (g).

20. See §29.46.

21. See §29.13—29.16.

22. See §42.—§42.4.

23. See §29.26.

24. See §29.35ff.

25. See §29.51.

26. The subject of the verb is **qui** and it refers to **moi**, which means that the real subject of the missing verb form is **je** understood. Your helping verb, therefore, must be **ai** to complete the passé composé form. See §29.53 and review the passé composé of a verb conjugated with **avoir** in §39.84 and §39.95.

27. This explanation is the same idea as question 26 above. Here, the subject **qui** refers to the antecedent **nous** and your helping verb must be 1st pers. plural. See §29.53, §39.84, §39.95.

28. The subject of the required verb form is **la mère**, which is 3rd pers. sing. Here, you are dealing with the verb **habiller**, not **s'habiller**. See §39.2 and note the difference between a reflexive verb and a non-reflexive verb by consulting the General Index under **reflexive pronouns and reflexive verbs**.

29. When you leave a place behind you, *e.g.,* a building such as a house, a school, a church, a library, and so on, use **quitter** with **avoir** in the passé composé because you are stating a direct object. You can also **quitter** persons, but in this sentence we are talking about a place. As for **laisser**, use that verb when you leave things behind you, *e.g.,* books, gloves. The verbs **quitter** and **laisser** are transitive verbs and they can take a direct object. The verb **partir** is intransitive and it does not take a direct object. See §39.16 and §39.26—§39.34.

30. See §39.91, in particular §39.91(d).

46. When you ask someone what he/she thinks of someone or something, use **penser de**; in such a case, you are asking for an opinion about someone or something. As for **penser à**, see it listed alphabetically in §39.43 and **penser** with no prep. in §39.49.

47. See **penser à** listed alphabetically in §39.43. Also, read explanation no. 46 above.

16. See §29.28 and §29.32.

17. See §39.4, §39.26—§39.29, and §39.95.

18. See §1.9.

19. See §29.22, in particular §29.22(d).

20. See §30.ff.

21. See **combien de** listed alphabetically in §20.14.

22. See §4.—§4.8, in particular §4.3(m), §4.3(n).

23. See §29.28.

24. See §29.27 and §29.31.

25. See §35., §35.8 (where **vouloir que** is listed alphabetically), and §39.93.

26. See §35., §35.8 (where **douter que** is listed alphabetically), and §39.93.

27. See §34.—§34.2, in particular §34.2(d), §39.89, §39.92.

28. See §29.9, §29.19, and §42.—§42.4.

29. See §10.1 and §39.88(f).

30. The verb **espérer** in the affirmative does not require the subjunctive of the verb in the following clause; the indicative is used. The future is used if future time is implied. For certain verbs that require the subjunctive in the clause that follows, see §35.8 and, in particular, §35.10.

38. You need the future tense here because the key words in the statement are **samedi prochain**. See §39.91.

39. See §39.38.

40. See §1.17(c).

41. See **venir de + inf.** listed alphabetically in §20.38.

42. See §39.12—§39.22, in particular, §39.17.

43. See **avoir besoin de** listed alphabetically in §20.6. See also §29.20 to review the indirect object pronouns. Direct and indirect object pronouns are normally placed in front of an infinitive.

44. There is no need for the subjunctive here because nothing special precedes the **que** clause. Review the forms of **être** in §40.1.

45. See §11.—§11.3.

46. See §39.38.

47. See §35. and §35.1 where **bien que** is listed alphabetically.

48. There is no need for the subjunctive here because nothing special precedes the verb form you need to choose. That eliminates choices C and D. You are left with choices A and B which are both in the future. Review §39.2 and the future of **être** in §39.81 and in §40.1.

49. See §29.35ff.

ANSWERS EXPLAINED · TEST 3

1. See §1.7ff and §29.13—§29.16.
2. See §39.5 and §39.28.
3. See §29.2(c), §29.20 and §42.3.
4. See §1.7—§1.9.
5. See §29.7.
6. See §29.35.
7. See §39.38 and explanation to question no. 29 in Test 1.
8. See §1.1 and §22.1.
9. See §29.22 and, in particular, §29.22(a).
10. See §29.19, §29.20 and review §42.2.
11. See §21.8.
12. See §29.10. When the adverbial pronoun **y** is object of an infinitive, it is normally placed right in front of the infinitive.
13. See §39.4.
14. See §39.89(d).
15. The key words in this sentence are **hier soir** because they tell you that the verb tense must be past. There is no need for the imperfect subjunctive of **aller** in choice D because there is nothing special that precedes the verb form that you have to choose. See §39.74 and §39.95.

ANSWERS EXPLAINED · TEST 4

21. See §29.31(3).
22. See §35. and §35.1 where **pourvu que** is listed alphabetically. Review also §39.93.
23. See §29.32 and §29.50.
24. See §29.52, §39.12 and §39.17.
25. See §39.91(c) and the future tense of **dire** in §40.1.
26. See §39.77, §39.81 for the future forms of **avoir**, §39.91, §39.98, and **savoir** in §40.1 for its forms in the future.
27. See §1.17(c) and §2.1.
28. See §39.29, §39.89(b) and §39.95.
29. See §29.31(6).
30. See §39.38.
31. See §29.35.

32. You need the infinitive form here, **chercher**, which is in B. **Vous** is not the subject; it is the direct object and it precedes the infinitive. You have only one subject here and it is **Je** whose verb is **viendrai**. See §21.ff, §21.7, and §29.19.

33. Here, **ce que** is what you need because it is the direct object of the verb **racontez** whose subject is **vous**. Choice A includes **tout** and **tout ce que** means *all which* or *all that*. Remember that **ce que** is a direct object and **ce qui** is used as a subject. The entire clause, **tout ce que vous racontez**, is the subject of **est**. See §29.48. To understand **ce qui**, see §29.49.

34. You need the preposition **pour** in order to say *in order to succeed*: **pour réussir**.

35. See §29.28(2), §39.43 where **téléphoner à** is listed alphabetically.

36. See §29.52, §39.12, §39.17.

37. See §39.5 and §39.28.

38. See §21.8 and §39.28.

39. See §39.24, §39.27, §39.51 (where **boire** is listed alphabetically), and §39.95.

40. See §35., §35.10, §35.11, §39.70 and §39.93.

41. See §17., §17.5(c) and §39.24 where the irregular past participle of **devoir** is given, and in §39.51. See also §39.70(8) and §39.95.

42. See §39.2, §39.51 (where the passé simple of **naître** is given among the principal parts), §39.70(3) and §39.90.

50. See §20.14 where **de quelle couleur** is listed alphabetically.

ANSWERS EXPLAINED ▪ TEST 5

1. See §6.2.

2. See §10. and §10.1.

3. See §1.16(a).

4. See §39.12, §39.13, §39.15, §39.24 (where the irregular past participle of **prendre** is given). See also §39.70(8), §39.74 and §39.95.

5. The key word here is **demain**, which means that you need the future tense of the required verb form. See §39.2, §39.70(4), §39.91, and §40.1 where the future tense (tense no. 4) of **faire** is given.

6. See §39.51 where the principal parts of **aller** are given. See also §39.85 where all the tenses of **aller** are given, and §39.88(a)(1).

7. See §39.81 where all the tenses of **être** are given and in §40.1. See also §39.88(a)(2).

8. See §39.88(c)(1) and §40.1 where all the tenses of **faire** are given.

9. See §39.88(c)(2).

10. See §10., §10.1, and §39.88(f)(2).

11. See §10., §10.1, §29.19, and §39.88(f)(3).

12. See §39.88(a) and §40.1 where the present indicative forms of **écrire** and **lire** are given.

13. See §39.70(2), §39.89(b) and §40.1 where the imperfect indicative forms of **lire** are given.

14. See §39.70(2), §39.81 where **être** is given in the seven simple tenses, §39.89(d), and §40.1 where the imperfect indicative forms of **être** are given.

15. See §39.70(2), §39.81 where **être** is given in the seven simple tenses, §39.89(d), and §40.1 where the imperfect indicative forms of **être** are given.

16. See §39.51 where the principal parts of **voir** are given, §39.70(2), §39.89(b), and §39.95. Note also that in the given statement **faisais-tu** is used, which means that you must be consistent and choose **te (t')** as the preceding direct object in choice D; choice B contains **vous** as the preceding direct object and it is incorrect to switch from the **tu** form to the **vous** form.

17. You need the future tense of the verb form here because the key words are **l'été prochain**. See §39.85 where **aller** is given in all the tenses. See also §39.91(a).

18. If you read the entire given sentence, you will see that the time implied is the present tense. See §39.88(a) and §40.1 where **avoir** is given in all the tenses.

19. If you read the entire given sentence, you will see that the time implied is the conditional. See §34., §34.1, §34.2(d), §39.85 where **aller** is given in all the tenses, §39.89, and §39.92(a).

20. If you read the entire sentence that is given, you will see that the time implied is future. See §34., §34.1, §34.2(b), §39.85 where **aller** is given in all the tenses, and §39.91.

21. If you can identify each of the verb tenses of **aller** in the given statement, you will see that the present indicative is needed here to complete the sentence. See §39.85 where **aller** is given in all the tenses. See also §39.88(b).

22. See §34., §34.1, §34.2(e), §39.29, §39.81 where **être** is given in the conditional. See also §39.99(a).

23. This sentence contains **vous** as the indirect object, which means that the person is talking to someone in the **vous** form; therefore, the imperative form of **être** in the following clause must also be in the **vous** form, not **tu** form, as in choice B. You cannot switch from **vous** to **tu**. See §39.70(6) & (15), §39.102(d), and §40.1 where **être** is given in the imperative forms and in the present subjunctive.

24. See §34., §34.1, §34.2(d), §39.89, §39.92(a), and §40.1 where **être** is given in the imperfect indicative.

25. See §35., §35.8 where **insister que** is listed alphabetically, and §39.93(c)(1).

ANSWERS EXPLAINED ▪ TEST 6

1. See §39.70(11), §39.77, and §39.98.
2. See §37.2, §39.70(2), §39.89(d), and §40.1 where **faire** is given in the imperfect indicative.
3. See §1.19(a), (b) and (c).
4. See §21.8.
5. See §29.22 and §29.22(a).
6. See §29.43, §29.44, and §29.49.
7. See §29.43, §29.44, and §29.48.
8. See §29.32.
9. See §29.46.
10. See §10.1. See also §29.9 and §29.10(a) for an explanation of **j'y pense**.
11. You ought to know the idiomatic expression, **Comment se fait-il?**/How come? How is this so?
12. See §34., §34.1, §34.2(e), and §39.99(a) & (b).
13. See §29.43, §29.44, §29.48.

14. Direct and indirect object pronouns of infinitives are normally placed right in front of the infinitive. See also §29.1, §29.2, and §42.—§42.4.

15. See §29.35.

16. See §35., §35.4(b), §39.70(13), §39.79, and §39.100.

17. See §35. and §35.1 where **jusqu'à ce que** is listed. See also §39.93(e)(2) and §40.1 where **venir** is given in the present subjunctive.

18. See §34., §34.1, §34.2(b), §39.85 where **aller** is given in all the tenses, and §39.91.

19. See §34.ff, §39.85 where **aller** is given in all the tenses, and §39.92(a).

20. See §34., §34.1, §34.2(e), §39.70(12), §39.78, §39.85 where **aller** is given in all the tenses, and §39.99.

21. See §39.91(d) and §40.1 where **avoir** is given in the future tense.

22. See §35. and §35.8 where **douter que** is listed alphabetically. See also §39.70(13), §39.79, and §39.100. To review the past subjunctive of **partir**, see §40.1.

23. See §39.91(c) and §40.1 where **venir** is conjugated in all the tenses.

24. See §20.14 where **près de** is listed alphabetically.

25. See §29.48.

26. See §29.—§29.2(c). Also review §42.3 and §42.3(8).

27. See §25.(2.Simple Negative). Also note §25.1ff.

28. Direct and indirect object pronouns are normally placed in front of an infinitive if they are objects of an infinitive. Review the direct and indirect object pronouns in §29.19—§29.21.

29. See §29.26(3).

30. See §29.13—§29.15 and §29.16(6).

ANSWERS EXPLAINED ▪ TEST 7

1. See §39.2, §39.4, §39.29, §39.70(8), §39.74, and §39.85 where **aller** is conjugated in all the tenses.

2. See §39.5.

3. See §1.19(b), §39.6 and §39.7.

4. See §39.17.

5. See §39.15, §39.51 where the principal parts of **mettre** are given, and §39.24 where common irregular past participles are given.

6. See §34.ff and §39.92.

7. See §39.85 where the imperfect indicative of **aller** is given. See also §39.89(c).

8. See §39.91(d) and §40.1 where **voir** is given in all the tenses.

9. See §35., §35.8 where **douter que** is listed alphabetically, and §39.100(a).

10. See §29.48.

11. See §29.1—§29.3 and §42.2.

12. See §25.(2.Simple Negative). See note §25.1ff.

13. In this sentence you are dealing with **parler (de)** and since the prep. **de** must be accounted for, **dont** is needed. See §29.46.

14. See §29.24—§29.26(3).

15. See §42.3.

16. See §39.2 and §39.14. The direct object of the verb in this sentence is a noun, **maison**, and it comes after the verb; hence, no agreement is required on the past participle **vendu**.

17. See §39.91. For the forms of **voir** in the future, see §40.1.

18. See §35. and §35.8 where **douter que** is listed alphabetically. For the forms of **être** in the present subjunctive, see §40.1.

19. See §37. and §37.5(e). Note also §39.89.

20. See §21.8.

ANSWERS EXPLAINED ■ TEST **8**

1. See §20.2 where **à cause de** is listed alphabetically; this prepositional phrase is needed because there is a noun after it: **la pluie**.

2. See §35., §35.1 where **avant que** is listed alphabetically, and §39.93.

3. See §35., §35.8 where **insister que** is listed alphabetically, and §39.93. Study also §40.1 where **être** is conjugated fully in all the tenses.

4. See §35., §35.8 where **préférer que** is listed alphabetically, and §39.93. Study also §40.1 where **faire** is conjugated fully in all the tenses.

5. See §35., §35.8 where **exiger que** is listed alphabetically, and §39.93. Study also §40.1 where **être** is conjugated fully in all the tenses.

6. See §35., §35.8 where **vouloir que** is listed alphabetically, and §39.93. Study also §40.1 where **dire** is conjugated fully in all the tenses.

7. The key word here is **demain** because it implies future time. See §39.91 and §40.1 where **venir** is conjugated fully in all the tenses; the verb **revenir** in this sentence is conjugated like **venir**.

8. See §34., §34.1, and §34.2(e). See also §39.99 and §40.1 where **dire** is conjugated fully in all the tenses.

9. See §39.46 where **oublier de** is listed alphabetically.

10. See §20.6 where **avoir peur de** is listed alphabetically; **de + les chiens** becomes **des chiens**.

11. See §20.6 where **avoir besoin de** is listed. See also §25.(2. Simple Negative).

12. See §20.6.

13. See §39.15.

14. See §39.14.

15. See §29.13—§29.15 and §29.35.

16. See §1.7—§1.9.

17. See §1.8 and §29.13—§29.15.

18. See §39.28.

19. You are dealing with the prep. **à** here preceded by a verb form. You must select a verb that also requires **à**. See §39.44.

20. The passé composé of **se taire** is required here: **il s'est tu**. If you did not recognize the irregular past participle **tu**, consult §41.

21. Note that **se taire** is a synonym of **cesser de parler**. Note also that a verb is in the infinitive form, generally speaking, if there is a verb form preceding it. See §29.41 and §39.3.

22. The word that must be substituted is **surprendre**, which is in the infinitive form. The only infinitive among the choices is A and it makes sense as a substitute.

23. See §39.3, §39.5, §39.28, and §39.48 where **se marier avec** is listed.

24. The verb that must be substituted does not have a preposition after it. The only choice that requires no preposition is in B. The remaining choices all require the prep. **de** which is not given in the statement. See §39.46 and §39.49.

25. The verb that must be substituted has the prep. **à** after it in the statement. Choice A is the only verb among the choices that requires the prep. **à**. See §39.43.

26. See §20.6 where **avoir envie de** is listed. Review §39.42—§39.50.

27. Among the choices, the only fem. sing. noun that can be substituted for the fem. sing. noun given in the statement is in A, and it makes sense. Also, in the given statement you are dealing with **de la** in front of **politique**.

28. Note that the given verb form is conjugated with **être**. See §39.29. Note also that **couché** in C is not a correct choice because the given verb form is not reflexive. Review §39.25.

29. The word to be substituted is fem. sing.; you know this because the def. article **la** precedes it.

30. The verb form that precedes the underlined word is a form of **avoir**. Only choice B can take a form of **avoir**. The remaining choices require **sont** as the verb form. See §20.6 where **avoir faim** and **avoir soif** are listed. Also review the forms in all the tenses of **avoir** in §40.1.

ANSWERS EXPLAINED ■ TEST 9

1. See §39.46 where **venir de** is listed. See also §39.89.

2. See the irregular past part. **plu** in §39.24. Also consult §41. as needed.

3. See §39.12 and §39.13.

4. See **être à qqn** in §20.38. See also §29.22(d) and §29.28.

5. See §34.—§34.2(e) and §39.99(b). See also §39.84(9).

6. See **penser à qqn ou à qqch** in §39.43. See also §29.28(2) and the note given there. Also consult §1.12 for an explanation of incorrect choice D.

7. See §34.—§34.2(e), §39.4, §39.29, and **aller** in the conditional perfect in §39.85(12).

8. See §34.—§34.2(d) and **aller** in the conditional in §39.85(5).

9. The tense needed of the required verb must be in the present indicative because you are given the present tense in the **quand** clause. See §39.88 and the forms of **aller** in the present tense in §39.85(1).

10. The tense needed of the required verb must be in the future because you are given the future tense in the **quand** clause. No other tense would make any sense in this statement, if you think about it. See §39.91 and the forms of **aller** in the future in §39.85(4).

11. See §35. and §35.1 where **avant que** is listed. Study also **avoir** in the present subjunctive in §40.1(6).

15. See §25. (1.Simple Affirmative).

ANSWERS EXPLAINED ▪ TEST 10

1. See §29.28 and §29.32.

2. See §29.13—§29.16.

3. The verb that has to be substituted is in the infinitive form. The only inf. offered is in choice C and it makes sense as a substitute. Also, study the uses of **devoir** in §17.—§17.7. See, in particular, §17.1(a)—(c) and all the tenses of **devoir** in §40.1.

4. See §39.91 (c) and (d).

5. See §35.8 where **être triste que** is listed and review **être** in the present subjunctive in §40.1.

6. See §29.6 (b) and §29.22 (a).

7. See §29.14.

8. See §29.28 and §29.32.

9. See §17.6 and §39.99 (b).

10. See §30. and §30.1.

11. See §29.20.

12. See §1.16.

13. See §29.24—§29.32.

14. See §1.12 and always keep in mind §1.1.

15. See §29.28 and §29.32. Also keep in mind §29.22.

16. See §39.14, §39.25—§39.29.

17. See §1.7—§1.9 and always keep in mind §1.1.

18. See §4.4 (f).

19. See §35., §35.8 where **vouloir que** is listed, §39.93, and the present subjunctive of **dire** in §40.1. Also consult §41. as needed.

20. See §29.27, §29.31 and §29.32. Also review §1.12, §1.13, §10.27, §10.28.

21. See §29.13—§29.16.

22. See §21.8.

23. See §25.—§25.1 and §29.—§29.2 (a).

24. The adjective **entouré** takes the preposition **de**, meaning *surrounded by*.

25. The **s** on **donnes** drops in the 2nd pers. sing. imperative of **donner** but it remains if the word following it begins with a vowel. See §34., §39.93 (a) and §39.102. Choice C would be incorrect because the subject in the **si** clause is **tu**, not **vous**.

26. See §29.22 (a).

27. In French, capitalize the word that refers to a person's nationality. See §4.8 (b).

28. In French, the numeral 80 is **quatre-vingts**; the **s** on **vingts** drops if there is a number after it: **quatre-vingt-deux** (82).

29. See §39.43 where **jouer à** is listed.

30. See §39.45 where **jouer de** is listed.

36. See §39.91.

37. See §39.44 where **commencer à** is listed.

ANSWERS EXPLAINED ▪ TEST 11

1. See §1.7—§1.9.
2. See §29.2 (c), §29.19—§29.21, and §42.3.
3. See §20.18 where **faire une promenade** is listed.
4. See §2.14, §20.8 and §29.7 (a).
5. See §39.38.
6. See §29.19, §29.20, §39.15, §42.2.
7. See §29.35 and §29.13—§29.15.
8. See §39.5 and §39.26—§39.29.
9. See §1.7—§1.9 and §29.13—§29.16.
10. See §2.14 and §25.2 (2.Simple Negative).
11. See §39.43 where **répondre à qqn ou à qqch** is listed.
12. See §4.3 (r) and §39.43 where **faire attention à qqn ou à qqch** is listed.
13. See §39.50 where **chercher** is listed.
14. See §39.2, §39.3 and §39.5.
15. See §39.12—§39.14.
16. See §20.38 where **venir de + inf.** is listed.
17. See §4.3 (r) and §39.43 where **répondre à qqn ou à qqch** is listed.
18. See §39.2, §39.3 and §39.5.
19. See §10., §10.1, and §39.88 (f).
20. See §39.2, §39.3, §39.6, §39.7.
21. See §1.7—§1.9.
22. See §39.2, §39.24 where **être** is listed, §39.26—§39.29, §39.51 where **être** is listed, §39.95, and §40.1 where all the forms of **être** are given.
23. See §39.89 (d) and §40.1 where the imperfect indicative of **être** is given.
25. When you ask someone what he/she thinks of someone or something, use **penser de**; in such a case, you are asking for an opinion. As for **penser à**, see it listed alphabetically in §39.43 and **penser** with no prep. in §39.49. See also §4.3 (r).
38. See §29.48. As for **ce qui**, in choice A, see §29.49.

ANSWERS EXPLAINED ▪ TEST 12

1. See §1.7—§1.9.
2. See §1.1.
3. See §30. and §30.1.

4. See §1.7–§1.9.

5. See §10.3—§10.5.

6. See §39.46 where **venir de** is listed; **louer** means *to rent*.

7. See §29.22 (a).

9. The underlined word that must be substituted is an infinitive and the only infinitive among the four choices that is sensible is in B. See §21., §21.1.

10. See §29.26 (4).

11. The underlined word that must be substituted is an infinitive and the only infinitive among the four choices that is sensible is in C. See §21., §21.1.

12. The underlined word that must be substituted is the name of a language that begins with a vowel (note the **l'**) and the only language among the four choices is **l'anglais** in D.

13. See §1.1.

14. The underlined word that must be substituted is in the future form and the only future form among the four choices is in C. See the forms of the future for the verb **aller** in §39.85 and see §40.1 for the forms of **être** in the future.

15. The masc. sing. form **lequel** is needed because it refers to **un bon dîner**. See §29.32.

16. See §39.89 (b).

17. See §1.1—§1.3.

18. See §1.1—§1.3.

19. See §11.—§11.3.

20. See §1.—§1.3.

21. See §29.43, §29.44, §29.53.

22. See §29.43, §29.48.

23. See §21., §21.1, §21.3.

24. See §29.43, §29.44, §29.52.

25. See §1.7—§1.9.

26. See §1.7—§1.9.

27. See §29.32 (2) and §39.43 where **penser à qqn ou à qqch** is listed.

28. See §2.14, §25.1 (9), §29.7.

29. See §25. (3. With an adjective), §25.1 (h).

30. Although many French people do say **du bon café** and **du bon tabac**, correct French grammar requires **de bon café** and **de bon tabac** because of the adjective. See §25. (3. With an adjective), §25.1 (h).

ANSWERS EXPLAINED ▪ TEST 13

1. See §20.6 where **avoir lieu** is listed.

2. See §1.1, §25. (3. With an adjective), and §25.1 (h).

3. See §17., §17.3, §39.49 where **devoir** is listed, §39.91, and the forms of **devoir** in the future in §40.1.

4. See §20.18 where **faire un voyage** is listed, §39.49 where **pouvoir** is listed, §40.1 where the present indicative of **pouvoir** is given.

5. See §20.17 where **être en train de + inf.** is listed.

6. See §35., §35.10, §35.11, §39.93, and §40.1 where **prendre** (**comprendre** is conjugated in the same way) is given in the present subjunctive.

7. See §4.—§4.3 (r), §39.42, §39.43 where **s'intéresser à qqn ou à qqch** is listed.

8. See §29.13—§29.16, §29.24, §29.29, §29.31 (5).

9. See §25. (3. With an adjective), §25.1 (h).

10. See §9., §9.1, §20.28.

11. See §29.19, §42.1.

12. See §29.22 and §29.22 (e).

13. See §20.14 where **combien de** is listed, §25.ff, §29.—§29.2 (a).

14. See §20.6 where **avoir besoin de** is listed, §25.ff, §29.—§29.2 (a).

15. See §39.17.

16. See §39.18.

17. See §39.14 and §39.19.

18. See §29.20, §39.43 where **téléphoner à qqn** is listed, and §42.2.

19. See §29.24, §29.29, §29.31.

20. See §29.24—§29.26.

21. See §29.24, §29.29, §29.30.

22. See §29.24, §29.25, §29.27.

23. See §20.6 where **avoir de quoi + inf.** is listed, §29.24, §29.29, §29.32.

24. See §29.24, §29.29, §29.31.

25. See §35., §35.8 (where **douter que** is listed), §39.93, and §40.1 where the present subjunctive of **venir** is given.

26. See §35., §35.8 (where **exiger que** is listed), §39.93, and §40.1 where the present subjunctive of **être** is given.

27. See §35., §35.8 (where **préférer que** is listed), §39.93, and §40.1 where the present subjunctive of **faire** is given.

28. See §35., §35.8 (where **insister que** is listed), §39.93, and §40.1 where the present subjunctive of **être** is given.

29. See §35., §35.8 (where **être heureux que** is listed), §39.93, and §40.1 where the present subjunctive of **venir** is given.

30. See §35., §35.8 (where **regretter que** is listed), §39.93, and §40.1 where the present subjunctive of **partir** is given.

ANSWERS EXPLAINED ▪ TEST 14

1. See §29.46.

2. See §25. (2. Simple Negative), §25.1 (g).

3. See §29.13—§29.16.

4. See §29.19—§29.21.

5. See §35., §35.6 where **il faut que** is listed, §39.93, §40.1 where the present subjunctive of **être** is given.

6. See §35., §35.8 where **exiger que** is listed, §39.93.

7. See §39.29 (c) (3). See also §39,14.

8. See §25. (1.Simple Affirmative), §25.1 (b).

9. See §29.—§29.2 and §42.1.

10. See §39.2, §39.4, §39.29 (c) (3).

11. See §39.29 (c) (3). See also §39.14.

12. See §39.17.

13. See §39.17.

14. See §39.16.

15. See §29.43, §29.44, §29.52.

16. The key words in this sentence are **la semaine prochaine**, which means that you need the future tense of the missing verb. See §39.91.

17. See §35., §35.6 where **il vaut mieux que** is listed, §39.93, §40.1 where **faire** is conjugated in all the tenses.

18. See §39.17.

19. See §1.19 (b).

20. See §10., §10.1, §39.88 (f).

21. See §39.29 (c) (3).

22. See §11.—§11.3.

23. See §1.1.

24. See §39.2, §39.3, §39.5.

25. This question tests your knowledge of French conjunctions. See §7.—§7.4.

26. See §1.1, §1.16.

27. The fem. sing. form is needed here because the statement contains **"une jeune"**.

28. See §39.4, §39.29 (c) (16), §39.70 (9), §39.75, §39.96.

29. See §29.9, §29.10, §29.10 (d).

30. See §1.1, §41.

31. See §39.3.

32. See §29.22, §39.102, §42.3.

33. See §20.16 where **en bas** is listed.

35. See §39.43 where **obéir à qqn** is listed. Choice D cannot be substituted for the underlined word because there is no prep. **à** (or a form of **à**) in the given statement.

36. The underlined word to be substituted is an indirect obj. pronoun. Choice A is not an indirect obj. pronoun. Review the direct and indirect obj. pronouns in §29.19—§29.21.

38. The underlined word to be substituted is masc. sing. Keep §1.1 in mind.

39. See §1.1.

40. The verb in choice B does not take the prep. **à**, whereas the remaining choices do. See §39.50.

41. The underlined verb form is a transitive verb and it has a direct object, whereas the verb form in choice D is intransitive and does not take a direct object. See §39.29 (c) (3) and (6). See also §39.26—§39.34.

42. See §4.2.

43. The underlined word to be substituted is a possessive adjective in the plural, whereas the word in choice C is singular. See §1.16. Also review §29.20.

44. The underlined word to be substituted is a possessive adjective in the plural, whereas the word in choice D is singular. See §1.16.

45. The key words in the given sentence are **l'été passé** and this suggests that the verb form must be a past tense. Choice C is a form of **aller** in the future. See §39.85 (4).

46. The underlined word is an indirect object pronoun (as are the choices in A, B and C), whereas the word in choice D is a disjunctive pronoun. See §29.20 and §29.22.

47. See §1.1.

48. The underlined word is a disjunctive pronoun (as are the choices in A, B and C), whereas the word in choice D is a subject pronoun. See §29.12 and §29.22.

49. See §39.4 and §39.29 (c) (9). Besides, choice D is not sensible if you think about its meaning.

50. See §39.14. Besides, choice D is not sensible if you think about its meaning.

51. See §1.1.

ANSWERS EXPLAINED ▪ TEST **15**

9. See §29.19 and §29.20; see also §39.43 where **téléphoner à qqn** is listed.

10. The verbs in choices A, B and C require the prep. **à** and it is not in the sentence.

11. Choice A cannot fit because of **J'** in the sentence. C and D are not sensible.

12. Choices B, C and D do not fit sensibly. Did you read carefully the directions for this type of question? Your knowledge of French vocabulary is also being tested here, as well as in questions 10 and 11 and in others through number 20.

13. See §29.32.

14. Choices B, C and D do not fit sensibly.

15. Review §29.19, §29.20, and §42.2.

16. Choices A, B and D do not fit sensibly.

17. Choice A is the only fem. sing. noun that fits grammatically because **cette** precedes the underlined word. See §1.7—§1.9.

18. Choice A is the only masc. sing. noun that fits grammatically because **cet** precedes the underlined word. See §1.7—§1.9.

19. Choice A is the only masc. sing. noun that fits grammatically because **cet** precedes the underlined word. See §1.7—§1.9.

20. Choice A is the only past participle that fits grammatically because **s'être** precedes the underlined word. Choices B, C and D are not reflexive verbs, whereas choice A is. See §21.8 and §39.5.

21. See §39.3.

22. See §20.6 where **avoir . . . ans** is listed.

23. See §4.—§4.3 (e).

24. See §1.1 and §20.34, §20.35, §20.36.

25. See §39.3, §39.64 where **se lever** is listed, §39.65, §39.66, and §39.88.

26. **Faire sa toilette** means *to groom oneself, to wash and get dressed.*

27. *In order to* + *inf.* is expressed by **pour** + **inf.**

28. See §1.16.

29. See §20.18 where **faire chaud** is listed. See also §37.—§37.5.

30. See §20.18 where **faire froid** is listed. See also §37.—§37.5.

31. See §37.2.

32. See §4.3 (r).

33. See §4.3 (r).

34. See §39.29 (c) (12).

35. See §39.3 and §39.49 where **aimer** + **inf.** is listed.

36. The noun **neige** is fem. sing.

37. See §39.2 and §39.85 where the verb **aller** is conjugated fully in all the tenses.

38. See §20.6 where **avoir l'air** + **adj.** is listed.

39. See §20.5.

40. See §20.6 where **avoir l'air** + **adj.** is listed.

41. See §1.1.

42. See §29.19—§29.21 and §42.2.

43. See §29.19—§29.21, §39.20, §42.2.

44. Direct and indirect object pronouns are placed in front of an infinitive. See §39.49 where **vouloir** + **inf.** is listed and §40.1 where **vouloir** is conjugated in all the tenses. Also refer to §41. as needed.

45. See §39.29 (c) (16).

46. See §29.—§29.2, §29.8 (a).

47. See §6.2.

48. There is no need for the subjunctive after the impersonal expression **il est probable que** but the subjunctive is needed after **il est possible que**. See §35., §35.6.

49. There is no need for the subjunctive after the impersonal expression **il est certain que**. See §39.2 and §39.91.

50. See §39.91.

ANSWERS EXPLAINED ▪ TEST 16

7. See §20.6 where **avoir besoin de** is listed.

8. See §35., §35.6 where **il faut que** is listed, §39.93, §40.1 where the present subjunctive forms of **avoir** are given.

9. See §20.6 where **avoir de la chance** is listed.

10. See §20.6 where **avoir l'intention de** + **inf.** is listed.

11. See §34.—§34.2 (b), §39.85 where the future forms of **aller** are given, and §39.91.

12. See §20.6 where **avoir lieu** is listed.

13. See §1.11 (e).

14. Here, **qui** is not the subject of the missing helping verb; **vous** is the real subject. The relative pronoun **qui** refers to its antecedent **vous**. See §29.43, §29.44.

15. Here, **qui** is not the subject of the missing helping verb; **moi** is the real subject, converted to the subject pronoun **je**. The relative pronoun **qui** refers to its antecedent **moi**. See §29.43, §29.44.

16. Although **casser** means *to break*, here the reflexive verb form is needed (**se casser**) because Pierre broke his arm, which is a part of himself. This is similar to **se raser, se couper, se laver**, and other reflexive verbs where the action falls back on the subject. See §29.36—§29.42, §39.3, §39.5—§39.7, §39.28.

17. There is no need for the subjunctive here because there is nothing special that precedes the clause you are dealing with. See §35. where the uses of the subjunctive are given. See also §20.18 where **faire beau** is listed, §37.—§37.5, and §40.1 where **faire** is conjugated in all the tenses.

20. Review the direct and indirect object pronouns in §29.19—§29.21 and the word order of elements in §42.2.

21. See §1.1.

23 and 24. See §1.1.

25. See §39.43 where **obéir à** is listed; besides, choice D is not sensible here.

26. See §39.4 and §39.29 (c) (16).

27. See §39.44 where **aider à + inf.** is listed. See also §39.46 where the other verbs in this question are listed.

28 and 29. See §1.1.

30. See §39.44 where **réussir à + inf.** is listed. The remaining verbs in this question, including **être + adj. + de + inf.**, take the prep. **de**. See §39.46. Look carefully at the prep. that follows the underlined words in this question.

37. See §4.—§4.2 and §4.3 (r).

38. See §8.3.

40. All four choices are grammatically correct but only choice A is logical and sensible when you consider the thought in these three statements—especially the key words **demain matin** in the sentence that precedes this one.

41. See §20.6 where **avoir envie de + inf.** is listed.

42. See §20.6 where **avoir faim** is listed. Review the forms of **avoir** in all the tenses in §40.1.

43. There is no need for the subjunctive form of the missing verb because there is nothing special that precedes to require it. No need for the future form either because there is nothing in these four sentences that indicates future time is required. Review all the forms of **boire** in §40.1.

44. The word **chez** is a preposition and there is no need for another preposition with it. See §29.22 (a) and §29.22 (b) (1).

45. See §1.7—§1.9. Always keep in mind §1.1.

46. See §13.1, §29.1, §29.2, §29.7. Always keep in mind §42.—§42.4.

47. See §4.—§4.3 (r) and §20.14 (where **près de** is listed).

48. The masc. sing. form **un autre** is needed because it refers to **un parc**.

49. See §4.—§4.3 (r) and §20.16 (where **en face de** is listed).

1. See §29.19—§29.22, §39.102, §42.3.

2. See §39.2, §39.4, §39.29 (c) (1), §39.70 (8), §39.74, §39.85, §39.95.

3. See §39.2, §39.4, §39.29 (c) (13), §39.70 (8), §39.74, §39.95.

5. See §29.9, §29.10, §39.4, §39.29 (c) (1), §39.70 (8), §39.74, §39.85, §39.95, and §42.2.

6. See §29.1, §29.2, §29.8 (b), §42.1.

7. See §29.9, §29.10, §29.10 (d), §29.19, §39.12, §39.13, §39.15, §39.20, §39.24 (where **mettre** is listed), §39.51 (where **mettre** is listed), §40.1 (where **mettre** is conjugated in all the tenses), §41. (where **mis** is listed), and §42.2.

8. See §39.43 where **jouer à** is listed.

9. See §39.45 where **jouer de** is listed.

10. See §20.38 where **être à qqn** is listed, §29.22, §29.22 (d).

11. See §20.2 where **à cause de** is listed.

12. See §37. and §37.1 (a).

13. See §39.38.

14. See §30. and §30.1.

27. In B, **parler** would require **lui** in front of it but **le** is stated in front of the underlined word. In C and D, **écouter** and **entendre** would require **l'** in front of each but **le** is given in the statement. Review the direct and indirect object pronouns in §29.19—§29.20.

28. See §1.1, §1.11 (b) and (d).

29. See §39.18, §39.85, §40.1 where **lire** is given in all the tenses, §41. where **lu** and **pris** are listed.

30. See §1.16, §1.16 (a) and (d).

31. The underlined word is masc. sing. and the only masc. sing. noun among the choices is in C; the other choices are fem. sing. A masc. sing. noun is needed because **un** precedes the underlined word. See §4.5, §4.6.

32. See §1.7—§1.9.

33. See §39.12, §39.17.

34. See §39.91, §39.91 (c), and §40.1 where **venir** is conjugated in all the tenses.

35. See §39.12, §39.17.

36. See §39.14.

37. You must know §29.19—§29.22.

38. See §29.22 and §29.22 (a)ff.

39. See §29.19, §29.20, §29.36—§29.42.

40. See §1., §1.1, §1.11 (c).

41. See §9.—§9.3, in particular §9.2 (d).

42. See §4.—§4.2, §4.3 (r), §20.2 (where **à l'école** is listed).

43. See §4.3 (r), §20.2 and §39.43 where **jouer à** is listed.

44. See §4.3 (r).

45. See §20.35 where **tout de suite** is listed.

46. See §20.16.

47. See §29.32, the note in (2); **laquelle** refers to **la raison** which is the antecedent.

48. See §7.—§7.3 (a) where the conjunction **que** is listed; it introduces the clause **j'ai faim et soif**.

49. See §39.38.

50. See §20.2 where **à bicyclette** is listed.

ANSWERS EXPLAINED ■ TEST 18

1. See §29.35 (a) and (b); **défauts** is masc. pl. and you can tell because of the masc. pl. adjective **grands** in front of it in the sentence.

2. See §29.24, §29.29, §29.31 (4).

3. See §35., §35.1 (where **pourvu que** is listed), §39.93 (e), and §40.1 for the forms of the present subjunctive of **venir** (**revenir** is conjugated in the same way).

4. The verb **habiter** may be transitive or intransitive. Note the following: **habiter la campagne** or **habiter à la campagne**. Normally, we say **habiter la France**. Regarding transitive and intransitive verbs, see §39.30—§39.34.

5. See §35., §35.8 (where **douter que** is listed), §39.70 (6), §39.93, §39.93 (d) (1), §40.1 where **pouvoir** is conjugated in all the tenses.

6. See §25., §25.1 (a) and (b).

7. See §34.—§34.2 (e), §39.51 (where the principal parts of **savoir** are given), §39.70 (9), §39.75, §39.85 (where **aller** is conjugated in all the tenses), §39.96, and §39.99.

8. See §39.8—§39.11, in particular §39.9.

9. See §7.—§7.3 (a) where **dès que** is listed, §39.41 where **arriver** is conjugated in all the tenses, and §39.91.

10. See §39., §39.1, §39.12, §39.17, §39.95.

11. See §21.8.

12. See §4.4 (f).

13. See §35., §35.6 where **il faut que** is listed, §39.70 (6), §39.93, §40.1 where **venir** is conjugated fully in all the tenses.

14. To express *in order + inf.*, use **pour + inf.** See §20.18 where **faire plaisir à** is listed. As for the form **achètera** in this sentence, see §39.53, §39.65, §39.66.

15. See §21., §21.1, §21.6. As for the form **s'en est allé**, it is the passé composé of **s'en aller** (*to leave*, *to go away*).

27. For the underlined words (**qu'est-ce qui**) see §29.24, §29.29, §29.30 (1). For the use of **qui**, see §29.25 and §29.26 (1)—§29.28. For the use of **que** and **qu'est-ce que**, see §29.29 and §29.31. For the use of **quoi**, see §29.29 and §29.32.

28. See §29.22 and §29.22 (a)ff.

29. See §39.42 and §39.43 where **répondre à qqn ou à qqch** is listed.

30. See §39.42 and §39.46 where **essayer de + inf.** is listed.

31. See §29.19—§29.22.

32. See §1., §1.16, §1.16 (a)ff.

33. See §1., §1.16 (a), (d) and (e).

34. See §39.42, §39.45 where **jouer de** is listed.

35. See §39.42, §39.46 where **essayer de** is listed.

36. See §1.1; as for **a été**, it is the passé composé of **être**. See §40.1.

37. See §29.19—§29.20, §42.2.

38. See §29.22 and §29.22 (a).

39. See §1., §1.16, §1.16 (a) and (c).

40. See §20., §20.1, §20.6 where **avoir lieu** is listed, §39.70 (4), §39.91, and §40.1 where **avoir** is conjugated in all the tenses.

41. See §4.—§4.3 (r).

42. See §20., §20.1, §20.18.

43. See §39.70 (4) and §39.91.

44. See §2.14, §25.1 (i), §29.7.

45. See §29.22 and §29.22 (a).

46. See §20., §20.1, §20.18, §39.51 (**faire**), §39.70 (8), §39.71—§39.74, §39.95, and §40.1 (**faire**).

47. See §1., §1.16 (a) and (d).

48 and 49. See §1. and §1.1.

50. See §37.ff.

ANSWERS EXPLAINED ▪ TEST 19

1. See §4.4 (l), §30.—§30.1.

3. See §29., §29.13—§29.16.

4. See §21.8.

5. See §35. and §35.6.

6. See §29.24, §29.29, §29.32.

7. See §39.42, §39.45 (**se souvenir de**), and §40.1 (**venir**).

8. See §1.1. There is no need for the subjunctive here because you are not dealing with **Je regrette que . . .**; the statement contains **Je regrette mais . . . .**

9. See §1.1. As for the form **veuillez**, see the imperative of **vouloir** in §40.1 and §36.3.

10. See §30. and §30.1.

11. See §38.—§38.2 (**habiter/demeurer**).

12. See §20., §20.1, §20.14 (**près de**).

13. See §2.14, §4.4 (m), §25.1 (i), §29.7.

14. See §29. and §29.35.

15. See §29., §29.35 (c). See also §39.42, §39.43 (**s'intéresser à qqn ou à qqch**).

26. See §39.—§39.1, §39.4, §39.26—§39.29 (c) and (2), §39.30—§39.34, §39.41, §39.70 (8), §39.74, §39.95.

27. See §4.—§4.3 (r).

28. See §1.1, §1.12, §39., §39.1, §39.18.

30. The imperative **parlez** is in the **vous** form and choice B is the imperative of **marcher** in the **tu** form. You cannot switch from **vous** to **tu**. See §39.84 (15).

31. See §1.1. The adjective must be masc. sing. because **ce parc** is masc. sing. Choices B, C and D are fem. sing. Choice A can be masc. or fem.

32. See §4.—§4.3(r), §20., §20.1, §20.6 (**avoir mal à**).

33. See §4.—§4.3 (r), §20., §20.1, §20.14 (**près de**).

34. See §4.5—§4.8. This question tests specifically your observation of gender.

35. See §4.1—§4.3, §4.4 (m).

36. See §39., §39.1, §39.3, §39.5, §39.26, §39.28, §39.70 (8), §39.74, §39.86, §39.87, §39.95.

37. See §1.1, §1.7—§1.9.

38. See §39.24 (**prendre**), §39.25, §39.26, §39.27ff, §39.51 (**prendre**), §39.95, §40.1 (**prendre**).

39 to 42. See §4.—§4.3 (r), §25.—§25.1.

43. See §20., §20.1, §20.3 (**café au lait**).

44. See explanation to question no. 29 in Test 1. See also §39.16 and §39.26—§39.34.

45. See §1.1 and §20.36.

46. See §39.—§39.2, §39.16, §39.27, §39.95.

47. See §39.—§39.2, §39.89, §40.1 (**être**).

48. See §4.4 (c); **en route** means *on the way*.

49. See §21., §21.1, §21.8, §39.23, §39.26, §39.29 (11).

50. See §1.1, §1.16 (c).

ANSWERS EXPLAINED ▪ TEST 20

1. See §1.1, §30.–§30.1.

2. See §1., §1.1, §1.12, §20.27, §20.28.

3. See §29.43, §29.44, §29.47.

4. See §29.23; **n'importe quand** means *anytime*.

5. See §29.23; **n'importe où** means *anywhere*.

6. See §39.35—§39.37.

7. See §29.48 and §39.45 where **dépendre de** is listed.

8 and 9. See §21., §21.1, §21.8.

10. See §21., §21.1, §21.6.

11. See §1.19 (c).

12. See §1.19 (b), §39., §39.1, §39.3, §39.5, §39.6, §39.26, §39.28.

13. See §1.17 (c).

14. Generally speaking, **être + adj.** takes **de** when an inf. follows, *e.g.*, **Nous sommes heureux de vous voir**; **Je suis obligé de faire mes devoirs**. See also §39.42—§39.50.

15. See §21.8.

26. See §29.24—§29.26 (3) and (4).

27. See §29.24, §29.29, §29.31.

28. Here, you are dealing with the imperative of the **tu** form. Choice B is the imperative of the **vous** form. See §39.102 and the imperative of **dire** in §40.1.

29. Choices B, C and D take the prep. **à** but choice A requires no prep. See §39.49 and §39.50 (**chercher**).

30. See §29. and §29.35.

31. When you take the French CBAT, make absolutely certain that you read the directions carefully. There are different types of questions. In the block of questions 26 through 30 the directions state to choose the word or words that **cannot be** substituted. Here, in questions 31 through 35, you are to choose the word or words that **can be** substituted. See §29.24, §29.25, §29.28.

32. See §4.—§4.2.

33. See §39., §39.1, §39.17, §39.23, §41. (**vu**).

34. See §4.—§4.3 (r).

35. See §29.24—§29.26, §29.29, §29.30.

36. See §29.9, §29.10; the **y** in **je m'y amuse** refers to the place **à la campagne**.

37. See §20., §20.1, §20.16.

38. See §4.—§4.3 (r), §8.3.

39. See §1., §1.16 (c).

40. See §20., §20.1, §20.18.

41. See §39.35—§39.39.

42. See §1., §1.16 (a) and (d).

43. See §29.9, §29.10; the **y** in **J'y suis arrivé** refers to the place **à l'école**; always keep in mind §39.26—§39.29. See also §39.41.

44. See §1.1, §9.—§9.3, in particular §9.1 (m).

45. See §39., §39.1, §39.4, §39.25, §39.26, §39.29 (c) (5), §39.70 (8), §39.74, §39.95.

END OF PART TWO

PART THREE

GENERAL REVIEW

A § decimal system has been used in this section so that you may quickly find the reference to a particular point in grammar when you use the General Index. For example, if you look up the entry *adjectives* in the General Index, you will find the reference given as **§1.** and it is in this section. If you happen to look up the entry *pire* in the General Index, you will find the reference given as **§1.5** and it is in this General Review section.

§1. ADJECTIVES

§1.1 Agreement

An adjective normally agrees in gender (feminine or masculine) and number (singular or plural) with the noun or pronoun it modifies.

EXAMPLES:

Alexandre et Théodore sont beaux et intelligents.
Yolande est belle.
Janine et Monique sont belles.
Hélène et Simone sont actives.
Elle est jolie.
Il est beau.
C'est un bel arbre.
Ils sont amusants.
Je ne vois aucun taxi.
Je ne connais aucune dame dans cette salle.
Voulez-vous un autre livre?
Aimeriez-vous une autre pâtisserie?
Chaque garçon est présent.
Chaque jeune fille est présente.
Josiane est ici depuis quelque temps.
Valentine est absente depuis quelques semaines.

§1.2 Comparison

§1.3

Of the same degree: **aussi . . . que** (as . . . as)
Of a lesser degree: **moins . . . que** (less . . . than)
Of a higher degree: **plus . . . que** (more . . . than)

EXAMPLES:

Janine est aussi grande que Monique.
Monique est moins intelligente que Janine.
Janine est plus jolie que Monique.

§1.4 **Aussi . . . que** becomes **si . . . que** in a negative sentence.

EXAMPLE: Robert n'est pas si grand que Joseph.

§1.5 The comparison of the adj. *bad* is: **mauvais, pire, le pire**

EXAMPLES:

Ce crayon est mauvais / This pencil is bad.
Ce crayon est pire que l'autre / This pencil is worse than the other.
Ce crayon est le pire / This pencil is the worst.

§1.6 **Plus que** (more than) becomes **plus de** + a number.

EXAMPLES:

Il a plus de cinquante ans.
Je lui ai donné plus de cent dollars.

§1.7   Demonstrative

A demonstrative adj. is used to point out something or someone. They are:

GENDER	SINGULAR	PLURAL	*English meaning*	
			S.	PL.
Masculine	**ce, cet**	**ces**	this or that	these or those
Feminine	**cette**	**ces**	this or that	these or those

EXAMPLES:

Ce garçon est beau.   Ces hommes sont beaux.
Cet arbre est beau.   Ces livres sont beaux.
Cette femme est belle.   Ces dames sont belles.

§1.8   If you wish to make a contrast between *this* and *that* or *these* and *those*, add **-ci** (this, these) or **-là** (that, those) to the noun with a hyphen.

EXAMPLES:

Ce garçon-ci est plus fort que ce garçon-là.
Cette jeune fille-ci est plus jolie que cette jeune fille-là.
Ces livres-ci sont plus beaux que ces livres-là.

§1.9   The form **cet** is used in front of a masc. sing. noun or adj. beginning with a vowel or silent *h*: cet arbre, cet homme, cet énorme bâtiment.

If there is more than one noun, a demonstrative adj. must be used in front of each noun: **cette dame et ce monsieur.**

§1.10   Descriptive

A descriptive adj. is a word that describes a noun or pronoun: **une belle maison, un beau livre, un bel arbre, une jolie dame.**

§1.11   Formation of feminine singular

(a) The fem. sing. of an adj. is normally formed by adding **e** to the masc. sing. adj.: joli / jolie; présent / présente; grand / grande

(b) If a masc. sing. adj. already ends in **e**, the fem. sing. is the same form: aimable / aimable; énorme / énorme; faible / faible

(c) Some fem. sing. forms are irregular. If a masc. sing. adj. ends in **c**, change to **que** for the fem.; **er** to **ère**; **f** to **ve**; **g** to **gue**; **x** to **se**.

EXAMPLES:

public / publique; premier / première; actif / active; long / longue; heureux / heureuse

(d) Some masc. sing. adjectives double the final consonant before adding **e** to form the feminine.

EXAMPLES:

ancien / ancienne; bas / basse; bon / bonne; cruel / cruelle; gentil / gentille; muet / muette; quel / quelle

(e) The following fem. sing. adjectives were formed from the irregular masc. sing. forms:

MASC. SING IN FRONT OF A MASC. SING. NOUN BEGINNING WITH A CONSONANT	IRREG. MASC. SING. IN FRONT OF A MASC. SING. NOUN BEGINNING WITH A VOWEL OR SILENT *H*	FEM. SING.
beau	bel	belle
fou	fol	folle
mou	mol	molle
nouveau	nouvel	nouvelle
vieux	vieil	vieille

(f) Finally, there are some common masc. sing. adjectives which have irregular forms in the fem. sing. and they do not fall into any particular category like those above.

EXAMPLES:

blanc / blanche; **complet / complète**; **doux / douce**; **faux / fausse**; **favori / favorite**; **frais / fraîche**; **sec / sèche**

§1.12   **Interrogative**

The adj. **quel** is generally regarded as interrogative because it is frequently used in a question. Its forms are: **quel, quelle, quels, quelles.**

EXAMPLES:

Quel livre voulez-vous?
Quel est votre nom?

Quelle heure est-il?
Quelle est votre adresse?

Quels sont les mois de l'année?
Quelles sont les saisons?

§1.13   The adj. **quel** is also used in exclamations without the indef. art. **un** or **une**.

EXAMPLES:

Quel garçon! / What a boy!
Quelle jeune fille! / What a girl!

§1.14   **Formation of plural**

(a) The plural is normally formed by adding **s** to the masc. or fem. sing.: bon / bons; bonne / bonnes; joli / jolis; jolie / jolies

(b) If the masc. sing. already ends in **s** or **x**, it remains the same in the masc. pl.: gris / gris; heureux / heureux

(c) If a masc. sing. adj. ends in **al**, it changes to **aux**: égal / égaux; principal / principaux

(d) If a masc. sing. adj. ends in **eau**, it changes to **eaux**: nouveau / nouveaux

§1.15   **Position**

(a) In French, most descriptive adjectives are placed *after* the noun; *e.g.*, colors, nationality, religion: une robe blanche, un fromage français, un garçon français, une femme catholique.

(b) An adj. of nationality is not capitalized but a noun indicating nationality is capitalized: un Américain, une Américaine, un Français, une Française.

(c) Here are some common short adjectives that generally are placed in front of the noun: un autre livre, un bel arbre, un beau cadeau, un bon dîner, chaque jour, un gros livre, une jeune dame, une jolie maison, une petite table, plusieurs amis, un vieil homme, le premier rang, quelques bonbons, un tel garçon, toute la journée.

(d) Some adjectives change in meaning, depending on whether the adj. is in front of the noun or after it.

EXAMPLES:

la semaine dernière last week	**la dernière semaine** the last (final) week
ma robe propre my clean dress	**ma propre robe** my own dress
une femme brave a brave woman	**une brave femme** a fine woman
le même moment the same moment	**le moment même** the very moment
un livre cher an expensive book	**un cher ami** a dear friend

§1.16　Possessive

Masculine			
SINGULAR		PLURAL	
mon livre	my book	**mes livres**	my books
ton stylo	your pen	**tes stylos**	your pens
son ballon	his (her, its) balloon	**ses ballons**	his (her, its) balloons
notre parapluie	our umbrella	**nos parapluies**	our umbrellas
votre sandwich	your sandwich	**vos sandwichs**	your sandwiches
leur gâteau	their cake	**leurs gâteaux**	their cakes

Feminine			
SINGULAR		PLURAL	
ma robe	my dress	**mes robes**	my dresses
ta jaquette	your jacket	**tes jaquettes**	your jackets
sa balle	his (her, its) ball	**ses balles**	his (her, its) balls
notre maison	our house	**nos maisons**	our houses
votre voiture	your car	**vos voitures**	your cars
leur soeur	their sister	**leurs soeurs**	their sisters

(a) A possessive adjective agrees in gender and number *with the noun* it modifies, *not with the possessor.*

(b) Some possessive adjectives do not agree with the gender of the noun *in the singular*. They are all the same, whether in front of a masculine or feminine singular noun: **notre, votre, leur**.

(c) Some possessive adjectives do not agree with the gender of the noun *in the plural*. They are all the same, whether in front of a masculine or feminine plural noun: **mes, tes, ses, nos, vos, leurs**.

(d) What you have to be aware of are the following possessive adjectives: **mon** or **ma, ton** or **ta, son** or **sa**.

(e) In front of a *feminine singular noun* beginning with a vowel or silent *h*, the masculine singular forms are used: **mon, ton, son**—instead of **ma, ta, sa**:

mon adresse	my address	**son** amie	his (or her) friend
ton opinion	your opinion	**mon** habitude	my habit (custom)

(f) since **son, sa** and **ses** can mean *his* or *her*, you may add **à lui** or **à elle** to make the meaning clear:

sa maison à lui	his house	**son livre à elle**	her book
sa maison à elle	her house	**ses livres à lui**	his books
son livre à lui	his book	**ses livres à elle**	her books

(g) If there is more than one noun, a possessive adjective must be used in front of each noun: **ma mère et mon père, mon livre et mon cahier**.

§1.17   Superlative

(a) It is formed by placing the appropriate def. art. (**le, la, les**) in front of the comparative: **Joséphine est la plus jolie jeune fille de la classe** / Josephine is the prettiest girl in the class.

(b) If the adj. normally follows the noun, the def. art. must be used twice—in front of the noun and in front of the superlative: **Monsieur Hibou fut le président le plus sage de la nation** / Mr. Hibou was the wisest president of the nation.

(c) After a superlative, the prep. **de** is normally used (*not* dans) to express *in*: **Pierre est le plus beau garçon de la classe** / Peter is the most handsome boy in the class. This **de** is sometimes translated into English as *of* or *on*: **le plus actif de l'équipe** / the most active on the team.

(d) If more than one comparative or superlative is expressed, each is repeated: **Marie est la plus intelligente et la plus sérieuse de l'école.**

§1.18   Adjectives used in an adverbial sense

An adj. used as an adverb does not normally change in form: **Cette rose sent bon.**

§1.19   With parts of the body and clothing

(a) When using the verb **avoir**, the def. art. is normally used with parts of the body, not the possessive adjective: **Henri a les mains sales; Simone a les cheveux roux.**

(b) When using a reflexive verb, the def. art. is normally used, not the possessive adjective: **Paulette s'est lavé les cheveux** / Paulette washed her hair.

(c) The def. art. is used instead of the poss. adj. when referring to parts of the body or clothing if it is clear who the possessor is: **Henri tient le livre dans la main** / Henry is holding the book in his hand; **Je mets le chapeau sur la tête** / I am putting my hat on my head.

§1.20   Summary of irregular comparative and superlative adjectives

ADJECTIVE (MASC.)	COMPARATIVE	SUPERLATIVE
bon, *good*	**meilleur,** *better*	**le meilleur,** *(the) best*
mauvais, *bad*	**plus mauvais,** *worse*	**le plus mauvais,** *(the) worst*
	pire, *worse*	**le pire,** *(the) worst*
petit, *small*	**plus petit,** *smaller (in size)*	**le plus petit,** *(the) smallest*
	moindre, *less (in importance)*	**le moindre,** *(the) least*

§2. ADVERBS

§2.1 Comparison and Superlative

ADVERB	COMPARATIVE	SUPERLATIVE
vite (quickly)	**plus vite (que)** *more quickly (than)* *faster (than)*	**le plus vite** *(the) most quickly* *(the) fastest*
	moins vite (que) *less quickly (than)*	**le moins vite** *(the) least quickly*
	aussi vite (que) *as quickly (as)* *as fast (as)*	

EXAMPLES:

Arlette parle plus vite que Marie-France.

Madame Legrange parle moins vite que Madame Duval.

Monsieur Bernard parle aussi vite que Monsieur Claude.

Madame Durocher parle le plus vite tandis que Madame Milot parle le moins vite.

§2.2 **Aussi . . . que** becomes **si . . . que** in a negative sentence.

EXAMPLE: Justin ne parle pas si vite que Justine.

§2.3 Common adverbs irregular in the comparative and superlative

ADVERB	COMPARATIVE	SUPERLATIVE
bien (well)	**mieux** (better)	**le mieux** (best, the best)
beaucoup (much)	**plus** (more)	**le plus** (most, the most)
mal (badly)	**plus mal** (worse) **pis** (worse)	**le plus mal** (worst, the worst) **le pis** (worst, the worst)
peu (little)	**moins** (less)	**le moins** (least, the least)

EXAMPLES:

Pierre travaille bien, Henri travaille mieux que Robert, et Georges travaille le mieux.

Marie étudie beaucoup, Paulette étudie plus que Marie, et Henriette étudie le plus.

§2.4 Formation

§2.5 First, you must know that an adverb is a word that modifies a verb, an adjective, or another adverb: Lily chante bien, Robert est vraiment intelligent, et Christine récite ses leçons fort bien.

§2.6 There are many adverbs in French that do not have to be formed from another word; for example: bien, mal, vite, combien, comment, pourquoi, où.

§2.7 There are many other adverbs that are formed. The usual way is to add the suffix **-ment** to the masc. sing. form of an adj. whose last letter is a vowel; for example: probable / probablement, poli / poliment, vrai / vraiment.

§2.8 The suffix **-ment** is added to the fem. sing. form if the masc. sing. ends in a consonant; for example: affreux / affreuse / affreusement; seul / seule / seulement; amer / amère / amèrement; franc / franche / franchement.

§2.9 The ending **-ment** is equivalent to the English ending **-ly**: lent / lente / lentement (slow / slowly).

§2.10 Some adjectives that end in **-ant** or **-ent** become adverbs by changing **-ant** to **-amment** and **-ent** to **-emment**: innocent / innocemment; constant / constamment; récent / récemment.

§2.11 Some adverbs take **é** instead of **e** before adding **-ment**: profond / profondément; confus / confusément; précis / précisément.

§2.12 The adj. **gentil** becomes **gentiment** as an adverb and **bref** becomes **brièvement**.

§2.13 **Interrogative**

Some common interrogative adverbs are: **comment, combien, pourquoi, quand, où.**

EXAMPLES:

Comment allez-vous? Combien coûte ce livre? Pourquoi partez-vous? Quand arriverez-vous? Où allez-vous?

§2.14 **Of quantity**

Some adverbial expressions of quantity are: beaucoup de, assez de, peu de, trop de, plus de. With these, no article is used: peu de sucre, beaucoup de travail, assez de temps, trop de lait.

§2.15 **Position**

> 1. David aime **beaucoup** les chocolats.
> 2. Paulette a parlé **distinctement**.
> 3. Julie a **bien** parlé.

(a) In French, an adverb ordinarily *follows* the simple verb it modifies, as in the first model sentence in the above box.

(b) If a verb is compound, as in the **passé composé** (model sentence 2 above), the adverb generally *follows* the past participle if it is a long adverb. The adverb **distinctement** is long. Some exceptions: **certainement**, **complètement**, and **probablement** are usually placed between the helping verb and the past participle: **Elle est probablement partie, Il a complètement fini le travail.**

(c) If a verb is compound, as in the **passé composé** (model sentence 3 above), short common adverbs (like **beaucoup, bien, déjà, encore, mal, mieux, souvent, toujours**) ordinarily precede the past participle; in other words, may be placed between the helping verb and the past participle.

(d) For emphasis, an adverb may be placed at the beginning of a sentence: **Malheureusement**, Suzanne est déjà partie.

§3. **ANTONYMS**

One very good way to increase your French vocabulary is to think of an antonym (opposite meaning) or synonym (similar meaning) for every word in French that you already know. Of course, there is no antonym or synonym for all words in the French language—nor in English. But you should, at least, wonder what the possible antonyms and synonyms are of French words. For example, stop and think: What is the antonym of **aller**? The antonym of **jamais**? A synonym of **erreur**?

§3.1 **Here are some simple antonyms which you certainly ought to know:**

absent, absente *adj.*, absent / **présent, présente** *adj.*, present

acheter *v.*, to buy / **vendre** *v.*, to sell

agréable *adj.*, pleasant, agreeable / **désagréable** *adj.*, unpleasant, disagreeable

aimable *adj.*, kind / **méchant, méchante** *adj.*, mean, nasty

aller *v.*, to go / **venir** *v.*, to come

ami, amie *n.*, friend / **ennemi, ennemie** *n.*, enemy

s'amuser *refl.v.*, to enjoy oneself, to have a good time / **s'ennuyer** *refl.v.*, to be bored

ancien, ancienne *adj.*, old, ancient / **nouveau, nouvel, nouvelle** *adj.*, new

avant *prep.*, before / **après** *prep.*, after

bas, basse *adj.*, low / **haut, haute** *adj.*, high

beau, bel, belle *adj.*, beautiful, handsome / **laid, laide** *adj.*, ugly

beaucoup (de) *adv.*, much, many / **peu (de)** *adv.*, little, some

beauté *n.f.*, beauty / **laideur** *n.f.*, ugliness

bête *adj.*, stupid / **intelligent, intelligente** *adj.*, intelligent

blanc, blanche *adj.*, white / **noir, noire** *adj.*, black

bon, bonne *adj.*, good / **mauvais, mauvaise** *adj.*, bad

bonheur *n.m.*, happiness / **malheur** *n.m.*, unhappiness

chaud, chaude *adj.*, hot, warm / **froid, froide** *adj.*, cold

cher, chère *adj.*, expensive / **bon marché** cheap

content, contente *adj.*, glad, pleased / **mécontent, mécontente** *adj.*, displeased

court, courte *adj.*, short / **long, longue** *adj.*, long

debout *adv.*, standing / **assis, assise** *adj.*, seated, sitting

dedans *adv.*, inside / **dehors** *adv.*, outside

demander *v.*, to ask / **répondre** *v.*, to reply

dernier, dernière *adj.*, last / **premier, première** *adj.*, first

derrière *adv.*, *prep.*, behind, in back of / **devant** *adv.*, *prep.*, in front of

dessous *adv.*, *prep.*, below, underneath / **dessus** *adv.*, *prep.*, above, over

différent, différente *adj.*, different / **même** *adj.*, same

difficile *adj.*, difficult / **facile** *adj.*, easy

domestique *adj.*, domestic / **sauvage** *adj.*, wild

donner *v.*, to give / **recevoir** *v.*, to receive

droite *n.f.*, right / **gauche** *n.f.*, left

emprunter *v.*, to borrow / **prêter** *v.*, to lend

entrer (dans) *v.*, to enter (in, into) / **sortir (de)** *v.*, to go out (of, from)

est *n.m.*, East / **ouest** *n.m.*, West

étroit, étroite *adj.*, narrow / **large** *adj.*, wide

faible *adj.*, weak / **fort, forte** *adj.*, strong

fermer *v.*, to close / **ouvrir** *v.*, to open

fin *n.f.*, end / **commencement** *n.m.*, beginning

finir *v.*, to finish / **commencer** *v.*, to begin; **se mettre à** *v.*, to begin

gagner *v.*, to win / **perdre** *v.*, to lose

gai, gaie *adj.*, gay, happy / **triste** *adj.*, sad

grand, grande *adj.*, large, tall, big / **petit, petite** *adj.*, small, little

gros, grosse *adj.*, fat / **maigre** *adj.*, thin

grossier, grossière *adj.*, coarse, impolite / **poli, polie** *adj.*, polite

heureux, heureuse *adj.*, happy / **malheureux, malheureuse** *adj.*, unhappy

hier *adv.*, yesterday / **demain** *adv.*, tomorrow

homme *n.m.*, man / **femme** *n.f.*, woman

ici *adv.*, here / **là** *adv.*, there

inutile *adj.*, useless / **utile** *adj.*, useful

jamais *adv.*, never / **toujours** *adv.*, always

jeune *adj.*, young / **vieux, vieil, vieille** *adj.*, old

jeune fille *n.f.*, girl / **garçon** *n.m.*, boy

jeunesse *n.f.*, youth / **vieillesse** *n.f.*, old age

joli, jolie *adj.*, pretty / **laid, laide** *adj.*, ugly

jour *n.m.*, day / **nuit** *n.f.*, night

léger, légère *adj.*, light / **lourd, lourde** *adj.*, heavy

lendemain *n.m.*, the next (following) day / **veille** *n.f.*, the eve (evening before)

lentement *adv.*, slowly / **vite** *adv.*, quickly

mal *adv.*, badly / **bien** *adv.*, well

mari *n.m.*, husband / **femme** *n.f.*, wife

matin *n.m.*, morning / **soir** *n.m.*, evening

mer *n.f.*, sea / **ciel** *n.m.*, sky

midi *n.m.*, noon / **minuit** *n.m.*, midnight

moderne *adj.*, modern / **ancien, ancienne** *adj.*, ancient, old

moins *adv.*, less / **plus** *adv.*, more

monter *v.*, to go up / **descendre** *v.*, to go down

né, née *adj.*, *past part.*, born / **mort, morte** *adj.*, *past part.*, died, dead

nord *n.m.*, North / **sud** *n.m.*, South

nouveau, nouvel, nouvelle *adj.*, new / **vieux, vieil, vieille** *adj.*, old

obéir (à) *v.*, to obey / **désobéir (à)** *v.*, to disobey

ôter *v.*, to remove, to take off / **mettre** *v.*, to put, to put on

oui *adv.*, yes / **non** *adv.*, no

paix *n.f.*, peace / **guerre** *n.f.*, war

paraître *v.*, to appear / **disparaître** *v.*, to disappear

paresseux, paresseuse *adj.*, lazy / **diligent, diligente** *adj.*, diligent

partir *v.*, to leave / **arriver** *v.*, to arrive

pauvre *adj.*, poor / **riche** *adj.*, rich

perdre *v.*, to lose / **trouver** *v.*, to find

plancher *n.m.*, floor / **plafond** *n.m.*, ceiling

plein, pleine *adj.*, full / **vide** *adj.*, empty

poli, polie *adj.*, polite / **impoli, impolie** *adj.*, impolite

possible *adj.*, possible / **impossible** *adj.*, impossible

prendre *v.*, to take / **donner** *v.*, to give

près (de) *adv.*, *prep.*, near / **loin (de)** *adv.*, *prep.*, far (from)

propre *adj.*, clean / **sale** *adj.*, dirty

quelque chose *pron.*, something / **rien** *pron.*, nothing

quelqu'un *pron.*, someone, somebody / **personne** *pron.*, nobody, no one

question *n.f.*, question / **réponse** *n.f.*, answer, reply, response

refuser *v.*, to refuse / **accepter** *v.*, to accept

reine *n.f.*, queen / **roi** *n.m.*, king

réussir (à) *v.*, to succeed (at, in) / **échouer (à)** *v.*, to fail (at, in)

rire *v.*, to laugh / **pleurer** *v.*, to cry, to weep

sans *prep.*, without / **avec** *prep.*, with

silence *n.m.*, silence / **bruit** *n.m.*, noise

soleil *n.m.*, sun / **lune** *n.f.*, moon

souvent *adv.*, often / **rarement** *adv.*, rarely

sur *prep.*, on / **sous** *prep.*, under

sûr, sûre *adj.*, sure, certain / **incertain, incertaine** *adj.*, unsure, uncertain

terre *n.f.*, earth, land / **ciel** *n.m.*, sky

tôt *adv.*, early / **tard** *adv.*, late

travailler *v.*, to work / **jouer** *v.*, to play

travailleur, travailleuse *adj.*, diligent, hard-working / **paresseux, paresseuse** *adj.*, lazy

vie *n.f.*, life / **mort** *n.f.*, death

ville *n.f.*, city / **campagne** *n.f.*, country(side)

vivre *v.*, to live / **mourir** *v.*, to die

vrai, vraie *adj.*, true / **faux, fausse** *adj.*, false

§3.2   Now try these antonyms. They are not so simple as the others:

abolir *v.*, to abolish / **conserver** *v.*, to preserve, to conserve

accuser *v.*, to accuse / **justifier** *v.*, to justify

adresse *n.f.*, *skill* / **maladresse** *n.f.*, clumsiness

aider *v.*, to help / **nuire** *v.*, to harm

aisé *adj.*, easy / **difficile** *adj.*, difficult

allonger *v.*, to lengthen / **abréger** *v.*, to shorten

attrayant, attrayante *adj.*, attractive / **repoussant, repoussante** *adj.*, repulsive

avare *adj.*, stingy, miserly / **dépensier, dépensière** *adj.*, thriftless, extravagant

barbare *adj.*, savage, barbarous / **civilisé, civilisée** *adj.*, civilized

bavard, bavarde *adj.*, talkative / **taciturne** *adj.*, quiet, taciturn

bénir *v.*, to bless / **maudire** *v.*, to curse

bonté *n.f.*, goodness / **méchanceté** *n.f.*, wickedness

cadet, cadette *n.*, younger, youngest / **aîné, aînée** *n.*, older, oldest

calmer *v.*, to calm / **agiter** *v.*, **exciter** *v.*, to excite

chaleureux, chaleureuse *adj.*, warm / **froid, froide** *adj.*, cold

chauffer *v.*, to heat, to warm up / **refroidir** *v.*, to cool, to cool off

condamner *v.*, to condemn / **absoudre** *v.*, to absolve

confiance *n.f.*, confidence / **méfiance** *n.f.*, distrust

créer *v.*, to create / **détruire** *v.*, to destroy

dépenser *v.*, to spend / **économiser** *v.*, to save

déplaisant, déplaisante *adj.*, unpleasant / **agréable** *adj.*, pleasant, agreeable

descendre *v.*, to go down, to descend / **monter** *v.*, to go up, to ascend

diminuer *v.*, to lessen, to diminish / **augmenter** *v.*, to increase, to augment

divertissant, divertissante *adj.*, amusing, diverting / **ennuyant, ennuyante, ennuyeux, ennuyeuse** *adj.*, annoying

éclaircir *v.*, to light up / **obscurcir** *v.*, to darken

effrayant, effrayante *adj.*, frightening / **rassurant, rassurante** *adj.*, reassuring

élever *v.*, to raise / **abaisser** *v.*, to lower

(s')éloigner *v.*, to separate, to withdraw / **(se) rapprocher** *v.*, to draw near

embonpoint *n.m.*, stoutness, plumpness / **maigreur** *n.f.*, leanness, thinness

épouvanter *v.*, to frighten / **rassurer** *v.*, to reassure

facultatif, facultative *adj.*, optional / **obligatoire** *adj.*, obligatory, mandatory

fainéant, fainéante *adj.*, lazy / **diligent, diligente** *adj.*, industrious

femelle *n.f.*, female / **mâle** *n.m.*, male

gaspiller *v.*, to waste / **économiser** *v.*, to save

gratuit *adj.*, free / **coûteux** *adj.*, costly

(s')habiller *v.*, to dress / **(se)déshabiller** *v.*, to undress

haïr *v.*, to hate / **aimer** *v.*, to like, to love

humble *adj.*, humble / **orgueilleux, orgueilleuse** *adj.*, proud

humide *adj.*, damp / **sec, sèche** *adj.*, dry

inférieur, inférieure *adj.*, lower / **supérieur, supérieure** *adj.*, upper

innocent, innocente *adj.*, innocent / **coupable** *adj.*, guilty

introduire *v.*, to show in / **expulser** *v.*, to expel

joie *n.f.*, joy / **tristesse** *n.f.*, sadness

lâche *adj.*, cowardly / **brave** *adj.*, brave

liberté *n.f.*, liberty / **esclavage** *n.m.*, slavery

louange *n.f.*, praise / **blâme** *n.m.*, blame, disapproval

mensonge *n.m.*, lie, falsehood / **vérité** *n.f.*, truth

mépriser *v.*, to scorn / **estimer** *v.*, to esteem

nain *n.m.*, dwarf / **géant** *n.m.*, giant

négliger *v.*, to neglect / **soigner** *v.*, to care for

ouverture *n.f.*, opening / **fermeture** *n.f.*, closing

pair *adj.*, even / **impair** *adj.*, odd

paresse *n.f.*, laziness / **travail** *n.m.*, work

pauvreté *n.f.*, poverty / **richesse** *n.f.*, wealth, riches

peine *n.f.*, trouble, pain, hardship / **plaisir** *n.m.*, pleasure

plat, plate *adj.*, flat / **montagneux, montagneuse** *adj.*, mountainous

récolter *v.*, to harvest / **semer** *v.*, to sow

reconnaissant, reconnaissante *adj.*, grateful / **ingrat, ingrate** *adj.*, ungrateful

remplir *v.*, to fill / **vider** *v.*, to empty

retour *n.m.*, return / **départ** *n.m.*, departure

sécher *v.*, to dry / **mouiller** *v.*, to dampen, to wet

souple *adj.*, flexible / **raide** *adj.*, stiff

vacarme *n.m.*, uproar, tumult / **silence** *n.m.*, silence

vitesse *n.f.*, speed / **lenteur** *n.f.*, slowness

§4. ARTICLES

§4.1 Definite article

§4.2   There are four definite articles in French and they all mean *the*: **le, la, l',** and **les**: **le livre, la leçon, l'encre, les crayons.**

§4.3 The definite article is used:

(a) In front of each noun even if there is more than one noun stated, which is not always done in English: **J'ai le livre et le cahier** / I have the book and notebook.

(b) With a noun when you make a general statement: **J'aime le café** / I like coffee; **J'aime l'été** / I like summer; **La vie est belle** / Life is beautiful; **La France est belle** / France is beautiful.

(c) With a noun of weight or measure to express *a, an, per*: **dix francs la livre** / ten francs a pound; **dix francs la douzaine** / ten francs a dozen (per dozen).

(d) In front of a noun indicating a profession, rank, adjective, or title followed by the name of the person: **Le professeur Poulin est absent aujourd'hui** / Professor Poulin is absent today; **La reine Elisabeth est belle** / Queen Elizabeth is beautiful.

But in direct address (when talking directly to the person and you mention the rank, profession, *etc.*), do not use the def. art.: **Bonjour, docteur Sétout** / Hello, Doctor Sétout.

(e) With the name of a language: **J'étudie le français** / I am studying French.

But do not use the def. art. after the verb **parler** when the name of the language is immediately after a form of **parler**: **Je parle français** / I speak French.

Also, do not use the def. art. if the name of a language is immediately after the prep. **en**: **J'écris en français** / I am writing in French.

Also, do not use the def. art. after the prep. **de** in an adjective phrase: **J'ai mon livre de français** / I have my French book.

(f) With the days of the week when you want to indicate an action which is habitually repeated: **Le samedi je vais au cinéma** / On Saturdays I go to the movies.

(g) With parts of the body or articles of clothing if the possessor is clearly stated: **Janine a les cheveux noirs** / Janine's hair is black; **Je mets le chapeau sur la tête** / I am putting my hat on my head.

(h) With the following expressions indicating segments of the day: **l'après-midi** / in the afternoon; **le matin** / in the morning; **le soir** / in the evening.

(i) With common expressions, for example: **à l'école** / to school, in school; **à la maison** / at home; **à l'église** / to church, in church; **la semaine dernière** / last week; **l'année dernière** / last year: **Je suis allé à l'école la semaine dernière** / I went to school last week.

(j) With a proper name that is described: **J'aime le vieux Paris** / I like old (the old section of) Paris.

(k) With the prep. **dans** + the name of a country or continent modified by an adjective: **dans la France méridionale** / in southern France; **dans l'Amérique du Nord** / in North America.

(l) With the prep. **de** + the name of a country or continent modified by an adjective: **de la France méridionale** / from southern France; **de l'Amérique du Nord** / from North America.

(m) With the prep. **à** (which combines to **au** or **aux**) in front of the name of a country which is masc.: **Je vais au Canada** / I am going to Canada; **Madame Dufy va aux Etats-Unis** / Madame Dufy is going to the United States.

(n) With the prep. **de** (which combines to **du** or **des**) in front of the name of a country which is masc.: **du Portugal** / from Portugal; **du Mexique** / from Mexico; **des Etats-Unis** / from the United States.

(o) With the family names in the plural, in which case the spelling of the family name does not change: **Je vais chez les Milot** / I am going to the Milots.

(p) With certain idiomatic expressions, such as: **la plupart de** / most of: **La plupart des jeunes filles dans cette école sont jolies** / Most of the girls in this school are pretty.

(q) With the prep. **de** + a common noun to indicate possession: **le livre du garçon** / the boy's book; **les livres des garçons** / the boys' books.

(r) Contraction of the definite article with **à** and **de**:

When the prep. **à** or **de** is in front of the def. art., it contracts as follows:

à + le > au: Je vais au Canada; Je parle au garçon.
à + les > aux: Je vais aux grands magasins.
de + le > du: Je viens du restaurant.
de + les > des: Je viens des grands magasins.

There is no change with **l'** or **la**: **Je vais à l'aéroport; Je vais à la campagne; Je viens de l'école; Je viens de la bibliothèque.**

(s) Use the def. art. with the partitive in the affirmative: **J'ai du café, J'ai de l'argent, J'ai des amis.**

§4.4 The definite article is not used:

(a) In direct address: **Bonjour, docteur Leduc.**

(b) After the verb **parler** when the name of the language is right after a form of **parler**: **Je parle français.**

(c) After the prep. **en**: **Nous écrivons en français.** Exceptions: **en l'air** / in the air; **en l'absence de** / in the absence of; **en l'honneur de** / in honor of.

(d) After the prep. **de** in an adjective phrase: **J'aime mon livre de français; Madame Harris est professeur de français.**

(e) With the days of the week when you want to indicate only a particular day: **Samedi je vais au cinéma** / On Saturday I am going to the movies.

(f) With a feminine country and continents when you use **en** to mean *at* or *to*: **Je vais en France, en Allemagne, et à beaucoup d'autres pays en Europe. J'irai aussi en Australie, en Asie, et en Amérique.**

(g) With a feminine country and continents when you use **de** to mean *of* or *from*: **Paul vient de France, les Armstrong viennent d'Australie, et Hilda vient d'Allemagne.**

(h) With most cities: **à Paris, à New York; de Londres, de Montréal.**

(i) With a noun in apposition: **Paul, fils du professeur Leblanc, est très aimable; Washington, capitale des Etats-Unis, est une belle ville.**

(j) With titles of monarchs: **Louis Seize (Louis XVI)** / Louis the Sixteenth.

(k) With the partitive in the negative or with an adjective: **Je n'ai pas de café; Je n'ai pas d'argent; J'ai de bon café; J'ai de bons amis.** BUT you do use the def. art. with the affirmative partitive: **J'ai du café; J'ai de l'argent; J'ai des amis.**

(l) Do not use the def. art. with the prep. **sans** or with the construction **ne . . . ni . . . ni . . .**: **Je n'ai ni papier ni stylo; Il est parti sans argent; C'est une maison sans enfants.**

(m) Do not use the def. art. with certain expressions of quantity that take **de**: **beaucoup de, trop de, combien de, peu de, plus de, assez de**: **J'ai beaucoup de livres; j'ai trop de devoirs; j'ai peu de sucre; j'ai plus d'amis que vous; j'ai assez de devoirs.**

(n) Do not use the def. art. with the prep. **avec** when the noun after it is abstract: **Jean-Luc parle avec enthousiasme.**

§4.5 Indefinite article

§4.6 The indefinite articles are: **un** (meaning *a* or *an*) and **une** (meaning *a* or *an*); the plural is ordinarily **des**: **J'ai un frère** / I have a brother; **J'ai une soeur** / I have a sister; **J'ai une pomme** / I have an apple; **J'ai un oncle** / I have an uncle; **J'ai des frères, des soeurs, des oncles, des tantes, et des amis** / I have brothers, sisters, uncles, aunts, and friends.

§4.7 **The indefinite article is used:**

(a) When you want to say *a* or *an*. They are also used as a numeral to mean *one*: **un livre** / a book or one book; **une orange** / an orange or one orange. If you want to make it clear that you mean *one*, you may use *seul* or *seule* after *un* or *une*: **J'ai un seul livre** / I have one book; **J'ai une seule amie** / I have one girl friend.

(b) In front of each noun in a series, which we do not always do in English: **J'ai un cahier, un crayon, et une gomme** / I have a notebook, pencil, and eraser. This use is the same for the definite article in a series of nouns. See above §4.3 (a).

(c) The plural of **un** or **une**, which is **des**, is the same as the plural of the partitive in the affirmative: **J'ai des livres, des cahiers, et des crayons** / I have (some) books, (some) notebooks, and (some) pencils. See Partitive, in §25. and §25.1 farther on in this General Review section.

(d) With **C'est** or **Ce sont** with or without an adjective: **C'est un docteur** / He's a doctor; **C'est un mauvais docteur** / He's a bad doctor; **Ce sont des étudiants** / They are students. **C'est une infirmière** / She's a nurse; **C'est une bonne femme auteur** / She is a good author. In the negative, too, with **c'est** or **ce sont**, keep the indef. art.: **Ce n'est pas un bon dentiste** / He is not a good dentist.

§4.8 **The indefinite article is not used:**

(a) With **cent** and **mille**: **J'ai cent dollars** / I have a hundred dollars; **J'ai mille dollars** / I have a thousand dollars.

(b) With **il est, ils sont, elle est, elles sont** + an unmodified noun of nationality, profession, or religion: **Elle est professeur** / She is a professor; **Il est catholique** / He is (a) Catholic; **Elle est Française** / She is French; **Madame Duby est poète** / Madame Duby is a poet; **Elle est actrice** / She's an actress.

BUT you do use the indef. art. if you use an adjective: **Madame Duby est une bonne poète** (*or* **une bonne poétesse**).

(c) When you use **quel** in an exclamation: **Quelle femme!** / What a woman! **Quel homme!** / What a man!

(d) When you use **que de** + a noun in an exclamation: **Que de problèmes!** / How many problems!

(e) With negations, particularly with the verb **avoir**: **Avez-vous un livre? Non, je n'ai pas de livre** / Have you a book? No, I don't have a book (any book). See also Partitive, §25. and §25.1 farther on in this General Review section.

§5. CAUSATIVE (CAUSAL) FAIRE

§5.1 The construction **faire** + **inf.** means to have something done by someone. The causative **faire** can be in any tense but it must be followed by an infinitive.

Examples with nouns and pronouns as direct and indirect objects:

(a) **Madame Smith fait travailler ses élèves dans la classe de français** / Mrs. Smith makes her students work in French class *or* Mrs. Smith has her students work in French class.

In this example, the direct obj. is the noun **élèves** and it is placed right after the infinitive.

(b) **Madame Smith les fait travailler dans la classe de français** / Mrs. Smith makes them work (has them work) in French class.

In this example, the direct obj. is the pronoun **les**, referring to **les élèves**. It is placed in front of the verb form of **faire**, where it logically belongs. The dir. obj. here is a person.

(c) **Madame Smith fait lire la phrase** / Mrs. Smith is having the sentence read *or* Mrs. Smith has the sentence read.

In this example, the direct obj. is the noun **phrase** and it is placed right after the infinitive, as in (a) above.

(d) **Madame Smith la fait lire** / Mrs. Smith is having it read.

In this example, the direct obj. is the pronoun **la**, referring to **la phrase**. It is placed in front of the verb form of **faire**, where it logically belongs. This is like (b) above but here we have a thing as dir. obj. In (a) and (b) above, the dir. obj. is a person.

(e) **Madame Smith fait travailler Anne dans la classe de français** / Mrs. Smith makes Anne work (has Anne work) in the French class.

In this example, the dir. obj. is a noun, **Anne**, who is a person. It is placed right after the infinitive, where it logically belongs. This example is like §5.1 (a) above. The dir. obj. in that example is in the plural; this example is in the singular, but both examples have persons as direct object.

(f) **Madame Smith fait lire Anne** / Mrs. Smith makes Anne read (has Anne read). This example is like §5.1 (a) above.

(g) **Madame Smith fait lire la phrase** / Mrs. Smith is having the sentence read *or* Mrs. Smith has the sentence read. This example is identical to §5.1 (c) above.

(h) Now, watch this carefully:

Madame Smith fait lire la phrase à Anne / Mrs. Smith is having Anne read the sentence OR: Mrs. Smith is having the sentence read by Anne.

When you have two objects—a thing and a person—the thing is the direct object and the person is the indirect object.

(i) And now, note this carefully:

Madame Smith la fait lire à Anne / Mrs. Smith is having Anne read it OR Mrs. Smith is having it read by Anne.

The thing (**la**, meaning **la lettre**) is the direct object and the person is the indir. obj.— à Anne.

(j) And finally, both objects (the direct and the indirect) are both pronouns:

Madame Smith la lui fait lire / Mrs. Smith is having her read it OR Mrs. Smith is having it read by her.

Note that double object pronouns in the **causative faire** construction are always objects of the verb form of **faire**, not the infinitive that follows. The dir. obj. is usually the thing and the indir. obj. is usually the person.

(k) **Madame Smith les leur fait écrire** / Mrs. Smith is having them write them OR Mrs. Smith is having them written by them.

(l) In a compound tense, such as the **passé composé**, never make an agreement on the past participle **fait** in a **causative faire** sentence with a preceding direct object.

Madame Smith les leur a fait écrire / Mrs. Smith had them write them OR Mrs. Smith had them written by them.

(m) In some cases with a **causative faire** construction, the prep. **à** can mean *to* or *by*. In such a case, use **par** to make the thought clear.

EXAMPLES:

J'ai fait envoyer la lettre à mon père / I had the letter sent *to* my father OR: I had the letter sent *by* my father.

If you mean that you had the letter sent *by* your father, then say: **J'ai fait envoyer la lettre par mon père.** The use of **par** avoids ambiguity.

Otherwise, **J'ai fait envoyer la lettre à mon père** has the meaning: I had the letter sent (BY SOMEBODY) to my father.

§6. C'EST + ADJ. + À + INF. OR IL EST + ADJ. + DE + INF.

§6.1 **C'est + adj. + à + inf.**

(a) **C'est difficile à faire** / It is difficult to do.

Use this construction when the thing that is difficult to do *has already been mentioned* and it is not mentioned in the sentence where this construction is used.

EXAMPLES:

Le devoir pour demain est difficile, n'est-ce pas? / The homework for tomorrow is difficult, isn't it?

Oui, c'est difficile à faire / Yes, it (what was just mentioned) is difficult to do.

J'aimerais faire une blouse / I would like to make a blouse. **C'est facile à faire! Je vais vous montrer** / It's easy to do! I'll show you.

§6.2 **Il est + adj. + de + inf.**

(a) **Il est impossible de lire ce gros livre en une heure** / It is impossible to read this thick book within one hour.

Use this construction when the thing that is impossible (or difficult, or easy, or any adjective) to do is mentioned in the same sentence at the same time.

§7. CONJUNCTIONS AND CONJUNCTIVE LOCUTIONS

§7.1 A conjunction is a word that connects words, phrases, clauses or sentences, *e.g.,* and, but, or, because / **et, mais, ou, parce que.**

§7.2 Certain conjunctions that introduce a clause require the subjunctive mood of the verb in that clause. See **Subjunctive** in §35.1 farther on in this General Review section to know what those conjunctions are.

§7.3 Here are some conjunctions that you certainly ought to know before you take the next FRENCH CBAT. Some require the subjunctive and they are discussed under the entry **Subjunctive** in §35.1 farther on in this section.

à moins que / unless	**lorsque** / when, at the time when
afin que / in order that, so that	**maintenant que** / now that
aussitôt que / as soon as	**mais** / but
avant que / before	**ou** / or
bien que / although	**parce que** / because
car / for	**pendant le temps que** / while
comme / as, since	**pendant que** / while
de crainte que / for fear that	**pour que** / in order that
de peur que / for fear that	**pourvu que** / provided that
de sorte que / so that, in such a way that	**puisque** / since
depuis que / since	**quand** / when
dès que / as soon as	**que** / that
donc / therefore	**quoi que** / whatever, no matter what
en même temps que / at the same time as	**quoique** / although
et / and	**si** / if
jusqu'à ce que / until	**tandis que** / while, whereas

§7.4   Here are some that are not used as commonly as those above but you ought to be familiar with them because they are often used in the reading comprehension passages on the FRENCH CBAT. Some of them require the subjunctive and they are discussed under the entry **Subjunctive** in §35.1 farther on in this section:

à ce que / that, according to, according to what
à mesure que / as, in proportion as
à présent que / now that
à proportion que / as, in proportion as
ainsi que / as, as well as, just as
alors même que / even when, even though
alors que / while, as, just as, when, whereas
après que / after
au cas où / in case, in case that, in the event when, in the event that
au cas que / in case, in case that, in the event when, in the event that
au commencement que / at (in) the beginning when
au début que / at (in) the beginning when
autant que / as much as, as far as, as near as
autre chose que / other than
autre que / other than
car en effet / for in fact
cependant (que) / while, however, yet, nevertheless
d'après ce que / according to, from what
d'autant plus que / all the more . . . as, doubly so . . . as
d'autant que / the more so as, all the more so because
de façon que / so that, in a way that, in such a way that
de la même façon que / in the same way that
de manière que / so that, in a way that, in such a way that

de même que / as . . . , so, as well as, the same as, just as
de telle sorte que / so that, in such a way that, in a way that
en admettant que / admitting that
en cas que / in case, in the case that, in the event that
en ce temps où / at this time when, at that time when
en sorte que / in such a way that, so that, in a way that
en supposant que / supposing that
en tant que / as (like)
encore que / although
malgré que / though, although [Prefer to use **bien que**]
plutôt que / rather than
pour autant que / as much as, as far as [Prefer to use **autant que**]
quand même / even if
sans que / without
si tant est que / if indeed
sinon / if not, otherwise
soit que . . . ou que / whether . . . (or) whether, either . . . or
soit que . . . soit que / whether . . . whether
surtout que / especially because
tant il y a que / the fact remains that
tant que / as long as, as far as

§8.   DATES, DAYS, MONTHS, SEASONS

§8.1   **Dates**

You ought to know the following expressions in preparation for the FRENCH CBAT:

(a) **Quelle est la date aujourd'hui?** / What's the date today?
Quel jour du mois est-ce aujourd'hui? / What's the date today?
Quel jour du mois sommes-nous aujourd'hui? / What's the date today?

C'est aujourd'hui le premier octobre / Today is October first.
C'est aujourd'hui le deux novembre / Today is November second.

(b) **Quel jour de la semaine est-ce aujourd'hui?** / What day of the week is it today?

C'est lundi / It's Monday.
C'est aujourd'hui mardi /Today is Tuesday.

(c) **Quand êtes-vous né(e)?** / When were you born?
Je suis né(e) le premier avril, mil neuf cent soixante-trois / I was born on April first, 1963.

USE THE CARDINAL NUMBERS FOR DATES, EXCEPT FIRST WHICH IS LE PREMIER.

§8.2 **Days**

The days of the week, which are all masc., are:

dimanche, lundi, mardi, mercredi, jeudi, vendredi, samedi
Sunday, Monday, Tuesday, Wednesday, Thursday, Friday, Saturday

In French, the days of the week are written in small letters, although in some French business letters and in French newspapers you will sometimes see them written with the first letter capitalized.

§8.3 **Months**

The months of the year, which are all masc., are:

janvier, février, mars, avril, mai, juin, juillet, août,
January, February, March, April, May, June, July, August,

septembre, octobre, novembre, décembre
September, October, November, December

In French, the months of the year are customarily written in small letters, although in some French business letters and in French newspapers you will sometimes see them written with the first letter capitalized.

To say *in* + the name of the month, use **en**: **en janvier, en février**; or: **au mois de janvier, au mois de février** / in the month of January . . .

§8.4 **Seasons**

The seasons of the year, which are all masc., are:

le printemps, l'été, l'automne, l'hiver
spring, summer, fall, winter

To say *in* + the name of the season, use **en**, except with **printemps**: **au printemps, en été, en automne, en hiver** / in spring, in summer . . .

§9. **TELLING TIME**

§9.1 **Time expressions you ought to know:**

(a) **Quelle heure est-il?** / What time is it?
(b) **Il est une heure** / It is one o'clock.
(c) **Il est une heure dix** / It is ten minutes after one.
(d) **Il est une heure et quart** / It is a quarter after one.
(e) **Il est deux heures et demie** / It is half past two; it is two thirty.
(f) **Il est trois heures moins vingt** / It is twenty minutes to three.
(g) **Il est trois heures moins un quart** / It is a quarter to three.
(h) **Il est midi** / It is noon.
(i) **Il est minuit** / It is midnight.
(j) **à quelle heure?** / at what time?
(k) **à une heure** / at one o'clock.
(l) **à une heure précise** / at exactly one o'clock.
(m) **à deux heures précises** / at exactly two o'clock.
(n) **à neuf heures du matin** / at nine in the morning.
(o) **à trois heures de l'après-midi** / at three in the afternoon.
(p) **à dix heures du soir** / at ten in the evening.
(q) **à l'heure** / on time.
(r) **à temps** / in time.
(s) **vers trois heures** / around three o'clock; about three o'clock.
(t) **un quart d'heure** / a quarter of an hour; a quarter hour.
(u) **une demi-heure** / a half hour.
(v) **Il est midi et demi** / It is twelve thirty; It is half past twelve (noon).
(w) **Il est minuit et demi** / It is twelve thirty; It is half past twelve (midnight).

§9.2   **Note the following remarks:**

(a) In telling time, **Il est** is used plus the hour, whether it is one or more than one, *e.g.,* **Il est une heure, Il est deux heures.**

(b) If the time is *after* the hour, state the hour, then the minutes, *e.g.,* **Il est une heure dix.**

(c) The conjunction **et** is used with **quart** after the hour and with **demi** or **demie**, *e.g.,* **Il est une heure et quart; Il est une heure et demie; Il est midi et demi.**

(d) The masc. form **demi** is used after a masc. noun, *e.g.,* **Il est midi et demi.** The fem. form **demie** is used after a fem. noun, *e.g.,* **Il est deux heures et demie**.

(e) **Demi** remains **demi** when *before* a fem. or masc. noun and it is joined to the noun with a hyphen, *e.g.,* **une demi-heure**.

(f) If the time expressed is *before* the hour, **moins** is used, *e.g.,* **Il est trois heures moins vingt**.

(g) A quarter *after* the hour is **et quart**; a quarter *to* the hour is **moins un quart**.

(h) To express A.M. use **du matin**; to express P.M. use **de l'après-midi** if the time is in the afternoon, or **du soir** if in the evening.

§9.3   **Note another way to tell time, which is official time used by the French government on radio and TV, in railroad and bus stations, and at airports:**

(a) It is the 24-hour system around the clock.

(b) In this system, **quart** and **demi** or **demie** are not used. **Moins** and **et** are not used.

(c) When you hear or see the stated time, subtract 12 from the number that you hear or see. If the number is less than 12, it is A.M. time, except for **24 heures**, which is midnight; **zéro heure** is also midnight.

EXAMPLES:
Il est treize heures / It is 1:00 P.M.
Il est quinze heures / It is 3:00 P.M.
Il est vingt heures trente / It is 8:30 P.M.
Il est vingt-quatre heures / It is midnight.
Il est zéro heure / It is midnight.
Il est seize heures trente / It is 4:30 P.M.
Il est dix-huit heures quinze / It is 6:15 P.M.
Il est vingt heures quarante-cinq / It is 8:45 P.M.
Il est vingt-deux heures cinquante / It is 10:50 P.M.

(d) The abbreviation for **heure** or **heures** is **h.**

EXAMPLES:
Il est 20 h. 20 / It is 8:20 P.M.
Il est 15 h. 50 / It is 3:50 P.M.
Il est 23 h. 30 / It is 11:30 P.M.

§10.   DEPUIS

§10.1   **With the present indicative tense**
When an action of some sort began in the past and is still going on in the present, use the present tense with depuis + the length of time:
Je travaille dans ce bureau depuis trois ans.
I have been working in this office for three years.
J'habite cette maison depuis quinze ans.
I have been living in this house for fifteen years.
Je suis malade depuis une semaine.
I have been sick for one week.

§10.2   **With the imperfect indicative tense**

When an action of some sort began in the past and continued up to another point in the past, which you are telling about, use the imperfect indicative tense with depuis + the length of time:

J'attendais l'autobus depuis vingt minutes quand il est arrivé / I had been waiting for the bus for twenty minutes when it arrived.

Je travaillais dans ce bureau-là depuis trois ans quand j'ai trouvé un autre emploi dans un autre bureau / I had been working in that office for three years when I found another job in another office.

§10.3   **Depuis in a question**

§10.4   **Depuis combien de temps**

(a) **Depuis combien de temps attendez-vous l'autobus?** / How long have you been waiting for the bus?

J'attends l'autobus depuis vingt minutes / I have been waiting for the bus for twenty minutes.

NOTE: When you use **depuis combien de temps** in your question, you expect the other person to tell you how long, how much time—how many minutes, how many hours, how many days, weeks, months, years.

(b) **Depuis combien de temps travailliez-vous dans ce bureau-là quand vous avez trouvé un autre emploi dans un autre bureau?** / How long had you been working in that office when you found another job in another office?

Je travaillais dans ce bureau-là depuis trois ans quand j'ai trouvé un autre emploi dans un autre bureau / I had been working in that office for three years when I found another job in another office.

§10.5   **Depuis quand**

(a) **Depuis quand habitez-vous cet appartement?** / Since when have you been living in this apartment?

J'habite cet appartement depuis le premier septembre / I have been living in this apartment since September first.

NOTE: When you use **depuis quand** in your question, you expect the other person to tell you since what particular point in time in the past—a particular day, a date, a particular month; in other words, since *when*, not *how long*.

(b) **Depuis quand êtes-vous malade?** / Since when have you been sick?
Je suis malade depuis samedi / I have been sick since Saturday.

(c) **Depuis quand habitiez-vous l'appartement quand vous avez déménagé?** / Since when had you been living in the apartment when you moved?

J'habitais l'appartement depuis le premier avril 1980 quand j'ai déménagé / I had been living in the apartment since April first, 1980 when I moved.

§11.   **IL Y A + LENGTH OF TIME + QUE; VOICI + LENGTH OF TIME + QUE; VOILÀ + LENGTH OF TIME + QUE**

§11.1   **These expressions in questions and answers**

§11.2   (a) **Combien de temps y a-t-il que vous attendez l'autobus?** / How long have you been waiting for the bus?

Il y a vingt minutes que j'attends l'autobus / I have been waiting for the bus for twenty minutes.

Voici vingt minutes que je l'attends / I have been waiting for it for twenty minutes.

> **Voilà vingt minutes que je l'attends** / I have been waiting for it for twenty minutes.
>
> NOTE: When you use these expressions, you generally use them at the beginning of your answer + the verb.
>
> When you use the **depuis** construction, the verb comes first: **J'attends l'autobus depuis vingt minutes.**

§11.3 (b) **Combien de temps y avait-il que vous attendiez l'autobus?** / How long had you been waiting for the bus?

> **Il y avait vingt minutes que j'attendais l'autobus** / I had been waiting for the bus for twenty minutes (understood: when it finally arrived).

§12. IL Y A + LENGTH OF TIME

§12.1 **Il y a + length of time** means *ago*. Do not use **que** in this construction as in the above examples in **§11.** because the meaning is entirely different.

> EXAMPLES:
> **Madame Martin est partie il y a une heure** / Mrs. Martin left an hour ago.
> **L'autobus est arrivé il y a vingt minutes** / The bus arrived twenty minutes ago.

§13. IL Y A AND IL Y AVAIT

§13.1 **Il y a** alone means *there is* or *there are* when you are merely making a statement.

> EXAMPLES:
> **Il y a vingt élèves dans cette classe** / There are twenty students in this class.
> **Il y a une mouche dans la soupe** / There is a fly in the soup.

§13.2 **Il y avait** alone means *there was* or *there were* when you are merely making a statement.

> EXAMPLES:
> **Il y avait vingt élèves dans cette classe** / There were (used to be) twenty students in this class.
> **Il y avait deux mouches dans la soupe** / There were two flies in the soup.

§14. VOICI AND VOILÀ

§14.1 These two expressions are used to point out someone or something.

> EXAMPLES:
> **Voici un taxi!** / Here's a taxi!
> **Voilà un taxi là-bas!** / There's a taxi over there!
> **Voici ma carte d'identité et voilà mon passeport** / Here's my I.D. card and there's my passport.
> **Voici mon père et voilà ma mère** / Here's my father and there's my mother.

§15. PENDANT AND POUR

§15.1 **Pendant** (during, for) and **pour** (for) are not used in the **depuis** construction explained in **§10.** above nor in the other types of constructions explained in **§11.** above.

§15.2 **In the present tense**

> **Combien de temps étudiez-vous chaque soir?** / How long do you study every evening?
>
> **J'étudie une heure chaque soir** OR **J'étudie pendant une heure chaque soir** / I study one hour each night OR I study for one hour each night.

§15.3 **In the passé composé**

Combien de temps êtes-vous resté(e) à Paris? / How long did you stay in Paris?

Je suis resté(e) à Paris deux semaines OR **Je suis resté(e) à Paris pendant deux semaines** / I stayed in Paris two weeks OR I stayed in Paris for two weeks.

§15.4   **In the future**

Combien de temps resterez-vous à Paris? / How long will you stay in Paris?

J'y resterai pour deux semaines / I will stay there for two weeks. OR: **J'y resterai deux semaines** / I will stay there two weeks.

§16.   DANS AND EN + A LENGTH OF TIME

§16.1   These two prepositions mean *in* but each is used in a different sense.

§16.2   Dans + a length of time indicates that something will happen at the end of that length of time: **Le docteur va venir dans une demi-heure** / The doctor will come in a half hour (*i.e.*, at the end of a half hour).

§16.3   If by *in* you mean at the end of that length of time, use **dans**.

§16.4   **Dans** and a duration of time can be at the beginning of the sentence or at the end of it and future time is ordinarily implied.

§16.5   **En** + a length of time indicates that something happened or will happen at any time *within* that length of time.

§16.6   EXAMPLES:

Robert a fait cela en une heure / Robert did that in (within) an (one) hour.
Robert fera cela en une heure / Robert will do that in (within) an (one) hour.

§16.7   BUT: **Robert fera cela dans une heure** / Robert will do that in (at the end of) an (one) hour.

§16.8   AND NOTE: **Le docteur va venir dans une heure** / The doctor will come in (at the end of) one hour.
Le docteur va venir en une heure / The doctor is going to come in (within) one hour (*i.e.*, at any time before the hour is up).
Le docteur est venu en une heure / The doctor came in (within) an hour. OR: **En une heure, le docteur est venu** / In (within) one hour, the doctor came.

In this last example, I think you know enough French by now to feel that it would sound wrong to use **dans** instead of **en**. Why? Because **dans** generally implies only future time and **en** implies either past or future.

§17.   DEVOIR

The verb **devoir** has special uses and different meanings in different tenses.

§17.1   **Present tense**

EXAMPLES:

Je dois étudier / I have to study / I must study / I am supposed to study.

Il doit être fou! / He must be crazy / He's probably crazy!

Mon oncle doit avoir quatre-vingts ans / My uncle must be 80 years old / My uncle is probably 80 years old.

§17.2   **Imperfect tense**

EXAMPLES:

Je devais étudier / I had to study / I was supposed to study.

Quand j'étais à l'école, je devais toujours étudier / When I was in school, I always used to have to study.

Ma mère devait avoir quatre-vingts ans quand elle est morte / My mother was probably 80 years old when she died. OR: My mother must have been 80 years old when she died.

§17.3   Future

EXAMPLES:

Je devrai étudier / I will have to study.
Nous devrons faire le travail ce soir / We will have to do the work this evening.

§17.4   Conditional

EXAMPLES:

Je devrais étudier / I ought to study OR I should study.
Vous devriez étudier plus souvent / You ought to study more often / You should study more often.

§17.5   Passé composé

EXAMPLES:

Je ne suis pas allé(e) au cinéma parce que j'ai dû étudier / I did not go to the movies because I had to study.

J'ai dû prendre l'autobus parce qu'il n'y avait pas de train à cette heure-là / I had to take the bus because there was no train at that hour.

Robert n'est pas ici / Robert is not here.

Il a dû partir / He must have left / He has probably left / He had to leave / He has had to leave.

§17.6   Conditional Perfect

EXAMPLES:

J'aurais dû étudier! / I should have studied! I ought to have studied!

Vous auriez dû me dire la vérité / You should have told me the truth / You ought to have told me the truth.

§17.7   With a direct or indirect object there is still another meaning.

EXAMPLES:

Je dois de l'argent / I owe some money.

Je le lui dois / I owe it to him (*or* to her).

§18.   ENVERS AND VERS

§18.1   Envers is used in a figurative sense in the meaning of *with regard to* someone, *with respect to* someone, *for* someone or *for* something.

EXAMPLES:

Je montre beaucoup de respect envers les vieilles personnes / I show a lot of respect toward old persons.

Je ne montre aucun respect envers un criminel / I show no respect toward a criminal.

§18.2   Vers also means *toward* but in a physical sense, in the direction of, as well as in a figurative sense.

EXAMPLES:

Pourquoi allez-vous vers la porte? / Why are you going toward the door?

Je vais partir vers trois heures / I am going to leave toward (around) three o'clock.

J'ai quitté le cinéma vers la fin du film / I left the movies toward the end of the film.

Il va vers elle / He is going toward her.

Il dirige ses paroles vers la vérité / He is directing his words toward the truth.

§19. FALLOIR

§19.1 **Falloir** is an impersonal verb, which means that it is used only in the 3rd pers. sing. (**il** form) in all the tenses; its primary meaning is *to be necessary*.

§19.2 EXAMPLES:

Il faut étudier pour avoir de bonnes notes / It is necessary to study in order to have good grades.

Faut-il le faire tout de suite? / Is it necessary to do it at once?

Oui, il le faut / Yes, it is (understood; necessary to do it).

In this example, notice the use of the neuter direct object **le**; it is needed to show emphasis and to complete the thought.

Il faut être honnête / It is necessary to be honest OR: One must be honest.

IN THE NEGATIVE: **Il ne faut pas être malhonnête** / One must not be dishonest.

Note that **il faut** in the negative means *one must not*.

Il ne faut pas fumer dans l'école / One must not smoke in school.

Il faut de l'argent pour voyager / One needs money to travel.

Note that with a direct object (**de l'argent**) il faut means *one needs*.

J'ai besoin d'acheter un livre qui coûte dix francs. / J'ai cinq francs et il s'en faut de la moitié, de cinq francs.

I need to buy a book that costs ten francs. I have five francs and half (of the amount) is lacking, five francs.

Note that here the meaning is *to need* in the sense of *to lack*.

Il faut que je fasse mes devoirs / I must do my assignments.

Here, note that **il faut que** + a new clause requires the verb in the new clause to be in the subjunctive.

Il me faut étudier / I must study.

Il lui faut un ami / He *or* she needs a friend.

Note that when you use **falloir**, as in this example, you need to use the indirect object for the person and the direct object for the thing.

Il me le faut / I need it (in the sense that *it is lacking to me*).

§20. IDIOMS, INCLUDING VERBAL, IDIOMATIC, COMMON, AND USEFUL EXPRESSIONS

§20.1 The entries that follow have been arranged by key word. They are not repeated in the French-English Vocabulary and the General Index in the back pages of this book.

§20.2 **With À**

à with (a descriptive characteristic); **Qui est le monsieur à la barbe noire? /** Who is the gentleman with the black beard?

à bicyclette by bicycle, on a bicycle

à bientôt so long, see you soon

à cause de on account of, because of

à cette heure at this time, at the present moment

à cheval on horseback

à côté de beside, next to

à demain until tomorrow, see you tomorrow

à demi half, halfway, by halves

à droite   at (on, to) the right
à fond   thoroughly
à force de   by dint of
à gauche   at (on, to) the left
à haute voix   aloud, out loud, in a loud voice
à jamais   forever
à l'école   at (in, to) school
à l'étranger   abroad, overseas
à l'heure   on time
à l'instant   instantly
à l'occasion   on the occasion
à la bonne heure!   good! fine! swell!
à la campagne   at (in, to) the country(side)
à la fin   at last, finally
à la fois   at the same time
à la légère   lightly
à la main   in one's hand, by hand
à la maison   at home
à la mode   fashionable, in style, in fashion, in vogue
à la page deux   on page two
à la queue leu leu   one after the other (like wolves)
à la radio   on the radio
à la recherche de   in search of
à la renverse   backwards
à la télé   on TV
à malin, malin et demi   set a thief to catch a thief
à merveille   marvelously, wonderfully
à moitié   half, in half
à mon avis   in my opinion
à nous deux, à nous trois   together
à part   aside
à partir de   beginning with
à pas de loup   silently, quietly
à peine   hardly, scarcely
à peu près   approximately, about, nearly
à pied   on foot
à plus tard   see you later
à plusieurs reprises   several times
à présent   now, at present
à propos   by the way
à propos de   about, with reference to, concerning
à quelle heure?   at what time?
à qui est ce livre?   whose is this book?
à quoi bon?   what's the use?
à sa portée   within one's reach

à ses propres yeux   in one's own eyes
à son gré   to one's liking
à temps   in time
à tour de rôle   in turn
à tout à l'heure   see you in a little while
à tout prix   at any cost
à travers   across, through
à tue-tête   at the top of one's voice, as loud as possible
à vélo   on a bike
à voix basse   in a low voice, softly
à volonté   at will, willingly
à vrai dire   to tell the truth
à vue d'oeil   visibly
adresser la parole à   to speak to
agir à la légère   to act thoughtlessly
aller à pied   to walk (to go on foot)
avoir à   to have to, to be obliged to
avoir mal à   to have a pain or ache in
c'est-à-dire   that is, that is to say
de temps à autre   from time to time, occasionally
donner à manger à   to feed
donner congé à   to grant leave to
donner rendez-vous à qqn   to make an appointment with
dormir à la belle étoile   to sleep outdoors
fermer à clef   to lock
grâce à   thanks to
jouer à   to play (a game or sport)
laid à faire peur   frightfully ugly
monter à cheval   to go horseback riding
ne pas tarder à   not to be long (late) in
peu à peu   little by little
pleuvoir à verse   to rain hard
quant à   as for
quelque chose à + inf.   something + inf.
savoir à quoi s'en tenir   to know what one is to believe
tête-à-tête   personal, private conversation
tomber à la renverse   to fall backward
tout à coup   suddenly
tout à fait   completely, quite
tout à l'heure   a little while ago, in a little while
venir à bout de + inf.   to manage, to succeed + inf.
ventre à terre   at full speed
vis-à-vis   opposite

§20.3   With AU

au bas de   at the bottom of
au besoin   if need be, if necessary
au bout de   at the end of, at the tip of
au contraire   on the contrary
au courant   in the "know", informed
au début   at (in) the beginning
au-dessous de   below, beneath
au-dessus de   above, over

au fait   as a matter of fact
au fond de   in the bottom of
au fur et à mesure   simultaneously and proportionately
au haut de   at the top of
au lieu de   instead of
au loin   in the distance, from afar
au milieu de   in the middle of

au moins   at least
au pied de   at the foot of
au printemps   in the spring
au revoir   good-bye
au sous-sol   in the basement
au sujet de   about, concerning
au téléphone   on the telephone

café au lait   coffee light with milk
fermer au verrou   to bolt
mettre au courant de   to inform about
rire au nez   to laugh in someone's face
rosbif au jus   roastbeef with gravy (natural juice)

§20.4   With AUX

aux dépens   at the expense
aux pommes frites   with French fries
être aux écoutes   to be on the watch, to eavesdrop

rire aux éclats   to roar with laughter
sauter aux yeux   to be evident, self evident

§20.5   With ALLER

aller   to feel (health); **Comment allez-vous?**
aller à   to be becoming, to fit, to suit; **Cette robe lui va bien** / This dress suits her fine; **Sa barbe ne lui va pas** / His beard does not look good on him.
aller à la pêche   to go fishing
aller à la rencontre de qqn   to go to meet someone

aller à pied   to walk, to go on foot
aller au-devant de qqn   to go to meet someone
aller au fond des choses   to get to the bottom of things
aller chercher   to go get
allons donc!   nonsense! come on, now!

§20.6   With AVOIR

avoir . . . ans   to be . . . years old; **Quel âge avez-vous? J'ai dix-sept ans.**
avoir à + inf.   to have to, to be obliged to + inf.
avoir affaire à qqn   to deal with someone
avoir beau + inf.   to be useless + inf., to do something in vain; **Vous avez beau parler; je ne vous écoute pas** / You are talking in vain; I am not listening to you.
avoir besoin de   to need, to have need of
avoir bonne mine   to look well, to look good (persons)
avoir chaud   to be (feel) warm (persons)
avoir congé   to have a day off, a holiday
avoir de la chance   to be lucky
avoir de quoi + inf.   to have the material, means, enough + inf.; **As-tu de quoi manger?** / Have you something (enough) to eat?
avoir des nouvelles   to receive news, to hear (from someone)
avoir du savoir-faire   to have tact
avoir du savoir-vivre   to have good manners, etiquette
avoir envie de + inf.   to feel like, to have a desire to
avoir faim   to be (feel) hungry
avoir froid   to be (feel) cold (persons)
avoir hâte   to be in a hurry
avoir honte   to be ashamed, to feel ashamed
avoir l'air + adj.   to seem, to appear, to look + adj.; **Vous avez l'air malade** / You look sick.

avoir l'air de + inf.   to appear + inf.; **Vous avez l'air d'être malade** / You appear to be sick.
avoir l'habitude de + inf.   to be accustomed to, to be in the habit of; **J'ai l'habitude de faire mes devoirs avant le dîner** / I'm in the habit of doing my homework before dinner.
avoir l'idée de + inf.   to have a notion + inf.
avoir l'intention de + inf.   to intend + inf.
avoir l'occasion de + inf.   to have the opportunity + inf.
avoir l'oeil au guet   to be on the look-out, on the watch
avoir la bonté de + inf.   to have the kindness + inf.
avoir la langue bien pendue   to have the gift of gab
avoir la parole   to have the floor (to speak)
avoir le coeur gros   to be heartbroken
avoir le temps de + inf.   to have (the) time + inf.
avoir lieu   to take place
avoir mal   to feel sick
avoir mal à + (place where it hurts)   to have a pain or ache in . . . ; **J'ai mal à la jambe** / My leg hurts; **J'ai mal au dos** / My back hurts; **J'ai mal au cou** / I have a pain in the neck.
avoir mauvaise mine   to look ill, not to look well
avoir peine à + inf.   to have difficulty in + pres. part.
avoir peur de   to be afraid of

avoir pitié de   to take pity on
avoir raison   to be right (persons)
avoir soif   to be thirsty
avoir sommeil   to be sleepy
avoir son mot à dire   to have one's way
avoir tort   to be wrong (persons)
avoir une faim de loup   to be starving
en avoir marre   to be fed up, to be bored stiff,
to be sick and tired of something; **J'en ai marre!** / I'm fed up! I can't stand it!
en avoir par-dessus la tête   to have enough of it, to be sick and tired of it; **J'en ai par-dessus la tête!** / I've had it up to here!
en avoir plein le dos   to be sick and tired of it; **J'en ai plein le dos!** / I'm sick and tired of it!

§20.7   With BAS

au bas de   at the bottom of
en bas   downstairs, below
là-bas   over there

§20.8   With BIEN

bien des   many; **Roger a bien des amis** / Roger has many friends.
bien entendu   of course

dire du bien de   to speak well of
être bien aise   to be very glad, happy
tant bien que mal   rather badly, so-so

§20.9   With BON

à quoi bon?   what's the use?
bon gré, mal gré   willing or not, willy nilly
bon marché   cheap, at a low price
bon pour qqn   good to someone, kind to someone

de bon appétit   with good appetite, heartily
de bon coeur   gladly, willingly
savoir bon gré à qqn   to be thankful, grateful to someone

§20.10   With ÇA

çà et là   here and there
ça m'est égal   it makes no difference to me.
comme ci, comme ça   so-so

§20.11   With CELA

Cela est égal / It's all the same; It doesn't matter / It makes no difference.
Cela m'est égal / It doesn't matter to me / It's all the same to me.
Cela n'importe / That doesn't matter.
Cela ne fait rien / That makes no difference.
Cela ne lui va pas / That doesn't suit her or him.

Cela ne sert à rien / That serves no purpose.
Cela ne vous regarde pas / That's none of your business.
malgré cela   in spite of that
malgré tout cela   in spite of all that
Que veut dire cela? / What does that mean?

§20.12   With CE, C'EST, EST-CE

c'est-à-dire   that is, that is to say
C'est aujourd'hui lundi / Today is Monday.
C'est dommage / It's a pity / It's too bad.
C'est entendu / It's understood / It's agreed / All right / O.K.
C'est épatant! / It's wonderful! / That's wonderful!

C'est trop fort! / That's just too much!
n'est-ce pas? / isn't that so? / isn't it? *etc.*
Qu'est-ce que c'est? / What is it?
Quel jour est-ce aujourd'hui? / What day is it today? C'est lundi / It's Monday.

§20.13   With D'

comme d'habitude   as usual
d'abord   at first
d'accord   okay, agreed
d'ailleurs   besides, moreover
d'aujourd'hui en huit   a week from today
d'avance   in advance, beforehand

d'habitude   ordinarily, usually, generally
d'ici longtemps   for a long time to come
d'ordinaire   ordinarily, usually, generally
changer d'avis   to change one's opinion, one's mind
tout d'un coup   all of a sudden

§20.14   With DE

afin de + inf.   in order + inf.
au haut de   at the top of
autour de   around
avant de + inf.   before + pres. part.
changer de train   to change trains; **changer de vêtements** / to change clothes, *etc.*
combien de   how much, how many
de bon appétit   with good appetite, heartily
de bon coeur   gladly, willingly
de bonne heure   early
de cette façon   in this way
de façon à + inf.   so as + inf.
de jour en jour   from day to day
de l'autre côté de   on the other side of
de la part de   on behalf of, from
de mon côté   for my part. as far as I am concerned
de nouveau   again
de parti pris   on purpose, deliberately
de plus   furthermore
de plus en plus   more and more
de quelle couleur . . . ?   what color . . . ?
de quoi + inf.   something, enough + inf.; **de quoi écrire** / something to write with; **de quoi manger** / something or enough to eat; **de quoi vivre** / something or enough to live on
de rien   you're welcome, don't mention it
de rigueur   required, obligatory
de son mieux   one's best
de suite   one after another, in succession
de temps à autre   from time to time, occasionally
de temps en temps   from time to time, occasionally
de toutes ses forces   with all one's might, strenuously
du côté de   in the direction of, toward
éclater de rire   to burst out laughing

en face de   opposite
entendre parler de   to hear about
et ainsi de suite   and so on and so forth
être de retour   to be back
être en train de   to be in the act of, to be in the process of
être temps de + inf.   to be time + inf.
faire semblant de + inf.   to pretend + inf.
faute de   for lack of, for want of
féliciter qqn de qqch   to congratulate someone for something
il n'y a pas de quoi!   you're welcome!
jamais de la vie   never in one's life, never! out of the question!
jouer de   to play (a musical instrument)
le long de   along
manquer de + inf.   to fail to, to almost do something; **J'ai manqué de tomber** / I almost fell; **Victor a manqué de venir** / Victor failed to come.
mettre de côté   to lay aside, to save
pas de mal!   no harm!
pas de moyen   no way
pour comble de malheur   to make matters worse
près de   near
quelque chose de + adj.   something + adj.; **J'ai bu quelque chose de bon!** / I drank something good!
Quoi de neuf!   What's new?
Rien de neuf!   Nothing's new!
tout de même   all the same
tout de suite   immediately, at once
venir de + inf.   to have just done something; **Je viens de manger** / I have just eaten / I just ate; **Guillaume vient de sortir** / William has just gone out.

§20.15   With DU

dire du bien de qqn   to speak well of someone
dire du mal de qqn   to speak ill of someone
donner du chagrin à qqn   to grieve someone
du côté de   in the direction of, toward
du matin au soir   from morning until night

du moins   at least
du reste   besides, in addition, furthermore
montrer du doigt   to point out, to show, to indicate by pointing
pas du tout   not at all

§20.16   With EN

de jour en jour   from day to day
de temps en temps   from time to time
en anglais, en français, etc.   in English, in French, *etc.*
en arrière   backwards, to the rear, behind
en automne, en hiver, en été   in the fall, in winter, in summer
en automobile   by car
en avion   by plane

en avoir marre   to be fed up, to be bored stiff, to be sick and tired of something; **J'en ai marre!** / I'm fed up! / I've had it!
en avoir par-dessus la tête   to have had it up to here; **J'en ai par-dessus la tête!** / I've had it up to here!
en avoir plein le dos   to be sick and tired of something
en bas   downstairs, below

en bateau   by boat

en bois, en pierre, en + some material   made of wood, of stone, *etc.*

en chemin de fer   by train

en dessous (de)   underneath

en dessus (de)   above, on top, over

en effet   in fact, indeed, yes indeed, as a matter of fact

en face de   opposite

en faire autant   to do the same, to do as much

en famille   as a family

en haut   upstairs, above

en huit jours   in a week

en même temps   at the same time

en plein air   in the open air, outdoors

en quinze jours   in two weeks

en retard   late, not on time

en tout cas   in any case, at any rate

en toute hâte   with all possible speed, haste

en ville   downtown, in (at, to) town

en voilà assez!   enough of that!

en voiture   by car; en voiture! / all aboard!

en vouloir à qqn   to bear a grudge against someone; Je lui en veux / I have a grudge against him (her).

être en train de + inf.   to be in the act of + pres. part., to be in the process of, to be busy + pres. part.

Je vous en prie   I beg you / You're welcome

mettre en pièces   to tear to pieces, to break into pieces

n'en pouvoir plus   to be unable to go on any longer, to be exhausted; Je n'en peux plus / I can't go on any longer.

voir tout en rose   to see the bright side of things, to be optimistic

§20.17   With ÊTRE

être à l'heure   to be on time

être à qqn   to belong to someone; Ce livre est à moi / This book belongs to me.

être à temps   to be in time

être au courant de   to be informed about

être bien   to be comfortable

être bien aise (de)   to be very glad, happy (to)

être bien mis (mise)   to be well dressed

être d'accord avec   to agree with

être dans son assiette   to be "right up one's alley"

être de retour   to be back

être en état de + inf.   to be able + inf.

être en retard   to be late, not to be on time

être en train de + inf.   to be in the act of + pres. part., to be in the process of, to be busy + pres. part.

être en vacances   to be on vacation

être enrhumé   to have a cold, to be sick with a cold

être hors de soi   to be beside oneself, to be upset, to be furious, to be irritated, annoyed

être le bienvenu (la bienvenue)   to be welcomed

être pressé(e)   to be in a hurry

être sur le point de + inf.   to be about + inf.

être temps de + inf.   to be time + inf.

Quelle heure est-il?   What time is it? Il est une heure / It is one o'clock; Il est deux heures / It is two o'clock.

y être   to be there, to understand it, to get it; J'y suis! / I get it! / I understand it!

§20.18   With FAIRE

aussitôt dit aussitôt fait, aussitôt dit que fait   no sooner said than done

Cela ne fait rien   That doesn't matter / That makes no difference.

Comment se fait-il?   How come?

en faire autant   to do the same, to do as much

faire + inf.   to have something done; See §5.

faire à sa tête   to have one's way

faire attention (à)   to pay attention (to)

faire beau   to be pleasant, nice weather; (For a list of weather expressions, see §37.—§37.5)

faire bon accueil   to welcome

faire chaud   to be warm (weather); (For a list of weather expressions, see §37.—§37.5)

faire d'une pierre deux coups   to kill two birds with one stone

faire de l'autostop   to hitchhike

faire de la peine à qqn   to hurt someone (morally)

faire de son mieux   to do one's best

faire des châteaux en Espagne   to build castles in the air

faire des emplettes, faire des courses, faire du shopping   to do or to go shopping

faire des progrès   to make progress

faire du bien à qqn   to do good for someone; Cela lui fera du bien / That will do her (or him) some good.

faire du vélo   to ride a bike

faire exprès   to do on purpose

faire face à   to oppose

faire faire qqch   to have something done or made; Je me fais faire une robe / I'm having a dress made (BY SOMEONE) for myself. See also §5.

faire froid   to be cold (weather); (For a list of weather expressions, see §37.—§37.5)

faire jour   to be daylight

faire la bête   to act like a fool

faire la connaissance de qqn   to make the acquaintance of someone, to meet someone for the first time, to become acquainted with someone

faire la grasse matinée   to sleep late in the morning

faire la malle   to pack the trunk

faire la queue   to line up, to get in line, to stand in line

faire la sourde oreille   to turn a deaf ear, to pretend not to hear

faire le ménage   to do housework

faire le tour de   to take a stroll, to go around

faire les bagages   to pack the baggage, luggage

faire les valises   to pack the suitcases, valises

faire mal à qqn   to hurt, to harm someone

faire mon affaire   to suit me, to be just the thing for me

faire nuit   to be night(time)

faire part à qqn   to inform someone

faire part de qqch à qqn   to let someone know about something, to inform, to notify someone of something

faire partie de   to be a part of

faire peur à qqn   to frighten someone

faire plaisir à qqn   to please someone

faire savoir qqch à qqn   to inform someone of something

faire semblant de + inf   to pretend + inf.

faire ses adieux   to say good-bye

faire ses amitiés à qqn   to give one's regards to someone

faire son possible   to do one's best

faire suivre   to forward mail

faire un tour   to go for a stroll

faire un voyage   to take a trip

faire une malle   to pack a trunk

faire une partie de   to play a game of

faire une promenade   to take a walk

faire une promenade en voiture   to go for a drive

faire une question   to ask, to pose a question

faire une visite   to pay a visit

faire venir qqn   to have someone come; **Il a fait venir le docteur** / He had the doctor come. (See **causative faire** in §5.)

faire venir l'eau à la bouche   to make one's mouth water

Faites comme chez vous!   Make yourself at home!

Que faire?   What is to be done?

Quel temps fait-il?   What's the weather like? (See also §37.)

§20.19   With FOIS

à la fois   at the same time

encore une fois   once more, one more time

Il y avait une fois . . .   Once upon a time there was (there were) . . .

une fois de plus   once more, one more time

§20.20   With MIEUX

aimer mieux   to prefer, to like better

aller mieux   to feel better (person's health); **Etes-vous toujours malade?** / Are you still sick? **Je vais mieux, merci** / I'm feeling better, thank you.

de son mieux   one's best

faire de son mieux   to do one's best

tant mieux   so much the better

valoir mieux   to be better (worth more), to be preferable

§20.21   With NON

Je crois que non / I don't think so.

mais non! / of course not!

§20.22   With PAR

par bonheur   fortunately

par ci par là   here and there

par conséquent   consequently, therefore

par exemple   for example

par hasard   by chance

par ici   through here, this way, in this direction

par jour   per day, daily

par la fenêtre   out the window, through the window

par là   through there, that way, in that direction

par mois   per month, monthly

par semaine   per week, weekly

par tous les temps   in all kinds of weather

apprendre par coeur   to learn by heart, to memorize

finir par + inf.   to end up by + pres. part.; **Ils ont fini par se marier** / They ended up by getting married.

jeter l'argent par la fenêtre   to waste money

§20.23   With PAROLE

adresser la parole à   to address, to speak to
avoir la parole   to have the floor (to speak)

reprendre la parole   to go on speaking, to resume speaking

§20.24   With PLAIRE

Plaît-il?   What did you say? / Would you repeat that please?

s'il te plaît   please (familiar "tu" form)
s'il vous plaît   please (polite "vous" form)

§20.25   With PLUS

de plus   furthermore, besides, in addition
de plus en plus   more and more
n'en pouvoir plus   to be exhausted, not to be able to go on any longer; **Je n'en peux plus!** I can't go on any longer!

Plus ça change plus c'est la même chose The more it changes the more it remains the same.
une fois de plus   once more, one more time

§20.26   With PRENDRE

prendre garde de + inf.   avoid + pres. part. OR take care not + inf. **Prenez garde de tomber** / Avoid falling; **Prenez garde de ne pas tomber** / Take care not to fall.

prendre le parti de + inf.   to decide + inf.
prendre un billet   to buy a ticket

§20.27   With QUEL

Quel âge avez-vous?   How old are you?
Quel garçon!   What a boy!

Quel jour est-ce aujourd'hui?   What day is it today?

§20.28   With QUELLE

De quelle couleur est (sont) . . . ?   What color is (are) . . . ?
Quelle fille!   What a girl!

Quelle heure est-il?   What time is it?
Quelle veine!   What luck!

§20.29   With QUELQUE CHOSE

quelque chose à + inf.   something + inf.; **J'ai quelque chose à lui dire** / I have something to say to him (to her).

quelque chose de + adj.   something + adj.; **J'ai quelque chose d'intéressant à vous dire** I have something interesting to tell you (to say to you).

§20.30   With QUOI

à quoi bon?   what's the use?
avoir de quoi + inf.   to have something (enough) + inf. **Avez-vous de quoi écrire?** Do you have something to write with?

Il n'y a pas de quoi!   You're welcome!
Quoi?!   What?! (used in an exclamation)

§20.31   With RIEN

Cela ne fait rien / That doesn't matter.
Cela ne sert à rien / That serves no purpose.

de rien   you're welcome, don't mention it
Rien de neuf!   Nothing's new!

§20.32   With SUR

donner sur   to look out upon; **La salle à manger donne sur le jardin** / The dining room looks out on the garden.
dormir sur les deux oreilles   to sleep soundly

être sur le point de + inf.   to be about to + inf.
sur mesure   made to order, custom made (clothing)

§20.33 With TANT

tant bien que mal   so-so
tant mieux   so much the better
tant pis   so much the worse

§20.34 With TOUS

tous deux OR **tous les deux**   both (*masc. pl.*)
tous les ans   every year
tous les jours   every day

tous les matins   every morning
tous les soirs   every evening

§20.35 With TOUT

après tout   after all
en tout cas   in any case, at any rate
malgré tout cela   in spite of all that
pas du tout   not at all
tout à coup   suddenly
tout à fait   completely, entirely
tout à l'heure   a little while ago, in a little while
tout d'abord   first of all

tout d'un coup   all of a sudden
tout de même!   all the same! just the same!
tout de suite   immediately, at once, right away
tout le monde   everybody
tout le temps   all the time
voir tout en rose   to see the bright side of anything, to be optimistic

§20.36 With TOUTE

en toute hâte   with all possible speed, in great haste
toute chose   everything
de toutes ses forces   with all one's might, strenuously

toutes les deux OR **toutes deux**   both (*fem. pl.*)
toutes les nuits   every night

§20.37 With Y

il y a + length of time   ago; **il y a un mois**   a month ago
il y a   there is, there are (See also §13.)

Il y avait une fois . . .   Once upon a time there was (there were) . . . ; (See also §13.)
Il n'y a pas de quoi   You're welcome.
y compris   including

§20.38 Verbs with special meanings (See also Verbs, in §39.—§39.50).

arriver   to happen; **Qu'est-ce qui est arrivé?** What happened?
avoir   to have something the matter; **Qu'est-ce que vous avez?** / What's the matter with you?
entendre dire que   to hear it said that, to hear tell that; **J'entends dire que Robert s'est marié** / I hear (tell) that Robert got married.
entendre parler de   to hear of, to hear about; **J'ai entendu parler d'un grand changement dans l'administration** / I've heard about a big change in the administration.
envoyer chercher   to send for; **Je vais envoyer chercher le médecin** / I'm going to send for the doctor.
être à qqn   to belong to someone; **Ce livre est à moi** / This book belongs to me.

faillir + inf.   to almost do something; **Le bébé a failli tomber** / The baby almost fell.
mettre   to put on; **Gisèle a mis sa plus jolie robe** / Gisèle put on her prettiest dress.
mettre la table   to set the table
profiter de   to take advantage of
rendre visite à   to pay a visit to
venir à   to happen to; **Si nous venons à nous voir en ville, nous pouvons prendre une tasse de café** / If we happen to see each other downtown, we can have a cup of coffee.
venir de + inf.   to have just done something; **Joseph vient de partir** / Joseph has just left; **Barbara venait de partir quand Françoise est arrivée** / Barbara had just left when Françoise arrived.

§21.   INFINITIVES

§21.1   Definition

In English, an infinitive contains the prep. *to* in front of it: *to give, to finish, to sell.* In French, an infinitive has a certain ending. There are three major types of infinitives in French: 1st type are those that end in **—er** (**donner**); 2nd type, those that end in **—ir** (**finir**); 3rd type, those that end in **—re** (**vendre**). See also, in this General Review section, §39.86—§39.102.

§21.2 Negation

Generally speaking, make an infinitive negative in French merely by placing **ne pas** in front of it: **Je vous dis de ne pas sortir** / I am telling you not to go out.

§21.3 After a verb of perception

The infinitive is often used after a verb of perception to express an action that is in progress:

> EXAMPLES:
>> **J'entends quelqu'un chanter** / I hear somebody singing.
>> **Je vois venir les enfants** / I see the children coming.

§21.4

Some common verbs of perception are: **apercevoir** (to perceive), **écouter** (to listen to), **entendre** (to hear), **regarder** (to look at), **sentir** (to feel), **voir** (to see).

§21.5 Preceded by the prepositions à or de

There are certain French verbs that take either the prep. **à** or **de** + an inf.

> EXAMPLES:
>> **Il commence à pleuvoir** / It is beginning to rain.
>> **Je songe à faire un voyage** / I am thinking of taking a trip.
>> **Il a cessé de pleuvoir** / It has stopped raining.
>> **Je regrette de ne pas avoir le temps d'aller avec vous** / I am sorry not to have the time to go with you.

See also, in this General Review section, §39.42—§39.50

§21.6 Avant de and sans + infinitive

The prepositions **avant de** and **sans** + inf. are expressed in English with the present participle form of a verb.

> EXAMPLES:
>> **Sylvie a mangé avant de sortir** / Sylvia ate before going out.
>> **André est parti sans dire un mot** / Andrew left without saying a word.

Generally speaking, a verb is in the infinitive form in French if there is a preposition immediately before it.

§21.7 Use of infinitive instead of a verb form

Generally speaking, an infinitive is used instead of a verb form if the subject in a sentence is the same for the actions expressed in the sentence:

> EXAMPLES:
>> **Je veux faire le travail** / I want to do the work. BUT if there are two different subjects, you must use a new clause and a new verb form: **Je veux que vous fassiez le travail** I want you to do the work.
>> **Je préfère me coucher tôt** / I prefer to go to bed early. BUT WITH TWO DIFFERENT SUBJECTS: **Je préfère que vous vous couchiez tôt** / I prefer that you go to bed early.

§21.8 Past infinitive

In French the past infinitive is expressed by using **avoir** or **être** (in the infinitive form) + the past participle of the main verb that is being used. The past participle in French is usually expressed in English by a present participle.

> EXAMPLES:
>> **Après avoir quitté la maison, Monsieur et Madame Dubé sont allés au cinéma** / After leaving the house, Mr. and Mrs. Dubé went to the movies.
>> **Après être arrivée, Jeanne a téléphoné à sa mère** / After arriving, Jeanne telephoned her mother.

In a word, a past infinitive is nothing more than the use of **avoir** or **être** (in the infinitive form) + the past participle of the verb you are expressing. You must be careful to use the appropriate auxiliary (**avoir** or **être**) depending on which one of these two your verb requires.

EXAMPLES:

Il a été déclaré coupable d'avoir volé la bicyclette / He was declared guilty of stealing (of having stolen) the bicycle.

Elle a fait ses excuses d'être arrivée en retard / She apologized for arriving (having arrived) late.

§22. MEILLEUR AND MIEUX

§22.1 **Meilleur** is an adj. and must agree in gender and number with the noun or pronoun it modifies:

EXAMPLES:

Cette pomme est bonne, cette pomme-là est meilleure que celle-ci, et celle-là est la meilleure: This apple is good, that apple is better than this one, and that one is the best.

Ces pommes sont bonnes, ces pommes-là sont meilleures que celles-ci, et celles-là sont les meilleures: These apples are good, those apples are better than these, and those are the best.

§22.2 **Mieux** is an adverb and is invariable (it does not change in form); An adverb modifies a verb, an adjective, or another adverb:

EXAMPLES:

Henri travaille bein, Pierre travaille mieux que Robert, et Guy travaille le mieux: Henry works well, Peter works better than Robert, and Guy works the best.

Marie chante bien, Anne chante mieux que Marie, et Claire chante le mieux: Mary sings well, Anne sings better than Mary, and Claire sings the best

§23. NOUNS

§23.1 Some nouns have one meaning when masculine and another meaning when feminine. Note the following:

§23.2

NOUN	MASCULINE GENDER MEANING	FEMININE GENDER MEANING
aide	assistant, helper	help, aid
crêpe	crape	thin pancake
critique	critic	criticism
enseigne	ensign	sign, flag
garde	guard, guardian	body of troops, watch
guide	guide, guide book	rein (of horses)
livre	book	pound
manche	handle	sleeve
manoeuvre	laborer	manoeuvring, handling
mémoire	memorandum, report	memory
mode	mode, method	fashion
moule	mould	mussel
office	duty, function	pantry
page	page, messenger	page of a book
pendule	pendulum	clock
physique	physique (one's body)	physics
poêle	stove	frying pan, skillet

NOUN	MASCULINE GENDER MEANING	FEMININE GENDER MEANING
politique	politician	politics
poste	position (job)	mail, post (office)
solde	clearance sale	military pay
somme	nap	sum, amount
tour	turn, trick	tower
vague	uncertainty, vagueness	wave (water)
vapeur	steamer, steamship	steam
vase	vase	mud, slime, sludge
voile	veil	sail

§24.   OUI AND SI

Ordinarily, **oui** is used to mean **yes**. However, **si** is used to mean **yes** in response to a question in the negative.

EXAMPLES:

Aimez-vous le français?—Oui, j'aime le français.
N'aimez-vous pas le français?—Si, j'aime le français.

§25.   PARTITIVE

Essentially, the plural of the indefinite articles **un** and **une** is **des**. The partitive denotes *a part of a whole*; in other words, *some*. In English, we express the partitive by saying *some* or *any* in front of the noun. In French, we use the following forms in front of the noun:

Masculine singular: **du** or **de l'**
Feminine singular: **de la** or **de l'**
Plural for masc. or fem.: **des**

EXAMPLES:

1. SIMPLE AFFIRMATIVE

J'ai **du** café.	I have *some* coffee.
J'ai **de la** viande.	I have *some* meat.
J'ai **de l'**eau.	I have *some* water.
J'ai **des** bonbons.	I have *some* candy.

2. SIMPLE NEGATIVE

Je **n'**ai **pas de** café.	I don't have *any* coffee.
Je **n'**ai **pas de** viande.	I don't have *any* meat.
Je **n'**ai **pas d'**eau.	I don't have *any* water.
Je **n'**ai **pas de** bonbons.	I don't have *any* candy.

3. WITH AN ADJECTIVE

J'ai **de bon** café.	I have *some* good coffee.
J'ai **de jolis** chapeaux.	I have *some* pretty hats.
J'ai **de jolies** robes.	I have *some* pretty dresses.

§25.1   **Note the following:**

(a) Use either **du**, **de la**, **de l'**, or **des** in front of the noun, depending on whether the noun is masc. or fem., sing. or pl. Study the examples in the first box above.

(b) The form **du** is used in front of a masc. sing. noun beginning with a consonant, as in **j'ai du café**. See the first box above.

(c) The form **de la** is used in front of a fem. sing. noun beginning with a consonant, as in **j'ai de la viande**. See the first box above.

(d) The form **de l'** is used in front of a fem. or masc. sing. noun beginning with a vowel or silent *h*, as in **j'ai de l'eau**. See the first box above.

(e) The form **des** is used in front of all plural nouns.

(f) To express *any* in front of a noun, when the verb is negative, use **de** in front of the noun. The noun can be fem. or masc. sing. or pl., but it must begin with a consonant, as in **je n'ai pas de café**. See the second box above.

(g) To express *any* in front of a noun, when the verb is negative, use **d'** in front of the noun. The noun can be fem. or masc., sing. or pl., but it must begin with a vowel or silent *h*, as in **je n'ai pas d'eau**. See the second box above.

(h) When the noun is preceded by an adj., use **de**, as in **j'ai de jolis chapeaux**. See the third box above.

(i) When the noun is preceded by an adverb or noun of quantity or measure, use **de**, as in **j'ai beaucoup de choses**, **j'ai un sac de pommes**.

(j) When the noun is modified by another noun, use **de**, as in **une école de filles**.

(k) The partitive is not used with **sans** or **ne . . . ni . . . ni**.

EXAMPLES:

J'ai quitté la maison sans argent.
I left the house *without any money*.

Je n'ai ni argent ni billets.
I have *neither* money *nor* tickets.

(l) Use **quelques** and not the partitive when by *some* you mean *a few*, in other words, *not many*:

EXAMPLES:

J'ai quelques amis / I have a few (some) friends.
J'ai quelques bonbons / I have a few (some) candies.

(m) If the adjective and the plural noun are a unit; that is to say, if they usually go together, use **des**, not just plain **de**, because the adjective is considered to be part of the word itself: **jeunes filles** (girls).

EXAMPLES:

Le professeur a *des jeunes filles* intelligentes dans sa classe de français / The professor has intelligent girls in his French class.

J'ai *des petits pois* dans mon assiette / I have some peas in my plate.

Il y a *des jeunes gens* dans cette classe / There are young people in this class.

(n) When the negated verb is **ne . . . que**, meaning *only*, the partitive consists of **de** plus the definite article. Compare the following with the examples in the second box above and comments (f) and (g) above.

EXAMPLES:

Elle ne lit que des livres / She reads only books.
Elle ne mange que des bonbons / She eats only candy.

BUT: **Elle ne lit pas de livres** / She doesn't read any books.
Elle ne mange pas de bonbons / She doesn't eat any candy.

(o) When used, the partitive must be repeated before each noun, which is not done in English:

EXAMPLE:

Ici on vend du papier, de l'encre, et des cahiers.
Here they sell paper, ink, and notebooks.

(p) For the use of the pronoun **en** to take the place of the partitive articles, see farther on in this General Review section, **§29.1**.

§26.   PASSIVE VOICE

When verbs are used in the active voice, which is almost all the time, the subject is the doer. However, when the passive voice is used, the subject of the sentence is NOT the doer; the action falls on the subject. The agent (the doer) is sometimes expressed, sometimes not, as is done in English. The passive voice, therefore, is composed of the verb in the passive, which is any tense of **être** + the past participle of the verb you are using to indicate the action performed upon the subject. Since **être** is the verb used in the passive voice, the past participle of your other verb must agree with the subject in gender and number.

EXAMPLES:

Jacqueline a été reçue à l'université / Jacqueline has been accepted at the university. (No agent, no doer, is expressed here.)

Jacqueline a été blessée par un camion / Jacqueline was (has been) injured by a truck. (Here, the agent—the doer—is expressed.)

Ce livre est écrit par un auteur célèbre / This book is written by a famous author.

Cette composition a été écrite par un jeune élève / This composition was written by a young student.

§26.1   Preposition **de** instead of the preposition **par**

Usually the preposition **de** is used instead of **par** with such verbs as: **aimer, admirer, accompagner, apprécier, suivre, voir.**

EXAMPLES:

Jacqueline est aimée de tout le monde / Jacqueline is liked (loved) by everyone.

Nous avons été suivis d'un chien perdu / We were followed by a lost dog.

§26.2   Use of the indefinite pronoun subject **on** instead of the passive voice.

The passive voice is generally avoided if the thought can be expressed in the active voice with **on** as the subject.

EXAMPLES:

On vend de bonnes choses dans ce magasin / Good things are sold in this store.

On parle français ici / French is spoken here.

§26.3   You must avoid using the passive voice with a reflexive verb. Use a reflexive verb with an active subject.

EXAMPLES:

Elle s'appelle Jeanne / She is called Joan.

Les portes se ferment à trois heures / The doors are closed at three o'clock.

§27.   **NE** EXPLETIVE

In French, the use of **ne** in front of the verb in the clause introduced by certain conjunctions and some verbs is called **ne explétif**. For years, some American and English grammarians have called this **ne explétif** "pleonastic **ne**" or merely "a pleonasm". This term in English is not entirely accurate.

A pleonasm, in French and English, is the use of an additional word which is not necessary (which is redundant) to express what has already been stated; for example, *to descend downstairs* (**descendre en bas**), *to climb up* (**monter en haut**), *a free gift* (**un cadeau gratuit**).

In English, we have the word *expletive*, which is the best word for the French **explétif**; therefore, in English I refer to the French **ne explétif** as expletive **ne**, not pleonastic **ne**.

An example of an expletive in English grammar is the word *there* used as follows: *There are many books on the desk*; we could easily say *Many books are on the desk*. But when we place the verb *are* in front of the subject *books*, we need to fill out the sentence by beginning it with *There are . . .*; or even in the singular: *There is one book on the desk*; we could easily say *One book is on the desk*, without the expletive *there*. Another example of an expletive in English is the use of *it*, as in: *It is her obligation to do it*. We could easily say: *Her obligation is to do it*, without the expletive *it*.

All French grammarians do not agree on when to use the **ne** explétif and nowadays most French people do not bother to observe correct usage of this **ne explétif**; the tendency seems to be to ignore it completely or to use it optionally. However:

§27.1   Let me give you examples of when the use of expletive **ne** is required:

§27.2   (a) After a verb or conjunction expressing fear: **Je crains qu'elle ne meure; Je prie de peur qu'elle ne meure.**

§27.3   (b) After the verb **trembler**: **Je tremble qu'elle ne meure.**

§27.4   NOTE that in these two examples, the fear or trembling is about something that may happen: use the expletive **ne**.

§27.5   If the fear or trembling is about something that may NOT happen, use **ne . . . pas** in the result clause: **J'ai peur que mon fils ne soit pas reçu à l'université** / I'm afraid that my son will not be accepted at the university.

§27.6   ALSO NOTE that if the verb of fear or trembling is used in the negative—in other words, you do not fear or tremble about something—there is no need for the expletive **ne**: **Je ne crains pas qu'il vienne** / I am not afraid that he might come; **Je ne tremble pas qu'elle vienne** / I am not trembling that she might come.

§27.7   (c) After the simple conjunction **que** when it is used as a short form to take the place of **à moins que, avant que, de peur que**, or **sans que**: **Partez tout de suite, que je ne vous insulte** / Leave immediately before I insult you. [When these conjunctions are stated in full, only **de peur que** requires the expletive **ne**]

For the use of the subjunctive of the verb in the **que** clause in the above examples, see **§35., §35.1, §35.8, §35.9.**

§27.8   (d) Generally speaking, at all other times, do not use the expletive **ne** because it is used either optionally or it must not be used. You are safe, therefore, if you use it only in the above cases where it is required.

§28. POUVOIR

The verb **pouvoir** has special uses and special meanings.

§28.1   **Present tense**

EXAMPLES:

Je ne peux pas sortir aujourd'hui parce que je suis malade / I cannot (am unable to) go out today because I am sick.

Est-ce que je peux entrer? OR **Puis-je entrer?** / May I come in?

Madame Marin peut être malade / Mrs. Marin may be sick.
This use of **pouvoir** suggests a possibility.

> **Je n'en peux plus** / I can't go on any longer.
> This use suggests a physical exhaustion.
>
> **Il se peut** / It is possible.
> This use as a reflexive verb suggests a possibility.
>
> **Cela ne se peut pas** / That can't be done.
> This use as a reflexive verb suggests an impossibility.

§28.2   **Conditional**

(a) **Pourriez-vous m'emprunter dix francs?** / Could you lend me ten francs?

§28.3   **Conditional Perfect**

(a) **Auriez-vous pu venir chez moi?** / Could you have come to my place?

(b) **Ils auraient pu rater le train** / They might have missed the train.

§29.   PRONOUNS

§29.1   **En**

§29.2   The pronoun **en** takes the place of the partitive and serves as a direct object; it can refer to persons or things. See also §25.ff.

EXAMPLES:

Avez-vous des frères? / Do you have *any* brothers?
Oui, j'en ai / Yes, I have (some).

Avez-vous de l'argent? Have you *any* money?
Oui, j'en ai / Yes, I have (some).
Non, je n'en ai pas / No, I don't have any.

Donnez-moi des bonbons / Give me *some* candy.
Donnez-m'en / Give me some.
Ne m'en donnez pas / Don't give me any.

§29.3   The past participle of a compound verb does not agree with the preceding dir. obj. **en**.

(a) **Avez-vous écrit des lettres?** / Did you write any letters?
Oui, j'en ai écrit trois / Yes, I wrote three (of them).

(b) **Avez-vous rencontré des amis à la plage?** / Did you meet any friends at the beach?
Oui, j'en ai vu plusieurs / Yes, I saw several (of them).

§29.4   Reflexive verbs that take the prep. **de**

§29.5   Use **en** to take the place of the prep. **de** + a thing.

(a) **Est-ce que vous vous souvenez de l'adresse?** / Do you remember the address?
Oui, je m'en souviens / Yes, I remember it.

(b) **Est-ce que vous vous servez des hors-d'oeuvre?** / Are you helping yourself to the hors-d'oeuvre?
Oui, merci, je m'en sers / Yes, thank you, I'm helping myself to some.

§29.6   Do not use **en** to take the place of the prep. **de** + a person. Use the disjunctive pronouns. (See farther on in this section what the disjunctive pronouns are in **§29.22**)

(a) **Est-ce que vous vous souvenez de cette dame?** / Do you remember this lady?
Oui, je me souviens d'elle / Yes, I remember her.

(b) **Est-ce que vous vous souvenez de cet homme?** / Do you remember this man?
Oui, je me souviens de lui / Yes, I remember him.

§29.7 **Expressions of quantity**

Use **en** to take the place of **de** + noun and retain the word of quantity.

(a) **Avez-vous beaucoup d'amis?** / D you have many friends?
Oui, j'en ai beaucoup / Yes, I have many (of them).

(b) **Avez-vous beaucoup de travail?** / Do you have a lot of work?
Oui, j'en ai beaucoup / Yes, I have a lot (of it).

(c) **Madame Paquet a-t-elle mis trop de sel dans le ragoût?** / Did Mrs. Paquet put too much salt in the stew?
Oui, elle en a mis trop dans le ragoût / Yes, she put too much (of it) in the stew.

§29.8 **As an adverbial pronoun of place**, meaning *from there*

Use **en** to take the place of the prep. **de** + the place.

(a) **Est-ce que vous venez de l'école?** / Are you coming from school?
Oui, j'en viens / Yes, I am coming from there.
Non, je n'en viens pas / No, I am not coming from there.

(b) **Est-ce que vous venez des grands magasins?** / Are you coming from the department stores?
Oui, j'en viens / Yes, I am (coming from there).

(c) **Est-ce que vous venez de Paris?** / Are you coming from Paris?
Oui, j'en viens / Yes, I am (coming from there).

§29.9 **Y**

§29.10 Use **y** as a pronoun to serve as an object replacing a prepositional phrase beginning with **à, dans, sur, chez** referring to things, places, or ideas.

(a) **Est-ce que vous pensez à l'examen?** / Are you thinking of the exam?
Oui, j'y pense / Yes, I am (thinking of it).

(b) **Je réponds à la lettre** / I am answering the letter.
J'y réponds / I am answering it.

(c) **Est-ce que vous vous intéressez aux sports?** / Are you interested in sports?
Oui, je m'y intéresse / Yes, I'm interested (in them).

(d) **Est-ce que le livre est dans le tiroir?** / Is the book in the drawer?
Oui, il y est / Yes, it is (there).

(e) **Est-ce que les fleurs sont sur la table?** / Are the flowers on the table?
Oui, elles y sont / Yes, they are (there).

(f) **Est-ce que vous allez chez Pierre?** / Are you going to Pierre's?
Oui, j'y vais / Yes, I am going (there).

(g) **Est-ce que vous irez à Paris?** / Will you go to Paris?
Oui, j'irai / Yes, I will (go).

NOTE that you do not use the adverbial pronoun **y** here because the verb form of **aller** in the future begins with the vowel **i**. Do not say **J'y irai**; say **J'irai**. The same is true of **aller** in the conditional:

(h) **Iriez-vous à Paris si vous aviez le temps?** / Would you go to Paris if you had (the) time?
Oui, j'irais / Yes, I would (go).

§29.11 **Subject pronouns**

§29.12 The subject pronouns are:

	Singular	Plural
1ST PERSON	**je** (I)	**nous** (we)
2ND PERSON	**tu** (you *familiar*)	**vous** (you *polite singular*) & plural
3RD PERSON	**il** (he *or* it) **elle** (she *or* it) **on** (one)	**ils** (they, *masc.pl.*) **elles** (they, *fem.pl.*)

NOTE that the 3rd person sing. subject pronoun **on** has several meanings in English: **On ne sait jamais** / One never knows; You never know; People never know; A person never knows. **On dit que Marie s'est mariée avec Jean** / They say that Mary married John.

§29.13   **Demonstrative pronouns**

§29.14   The demonstrative pronouns are:

	Singular	Plural
MASCULINE	**celui** (the one)	**ceux** (the ones)
FEMININE	**celle** (the one)	**celles** (the ones)

§29.15   They are generally used with the following words after them:

celui de   (the one of)
celle de   (the one of)
ceux de   (the ones of)
celles de   (the ones of)
celui-ci   (this one, the latter)
celle-ci   (this one, the latter)
celui-là   (that one, the former)
celle-là   (that one, the former)
ceux-ci   (these, the latter)
celles-ci   (these, the latter)
ceux-là   (those, the former)
celles-là   (those, the former)
celui qui   (the one who, the one that—as subject)
celle qui   (the one who, the one that—as subject)

ceux qui   (the ones who, the ones that—as subject)
celles qui   (the ones who, the ones that—as subject)
celui que   (the one who, the one that—as object)
celle que   (the one who, the one that—as object)
ceux que   (the ones who, the ones that—as object)
celles que   (the ones who, the ones that—as object)
celui dont   (the one of which)
celle dont   (the one of which)
ceux dont   (the ones of which)
celles dont   (the ones of which)

§ 29.16   EXAMPLES:

J'ai mangé mon gâteau et celui de Pierre / I ate my cake and Peter's.
J'aime beaucoup ma voiture et celle de Jacques / I like my car very much and Jack's.
J'ai mangé mes petits pois et ceux de David / I ate my peas and David's.
J'aime tes jupes et celles de Jeanne / I like your skirts and Joan's.
J'ai deux éclairs; est-ce que tu préfères celui-ci ou celui-là? / I have two eclairs; do you prefer this one or that one?
J'ai deux pommes; est-ce que tu préfères celle-ci ou celle-là? / I have two apples; do you prefer this one or that one?
J'ai quatre crayons; est-ce que tu préfères ceux-ci ou ceux-là? / I have four pencils; do you prefer these or those?
J'ai quatre robes; est-ce que tu préfères celles-ci ou celles-là? / I have four dresses; do you prefer these or those?

Paul et Jean sont frères; celui-ci [the latter, meaning Jean] **est petit et celui-là** [the former, meaning Paul] **est grand** / Paul and John are brothers; the latter is short and the former is tall.

J'ai deux soeurs. Elles s'appellent Anne et Monique. Celle-ci est petite, celle-là est grande / I have two sisters. Their names are Anne and Monique. The latter [meaning Monique] is short; the former [meaning Anne] is tall.

L'homme que vous voyez là-bas est celui qui a gagné le grand prix / The man whom you see over there is the one who won the first prize.

La femme que vous voyez là-bas est celle qui a gagné le grand pix / The woman whom you see over there is the one who won the first prize.

Les hommes que vous voyez là-bas sont ceux qui ont perdu le match / The men whom you see over there are the ones who lost the game.

Les femmes que vous voyez là-bas sont celles qui ont perdu le match / The women whom you see over there are the ones who lost the game.

Celui que vous voyez là-bas est mon frère / The one whom you see over there is my brother.

Celle que vous voyez là-bas est ma soeur / The one whom you see over there is my sister.

Ceux que vous voyez là-bas sont mes frères / The ones whom you see over there are my brothers.

Celles que vous voyez là-bas sont mes soeurs / The ones whom you see over there are my sisters.

Ce livre est celui dont je vous ai parlé hier / This book is the one of which I spoke to you yesterday.

Cette voiture est celle dont je vous ai parlé hier / This car is the one I talked to you about yesterday.

§29.17   **ce or c', ceci, cela, ça**

These are demonstrative pronouns but they are invariable, which means that they do not change in gender and number. They refer to things that are not identified by name and they may refer to an idea or a statement mentioned.

§29.18   EXAMPLES:

C'est vrai / It's true.

Ceci est vrai / This is true; **ceci est faux** / this is false.

Cela est vrai / That is true; **cela est faux** / that is false.

Ça m'intéresse beaucoup / That interests me very much.

Qu'est-ce que c'est que cela? OR **Qu'est-ce que c'est que ça?** / What's that?

NOTE that **ça** is shortened from **cela**.

Qui est à la porte?—C'est Isabelle / Who is at the door? It's Isabelle.

See also, in this General Review section, §4.7 (d), §4.8 (b), §6., 6.1, 6.2; §8.1 (a) + (b).

Also, do not forget to consult the General Index from time to time.

§29.19   **Direct object pronouns**

The direct object pronouns are:

Person		Singular		Plural
1ST	**me** *or* **m'**	me	**nous**	us
2ND	**te** *or* **t'**	you (*familiar*)	**vous**	you (*sing. polite or plural*)
3RD	**le** *or* **l'**	him, it (*person or thing*)	**les**	them (*persons or things*)
	la *or* **l'**	her, it		

(a) A direct object pronoun takes the place of a direct object noun.

(b) A direct object noun ordinarily comes after the verb, but a direct object pronoun is ordinarily placed *in front of the verb or infinitive*.

(c) The vowel **e** in **me**, **te**, **le** and the vowel **a** in **la** drop and an apostrophe is added if the verb right after it starts with a vowel or silent *h*, *e.g.*, **Je l'aime** (I like him, or I like her, or I like it).

(d) You might say that the direct object "receives" the action of the verb.

(e) Sometimes the direct object pronoun is placed after the verb. This happens in the affirmative imperative:

EXAMPLES:
> **Faites-le** / Do it.
> **Suivez-moi** / Follow me. (NOTE that **me** changes to **moi**)

(f) See my Summaries of word order of elements in French sentences, farther on in this General Review section, beginning in **§42**.

§29.20   Indirect object pronouns

The indirect object pronouns are:

Person	Singular		Plural	
1ST	**me** *or* **m'**	to me	**nous**	to us
2ND	**te** *or* **t'**	to you (*familiar*)	**vous**	to you (*sing. polite or pl.*)
3RD	**lui**	to him, to her	**leur**	to them

(a) An indirect object pronoun takes the place of an indirect object noun.

(b) You might say that an indirect object "receives" the direct object because it is usually a matter of something "going" to someone; for example, *to me, to you, to him, to her*. Sometimes the *to* is not mentioned in English: *I am giving him the book*; what we really mean to say is, *I am giving the book to him*. Then, too, there are some verbs in French that take an indirect object pronoun because the verb takes the preposition **à** (to); for example, **Je lui réponds** can be translated into English as: *I am answering her (or) him* or, *I am responding to her (or) to him*.

(c) An indirect object pronoun is ordinarily placed *in front of the verb*: **Je vous parle** / I am talking to you.

(d) Sometimes the indirect object pronoun is placed after the verb. This happens in the affirmative imperative:

EXAMPLES:
> **Parlez-moi** / Speak to me. (Note that **me** changes to **moi**)
> **Parlez-lui** / Speak to her (or) Speak to him.

(e) See my Summaries of word order of elements in French sentences, farther on in this General Review section, beginning with **§42**.

§29.21   Double object pronouns

To get a picture of what the word order is when you have more than one object pronoun (direct and indirect) in a sentence, see my Summaries of word order of elements in French sentences, farther on in this General Review section beginning with **§42**.

§29.22   Disjunctive pronouns

Disjunctive pronouns are also known as tonic pronouns or stressed pronouns. They are:

Person		Singular		Plural
1ST	**moi**	me *or* I	**nous**	us *or* we
2ND	**toi**	you (*familiar*)	**vous**	you (*formal sing. or pl.*)
3RD	{ **soi** **lui** **elle**	oneself him *or* he her *or* she	{ **eux** **elles**	them, they (*masc.*) them, they (*fem.*)

A disjunctive pronoun is used:

(a) As object of a preposition:

(1) **Elle parle avec moi** / She is talking with me.
(2) **Nous allons chez eux** / We are going to their house.
(3) **Je pense à lui** / I am thinking of him.
(4) **Je pense toujours à toi** / I always think of you.

(b) In a compound subject or object:

(1) **Eux et leurs amis vont venir chez moi** / They and their friends are going to come to my place (my house).
(2) **Lui et elle sont amoureux** / He and she are in love.
(3) **Je vous connais—toi et lui** / I know you—you and him.
(4) **Oui, je les vois maintenant—lui et elles** / Yes, I see them now—him and them.

(c) For emphasis:

(1) **Moi, je parle bien; lui, il ne parle pas bien** / I speak well; he does not speak well.
(2) **Lui, surtout, est travailleur** / He, especially, is a worker.

(d) To indicate possession with **à** if the verb is **être** and if the subject is a noun, personal pronoun, or a demonstrative pronoun:

(1) **Ce livre est à moi** / This book is mine.
(2) **Je suis à toi** / I am yours.
(3) **Celles-ci sont à eux** / These are theirs.

(e) With **c'est:**

(1) **Qui est à la porte?—C'est moi** / Who is at the door? It's me *or* It is I.
(2) **C'est toi?—C'est moi** / Is it you?—It's me *or* It is I.

(f) With **ce sont** in a statement but not usually in a question:

(1) **Est-ce eux?—Oui, ce sont eux** / Is it they?—Yes, it's they.
(2) **Qui est à la porte? Est-ce Marie et Jeanne?—Oui, ce sont elles** / Who is at the door? Is it Mary and Joan?—Yes, it's they.

(g) With **même** and **mêmes:**

(1) **Est-ce Pierre?—Oui, c'est lui-même** / Is it Peter? Yes, it's he himself.
(2) **Est-ce que vous allez le manger vous-même?** / Are you going to eat it yourself?
(3) **Est-ce qu'ils vont les manger eux-mêmes?** / Are they going to eat them themselves?

(h) When no verb is stated:

(1) **Qui est à l'appareil?—Moi** / Who is on the phone?—Me.
(2) **Qui a brisé le vase?—Eux** / Who broke the vase?—Them *or* They.

NOTE: See my Summaries of word order of elements in French sentences, farther on in this General Review section, in **§42.ff.**

§29.23 Indefinite pronouns

Some common indefinite pronouns are:

aucun, aucune   not any, not one, none

un autre, une autre   another, another one

Nous autres Français   We French people

Nous autres Américains   We American people

l'un l'autre, l'une l'autre   each other (of only two)

les uns les autres, les unes les autres   one another (more than two)

certains, certaines   certain ones

chacun, chacune   each one

nul, nulle   not one, not any, none

n'importe qui, n'importe quel   anyone

n'importe quoi   anything

on   people, one, they, you, we; **On dit qu'il va pleuvoir** / They say that it's going to rain; **On** ne sait jamais / One never knows; **On aime manger** / People like to eat.

personne   no one, nobody

plusieurs   several; **J'en ai plusieurs** / I have several of them.

quelque chose   something

quelqu'un, quelqu'une   someone, somebody

quelques-uns, quelques-unes   some, a few

quiconque   whoever, whosoever

rien   nothing

soi   oneself; **On est chez soi dans cet hôtel** / People feel at home in this hotel.

tout   all, everything; **Tout est bien qui finit bien** / All is well that ends well.

§29.24   Interrogative pronouns

§29.25   Referring to PERSONS

§29.26   As subject of a verb

(1) **Qui est à l'appareil?** / Who is on the phone?

(2) **Qui est-ce qui est à l'appareil?** / Who is on the phone?

(3) **Lequel des deux garçons va vous voir?** / Which one of the two boys is going to see you?

(4) **Laquelle des deux jeunes filles va vous voir?** / Which one of the two girls is going to see you?

(5) **Lesquels de ces hommes vont faire le travail?** / Which ones of these men are going to do the work?

(6) **Lesquelles de ces femmes vont faire le travail?** / Which ones of these women are going to do the work?

§29.27   As direct object of a verb

(1) **Qui aimez-vous?** / Whom do you love?

(2) **Qui est-ce que vous aimez?** / Whom do you love?

(3) **Qui est-ce qu'elle aime?** / Whom does she love?

(4) **Lequel de ces deux garçons aimez-vous?** / Which one of these two boys do you love?

(5) **Laquelle de ces deux jeunes filles aimez-vous?** / Which one of these two girls do you love?

(6) **Lesquels de ces hommes admirez-vous?** / Which ones of these men do you admire?

(7) **Lesquelles de ces femmes admirez-vous?** / Which ones of these women do you admire?

§29.28   As object of a preposition

(1) **Avec qui allez-vous au cinéma?** / With whom are you going to the movies?

(2) **A qui parlez-vous au téléphone?** / To whom are you talking on the telephone?

NOTE that when the interrogative pronouns **lequel**, **laquelle**, **lesquels**, and **lesquelles** are objects of the prepositions **à** or **de**, their forms are:

**auquel, à laquelle, auxquels, auxquelles;
duquel, de laquelle, desquels, desquelles**

(3) **Auquel de ces deux garçons parlez-vous?** / To which one of these two boys do you talk?

(4) **A laquelle de ces deux jeunes filles parlez-vous?** / To which one of these two girls do you talk?

(5) **Auxquels de ces hommes parlez-vous?** / To which ones of these men do you talk?

(6) **Auxquelles de ces femmes parlez-vous?** / To which ones of these women are you talking?

(7) **Duquel de ces deux garçons parlez-vous?** / About which one of these two boys are you talking?

(8) **De laquelle de ces deux jeunes filles parlez-vous?** / About which one of these two girls are you talking?

(9) **Desquels de ces hommes parlez-vous?** / About which ones of these men are you talking?

(10) **Desquelles de ces femmes parlez-vous?** / About which ones of these women are you talking?

§29.29   Referring to THINGS

§29.30   As subject of a verb

(1) **Qu'est-ce qui est arrivé?** / What arrived? OR What happened?

(2) **Lequel de ces deux trains arrivera le premier?** / Which one of these two trains will arrive the first?

(3) **Laquelle de ces deux voitures marche bien?** / Which one of these two cars runs well?

(4) **Lesquels de tous ces trains sont modernes?** / Which ones of all these trains are modern?

(5) **Lesquelles de toutes ces voitures marchent bien?** / Which ones of all these cars run well?

§29.31   As direct object of a verb

(1) **Que faites-vous?** / What are you doing?

(2) **Qu'a-t-elle?** / What does she have? OR What's the matter with her?

(3) **Qu'est-ce que vous faites?** / What are you doing?

(4) **Qu'est-ce qu'elle fait?** / What is she doing?

(5) **Lequel de ces deux livres préférez-vous?** / Which one of these two books do you prefer?

(6) **Laquelle de ces voitures préférez-vous?** / Which one of these cars do you prefer?

(7) **Lesquels de ces livres avez-vous écrits?** / Which (ones) of these books did you write?

(8) **Lesquelles de ces pâtisseries avez-vous faites?** / Which (ones) of these pastries did you make?

§29.32   As object of a preposition

(1) **Avec quoi écrivez-vous?** / With what are you writing?

(2) **A quoi pensez-vous?** / Of what are you thinking? OR What are you thinking of?

NOTE that the use of **lequel, laquelle, lesquels,** and **lesquelles** referring to things as objects of prepositions is the same as examples (3) through (10) in **§29.28** above where they are used referring to persons. The forms are exactly the same when they combine with the prepositions **à** or **de**. For example, compare the example in sentence (7) there with the following: **Duquel de ces livres parlez-vous?** / Of which of these books are you talking? OR About which of these books are you talking OR Which of these books are you talking of (about)?

§29.33   Neuter pronoun le

The word **le**, as you know, is the def. art. masc. sing. It is also the dir. obj. masc. sing. That word is also used as a neuter pronoun and it functions as a dir. obj. referring to an adjective, a phrase, a clause, or a complete statement. It is generally not translated into English, except to mean *it* or *so*:

(1) **Janine est jolie mais Henriette ne l'est pas** / Janine is pretty but Henrietta is not (*i.e.*, pretty).

(2) **Moi, je crois qu'ils vont gagner le match, et vous?—Je le crois aussi** / I think they are going to win the game, and you?—I think so, too.

§29.34   Position of pronouns in a sentence

To get a picture of what the word order is when you have more than one pronoun of any kind in a sentence, see my Summaries of word order of elements in French sentences, farther on in this General Review section beginning with **§42.ff.**

§29.35   Possessive pronouns

The possessive pronouns are:

Masculine			
SINGULAR		PLURAL	
le mien	mine	**les miens**	mine
le tien	yours (*familiar*)	**les tiens**	yours (*familiar*)
le sien	his, hers, its	**les siens**	his, hers, its
le nôtre	ours	**les nôtres**	ours
le vôtre	yours	**les vôtres**	yours
le leur	theirs	**les leurs**	theirs
Feminine			
SINGULAR		PLURAL	
la mienne	mine	**les miennes**	mine
la tienne	yours (*familiar*)	**les tiennes**	yours (*familiar*)
la sienne	his, hers, its	**les siennes**	his, hers, its
la nôtre	ours	**les nôtres**	ours
la vôtre	yours	**les vôtres**	yours
la leur	theirs	**les leurs**	theirs

(a) A possessive pronoun takes the place of a possessive adjective + noun: **mon livre** / my book; **le mien** / mine.

(b) A possessive pronoun agrees in gender and number with what it is replacing: **son livre** / his book OR her book; **le sien** / his OR hers.

(c) When the definite articles **le** and **les** are preceded by the prepositions **à** and **de**, they combine in the usual way that you already know: **au mien, aux miens, du mien, des miens.** As you know, **à la** and **de la** remain: **à la mienne, de la mienne, à la sienne, de la sienne,** *etc*.

EXAMPLES:

Paul me parle de ses parents et je lui parle des miens / Paul is talking to me about his parents and I am talking to him about mine.

Je préfère ma voiture à la tienne / I prefer my car to yours.

Je m'intéresse à mes problèmes et aux leurs / I am interested in my problems and in theirs.

(d) The possessive pronouns are used with **être** to emphasize a distinction: **Ce livre-ci est le mien et celui-là est le tien** / This book is mine and that one is yours.

(e) If no distinction is made as to who owns what, use **être** + **à** + disjunctive pronoun: **Ce livre est à lui** / This book is his.

(f) In French, we do not translate word for word such English expressions as *a friend of mine, a book of mine.* Instead of using the possessive pronouns in French, we say *one of my friends, one of my books,* etc.:

un de mes amis / a friend of mine; **un de mes livres** / a book of mine;
une de ses amies / a girl friend of hers OR a girl friend of his;
un de nos amis / a friend of ours.

§29.36 Reflexive pronouns

§29.37 The reflexive pronouns, which are used with reflexive verbs, are: **me, te, se, nous,** and **vous.**

§29.38 The reflexive pronouns in English are: myself, yourself, herself, himself, oneself, itself, ourselves, yourselves, and themselves.

§29.39 To form the present tense of a reflexive verb in a simple affirmative sentence, put the reflexive pronoun in front of the verb: **Je me lave** / I wash myself.

§29.40 A reflexive verb expresses an action that is turned back upon the subject; **Jacqueline se lave tous les jours** / Jacqueline washes herself every day.

§29.41 You must be careful to use the appropriate reflexive pronoun, the one that matches the subject pronoun. You already know the subject pronouns, but here they are again, beside the reflexive pronouns:

Person	*Singular*	*Plural*
1ST	**je me lave**	**nous nous lavons**
2ND	**tu te laves**	**vous vous lavez**
3RD	⎰**il se lave** ⎨**elle se lave** ⎱**on se lave**	⎰**ils se lavent** ⎱**elles se lavent**

§29.42 To get a picture of what the word order is when you have more than one pronoun of any kind in a sentence, see my Summaries of word order of elements in French sentences, farther on in this General Review section beginning with **§42.ff.**

§29.43 Relative pronouns

§29.44 A relative pronoun is a word that refers (relates) to an antecedent. An antecendent is something that comes before something; it can be a word, a phrase, a clause which is replaced by a pronoun or some other substitute. Example: *Is it Mary who did that?* In this sentence, *who* is the relative pronoun and *Mary* is the antecedent. Another example, a longer one: *It seems to me that you are wrong, which is what I had suspected right along.* The relative pronoun is *which* and the antecedent is the clause, *that you are wrong.*

§29.45 The common relative pronouns are:

§29.46 **dont** / of whom, of which, whose, whom, which
Voici le livre dont j'ai besoin / Here is the book which I need OR Here is the book of which I have need. (YOU ARE DEALING WITH *avoir besoin* de HERE.)
Monsieur Béry, dont le fils est avocat, est maintenant en France / Mr. Béry, whose son is a lawyer, is now in France.
C'est Monsieur Boucher dont je me méfie / It is Mr. Boucher whom I mistrust. (YOU ARE DEALING WITH *se méfier* de HERE.)

§29.47   **ce dont** / what, of which, that of which

Je ne trouve pas ce dont j'ai besoin / I don't find what I need OR I don't find that of which I have need. (YOU ARE DEALING WITH *avoir besoin* de HERE.) (Here, the antecedent is not stated and **ce** *dont* is needed).

Ce dont vous parlez est absurde / What you are saying is absurd OR That which you are saying is absurd. (YOU ARE DEALING WITH *parler* de HERE.)

NOTE that **dont** is used when it refers to persons or things that are clearly specified, when the antecedent is clearly indicated. Use **ce dont** when there is no antecedent clearly specified, when it is indeterminate. Generally, choose **dont** when you have to account for a **de** which is dropped.

§29.48   **ce que** or **ce qu'**   what, that which

Comprenez-vous ce que je vous dis? / Do you understand what I am telling you?

Comprenez-vous ce qu'elle vous dit? / Do you understand what she is saying to you?

Je comprends ce que vous dites et je comprends ce qu'elle dit / I understand what you are saying and I understand what she is saying.

Ce que vous dites est vrai / What you are saying is true OR That which you are saying is true.

NOTE here, too, that **ce que** is used when there is no antecedent clearly stated in the sentence. In the examples given above, we do not know what it is (**ce que c'est**) which was said. The idea here is similar to the use of **ce dont**, except that **dont** is used when you are dealing with the prep. **de** which is dropped—generally speaking—and that **de** is replaced with **dont**. NOTE that **ce que** is a direct object.

§29.49   **ce qui**   what, that which

Ce qui est vrai est vrai / What is true is true OR That which is true is true.

Je ne sais pas ce qui s'est passé / I don't know what happened.

NOTE that **ce qui** is a subject.

§29.50   **lequel** (in all its forms)   which

As a relative pronoun, **lequel** (in its various forms) is used as object of a preposition referring to things. (See also **§29.24** through **§29.32** above)

Est-ce cette porte par laquelle je passe pour trouver le train? / Is it this door through which I go to find the train?

Donnez-moi un autre morceau de papier sur lequel je peux écrire mon adresse / Give me another piece of paper on which I can write my address.

§29.51   **où**   where, in which, on which

Aimez-vous la salle à manger où nous mangeons? / Do you like the dining room where we eat?

Je vais ouvrir le tiroir où j'ai mis l'argent / I am going to open the drawer where I put the money. OR YOU CAN SAY: **Je vais ouvrir le tiroir dans lequel j'ai mis l'argent** / I am going to open the drawer in which I placed the money.

NOTE that in French you can use **où** to mean not only *where*, but sometimes *when*:

Paul est entré au moment où je partais / Paul entered at the moment when I was leaving.

Elle s'est mariée le jour même où son père est mort / She got married on the very day when her father died.

§29.52   **que** or **qu'**   whom, which, that

Le garçon que vous voyez là-bas est mon meilleur ami / The boy whom you see over there is my best friend.

Le livre que vous avez à la main est à moi / The book which (OR: that) you have in your hand is mine.

La composition qu'elle a écrite est excellente / The composition which (OR: that) she wrote is excellent.

NOTE: Make a distinction between **que** and **qu'** as a relative pronoun in the examples given above and **que** as a simple conjunction introducing a new clause, as in: **Je sais que vous avez raison** / I know that you are right; **Je pense que la vie est belle** / I think that life is beautiful.

As a relative pronoun, **que** refers to an antecedent which can be a person or a thing. In the above examples the antecedents are: **le garçon, le livre, la composition.**

§29.53   **qui**   who, whom, which, that
     Connais-tu la jeune fille qui parle avec mon frère? / Do you know the girl who is talking with my brother?
     Avez-vous une bicyclette qui marche bien? / Do you have a bicycle that (OR: which) runs well?
     Connais-tu la jeune fille avec qui je parlais tout à l'heure? / Do you know the girl with whom I was talking a little while ago?

NOTE, in the first two examples above, that **qui** is used as a subject for persons and things as a relative pronoun. It is used as object of prepositions, as in the third example, only for persons. For things as objects of prepositions, use the **lequel** forms (see **§29.50**).

§30.   NEGATIONS

The common negations are **ne** + **verb** + any of the following:

§30.1   **aucun, aucune: Je n'ai aucun livre; je n'ai aucune automobile** / I have no book; I have no automobile.
     guère: Paul n'a guère parlé / Paul hardly (scarcely) spoke.
     jamais: François n'étudie jamais / Frank never studies.
     ni . . . ni: Je n'ai ni argent ni billets / I have neither money nor tickets.
     nul, nulle: Je n'en ai nul besoin / I have no need of it; **Je ne vais nulle part** / I'm not going anywhere.
     pas: Je n'ai pas de papier / I haven't any paper OR I don't have any paper OR I have no paper.
     pas du tout: Je ne comprends pas du tout / I do not understand at all.
     personne: Je ne vois personne / I see nobody OR I don't see anybody OR I see no one.
     plus: Mon père ne peut plus travailler / My father can no longer work OR My father can't work any more.
     point: Cet enfant n'a point d'argent / This child has no money at all.
     que: Je n'ai que deux francs / I have only two francs; **Il ne fait que travailler** / He only works.
     rien: Je n'ai rien sur moi / I have nothing on me OR I don't have anything on me.

NOTE that all these negations require **ne** in front of the main verb. Also, note that **aucun, aucune, nul, nulle, personne,** and **rien** can be used as subjects and you still need to use **ne** in front of the verb:

     Aucun n'est présent; aucune n'est présente / Not one is present. **Nul homme n'est parfait; nulle femme n'est parfaite** / No man is perfect; no woman is perfect. **Personne n'est ici** / No one is here. **Rien n'est ici** / Nothing is here.

§31.   SAVOIR

The verb **savoir** has special uses and special meanings.

§31.1   **Present tense**

     EXAMPLES:
         Je sais la réponse / I know the answer.

         Je sais lire en français / I know how to read in French OR: I can read in French.

§31.2   **Conditional**

(a) **Sauriez-vous l'adresse d'un docteur dans ce quartier?** / Would you know the address of a doctor in this neighborhood? OR: Can you tell me the address of a doctor in this area?

(b) **Je ne saurais penser à tout!** / I can't think of everything!

§31.3   **Imperative**

(a) **Sachons-le bien!** / Let's be well aware of it!

(b) **Sachez que votre père vient de mourir** / Be informed that your father has just died.

§32.   **SAVOIR AND CONNAÎTRE**

The main difference between the meaning of these two verbs in the sense of *to know* is that **connaître** means merely to be acquainted with; for example, to be acquainted with a person, a city, a neighborhood, a country, the title of a book, the works of an author.

EXAMPLES:

Savez-vous la réponse? / Do you know the answer?

Savez-vous l'heure qu'il est? / **Savez-vous quelle heure il est?** / Do you know what time it is?

Connaissez-vous cette dame? / Do you know this lady?

Connaissez-vous Paris? / Do you know Paris?

Connaissez-vous les oeuvres de Proust? / Do you know the works of Proust?

Connaissez-vous ce livre? / Do you know this book?

§33.   **ENTENDRE AND COMPRENDRE**

The main difference between the meaning of these two verbs is that **entendre** means *to hear* and **comprendre** *to understand*. Sometimes **entendre** can mean *to understand* or *to mean*:

EXAMPLES:

Entendez-vous la musique? / Do you hear the music?

Comprenez-vous la leçon? / Do you understand the lesson?

"M'entends-tu?!" dit la mère à l'enfant. "Ne fais pas cela!" / "Do you understand me?!" says the mother to the child. "Don't do that!"

Je ne comprends pas le docteur Fu Manchu parce qu'il ne parle que chinois / I do not understand Dr. Fu Manchu because he speaks only Chinese.

Qu'entendez-vous par là?? / What do you mean by that?? / What are you insinuating by that remark??

Je comprends vos paroles mais je ne vous entends pas; expliquez-vous, s'il vous plaît / I understand your words but I don't understand you; explain yourself, please.

§34.   **SI CLAUSE: A SUMMARY**

WHEN THE VERB IN THE SI CLAUSE IS:	THE VERB IN THE MAIN OR RESULT CLAUSE IS:
present indicative	present indicative, or future, or imperative
imperfect indicative	conditional
pluperfect indicative	conditional perfect

§34.1   NOTE: By **si** we mean *if*. Sometimes **si** can mean *whether* and in that case, this summary of what tenses are used with **si** (meaning *if*) does not apply. When **si** means *whether*, there are no restrictions about the tenses. By the way, the sequence of tenses with a **si** clause is the same in English with an *if* clause.

§34.2   EXAMPLES:

Si elle arrive, je pars / If she arrives, I'm leaving.

S'il vient, je lui dirai toute la vérité / If he comes, I will tell him the whole truth.

Si vous avez soif, buvez un verre d'eau / If you are thirsty, drink a glass of water.

Si Paul étudiait, il recevrait de meilleures notes / If Paul studied. he would receive better grades.

Si Georges avait étudié, il aurait reçu de bonnes notes / If George had studied, he would have received good grades.

§35.   **SUBJUNCTIVE**

The subjunctive is not a tense; it is a mood, or mode. Usually, when we speak in French or English, we use the indicative mood. We use the subjunctive mood in French for certain reasons. The following are the principal reasons.

§35.1   **After certain conjunctions**

When the following conjunctions introduce a new clause, the verb in that new clause is normally in the subjunctive mood:

à condition que   on condition that; **Je vous prêterai l'argent à condition que vous me le rendiez le plutôt possible**.

à moins que   unless; **Je pars à six heures précises à moins qu'il (n') y ait un orage.** [Expletive **ne** is optional; see §27.—27.8.]

afin que   in order that, so that; **Je vous explique clairement afin que vous compreniez.**

attendre que   to wait until; **Attendez que je finisse mon dîner.**

au cas que   in case; **Au cas qu'il vienne, je pars tout de suite.**

autant que   **Autant que je le sache . . .** / As far as I know . . .

avant que   before; **Ne me dites rien avant qu'il vienne.** [Expletive **ne** is optional; see §27.—27.8.]

bien que   although; **Bien que Madame Cartier soit malade, elle a toujours bon appétit.**

de crainte que   for fear that; **La mère a dit à sa petite fille de rester dans la maison de crainte qu'elle ne se fasse mal dans la rue.** [Expletive **ne** is required; see §27.—27.8.]

de façon que   so that, in a way that, in such a way that; **Barbara étudie de façon qu'elle puisse réussir.**

de manière que   so that, in a way that, in such a way that; **Joseph travaille dans la salle de classe de manière qu'il puisse réussir.**

de peur que   for fear that; **Je vous dis de rester dans la maison aujourd'hui de peur que vous ne glissiez sur la glace.** [Expletive **ne** is required; see §27.—27.8.]

de sorte que   so that, in a way that, in such a way that; **Nettoyez la chambre de sorte que tout soit propre.**

en attendant que   until; **Nous allons rester ici en attendant qu'elle vienne.**

en cas que   in case, in case that, in the event that; **En cas qu'il vienne, je pars tout de suite.**

jusqu'à ce que   until; **Je vais attendre jusqu'à ce que vous finissiez.**

malgré que   although; **Malgré que Madame Cartier soit malade, elle a toujours bon appétit.** (NOTE: prefer to use **bien que,** as in the example given with **bien que** above on this list)

pour autant que   as far as, as much as; **Pour autant que je me souvienne . . .** / As far as I remember. (NOTE: prefer to use **autant que,** as in the example given with **autant que** above on this list)

pour que   in order that, so that; **Expliquez-vous mieux, s'il vous plaît, pour que je comprenne.**

pourvu que   provided that; **Vous pouvez parler librement pourvu que vous me laissiez faire de même.**

que . . . ou non   whether . . . or not; **Qu'il vienne ou non, cela m'est égal.**

quoique   although; **Quoiqu'il soit vieux, il a l'agilité d'un jeune homme.**

sans que   without; **Ne sortez pas sans que je le sache** / Do not leave without my knowing it.

soit que . . . ou que   whether . . . or; either . . . or; **Soit qu'elle comprenne ou qu'elle ne comprenne pas, cela m'est égal.**

soit que . . . soit que   whether . . . or whether; **Soit que vous le fassiez, soit que vous ne le fassiez pas, cela m'est égal.**

tâcher que   to try to, to attempt to; **Tâchez que le bébé soit bien nourri.**

veiller à ce que   to see to it that; **Veillez à ce que la porte soit fermée à clef pendant mon absence.**

§35.2   After indefinite expressions

où que   wherever; **Où que vous alliez, cela ne m'importe pas.**

quel que   whatever; **Je vous aiderai, quelles que soient vos ambitions** / I will help you, whatever your ambitions may be. (NOTE that the appropriate form of **quel** is needed in this indefinite expression because you are dealing with a noun (**ambitions**) and **quel** functions as an adjective)

qui que   whoever; **Qui que vous soyez, je ne veux pas vous écouter** / Whoever you are (Whoever you may be), I don't want to listen to you.

quoi que   whatever, no matter what; **Quoi que cet homme dise, je ne le crois pas** / No matter what this man says, I do not believe him.

si + adj. + que   however; **Si bavarde qu'elle soit, elle ne dit jamais de bêtises** / However talkative she may be, she never says anything stupid.

§35.3   After an indefinite antecedent

See **§29.44** for a brief definition of an antecedent. (Remember to use the General Index for references to explanations and examples located in different parts of this book!)

The reason why the subjunctive is needed after an indefinite antecedent is that the person or thing desired may possibly not exist; or, if it does exist, you may never find it.

(a) **Je cherche une personne qui soit honnête** / I am looking for a person who is honest.

(b) **Je cherche un appartement qui ne soit pas trop cher** / I am looking for an apartment that is not too expensive.

(c) **Connaissez-vous quelqu'un qui puisse réparer mon téléviseur une fois pour toutes?** / Do you know someone who can repair my TV set once and for all?

(d) **Y a-t-il un élève qui comprenne le subjonctif?** / Is there a student who understands the subjunctive?

BUT IF THE PERSON OR THING YOU ARE LOOKING FOR DOES EXIST, USE THE INDICATIVE MOOD:

(a) **J'ai trouvé une personne qui est honnête.**
(b) **J'ai un appartement qui n'est pas trop cher.**
(c) **Je connais une personne qui peut réparer votre téléviseur.**

§35.4   After a superlative expressing an opinion

Those superlatives expressing an opinion are commonly: **le seul, la seule** (the only), **le premier, la première** (the first), **le dernier, la dernière** (the last), **le plus petit, la plus petite** (the smallest), **le plus grand, la plus grande,** *etc.*

(a) **A mon avis, Marie est la seule étudiante qui comprenne le subjonctif parfaitement.**

(b) **A mon opinion, Henriette est la plus jolie élève que j'aie jamais vue.**

§35.5   After **Que**, meaning *let* or *may* to express a wish, an order, a command in the 3rd person singular or plural

         (a)   **Qu'il parte!** / Let him leave!

         (b)   **Que Dieu nous pardonne!** / May God forgive us! (NOTE that the form ***pardonne*** is the same in the 3rd pers. subjunctive as in the indicative)

         (c)   **Qu'ils s'en aillent!** / Let them go away!
             NOTE that what is understood in front of **Que** here is (**Je veux**) **que** . . .

§35.6   **After certain impersonal expressions**

     c'est dommage que   it's a pity that, it's too bad that; **C'est dommage qu'elle soit morte.**

     il est à souhaiter que   it is to be desired that; **Il est à souhaiter qu'elle soit guérie.**

     il est bizarre que   it is odd that; **Il est bizarre qu'il soit parti sans rien dire.**

     il est bon que   it is good that; **Il est bon que vous restiez au lit.**

     il est convenable que   it is fitting (proper) that; **Il est convenable qu'il vienne me voir.**

     il est douteux que   it is doubtful that; **Il est douteux qu'il soit présent au concert ce soir.**

     il est essentiel que   it is essential that; **Il est essentiel que vous veniez me voir le plutôt possible.**

     il est étonnant que   it is astonishing that; **Il est étonnant qu'elle soit sortie sans rien dire.**

     il est étrange que   it is strange that; **Il est étrange qu'il n'ait pas répondu à ta lettre.**

     il est faux que   it is false (it is not true) that; **Il est faux que vous ayez vu ma soeur dans ce cabaret.**

     il est heureux que   it is fortunate that; **Il est très heureux que Madame Piquet soit guérie.**

     il est honteux que   it is shameful (a shame) that; **Il est honteux que vous trichiez.**

     il est important que   it is important that; **Il est important que vous arriviez à l'heure.**

     il est impossible que   it is impossible that; **Il est impossible que je sois chez vous avant trois heures.**

     il est juste que   it is right that; **Il est juste que le criminel soit puni pour son crime.**

     il est naturel que   it is natural that; **Il est naturel qu'on ait peur dans un moment dangereux.**

     il est nécessaire que   it is necessary that; **Il est nécessaire que tu finisses la leçon de français avant d'aller au cinéma.**

     il est possible que   it is possible that; **Il est possible que Madame Paquet soit déjà partie.**

     il est rare que   it is rare that; **Il est rare qu'elle sorte.**

     il est regrettable que   it is regrettable that; **Il est regrettable que cet homme riche ait perdu tout au jeu.**

     il est surprenant que   it is surprising that; **Il est surprenant que tu n'aies pas fait ton devoir aujourd'hui.**

     il est temps que   it is time that; **Il est temps que tu fasses tes devoirs tous les jours.**

     il est urgent que   it is urgent that; **Il est urgent que le docteur vienne immédiatement.**

     il faut que   it is necessary that; **Il faut que tu sois ici à neuf heures précises.**

     il importe que   it is important that; **Il importe que tu me dises toute la vérité.**

     il se peut que   it may be that; **Il se peut qu'elle soit sortie.**

     il semble que   it seems that, it appears that; **Il semble que Madame Gervaise soit déjà partie.**

     il suffit que   it is enough that, it suffices that; **Il suffit qu'il soit informé tout simplement.**

     il vaut mieux que   it is better that; **Il vaut mieux que vous soyez présent quand le docteur est ici.**

§35.7   **After the following impersonal expressions** (in English, the subject is *It*) used in the negative or interrogative because they suggest some kind of doubt, uncertainty, hesitation . . .

Il ne me semble pas que . . .   Il ne paraît pas que . . .
Me semble-t-il que . . . ?   Paraît-il que . . . ?

Il n'est pas clair que . . .   Il n'est pas vrai que . . .
Est-il clair que . . . ?   Est-il vrai que . . . ?

Il n'est pas évident que . . .   Il n'est pas sûr que . . .
Est-il évident que . . . ?   Est-il sûr que . . . ?

Il n'est pas certain que . . .   Il n'est pas probable que . . .
Est-il certain que . . . ?   Est-il probable que . . . ?

§35.8   **After certain verbs expressing doubt, emotion, wishing**

aimer que . . .   to like that . . .
aimer mieux que . . .   to prefer that . . .
s'attendre à ce que . . .   to expect that . . .
avoir peur que . . .   to be afraid that . . . [expletive **ne** is required; see §27.—§27.8.]
craindre que . . .   to fear that . . . [expletive **ne** is required; see §27.—§27.8.]
défendre que . . .   to forbid that . . .
désirer que . . .   to desire that
douter que . . .   to doubt that . . .
empêcher que . . .   to prevent that . . .
s'étonner que . . .   to be astonished that . . .
s'étonner de ce que . . .   to be astonished at the fact that . . .
être bien aise que . . .   to be pleased that . . .
être content que . . .   to be glad that . . .
être désolé que . . .   to be distressed that . . .
être étonné que . . .   to be astonished that . . .
être heureux que . . .   to be happy that . . .
être joyeux que . . .   to be joyful that . . .
être malheureux que . . .   to be unhappy that . . .
être ravi que . . .   to be delighted that . . .
être surpris que . . .   to be surprised that . . .
être triste que . . .   to be sad that . . .
exiger que . . .   to demand that . . .
se fâcher que . . .   to be angry that . . .
insister que . . .   to insist that . . .
ordonner que . . .   to order that . . .
préférer que . . .   to prefer that . . .
regretter que . . .   to regret that . . .
souhaiter que . . .   to wish that . . .
tenir à ce que . . .   to insist upon . . .
trembler que . . .   to tremble that . . . [expletive **ne** is required; see §27.—§27.8.]
vouloir que . . .   to want that . . .

§35.9   SOME EXAMPLES:

J'aimerais que vous restiez ici / I would like you to stay here.
J'aime mieux que vous restiez ici / I prefer that you stay here.
Je m'attends à ce qu'elle vienne immédiatement / I expect her to come immediately.
J'ai peur qu'il ne soit malade / I am afraid that he may be sick. [expletive **ne** is required; see §27.—§27.8.]
Je crains qu'elle ne soit gravement malade / I fear that she may be seriously ill. [expletive **ne** is required; see §27.—§27.8.]
Je m'étonne qu'elle ne soit pas venue me voir / I am astonished that she has not come to see me.

Je m'étonne de ce qu'il ne soit pas parti / I am astonished (at the fact that) he has not left.

Ta mère est contente que tu sois heureux / Your mother is glad that you are happy.

Madame Poulet est désolée que son mari ait perdu toute sa fortune / Mrs. Poulet is distressed that her husband has lost his entire fortune.

§35.10 After verbs of believing and thinking, such as **croire**, **penser**, **trouver** (meaning *to think, to have an impression*), and **espérer** when used in the negative OR interrogative but not when both interrogative AND negative . . .

§35.11 EXAMPLES:

Je ne pense pas qu'il soit coupable / I don't think that he is guilty. **Croyez-vous qu'il dise la vérité?** / Do you believe he is telling the truth?

BUT: **Ne croyez-vous pas qu'il dit la vérité?** / Don't you think that he is telling the truth?

Trouvez-vous qu'il y ait beaucoup de crimes dans la société d'aujourd'hui? / Do you find (think) that there are many crimes in today's society?

BUT: **Ne trouvez-vous pas que ce livre est intéressant?** / Don't you think (OR: Don't you find) that this book is interesting?

§36. VOULOIR

The verb **vouloir** has special uses and meanings.

§36.1 Present tense

(a) **Je veux aller en France** / I want to go to France.

(b) **Je veux bien sortir avec vous ce soir** / I am willing to go out with you this evening.

(c) **Voulez-vous bien vous asseoir, madame?** / Would you be good enough to sit down, madam?

(d) **Que veut dire ce mot?** / What does this word mean?

(e) **Que voulez-vous dire, monsieur?** / What do you mean, sir?

(f) **Qu'est-ce que cela veut dire?** / What does that mean?

(g) **Je lui en veux** / I have a grudge against him. (The idiomatic expression here is **en vouloir à qqn** / to bear a grudge against someone)

§36.2 Conditional

(a) **Je voudrais une tasse de café à crème, s'il vous plaît** / I would like a cup of coffee with cream, please.

§36.3 Imperative

(a) **Veuillez vous asseoir, madame** / Kindly sit down, madam.

(b) **Veuillez accepter mes meilleurs sentiments** / Please accept my best regards.

(NOTE here that **veuillez** is followed by the infinitive form of a verb.)

§37. WEATHER EXPRESSIONS

Quel temps fait-il? / What's the weather like?

§37.1 (a) With **Il fait . . .**

Il fait beau / The weather is fine; The weather is beautiful.

Il fait beau temps / The weather is beautiful.

Il fait bon / It's nice; It's good.

Il fait brumeux / It's misty.

Il fait chaud / It's warm.
Il fait clair / It is clear.
Il fait de l'orage / It's stormy.
Il fait des éclairs / It is lightning.
Il fait doux / It's mild.
Il fait du soleil / It's sunny. (You can also say: **Il fait soleil.**)
Il fait du tonnerre / It's thundering.
Il fait du vent / It's windy.
Il fait frais / It is cool.
Il fait froid / It's cold.
Il fait glissant / It is slippery.
Il fait humide / It's humid.
Il fait jour / It is daylight.
Il fait lourd / The weather is sultry.
Il fait mauvais / The weather is bad.
Il fait nuit / It is dark.
Il fait sec / It's dry.
Il fait une chaleur épouvantable / It's awfully (frightfully) hot.

§37.2   (b) With **Il fait un temps . . .**

Il fait un temps affreux / The weather is frightful.
Il fait un temps calme / The weather is calm.
Il fait un temps couvert / The weather is cloudy.
Il fait un temps de saison / The weather is seasonal.
Il fait un temps épouvantable / The weather is frightful.
Il fait un temps lourd / It's muggy.
Il fait un temps magnifique / The weather is magnificent.
Il fait un temps pourri / The weather is rotten.
Il fait un temps serein / The weather is serene.
Il fait un temps superbe / The weather is superb.

§37.3   (c) With **Le temps + verb . . .**

Le temps menace / The weather is threatening.
Le temps s'éclaircit / The weather is clearing up.
Le temps se gâte / The weather is getting bad.
Le temps se met au beau / The weather is getting beautiful.
Le temps se met au froid / It's getting cold.
Le temps se radoucit / The weather is getting nice again.
Le temps se rafraîchit / The weather is getting cool.

§37.4   (d) With **Le ciel est . . .**

Le ciel est bleu / The sky is blue.
Le ciel est calme / The sky is calm.
Le ciel est couvert / The sky is cloudy.
Le ciel est gris / The sky is gray.
Le ciel est serein / The sky is serene.

§37.5   (e) With other verbs

Il gèle / It's freezing.
Il grêle / It's hailing.
Il neige / It's snowing.
Il pleut / It's raining.
Il tombe de la grêle / It's hailing.
Il va grêler / It's going to hail.

Il tonne / It's thundering.
Je sors par tous les temps / I go out in all kinds of weather.
Quelle est la prévision scientifique du temps? / What is the weather forecast?

§38. SYNONYMS

In **§3.** in this General Review section I gave you many antonyms that you ought to know to prepare yourself for the next FRENCH CBAT and I suggested that one very good way to increase your French vocabulary is to think of an antonym or synonym for every word in French that you already know or that you come across in your readings.

§38.1 Listed below are some basic synonyms that you certainly ought to know because they are really for review. Do you know one very good way to study them? Let me give you a suggestion. Take a 3 × 5 card and cover the words in English on the right side. Look at the first French line of synonyms. Read them in French out loud. Then give the English meaning aloud. If you do not remember the English meaning, move the 3 × 5 card down so you can see the printed English word or words. Then cover the English again. Then repeat the French words again that are on the left side. Then give the English meaning. If you still do not remember the English meaning, take another peek at the English and start over again. Do this for each line of French synonyms and for the antonyms, too, given in **§3.1** and **§3.2.** What you need to concentrate on is recognizing what the French words mean because that is what the FRENCH CBAT is all about. You will not be asked in any way on the FRENCH CBAT to give the French for an English word or idiom. You will see nothing but French words in front of you on the FRENCH CBAT and you must train yourself to recognize the words and recall the meaning or meanings in English when you have to if you are faced with deciding that the correct answer is choice A or B or C or D.

Very frequently, in the reading comprehension passages on the FRENCH CBAT, the correct answer is one that contains either a synonym or antonym of the key words in the reading passage. For example, if the key word is **fatigué** in a reading passage and the sentence states that Paul was unable to do something because he was **fatigué**, the correct answer among the multiple choices may be a synonym, for example, **épuisé**; the correct answer may state something like: **Pierre n'a pas pu le faire parce qu'il était épuisé**. Of course, in the reading of the passage you surely understood **fatigué**, but could you recognize **épuisé** as a synonym of that word to spot the correct answer?

In the General Index, see the entry *how to study new vocabulary* for other suggestions.

§38.2

accoster *v.*, **aborder**	to come up to, to approach
adresse *n.f.*, **habileté**	skill, expertness
aimer mieux *v.*, **préférer**	to like better, to prefer
aliment *n.m.*, **nourriture** *n.f.*	food, nourishment
aller *v.*, **se porter**	to feel, to be (health)
amas *n.m.*, **tas**	heap, pile
anneau *n.m.*, **bague** *n.f.*	ring (on finger)
arriver *v.*, **se passer**	to happen, to occur
aussitôt que *conj.*, **dès que**	as soon as
auteur *n.m.*, **écrivain**	author, writer
bâtiment *n.m.*, **édifice**	building, edifice
beaucoup de *adv.*, **bien des**	many
besogne *n.f.*, **tâche**	work, piece of work, task
bienveillance *n.f.*, **bonté**	kindness, goodness
bref, brève *adj.*, **court, courte**	brief, short
calepin *n.m.*, **carnet**	memo book, note book
calmer *v.*, **apaiser**	to calm, to appease
casser *v.*, **rompre** *v.*, **briser**	to break
centre *n.m.*, **milieu**	center, middle
certain, certaine *adj.*, **sûr, sûre**	certain, sure

chagrin *n.m.*, souci	sorrow, trouble, care, concern
châtier *v.*, punir	to chastise, to punish
chemin *n.m.*, route *n.f.*	road, route
commencer à + inf., *v.* se mettre à	to commence, to begin, to start + inf.
conseil *n.m.*, avis	counsel, advice, opinion
content, contente *adj.*, heureux, heureuse	content, happy
de façon que *conj.*, de manière que	so that, in such a way
décéder *v.*, mourir	to die
dédain *n.m.*, mépris	disdain, scorn
dégoût *n.m.*, répugnance *n.f.*	disgust, repugnance
dérober *v.*, voler	to rob, to steal
désirer *v.*, vouloir	to desire, to want
disputer *v.*, contester	to dispute, to argue, to contest
docteur *n.m.*, médecin	doctor, physician
dorénavant *adv.*, désormais	henceforth, from now on
dur, dure *adj.*, insensible	hard, callous, unfeeling, insensitive
embrasser *v.*, donner un baiser	to embrace, to hug, to give a kiss
employer *v.*, se servir de	to employ, to use, to make use of
éperdu, éperdue *adj.*, agité, agitée	distracted, confused, troubled
épouvanter *v.*, effrayer	to frighten, to terrify, to scare
erreur *n.f.*, faute	error, fault, mistake
espèce *n.f.*, sorte	species, type, kind, sort
essayer de *v.*, tâcher de + inf.	to try, to attempt + inf.
étaler *v.*, exposer	to display, to show, to expose
étrennes *n.f.*, cadeau *n.m.*	Christmas gifts, present, gift
façon *n.f.*, manière	way, manner
fainéant, fainéante *adj.*, paresseux, paresseuse	a do nothing, idler, lazy
fameux, fameuse *adj.*, célèbre	famous, celebrated
fatigué, fatiguée *adj.*, épuisé, épuisée	tired, fatigued, exhausted
favori, favorite *adj.*, préféré, préférée	favorite, preferred
femme *n.f.*, épouse	wife, spouse
fin *n.f.*, bout *n.m.*	end
finir *v.*, terminer	to finish, to end, to terminate
flot *n.m.*, onde *n.f.*	wave (water)
frémir *v.*, trembler	to shiver, to quiver, to tremble
galette *n.f.*, gâteau *n.m.*	cake
gaspiller *v.*, dissiper	to waste, to dissipate
gâter *v.*, abîmer	to spoil, to ruin, to damage
glace *n.f.*, miroir *n.m.*	hand mirror, mirror
grossier, grossière *adj.*, vulgaire	gross, vulgar, cheap, common
habiter *v.*, demeurer	to live (in), to dwell, to inhabit
haïr *v.*, détester	to hate, to detest
image *n.f.*, tableau *n.m.*	image, picture
indiquer *v.*, montrer	to indicate, to show
jadis *adv.*, autrefois	formerly, in times gone by
jeu *n.m.*, divertissement	game, amusement
jeûne *n.m.*, abstinence *n.f.*	fasting, abstinence
labourer *v.*, travailler	to labor, to work
laisser *v.*, permettre	to allow, to permit
las, lasse *adj.*, fatigué, fatiguée	weary, tired
lier *v.*, attacher	to tie, to attach
lieu *n.m.*, endroit	place, spot, location
logis *n.m.*, habitation *n.f.*	lodging, dwelling
lueur *n.f.*, lumière	gleam, light
lutter *v.*, combattre	to struggle, to fight, to combat
maître *n.m.*, instituteur	master, teacher, instructor
maîtresse *n.f.*, institutrice	mistress, teacher, instructor
mari *n.m.*, époux	husband, spouse
mauvais, mauvaise *adj.*, méchant, méchante	bad, mean, nasty

mêler *v.*, mélanger	to mix, to blend
mener *v.*, conduire	to lead, to take (someone)
mignon, mignonne *adj.*, délicat, délicate, gentil, gentille	dainty, delicate, nice
mince *adj.*, grêle	thin, slender, skinny
naïf, naïve *adj.*, ingénu, ingénue	naive, simple, innocent
net, nette *adj.*, propre	neat, clean
noces *n.f.*, mariage *n.m.*	wedding, marriage
oeuvre *n.f.*, travail *n.m.*	work
ombre *n.f.*, obscurité	shade, shadow, darkness
ombrelle *n.f.*, parasol *n.m.*	sunshade, parasol, beach umbrella
oreiller *n.m.*, coussin	pillow (for sleep), cushion
parce que *conj.*, car	because, for
pareil, pareille *adj.*, égal, égale	similar, equivalent, equal
parmi *prep.*, entre	among, between
parole *n.f.*, mot *n.m.*	spoken word, written word
pays *n.m.*, nation *n.f.*	country, nation
pensée *n.f.*, idée	thought, idea
penser *v.*, réfléchir	to think, to reflect
penser à *v.*, songer à	to think of, to dream of
pourtant *adv.*, cependant, néanmoins	however, nevertheless
professeur *n.m.*, maître, maîtresse	professor, teacher
puis *adv.*, ensuite	then, afterwards
quand *conj.*, lorsque	when
quelquefois *adv.*, parfois	sometimes, at times
rameau *n.m.*, branche *n.f.*	branch (tree)
se rappeler *v.*, se souvenir de	to recall, to remember
rater *v.*, échouer	to miss, to fail
récolter *v.*, recueillir	to gather, to collect
rester *v.*, demeurer	to stay, to remain
sérieux, sérieuse *adj.*, grave	serious, grave
seulement *adv.*, ne . . . que	only
soin *n.m.*, attention *n.f.*	care, attention
soulier *n.m.*, chaussure *n.f.*	shoe, footwear
sud *n.m.*, midi	south
tout de suite *adv.*, immédiatement	right away, immediately
triste *adj.*, malheureux, malheureuse	sad, unhappy
verser *v.*, répandre	to pour, to spread
vêtements *n.m.*, habits	clothes, clothing
visage *n.m.*, figure *n.f.*	face
vite *adv.*, rapidement	quickly, rapidly

§39. VERBS

§39.1 Introduction

A verb is where the action is! A verb is a word that expresses an action (like *go, eat, write*) or a state of being (like *think, believe, be*). Tense means time. French and English verb tenses are divided into three main groups of time: past, present and future. A verb tense shows if an action or state of being took place, is taking place or will take place.

French and English verbs are also used in four moods (or modes). Mood has to do with the *way* a person regards an action or a state that he expresses. For example, a person may merely make a statement or ask a question—this is the Indicative Mood, which we use most of the time in French and English. A person may say that he *would do* something if something else were possible or that he *would have done* something if something else had been possible—this is the Conditional Mood. A person may use a verb *in such a way* that he indicates a wish, a fear, a regret, a supposition, or something of this sort—this is the Subjunctive Mood. The Subjunctive Mood is used in French much more than in English. A person may command that something be done—this is the Imperative Mood.

• There are six tenses in English: Present, Past, Future, Present Perfect, Past Perfect, and Future Perfect. The first three are simple tenses. The other three are compound tenses and are based on the simple tenses. In French, however, there are fourteen tenses, seven of which are simple and seven of which are compound.

Beginning with **§39.70ff.** farther on, the tenses and moods are given in French and the equivalent name or names in English are given in parentheses. Although some of the names given in English are not considered to be tenses (for there are only six), they are given for the purpose of identification as they are related to the French names. The comparison includes only the essential points you need to know about the meanings and uses of French verb tenses and moods as related to English usage. I shall use examples to illustrate their meanings and uses.

But first, here are some essential points you need to know about French verbs:

§39.2 Agreement of subject and verb

A subject and verb form must agree in person and number. By *person* is meant 1st, 2nd, or 3rd; by *number* is meant singular or plural. To get a picture of the three persons, see **Subject pronouns, §29.12.** This may seem elementary and obvious to you, but too often students become careless on a FRENCH CBAT and they neglect to watch for the correct ending of a verb form to agree with the subject in person and number. You must be aware of this.

§39.3 Agreement of subject and reflexive pronoun of a reflexive verb

A subject and reflexive pronoun must agree in person and number. Here, too, students often are careless on a French CBAT and neglect to select the proper reflexive pronoun that matches the subject. To get a picture of the correct reflexive pronoun that goes with the subject, according to the person you need (1st, 2nd, or 3rd, singular or plural), see **Reflexive pronouns, §29.36.** You must be aware of this so that you can choose the correct answer for the easy questions on the next FRENCH CBAT.

§39.4 Agreement of subject and past participle of an être verb

The past participle of an **être** verb agrees with the subject in gender and number:

Elle est allée au cinéma / She went to the movies / She has gone to the movies.
Elles sont allés au cinéma / They went to the movies / They have gone to the movies.

§39.5 Agreement of preceding reflexive pronoun and past participle of a reflexive verb

Elle s'est lavée / She washed herself.
Elles se sont lavées / They washed themselves.

NOTE that an agreement on the past participle of a reflexive verb is made here with the preceding reflexive pronoun because the pronoun serves as a preceding direct object. But if there is an obvious direct object mentioned, there is no agreement because the reflexive pronoun, in such a case, serves as the indirect object pronoun.

§39.6 No agreement of preceding reflexive pronoun and past participle of a reflexive verb

Elle s'est lavé les mains / She washed her hands.
Elles se sont lavé les mains / They washed their hands.

§39.7

NOTE that there is no agreement on the past participle of a reflexive verb if the preceding reflexive pronoun serves as an indirect object pronoun. How do you know when the reflexive pronoun is a direct object or indirect object? If there is an obvious direct object mentioned, as in these two examples (**les mains**), the reflexive pronoun must be the indirect object pronoun—and we do not make an agreement on a past participle with an indirect object, whether it precedes or follows—ever.

§39.8 NOTE also:

Elles se sont regardées / They looked at each other.

Here, the reflexive pronoun **se** is the preceding direct object. How do you know? There is no other obvious direct object mentioned, so what they looked at was **se** (each other); of course, you have to look at the subject to see what the gender and number is of the reflexive pronoun **se** in the sentence you are dealing with.

§39.9   This same sentence, **Elles se sont regardées**, might also mean: They looked at themselves. The principle of agreement is still the same. If you mean to say *They looked at each other*, in order to avoid two meanings, add **l'une à l'autre**.

§39.10   Remember that the verb **regarder** in French means *to look at* in English, and the prep. *at* is not expressed with **à** in French; it is, you might say, included in the verb—that is why we are dealing with the reflexive pronoun as a direct object here, not an indirect object pronoun.

§39.11   **And NOTE:**

Elles se sont parlé au téléphone / They talked to each other on the telephone.

Here, the reflexive pronoun **se** is obviously an indirect object pronoun because they spoke *to* each other; **parler à** is what you are dealing with here. And remember that no agreement is made on a past participle with an indirect object.

§39.12   **Agreement of past participle of an avoir verb with a preceding direct object**

§39.13   The past participle of an **avoir** verb agrees with the preceding direct object (if there is one) in gender and number:

§39.14   **J'ai vu Jeanne au concert** / I saw Joan at the concert.

There is no agreement here on the past participle (**vu**) of this **avoir** verb because there is no preceding direct object. The direct object in this example comes *after* the verb and it is **Jeanne**.

§39.15   **Je l'ai vue au concert** / I saw her at the concert.

There is an agreement on the past participle (**vue**) of this **avoir** verb because there is a preceding direct object, which is **l'** (**la**, with **a** dropped). Agreement is made in gender and number.

§39.16   **J'ai vu les jeunes filles au concert** / I saw the girls at the concert.

There is no agreement here on the past participle (**vu**) of this **avoir** verb because there is no preceding direct object. The direct object in this example comes *after* the verb and it is **les jeunes filles**.

§39.17   **Aimez-vous les fleurs que je vous ai données?** / Do you like the flowers which (*or* that) I gave you?

There is an agreement on the past participle (**données**) of this **avoir** verb because there is a preceding direct object, which is **les fleurs**; the relative pronoun **que** refers to **les fleurs**. Since this noun direct object precedes the verb, we must make an agreement on the past participle in gender and number. A preceding direct object, therefore, can be a pronoun or a noun.

§39.18   **Quels films avez-vous vus?** / What films did you see?

There is an agreement on the past participle (**vus**) of this **avoir** verb because there is a preceding direct object, which is **films**, a masc. pl. noun.

§39.19   **Avez-vous mangé les pâtisseries?** / Did you eat the pastries?

There is no agreement here on the past participle (**mangé**) of this **avoir** verb because there is no preceding direct object. The direct object in this example comes *after* the verb and it is **les pâtisseries**.

§39.20   **Oui, je les ai mangées** / Yes, I ate them.

There is an agreement on the past participle (**mangées**) of this **avoir** verb because there is a preceding direct object, which is **les**, and it refers to something fem., plural, possibly **les pâtisseries**, in §39.19 above.

§39.21   **Avez-vous mangé assez de pâtisseries?** / Did you eat enough pastries?

There is no agreement here on the past participle (**mangé**) of this **avoir** verb because there is no preceding direct object.

§39.22   **Oui, j'en ai mangé assez** / Yes, I ate enough of them.

There is no agreement on the past participle (**mangé**) of this **avoir** verb because the preceding direct object is, in this sentence, the pronoun **en**. We do not normally make an agreement with **en**, whether it precedes or follows. This is an exception.

§39.23   **Formation of past participle**

The past participle is regularly formed from the infinitive:
—**er** ending verbs, drop the —**er** and add **é**: donner, donné
—**ir** ending verbs, drop the —**ir** and add **i**: finir, fini
—**re** ending verbs, drop the —**re** and add **u**: vendre, vendu

§39.24   **Common irregular past participles**

INFINITIVE	PAST PARTICIPLE	INFINITIVE	PAST PARTICIPLE
apprendre	appris	offrir	offert
asseoir	assis	ouvrir	ouvert
avoir	eu	paraître	paru
boire	bu	permettre	permis
comprendre	compris	plaire	plu
conduire	conduit	pleuvoir	plu
connaître	connu	pouvoir	pu
construire	construit	prendre	pris
courir	couru	promettre	promis
couvrir	couvert	recevoir	reçu
craindre	craint	revenir	revenu
croire	cru	rire	ri
devenir	devenu	savoir	su
devoir	dû (due)	suivre	suivi
dire	dit	taire	tu
écrire	écrit	tenir	tenu
être	été	valoir	valu
faire	fait	venir	venu
falloir	fallu	vivre	vécu
lire	lu	voir	vu
mettre	mis	vouloir	voulu
mourir	mort		
naître	né		

§39.25   **Auxiliary (or Helping) verbs, avoir and être**

The auxiliary verbs (also called *helping verbs*) **avoir and être** are used in any of the tenses + the past participle of the main verb you are using to form any of the compound tenses. You must be careful to choose the proper helping verb with the main verb that you are using. As you know, some verbs take **avoir** and some take **être** to form the compound tenses.

§39.26 Verbs conjugated with avoir or être to form a compound tense

§39.27 (a) Generally speaking, a French verb is conjugated with **avoir** to form a compound tense.

§39.28 (b) All reflexive verbs, such as **se laver**, are conjugated with **être**.

§39.29 (c) The following is a list of common non-reflexive verbs that are conjugated with **être**:

1. **aller** to go /**Elle est allée au cinéma.**	**BUT: *Elle m'a passé le sel.** She passed me the salt.
2. **arriver** to arrive /**Elle est arrivée.**	**AND: *Elle a passé un examen.** She took an exam.
3. ***descendre** to go down, come down **Elle est descendue vite.** She came down quickly. **BUT: *Elle a descendu la valise.** She brought down the suitcase	11. ***rentrer** to go in again, to return (home) **Elle est rentrée tôt.** She returned home early. **BUT: *Elle a rentré le chat dans la maison.** She brought (took) the cat into the house.
4. **devenir** to become /**Elle est devenue docteur.**	
5. **entrer** to enter, go in, come in / **Elle est entrée.**	12. **rester** to remain, stay/**Elle est restée chez elle.**
6. ***monter** to go up, come up **Elle est montée lentement.** She went up slowly. **BUT: *Elle a monté l'escalier.** She went up the stairs	13. **retourner** to return, go back / **Elle est retournée.**
	14. **revenir** to come back /**Elle est revenue.**
7. **mourir** to die /**Elle est morte.**	15. ***sortir** to go out **Elle est sortie hier soir.** She went out last night. **BUT: *Elle a sorti son mouchoir.** She took out her handkerchief.
8. **naître** to be born /**Elle est née le premier octobre.**	
9. **partir** to leave /**Elle est partie.**	
10. ***passer** to go by, pass by **Elle est passée par chez moi.** She came by my house.	16. **tomber** to fall /**Elle est tombée.**
	17. **venir** to come /**Elle est venue.**

* Some of these verbs, as noted above, are conjugated with **avoir** *if the verb is used in a transitive sense and has a direct object.*

(d) You must be sure to know the verbs in the above box—even if it means memorizing them!

§39.30 Transitive verbs

A transitive verb is a verb that takes a direct object. Such a verb is called *transitive* because the action passes over and directly affects something or someone in some way:

(a) **Je vois mon ami** / I see my friend.

(b) **Je ferme la fenêtre** / I am closing the window.

(c) **J'ai vu mes amis hier soir au concert** / I saw my friends last night at the concert.

(d) **Avant de sortir, le professeur a fermé les fenêtres de la salle de classe** / Before going out, the professor closed the windows of the classroom.

NOTE that in the above examples, the direct object is a noun in every sentence. Let me diagram them for you so you can see that a transitive verb performs an action that passes over and affects someone or something:

(a)

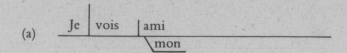

Here, **Je** is the subject; **vois** is the verb; **ami** is the direct object; **mon** is a possessive adjective that modifies **ami**.

(b)

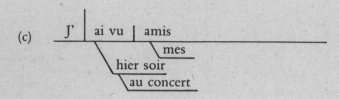

Here, **Je** is the subject; **ferme** is the verb; **fenêtre** is the direct object; **la** is the definite article fem. sing. that modifies **fenêtre**.

(c)

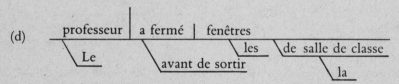

Here, **J'** is the subject; **ai vu** is the verb; **amis** is the direct object; **mes** is a possessive adjective that modifies **amis**; **hier soir** has an adverbial value that tells you *when* the action of the verb took place; **au concert** is an adverbial prepositional phrase that tells you *where* the action of the verb took place; hence, they are placed under the words they are related to.

(d)

Here, **professeur** is the subject; **le** is the def. art. sing. masc. that modifies it so it is placed under it; **a fermé** is the verb; **avant de sortir** is an adverbial prepositional phrase that tells you *when* the action of the verb took place; **fenêtres** is the direct object; **les** is the def. art. plural that modifies the noun **fenêtres** so it is placed under it because it is related to it; **de la salle de classe** is an adjectival prepositional phrase that describes the noun **fenêtres**; **la** is the def. art. sing. fem. that modifies **salle de classe** and it is placed under it because it is related to it.

§39.31   When the direct object of the verb is a **pronoun**, it is placed **in front of** the verb most of the time; the only time it is placed **after** the verb is in the **affirmative imperative**. To get a picture of the position of pronoun direct objects, see Summaries of word order of elements in French sentences, beginning with **§42.** farther on.

§39.32   Let me diagram the same sentences above using them with **direct object pronouns** instead of direct object nouns:

(a) **Je le vois** / I see him.

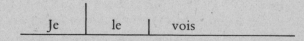

The subject is **je**; the verb is **vois**; the direct object pronoun is **le** and it is placed directly in front of the verb.

(b) **Je la ferme** / I am closing it.

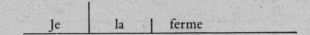

The subject is **je**; the verb is **ferme**; the direct object pronoun is **la** and it is placed directly in front of the verb.

(c) **Je les ai vus hier soir au concert** / I saw them last night at the concert.

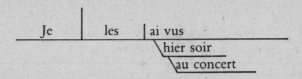

The subject is **je**; the verb is **ai vus**; the direct object pronoun is **les** and it is placed directly in front of the verb. The verb is in the **passé composé** and the past participle (**vus**) agrees with the preceding direct object, **les** (meaning **les amis**) in gender and number which, in this case, is masculine plural.

(d) **Avant de sortir, le professeur les a fermées** / Before leaving, the professor closed them.

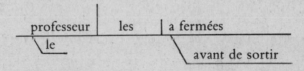

The subject is **professeur**; the verb is **a fermées**; the direct object pronoun is **les** and it is placed directly in front of the verb. The verb is in the **passé composé** and the past participle (**fermées**) agrees with the preceding direct object, **les** (meaning **les fenêtres**) in gender and number which, in this case, is feminine plural.

§39.33   Intransitive verbs

An intransitive verb is a verb that does not take a direct object. Such a verb is called **intransitive** because the action does not pass over and directly affect anyone or anything.

(a) **La maîtresse parle** / The teacher is talking.
(b) **Elle est partie tôt** / She left early.
(c) **Elles sont descendues vite** / They came down quickly.
(d) **Nous sommes montées lentement** / We went up slowly.

An intransitive verb takes an indirect object:

(a) **La maîtresse parle aux élèves** / The teacher is talking to the students.

Here, the indirect object noun is **élèves** because it is preceded by **aux** (to the).

(b) **La maîtresse leur parle** / The teacher is talking to them.

Here, the indirect object is the pronoun **leur**, meaning *to them*.

§39.34   Of course, **a transitive verb** can take an indirect object, too:

(a) **Je donne le livre au garçon** / I am giving the book to the boy.

Here, the direct object is **le livre**; **garçon** is the indirect object because it is indirectly affected and is preceded by **au** (to the).

(b) **Je le lui donne** / I am giving it to him.

Here, the direct object pronoun is **le** (meaning **le livre**) and the indirect object pronoun is **lui** (meaning *to him*).

To get a picture of the position of pronoun direct objects and pronoun indirect objects, see Summaries of word order of elements in French sentences, beginning with **§42.** farther on.

§39.35   **Present participle**

§39.36   **Formation**

The present participle is regularly formed in the following way: Take the **"nous"** form of the present indicative tense of the verb you have in mind, drop the ending **—ons** and add **—ant**. That ending is equivalent to **—ing** in English; for example:

chantons, chantant
finissons, finissant
vendons, vendant
mangeons, mangeant
allons, allant
travaillons, travaillant

§39.37   **Common irregular present participles**

avoir, ayant
être, étant
savoir. sachant

§39.38   **En + present participle**

The present participle in French is used primarily with the preposition **en**, meaning *on, upon, in, by, while*:

en chantant / while singing
en finissant / upon finishing, on finishing
en vendant / by selling, while selling, upon selling
en mangeant / upon eating, while eating
en voyageant / by traveling
en ayant / on having
en étant / on being, upon being
en sachant / upon knowing

§39.39   The present participle is sometimes used as an adjective:

une jeune fille charmante / a charming girl
un enfant amusant / an amusing child (boy)
une enfant amusante / an amusing child (girl)
des idées étonnantes / astonishing ideas

§39.40   Table showing derivation of tenses of a verb conjugated with AVOIR

Infinitif **donner**	*Participe Présent* **donnant**	*Participe Passé* **donné**	*Présent de l'Indicatif* **je donne**	*Passé Simple* **je donnai**
FUTUR	IMPARFAIT DE L'INDICATIF	PASSÉ COMPOSÉ	PRÉSENT DE L'INDICATIF	PASSÉ SIMPLE
donner**ai**	donn**ais**	**ai** donné	donn**e**	donn**ai**
donner**as**	donn**ais**	**as** donné	donn**es**	donn**as**
donner**a**	donn**ait**	**a** donné	donn**e**	donn**a**
donner**ons**	donn**ions**	**avons** donné	donn**ons**	donn**âmes**
donner**ez**	donn**iez**	**avez** donné	donn**ez**	donn**âtes**
donner**ont**	donn**aient**	**ont** donné	donn**ent**	donn**èrent**
CONDITIONNEL		PLUS-QUE-PARFAIT DE L'INDICATIF	IMPÉRATIF	IMPARFAIT DU SUBJONCTIF
donner**ais**		**avais** donné	donn**e**	donn**asse**
donner**ais**		**avais** donné	donn**ons**	donn**asses**
donner**ait**		**avait** donné	donn**ez**	donn**ât**
			PRÉSENT DU SUBJONCTIF	
donner**ions**		**avions** donné	donn**e**	donn**assions**
donner**iez**		**aviez** donné	donn**es**	donn**assiez**
donner**aient**		**avaient** donné	donn**e**	donn**assent**
		PASSÉ ANTÉRIEUR		
		eus donné	donn**ions**	
		eus donné	donn**iez**	
		eut donné	donn**ent**	
		eûmes donné		
		eûtes donné		
		eurent donné		

FUTUR ANTÉRIEUR	CONDITIONNEL PASSÉ	PASSÉ DU SUBJONCTIF	PLUS-QUE-PARFAIT DU SUBJONCTIF
aurai donné	**aurais** donné	**aie** donné	**eusse** donné
auras donné	**aurais** donné	**aies** donné	**eusses** donné
aura donné	**aurait** donné	**ait** donné	**eût** donné
aurons donné	**aurions** donné	**ayons** donné	**eussions** donné
aurez donné	**auriez** donné	**ayez** donné	**eussiez** donné
auront donné	**auraient** donné	**aient** donné	**eussent** donné

§39.41   **Table showing derivation of tenses of a verb conjugated with ÊTRE**

Infinitif **arriver**	*Participe Présent* **arrivant**	*Participe Passé* **arrivé**	*Présent de l'Indicatif* **j'arrive**	*Passé Simple* **J'arrivai**
FUTUR	IMPARFAIT DE L'INDICATIF	PASSÉ COMPOSÉ	PRÉSENT DE L'INDICATIF	PASSÉ SIMPLE
arriver**ai**	arriv**ais**	**suis** arrivé(e)	arriv**e**	arriv**ai**
arriver**as**	arriv**ais**	**es** arrivé(e)	arriv**es**	arriv**as**
arriver**a**	arriv**ait**	**est** arrivé(e)	arriv**e**	arriv**a**
arriver**ons**	arriv**ions**	**sommes** arrivé(e)s	arriv**ons**	arriv**âmes**
arriver**ez**	arriv**iez**	**êtes** arrivé(e)(s)	arriv**ez**	arriv**âtes**
arriver**ont**	arriv**aient**	**sont** arrivé(e)s	arriv**ent**	arriv**èrent**
CONDITIONNEL		PLUS-QUE-PARFAIT DE L'INDICATIF	IMPÉRATIF	IMPARFAIT DU SUBJONCTIF
arriver**ais**		**étais** arrivé(e)	arriv**e**	arriv**asse**
arriver**ais**		**étais** arrivé(e)	arriv**ons**	arriv**asses**
arriver**ait**		**était** arrivé(e)	arriv**ez**	arriv**ât**
			PRÉSENT DU SUBJONCTIF	
arriver**ions**		**étions** arrivé(e)s	arriv**e**	arriv**assions**
arriver**iez**		**étiez** arrivé(e)(s)	arriv**es**	arriv**assiez**
arriver**aient**		**étaient** arrivé(e)s	arriv**e**	arriv**assent**
		PASSÉ ANTÉRIEUR		
		fus arrivé(e)	arriv**ions**	
		fus arrivé(e)	arriv**iez**	
		fut arrivé(e)	arriv**ent**	
		fûmes arrivé(e)s		
		fûtes arrivé(e)(s)		
		furent arrivé(e)s		

FUTUR ANTÉRIEUR	CONDITIONNEL PASSÉ	PASSÉ DU SUBJONCTIF	PLUS-QUE-PARFAIT DU SUBJONCTIF
serai arrivé(e)	**serais** arrivé(e)	**sois** arrivé(e)	**fusse** arrivé(e)
seras arrivé(e)	**serais** arrivé(e)	**sois** arrivé(e)	**fusses** arrivé(e)
sera arrivé(e)	**serait** arrivé (e)	**soit** arrivé(e)	**fût** arrivé(e)
serons arrivé(e)s	**serions** arrivé(e)s	**soyons** arrivé(e)s	**fussions** arrivé(e)s
serez arrivé(e)(s)	**seriez** arrivé(e)(s)	**soyez** arrivé(e)(s)	**fussiez** arrivé(e)(s)
seront arrivé(e)s	**seraient** arrivé(e)s	**soient** arrivé(e)s	**fussent** arrivé(e)s

§39.42   Verbs and prepositions

§39.43   The following verbs take à + noun

assister à qqch (**à un assemblage, à une réunion, à un spectacle,** *etc.*) / to attend a gathering, a meeting, a theatrical presentation, *etc.*, or to be present at: **Allez-vous assister à la conférence du professeur Godard?** / Are you going to attend (to be present at) Prof. Godard's lecture? **Oui, je vais y assister** / Yes, I am going to attend it.

demander à qqn / to ask someone: **Demandez à la dame où s'arrête l'autobus** / Ask the lady where the bus stops.

déplaire à qqn / to displease someone, to be displeasing to someone: **Cet homme-là déplaît à ma soeur** / That man is displeasing to my sister; **Cet homme-là lui déplaît** / That man is displeasing to her.

désobéir à qqn / to disobey someone: **Ce chien ne désobéit jamais à son maître** / This dog never disobeys his master; **Il ne lui désobéit jamais** / He never disobeys him.

être à qqn / to belong to someone: **Ce livre est à Victor** / This book belongs to Victor. [NOTE this special possessive meaning when you use **être + à**.]

faire attention à qqn ou à qqch / to pay attention to someone or to something: **Faites attention au professeur** / Pay attention to the professor; **Faites attention aux marches** / Pay attention to the steps.

se fier à qqn / to trust someone: **Je me fie à mes parents** / I trust my parents; **Je me fie à eux** / I trust them.

goûter à qqch / to taste a little, to sample a little something: **Goûtez à ce gâteau; il est délicieux et vous m'en direz des nouvelles** / Taste a little of this cake; it is delicious and you will rave about it; **Goûtez-y!** / Taste it! [**Goûtez-en!** / Taste some (of it)!]

s'habituer à qqn ou à qqch / to get used to someone or something: **Je m'habitue à mon nouveau professeur** / I am getting used to my new teacher; **Je m'habitue à lui** / I am getting used to him; **Je m'habitue à ce travail** / I am getting used to this work; **Je m'y habitue** / I am getting used to it.

s'intéresser à qqn ou à qqch / to be interested in someone or something: **Je m'intéresse aux sports** / I am interested in sports.

jouer à / to play (a game or sport): **Il aime bien jouer à la balle** / He likes to play ball; **Elle aime bien jouer au tennis** / She likes to play tennis.

manquer à qqn / to miss someone (because of an absence): **Vous me manquez** / I miss you; **Ses enfants lui manquent** / He (or She) misses his (or her) children.

se mêler à qqch / to mingle with, to mix with, to join in: **Il se mêle à tous les groupes à l'école** / He mixes with all the groups at school.

nuire à qqn ou à qqch / to harm someone or something: **Ce que vous faites peut nuire à la réputation de votre famille** / What you are doing may harm the reputation of your family.

obéir à qqn / to obey someone: **Une personne honorable obéit à ses parents** / An honorable person obeys his (her) parents.

s'opposer à qqn ou à qqch / to oppose someone or something: **Je m'oppose aux idées du président** / I am opposed to the president's ideas.

penser à qqn ou à qqch / to think of (about) someone or something: **Je pense à mes amis** / I am thinking of my friends; **Je pense à eux** / I am thinking of them; **Je pense à mon travail** / I am thinking about my work; **J'y pense** / I am thinking about it.

plaire à qqn / to please, to be pleasing to someone: **Mon mariage plaît à ma famille** / My marriage pleases my family; **Mon mariage leur plaît** / My marriage pleases them (is pleasing to them).

répondre à qqn ou à qqch / to answer someone or something: **J'ai répondu au professeur** / I answered the teacher; **Je lui ai répondu** / I answered him; **J'ai répondu à la lettre** / I answered the letter; **J'y ai répondu** / I answered it.

résister à qqn ou à qqch / to resist someone or something: **Le criminel a résisté à l'agent de police** / The criminal resisted the police officer.

ressembler à qqn / to resemble someone: **Il ressemble beaucoup à sa mère** / He resembles his mother a lot.

réussir à qqch / to succeed in something; **réussir à un examen** / to pass an examination: **Il a réussi à l'examen** / He passed the exam.

serrer la main à qqn / to shake hands with someone: **Bobby, va serrer la main à la dame** / Bobby, go shake hands with the lady.

survivre à qqn ou à qqch / to survive someone or something: **Il a survécu à l'ouragan** / He survived the hurricane.

téléphoner à qqn / to telephone someone: **Marie a téléphoné à Paul** / Marie telephoned Paul; **Elle lui a téléphoné** / She telephoned him.

§39.44   **The following verbs take à + inf.**

aider à / to help: **Roger aide son petit frère à faire sa leçon de mathématiques** / Roger is helping his little brother do his math lesson.

aimer à / to like: **J'aime à lire** / I like to read. [NOTE that **aimer à + inf.** is used primarily in literary style; ordinarily, use **aimer + inf.**]

s'amuser à / to amuse oneself, to enjoy, to have fun: **Il y a des élèves qui s'amusent à mettre le professeur en colère** / There are pupils who have fun making the teacher angry.

apprendre à / to learn: **J'apprends à lire** / I am learning to read.

s'apprêter à / to get ready: **je m'apprête à aller au bal** / I am getting ready to go to the dance.

arriver à / to succeed in: **Jacques arrive à comprendre le subjonctif** / Jack is succeeding in learning the subjunctive.

s'attendre à / to expect: **Je m'attendais à trouver une salle de classe vide** / I was expecting to find an empty classroom.

autoriser à / to authorize, to allow; **Je vous autorise à quitter cette salle de classe tout de suite** / I authorize you to leave this classroom immediately.

avoir à / to have, to be obliged (to do something): **J'ai à faire mes devoirs ce soir** / I have to do my homework tonight.

commencer à / to begin: **Il commence à pleuvoir** / It is beginning to rain. [NOTE that **commencer de + inf.** is also correct.]

consentir à / to consent: **Je consens à venir chez vous après le dîner** / I consent (agree) to come to your house after dinner.

continuer à / to continue: **Je continue à étudier le français** / I am continuing to study French. [NOTE that **continuer de + inf.** is also correct.]

décider qqn à / to persuade someone: **J'ai décidé mon père à me prêter quelques francs** / I persuaded my father to lend me a few francs.

se décider à / to make up one's mind: **Il s'est décidé à l'épouser** / He made up his mind to marry her.

demander à / to ask, to request: **Elle demande à parler** / She asks to speak. [NOTE that here the subjects are the same—she is the one who is asking to speak. If the subjects are different, use **demander de: Je vous demande de parler** / I am asking you to talk.]

encourager à / to encourage: **Je l'ai encouragé à suivre un cours de français** / I encouraged him to take a course in French.

s'engager à / to get oneself around (to doing something): **Je ne peux pas m'engager à accepter ses idées frivoles** / I can't get myself around to accepting his (her) frivolous ideas.

enseigner à / to teach: **Je vous enseigne à lire en français** / I am teaching you to read in French.

s'habituer à / to get used (to): **Je m'habitue à parler francais couramment** / I am getting used to speaking French fluently.

hésiter à / to hesitate: **J'hésite à répondre à sa lettre** / I hesitate to reply to her (his) letter.

inviter à / to invite: **Monsieur et Madame Boivin ont invité les Béry à dîner chez eux** / Mr. and Mrs. Boivin invited the Bérys to have dinner at their house.

se mettre à / to begin: **L'enfant se met à rire** / The child is beginning to laugh.

parvenir à / to succeed: **Elle est parvenue à devenir docteur** / She succeeded in becoming a doctor.

persister à / to persist: **Je persiste à croire que cet homme est innocent** / I persist in believing that this man is innocent.

se plaire à / to take pleasure in: **Il se plaît à taquiner ses amis** / He takes pleasure in teasing his friends.

recommencer à / to begin again: **Il recommence à pleuvoir** / It is beginning to rain again.

résister à / to resist: **Je résiste à croire qu'il est malhonnête** / I resist believing that he is dishonest.

réussir à / to succeed in: **Henri a réussi à me convaincre** / Henry succeeded in convincing me.

songer à / to dream, to think: **Elle songe à trouver un millionnaire** / She is dreaming of finding a millionaire.

tarder à / to delay: **Mes amis tardent à venir** / My friends are late in coming.

tenir à / to insist, to be anxious: **Je tiens absolument à voir mon enfant cet instant** / I am very anxious to see my child this instant.

venir à / to happen (to): **Si je viens à voir mes amis en ville, je vous le dirai** / If I happen to see my friends downtown, I will tell you (so).

§39.45   The following verbs take de + noun

s'agir de / to be a question of, to be a matter of: **Il s'agit de l'amour** / It is a matter of love.

s'approcher de / to approach: **La dame s'approche de la porte et elle l'ouvre** / The lady approaches the door and opens it.

changer de / to change: **Je dois changer de train à Paris** / I have to change trains in Paris.

dépendre de / to depend on: **Je veux sortir avec toi mais cela dépend des circonstances** / I want to go out with you but that depends on the circumstances.

douter de / to doubt: **Je doute de la véracité de ce que vous dites** / I doubt the veracity of what you are saying.

se douter de / to suspect: **Je me doute de ses actions** / I suspect his (her) actions.

féliciter de / to congratulate on: **Je vous félicite de vos progrès** / I congratulate you on your progress.

jouer de / to play (a musical instrument): **Je sais jouer du piano** / I know how to play the piano.

jouir de / to enjoy: **Mon père jouit d'une bonne santé** / My father enjoys good health.

manquer de / to lack: **Cette personne manque de politesse** / This person lacks courtesy; **Mon frère manque de bons sens** / My brother lacks common sense.

se méfier de / to distrust, to mistrust, to beware of: **Je me méfie des personnes que je ne connais pas** / I distrust persons whom I do not know.

se moquer de / to make fun of: **Les enfants aiment se moquer d'un singe** / Children like to make fun of a monkey.

s'occuper de / to be busy with: **Madame Boulanger s'occupe de son mari infirme** / Mrs. Boulanger is busy with her disabled husband; **Je m'occupe de mes affaires** / I mind my own business; **Occupez-vous de vos affaires!** / Mind your own business!

partir de / to leave: **Il est parti de la maison à 8 h.** / He left the house at 8 o'clock.

se passer de / to do without: **Je me passe de sel** / I do without salt.

se plaindre de / to complain about: **Il se plaint toujours de son travail** / He always complains about his work.

remercier de / to thank: **Je vous remercie de votre bonté** / I thank you for your kindness. [Use **remercier de** + an abstract noun or + inf.; Use **remercier pour** + a concrete object; *e.g.*, **Je vous remercie pour le cadeau** / I thank you for the present.]

se rendre compte de / to realize: **Je me rends compte de la condition de cette personne** / I realize the condition of this person.

rire de / to laugh at; **Tout le monde rit de cette personne** / Everybody laughs at this person.

se servir de / to employ, to use, to make use of: **Je me sers d'un stylo quand j'écris une lettre** / I use a pen when I write a letter.

se soucier de / to care about, to be concerned about: **Marc se soucie de ses amis** / Marc cares about his friends.

se souvenir de / to remember: **Oui, je me souviens de Gervaise** / Yes, I remember Gervaise; **je me souviens de lui** / I remember him; **Je me souviens d'elle** / I remember her; **Je me souviens de l'été passé** / I remember last summer; **Je m'en souviens** / I remember it.

tenir de / to take after (to resemble): **Julie tient de sa mère** / Julie takes after her mother.

§39.46   Verbs that take de + inf.

s'agir de / to be a question of, to be a matter of: **Il s'agit de faire les devoirs tous les jours** / It is a matter of doing the homework every day.

avoir peur de / to be afraid of: **Le petit garçon a peur de traverser la rue seul** / The little boy is afraid of crossing the street alone.

cesser de / to stop, to cease: **Il a cessé de pleuvoir** / It has stopped raining.

commencer de / to begin: **Il a commencé de pleuvoir** / It has started to rain. [NOTE that **commencer à + inf.** is also correct.]

continuer de / to continue: **Il continue de pleuvoir** / It's still raining OR It's continuing to rain. [NOTE that **continuer à + inf.** is also correct.]

craindre de / to be afraid of, to fear: **La petite fille craint de traverser la rue seule** / The little girl is afraid of crossing the street alone.

décider de / to decide: **J'ai décidé de partir tout de suite** / I decided to leave immediately; **Il a décidé d'acheter la maison** / He decided to buy the house.

demander de / to ask, to request: **Je vous demande de parler** / I am asking you to speak. [NOTE that here the subjects are different: I am asking you to speak; whereas, when the subjects are the same, use **demander à: Elle demande à parler** / She is asking to speak; **Je demande à parler** / I am asking to speak.]

se dépêcher de / to hurry: **Je me suis dépêché de venir chez vous pour vous dire quelque chose** / I hurried to come to your place in order to tell you something.

empêcher de / to keep from, to prevent: **Je vous empêche de sortir** / I prevent you from going out.

s'empresser de / to hurry: **Je m'empresse de venir chez toi** / I am hurrying to come to your place.

essayer de / to try: **J'essaye d'ouvrir la porte mais je ne peux pas** / I'm trying to open the door but I can't.

féliciter de / to congratulate: **On m'a félicité d'avoir gagné le prix** / I was congratulated on having won the prize.

finir de / to finish: **J'ai fini de travailler sur cette composition** / I have finished working on this composition.

gronder de / to scold: **La maîtresse a grondé l'élève d'avoir fait beaucoup de fautes dans le devoir** / The teacher scolded the pupil for having made many errors in the homework.

se hâter de / to hurry: **Je me hâte de venir chez toi** / I am hurrying to come to your house.

manquer de / to neglect to, to fail to, to forget to: **Guy a manqué de compléter sa leçon de français** / Guy neglected to complete his French lesson.

offrir de / to offer: **J'ai offert d'écrire une lettre pour elle** / I offered to write a letter for her.

oublier de / to forget: **J'ai oublié de vous donner la monnaie** / I forgot to give you the change.

persuader de / to persuade: **J'ai persuadé mon père de me prêter quelques francs** / I persuaded my father to lend me a few francs.

prendre garde de / to take care not to: **Prenez garde de tomber** / Be careful not to fall.

prendre le parti de faire qqch / to decide to do something: **Théodore n'a pas hésité à prendre le parti de voter pour elle** / Theodore did not hesitate to decide to vote for her.

prier de / to beg: **Je vous prie d'arrêter** / I beg you to stop.

promettre de / to promise: **J'ai promis de venir chez toi à 8 h.** / I promised to come to your place at 8 o'clock.

refuser de / to refuse: **Je refuse de le croire** / I refuse to believe it.

regretter de / to regret, to be sorry; **Je regrette d'être obligé de vous dire cela** / I am sorry to be obliged to tell you that.

remercier de / to thank: **Je vous remercie d'être venu si vite** / I thank you for coming (having come) so quickly. [Use **remercier de + inf.** or **+ abstract noun.** Use **remercier pour + concrete object.**]

se souvenir de / to remember: **Tu vois? Je me suis souvenu de venir chez toi** / You see? I remembered to come to your house.

tâcher de / to try: **Tâche de finir tes devoirs avant de sortir** / Try to finish your homework before going out.

venir de / to have just (done something): **Je viens de manger** / I have just eaten OR I just ate.

§39.47 **The following verbs commonly take à + noun + de + inf.**

The model to follow is: **J'ai conseillé à Robert de suivre un cours de français** / I advised Robert to take a course in French.

conseiller à / to advise: **J'ai conseillé à Jeanne de se marier** / I advised Joan to get married.

défendre à / to forbid: **Mon père défend à mon frère de fumer** / My father forbids my brother to smoke.

demander à / to ask, to request: **J'ai demandé à Marie de venir** / I asked Mary to come.

dire à / to say, to tell: **J'ai dit à Charles de venir** / I told Charles to come.

interdire à / to forbid: **Mon père interdit à mon frère de fumer** / My father forbids my brother to smoke.

ordonner à / to order: **J'ai ordonné au chauffeur de ralentir** / I ordered the driver to slow down.

permettre à / to permit: **J'ai permis à l'étudiant de partir quelques minutes avant la fin de la classe** / I permitted the student to leave a few minutes before the end of class.

promettre à / to promise: **J'ai promis à mon ami d'arriver à l'heure** / I promised my friend to arrive on time.

téléphoner à / to telephone: **J'ai téléphoné à Marcel de venir me voir** / I phoned Marcel to come to see me.

§39.48 **Verb + other prepositions**

commencer par + inf. / to begin by + present participle: **La présidente a commencé par discuter les problèmes de la société** / The president began by discussing the problems in society.

continuer par + inf. / to continue by + pres. part.: **La maîtresse a continué la conférence par lire un poème** / The teacher continued the lecture by reading a poem.

entrer dans + noun / to enter, to go in: **Elle est entrée dans le restaurant** / She went into the restaurant.

être en colère contre qqn / to be angry with someone: **Monsieur Laroche est toujours en colère contre ses voisins** / Mr. Laroche is always angry with his neighbors.

finir par + inf. / to end up by + pres. part.: **Clément a fini par épouser une femme plus âgée que lui** / Clement ended up marrying a woman older than he.

s'incliner devant qqn / to bow to someone: **La princesse s'incline devant la reine** / The princess is bowing to the queen.

insister pour + inf. / to insist on, upon: **J'insiste pour obtenir tous mes droits** / I insist on obtaining all my rights.

se marier avec qqn / to marry someone: **Elle va se marier avec lui** / She is going to marry him.

se mettre en colère / to become angry, upset: **Monsieur Leduc se met en colère facilement** / Mr. Leduc gets angry easily.

se mettre en route / to start out, to set out: **Ils se sont mis en route dès l'aube** / They started out at dawn.

remercier pour + a concrete noun / to thank for: **Je vous remercie pour le joli cadeau** / I thank you for the pretty present. [Remember to use **remercier pour + a concrete object**; use **remercier de + an abstract noun** or **+ inf. Je vous remercie de votre bonté** / I thank you for your kindness; **Je vous remercie d'être venue si vite** / I thank you for coming so quickly.]

§39.49   Verb + NO PREPOSITION + inf.

adorer + inf. / to adore, to love: **Madame Morin adore mettre tous ses bijoux avant de sortir** / Mrs. Morin loves to put on all her jewelry before going out.

aimer + inf. / to like: **J'aime lire** / I like to read. [You may also say: **J'aime à lire**, but **aimer + à + inf.** is used primarily in literary style.]

aimer mieux + inf. / to prefer: **J'aime mieux rester ici** / I prefer to stay here.

aller + inf. / to go: **Je vais faire mes devoirs maintenant** / I am going to do my homework now.

apercevoir + inf. / to perceive: **J'aperçois avancer l'ouragan** / I notice the hurricane advancing. [This is a verb of perception. You may also say: **J'aperçois l'ouragan qui s'avance.**]

compter + inf. / to intend: **Je compte aller en France l'été prochain** / I intend to go to France next summer.

croire + inf. / to believe: **Il croit être innocent** / He believes he is innocent.

désirer + inf. / to desire, to wish: **Je désire prendre une tasse de café** / I desire to have a cup of coffee.

devoir + inf. / to have to, ought to: **Je dois faire mes devoirs avant de sortir** / I have to do my homework before going out.

écouter + inf. / to listen to: **J'écoute chanter les enfants** / I am listening to the children singing. [This is a verb of perception. You may also say: **J'écoute les enfants qui chantent.**]

entendre + inf. / to hear: **J'entends chanter les enfants** / I hear the children singing. [This is a verb of perception. You may also say: **J'entends les enfants qui chantent.**]

espérer + inf. / to hope: **J'espère aller en France** / I hope to go to France.

faire + inf. / to cause, to make, to have something done by someone: **Le professeur fait travailler les élèves dans la salle de classe** / The teacher has the pupils work in the classroom. [This is really the **causative faire;** see §5.]

falloir + inf. / to be necessary: **Il faut être honnête** / One must be honest. See also §19.

laisser + inf. / to let, to allow: **Je vous laisse partir** / I am letting you go.

oser + inf. / to dare: **Ce garçon ose dire n'importe quoi** / This boy dares to say anything.

paraître + inf. / to appear, to seem: **Elle paraît être capable** / She appears to be capable.

penser + inf. / to think, to plan, to intend: **Je pense aller à Paris** / I intend to go to Paris.

pouvoir + inf. / to be able, can: **Je peux marcher mieux maintenant après l'accident** / I can walk better now after the accident.

préférer + inf. / to prefer: **Je préfère manger maintenant** / I prefer to eat now.

regarder + inf. / to look at: **Je regarde voler les oiseaux** / I see the birds flying. [This is a verb of perception. You may also say: **Je regarde les oiseaux qui volent.**]

savoir + inf. / to know, to know how: **Je sais nager** / I know how to swim.

sentir + inf. / to feel: **Je sens s'approcher l'ouragan** / I feel the hurricane approaching. [This is a verb of perception. You can also say: **Je sens l'ouragan qui s'approche.**]

sentir + inf. / to smell: **Je sens venir une odeur agréable du jardin** / I smell a pleasant fragrance coming from the garden. [This is another verb of perception. You may also say: **Je sens une odeur agréable qui vient du jardin.**]

valoir mieux + inf. / to be better: **Il vaut mieux être honnête** / It is better to be honest.

venir + inf. / to come: **Gérard vient voir ma nouvelle voiture** / Gerard is coming to see my new car.

voir + inf. / to see: **Je vois courir les enfants** / I see the children running. [This is another verb of perception. You may also say: **Je vois les enfants qui courent.**]

vouloir + inf. / to want: **Je veux venir chez vous** / I want to come to your house.

§39.50 **Verbs that do not require a preposition, whereas in English a preposition is used**

approuver / to approve of: **J'approuve votre décision** / I approve of your decision.

attendre / to wait for: **J'attends l'autobus depuis vingt minutes** / I have been waiting for the bus for twenty minutes.

chercher / to look for: **Je cherche mon livre** / I'm looking for my book.

demander / to ask for: **Je demande une réponse** / I am asking for a reply.

écouter / to listen to: **J'écoute la musique** / I am listening to the music; **J'écoute le professeur** / I am listening to the teacher.

envoyer chercher / to send for: **J'ai envoyé chercher le docteur** / I sent for the doctor.

essayer / to try on: **Elle a essayé une jolie robe** / She tried on a pretty dress.

habiter / to live in: **J'habite cette maison** / I live in this house.

ignorer / to be unaware of: **J'ignore ce fait** / I am unaware of this fact.

mettre / to put on: **Elle a mis la robe rouge** / She put on the red dress.

payer / to pay for: **J'ai payé le dîner** / I paid for the dinner.

pleurer / to cry about, to cry over: **Elle pleure la perte de son petit chien** / She is crying over the loss of her little dog.

prier / to pray to: **Elle prie le ciel** / She is praying to the heavens; **Elle prie la Vierge** / She is praying to the Holy Mother.

puer / to stink of: **Cet ivrogne pue l'alcool** / This drunkard stinks of alcohol.

regarder / to look at: **Je regarde le ciel** / I am looking at the sky.

sentir / to smell of: **Robert, ta chambre sent la porcherie** / Robert, your room smells like a pigsty (pigpen)

soigner / to take care of: **Cette personne soigne les malades** / This person takes care of (cares for) sick people.

§39.51 **Principal parts of some important verbs—Les temps primitifs de quelques verbes importants**

INFINITIF	PARTICIPE PRÉSENT	PARTICIPE PASSÉ	PRÉSENT DE L'INDICATIF	PASSÉ SIMPLE
aller	allant	allé	je vais	j'allai
avoir	ayant	eu	j'ai	j'eus
battre	battant	battu	je bats	je battis
boire	buvant	bu	je bois	je bus
craindre	craignant	craint	je crains	je craignis
croire	croyant	cru	je crois	je crus
devoir	devant	dû (due)	je dois	je dus
dire	disant	dit	je dis	je dis
écrire	écrivant	écrit	j'écris	j'écrivis
être	étant	été	je suis	je fus
faire	faisant	fait	je fais	je fis
lire	lisant	lu	je lis	je lus
mettre	mettant	mis	je mets	je mis
mourir	mourant	mort	je meurs	je mourus
naître	naissant	né	je nais	je naquis
ouvrir	ouvrant	ouvert	j'ouvre	j'ouvris
porter	portant	porté	je porte	je portai
pouvoir	pouvant	pu	je peux *or* je puis	je pus
prendre	prenant	pris	je prends	je pris

INFINITIF	PARTICIPE PRÉSENT	PARTICIPE PASSÉ	PRÉSENT DE L'INDICATIF	PASSÉ SIMPLE
recevoir	recevant	reçu	je reçois	je reçus
savoir	sachant	su	je sais	je sus
venir	venant	venu	je viens	je vins
vivre	vivant	vécu	je vis	je vécus
voir	voyant	vu	je vois	je vis
voler	volant	volé	je vole	je volai

§39.52   The principal parts (**les temps primitifs**) of a verb are very important to know because from them you can easily form all the tenses and moods. See **§39.40** and **§39.41.**

§39.53   **Orthographical changing verbs—verb forms that change in spelling**

§39.54   Verbs that end in **—cer** in the infinitive form change **c** to **c** when in front of the vowels **a**, **o** or **u** in order to keep the **s** sound in the infinitive form and retain its identity. That little mark under the **c** (**ç**) is called **une cédille**. Actually it is the lower part of the letter **s** which is used in order to tell the reader that the **ç** should be pronounced as an **s**. Without that mark, the letter **c** in front of the vowels **a**, **o** and **u** must be pronounced as a **k** sound. Since the **c** in the ending **—cer** is pronounced like an **s**, that same sound must be retained in all its forms.

§39.55   Some common verbs that end in **—cer** in the infinitive form are:

annoncer / to announce
avancer / to advance
commencer / to begin, to start
divorcer / to divorce
effacer / to erase, to efface

lancer / to launch, to hurl
menacer / to threaten
placer / to place, to set
prononcer / to pronounce
remplacer / to replace

§39.56   Examples of when this change occurs:

Present indicative: nous annonçons, nous avançons, nous commençons, nous divorçons, nous effaçons, nous lançons, nous menaçons, nous plaçons, nous prononçons, nous remplaçons.

Imperfect indicative: j'annonçais, tu annonçais, il (elle, on) annonçait; ils (elles) annonçaient [You do the same for the other **—cer** type verbs given above in **§39.55.**]

Passé simple: j'annonçai, tu annonças, il (elle, on) annonça; nous annonçâmes, vous annonçâtes [You do the same for the other **—cer** type verbs given above in **§39.55.**]

Imperfect subjunctive: que j'annonçasse, que tu annonçasses, qu'il (qu'elle, qu'on) annonçât; que nous annonçassions, que vous annonçassiez, qu'ils (qu'elles) annonçassent [Now you do the same for the other **—cer** type verbs given above in **§39.55.**]

§39.57   Verbs that end in **—ger** in the infinitive form change **g** to **ge** in front of the vowels **a**, **o** or **u** in order to keep the soft sound of **g** in the infinitive form and retain its identity; otherwise, **g** in front of **a**, **o** or **u** is normally pronounced hard **g** as in **go**.

§39.58   Some common verbs that end in **—ger** in the infinitive form are:

arranger / to arrange
changer / to change
corriger / to correct
déranger / to disturb
manger / to eat
nager / to swim
neiger / to snow

obliger / to oblige
partager / to divide, to share
plonger / to dive, to plunge
ranger / to arrange by row, put in order
songer / to think, to dream
voyager / to travel

§39.59   Examples of when this change occurs:

> **Present indicative: nous arrangeons, nous changeons, nous corrigeons, nous dérangeons** [Now you do the same for the other —**ger** type verbs given above in §39.58]

> **Imperfect indicative: j'arrangeais, tu arrangeais, il (elle, on) arrangeait; ils (elles) arrangeaient** [Now you do the same for the other —**ger** type verbs given above in §39.58.]

> **Passé simple: j'arrangeai, tu arrangeas, il (elle, on) arrangea; nous arrangeâmes, vous arrangeâtes** [Now you do the same for the other —**ger** type verbs given above in §39.58.]

> **Imperfect subjunctive: que j'arrangeasse, que tu arrangeasses, qu'il (qu'elle, qu'on) arrangeât; que nous arrangeassions, que vous arrangeassiez, qu'ils (qu'elles) arrangeassent** [Just for the fun of it, do the same for the other —**ger** type verbs given above in §39.58.]

§39.60   Verbs that end in —**oyer** or —**uyer** in the infinitive form must change **y** to **i** in front of mute **e**.

§39.61   Common verbs that end in —**oyer** or —**uyer** in the infinitive form are:

—OYER	—UYER
choyer / to fondle, to coddle	**ennuyer** / to bore, to annoy
employer / to employ, to use	**essuyer** / to wipe
envoyer / to send	
nettoyer / to clean	

§39.62   Verbs that end in —**AYER** in the infinitive form may change **y** to **i** or may keep **y** in front of mute **e**.

> Two common verbs that end in —**ayer** in the infinitive form are: **essayer** / to try, to try on; and **payer** / to pay, to pay for

§39.63   Examples of when this change occurs:

> **Present indicative: j'emploie, tu emploies, il (elle, on) emploie; ils (elles) emploient.**

> **Future: j'emploierai, tu emploieras, il (elle, on) emploiera; nous emploierons, vous emploierez, ils (elles) emploieront.**

> **Conditional: j'emploierais, tu emploierais, il (elle, on) emploierait; nous emploierions, vous emploieriez, ils (elles) emploieraient.**

> **Present subjunctive: que j'emploie, que tu emploies, qu'il (qu'elle, qu'on) emploie; qu'ils (qu'elles) emploient.**

§39.64   Verbs that contain a mute **e** in the syllable before the infinitive ending —**er**:

ach**e**ter / to buy	l**e**ver / to raise, to lift
ach**e**ver / to complete	se l**e**ver / to get up
am**e**ner / to bring, to lead	m**e**ner / to lead
él**e**ver / to raise	p**e**ser / to weigh
emm**e**ner / to lead away, to take away	prom**e**ner / to walk (a person or an animal)
enl**e**ver / to remove, to take off	se prom**e**ner / to take a walk (for yourself)
g**e**ler / to freeze	

§39.65   These verbs, given above in §39.64, change mute **e** to **è** when, in a verb form, the syllable after it contains another mute **e**.

§39.66   This change occurs because that mute **e** in the stem of the infinitive now becomes pronounced clearly in some verb forms. Examples:

> **Present indicative: j'achète, tu achètes, il (elle, on) achète; ils (elles) achètent.**

> **Future: j'achèterai, tu achèteras, il (elle, on) achètera; nous achèterons, vous achèterez, ils (elles) achèteront.**

Conditional: j'achèterais, tu achèterais, il (elle, on) achèterait; nous achèterions, vous achèteriez, ils (elles) achèteraient.

Present subjunctive: que j'achète, que tu achètes, qu'il (qu'elle, qu'on) achète; qu'ils (qu'elles) achètent.

§39.67 Instead of changing like the verbs above in §39.64—§39.66, the following verbs double the consonant in the syllable that contains the mute **e** in the stem:

appeler / to call   jeter / to throw
rappeler / to recall   rejeter / to throw again, to throw back
se rappeler / to remember

Examples of when this spelling change occurs:

Present indicative: je m'appelle, tu t'appelles, il (elle, on) s'appelle; ils (elles) s'appellent.

Future: je m'appellerai, tu t'appelleras, il (elle, on) s'appellera; nous nous appellerons, vous vous appellerez, ils (elles) s'appelleront

Conditional: je m'appellerais, tu t'appellerais, il (elle,on) s'appellerait; nous nous appellerions, vous vous appelleriez, ils (elles) s'appelleraient.

Present subjunctive: que je m'appelle, que tu t'appelles, qu'il (qu'elle, qu'on) s'appelle; qu'ils (qu'elles) s'appellent.

§39.68 Verbs that contain **é** in the syllable before the infinitive ending —**er**:

céder / to cede, to yield, to give up   posséder / to possess, to own
célébrer / to celebrate   préférer / to prefer
concéder / to concede, to give up   protéger / to protect
considérer / to consider   répéter / to repeat
espérer / to hope   suggérer / to suggest

§39.69 These verbs, given above in §39.68, change **é** to **è** when, in a verb form, the syllable after it contains mute **e**.

Examples of when this spelling change occurs:

Present indicative: je préfère, tu préfères, il (elle, on) préfère; ils (elles) préfèrent.

Present subjunctive: que je préfère, que tu préfères, qu'il (qu'elle, qu'on) préfère; qu'ils (qu'elles) préfèrent.

§39.70 The names of tenses and moods in French with English equivalents are:

FRENCH	*ENGLISH*
Les Temps simples	*Simple tenses*
1. Présent de l'indicatif	1. Present indicative
2. Imparfait de l'indicatif	2. Imperfect indicative
3. Passé simple	3. Past definite
4. Futur	4. Future
5. Conditionnel présent	5. Conditional present
6. Présent du subjonctif	6. Present subjunctive
7. Imparfait du subjonctif	7. Imperfect subjunctive
Les Temps composés	*Compound tenses*
8. Passé composé	8. Past indefinite
9. Plus-que-parfait de l'indicatif	9. Pluperfect or Past perfect indicative
10. Passé antérieur	10. Past anterior
11. Futur antérieur	11. Future perfect or Future anterior
12. Conditionnel passé	12. Conditional perfect
13. Passé du subjonctif	13. Past subjunctive
14. Plus-que-parfait du subjonctif	14. Pluperfect or Past perfect subjunctive
15. Impératif	15. Imperative or Command

§39.71   OBSERVATIONS:

§39.72   In French, there are 7 simple tenses and 7 compound tenses. A simple tense means that the verb form consists of one word. A compound tense means that the verb form consists of two words (the auxiliary verb and the past participle). The auxiliary verb is also called a helping verb and in French, as you know, it is any of the 7 simple tenses of **avoir** or **être**.

§39.73   Each compound tense is based on each simple tense. The 14 tenses given above are arranged in the following logical order:

§39.74   Tense number 8 is based on Tense number 1; in other words, you form the Passé composé by using the auxiliary **avoir** or **être** (whichever is appropriate) in the Present indicative plus the past participle of the verb you are using.

§39.75   Tense number 9 is based on Tense number 2; in other words, you form the Plus-que-parfait de l'indicatif by using the auxiliary **avoir** or **être** (whichever is appropriate) in the Imparfait de l'indicatif plus the past participle of the verb you are using.

§39.76   Tense number 10 is based on Tense number 3; in other words, you form the Passé antérieur by using the auxiliary **avoir** or **être** (whichever is appropriate) in the Passé simple plus the past participle of the verb you are using.

§39.77   Tense number 11 is based on Tense number 4; in other words, you form the Futur antérieur by using the auxiliary **avoir** or **être** (whichever is appropriate) in the Future plus the past participle of the verb you are using.

§39.78   Tense number 12 is based on Tense number 5; in other words, you form the Conditional perfect by using the auxiliary **avoir** or **être** (whichever is appropriate) in the Conditional present plus the past participle of the verb you are using.

§39.79   Tense number 13 is based on Tense number 6; in other words, you form the Past subjunctive by using the auxiliary **avoir** or **être** (whichever is appropriate) in the Present subjunctive plus the past participle of the verb you are using.

§39.80   Tense number 14 is based on Tense number 7; in other words, you form the Pluperfect subjunctive by using the auxiliary **avoir** or **être** (whichever is appropriate) in the Imperfect subjunctive plus the past participle of the verb you are using.

§39.81   What does all the above mean? This: If you ever expect to know or even recognize the meaning of any of the 7 compound tenses, you certainly have to know **avoir** and **être** in the 7 simple tenses. If you do not, you cannot form the 7 compound tenses. This is one perfect example to illustrate that learning French verb forms is a cumulative experience: In order to know the 7 compound tenses, you must first know the forms of **avoir** and **être** in the 7 simple tenses, which are as follows:

AVOIR in the 7 simple tenses

Participe présent	**ayant**	**Participe passé**	**eu**	**Infinitif**	**avoir**
Present participle	having	Past participle	had	Infinitive	to have

1. **Présent** **indic.**	**j'ai, tu as, il (elle, on) a;** **nous avons, vous avez, ils (elles) ont**
Present indic.	I have, you have, he (she, it, one) has; we have, you have, they have

OR:
I do have, you do have, he (she, it, one) does have;
we do have, you do have, they do have
OR:
I am having, you are having, he (she, it, one) is having;
we are having, you are having, they are having

2. Imparf. indic.

**j'avais, tu avais, il (elle, on) avait;
nous avions, vous aviez, ils (elles) avaient**

Imperf. indic.

I had, you had, he (she, it, one) had;
we had, you had, they had
OR:
I used to have, you used to have, he (she, it, one) used to have;
we used to have, you used to have, they used to have
OR:
I was having, you were having, he (she, it, one) was having;
we were having, you were having, they were having

3. Passé simple

**J'eus, tu eus, il (elle, on) eut;
nous eûmes, vous eûtes, ils (elles) eurent**

Past def.

I had, you had, he (she, it, one) had;
we had, you had, they had

4. Futur

**j'aurai, tu auras, il (elle, on) aura;
nous aurons, vous aurez, ils (elles) auront**

Future

I shall have, you will have, he (she, it, one) will have;
we shall have, you will have, they will have

5. Cond. prés.

**j'aurais, tu aurais, il (elle, on) aurait;
nous aurions, vous auriez, ils (elles) auraient**

Cond. pres.

I would have, you would have, he (she, it, one) would have;
we would have, you would have, they would have

6. Prés. subj.

**que j'aie, que tu aies, qu'il (qu'elle, qu'on) ait;
que nous ayons, que vous ayez, qu'ils (qu'elles) aient**

Pres. subj.

that I may have, that you may have, that he (she, it, one) may have;
that we may have, that you may have, that they may have

7. Imparf. subj.

**que j'eusse, que tu eusses, qu'il (qu'elle, qu'on) eût;
que nous eussions, que vous eussiez, qu'ils (qu'elles) eussent**

Imperf. subj.

that I might have, that you might have, that he (she, it, one) might have;
that we might have, that you might have, that they might have

ÊTRE in the 7 simple tenses

Participe présent	étant	**Participe passé**	été	**Infinitif**	être
Present participle	being	Past participle	been	Infinitive	to be

1. Présent indic.

**je suis, tu es, il (elle, on) est;
nous sommes, vous êtes, ils (elles) sont**

Present indic.	I am, you are, he (she, it, one) is; we are, you are, they are **OR:** I am being, you are being, he (she, it, one) is being; we are being, you are being, they are being	

2. Imparf. indic.

**j'étais, tu étais, il (elle, on) était;
nous étions, vous étiez, ils (elles) étaient**

Imperf. indic.

I was, you were, he (she, it, one) was;
we were, you were, they were
OR:
I used to be, you used to be, he (she, it, one) used to be;
we used to be, you used to be, they used to be
OR:
I was being, you were being, he (she, it, one) was being;
we were being, you were being, they were being

3. Passé simple

**je fus, tu fus, il (elle, on) fut;
nous fûmes, vous fûtes, ils (elles) furent**

Past def.

I was, you were, he (she, it, one) was;
we were, you were, they were

4. Futur

**je serai, tu seras, il (elle, on) sera;
nous serons, vous serez, ils (elles) seront**

Future

I shall be, you will be, he (she, it, one) will be;
we shall be, you will be, they will be

5. Cond. prés.

**je serais, tu serais, il (elle, on) serait;
nous serions, vous seriez, ils (elles) seraient**

Cond. pres.

I would be, you would be, he (she, it, one) would be;
we would be, you would be, they would be

6. Prés. subj.

**que je sois, que tu sois, qu'il (qu'elle, qu'on) soit;
que nous soyons, que vous soyez, qu'ils (qu'elles) soient**

Pres. subj.

that I may be, that you may be, that he (she, it, one) may be;
that we may be, that you may be, that they may be

7. Imparf. subj.

**que je fusse, que tu fusses, qu'il (qu'elle, qu'on) fût;
que nous fussions, que vous fussiez, qu'ils (qu'elles) fussent**

Imperf. subj.

that I might be, that you might be, that he (she, it, one) might be;
that we might be, that you might be, that they might be

§39.82   How do you translate the French verb forms into English? See §39.81, §39.84 and §39.85.

§39.83   There are four moods (or modes) in French and English: indicative, subjunctive, conditional, and imperative. For an explanation of this, see §39.1 and the explanations that begin with §39.86.

§39.84   Sample English verb conjugation with equivalent French verb forms, using an avoir verb

Participe présent parlant   **Participe passé parlé**   **Infinitif parler**
Present participle   talking, speaking   Past participle   talked, spoken   Infinitive   to talk, to speak

1. **Présent   je parle, tu parles, il (elle, on) parle;**
    indic.   nous parlons, vous parlez, ils (elles) parlent

    Present   I talk, you talk, he (she, it, one) talks;
    indic.   we talk, you talk, they talk
                     OR:
                     I do talk, you do talk, he (she, it, one) does talk;
                     we do talk, you do talk, they do talk
                     OR:
                     I am talking, you are talking, he (she, it, one) is talking;
                     we are talking, you are talking, they are talking

2. **Imparf.   je parlais, tu parlais, il (elle, on) parlait;**
    indic.   nous parlions, vous parliez, ils (elles) parlaient

    Imperf.   I was talking, you were talking, he (she, it, one) was talking;
    indic.   we were talking, you were talking, they were talking
                     OR:
                     I used to talk, you used to talk, he (she, it, one) used to talk;
                     we used to talk, you used to talk, they used to talk
                     OR:
                     I talked, you talked, he (she, it, one) talked;
                     we talked, you talked, they talked

3. **Passé   je parlai, tu parlas, il (elle, on) parla;**
    simple   nous parlâmes, vous parlâtes, ils (elles) parlèrent

    Past   I talked, you talked, he (she, it, one) talked;
    def.   we talked, you talked, they talked
                     OR:
                     I did talk, you did talk, he (she, it, one) did talk;
                     we did talk, you did talk, they did talk

4. **Futur   je parlerai, tu parleras, il (elle, on) parlera;**
                     nous parlerons, vous parlerez, ils (elles) parleront

    Future   I shall talk, you will talk, he (she, it, one) will talk;
                     we shall talk, you will talk, they will talk

5. **Cond.   je parlerais, tu parlerais, il (elle, on) parlerait;**
    prés.   nous parlerions, vous parleriez, ils (elles) parleraient

    Cond.   I would talk, you would talk, he (she, it, one) would talk;
    pres.   we would talk, you would talk, they would talk

6. **Prés.   que je parle, que tu parles, qu'il (qu'elle, qu'on) parle;**
    subj.   que nous parlions, que vous parliez, qu'ils (qu'elles) parlent

    Pres.   that I may talk, that you may talk, that he (she, it, one) may talk;
    subj.   that we may talk, that you may talk, that they may talk

7. **Imparf.   que je parlasse, que tu parlasses, qu'il (qu'elle, qu'on) parlât;**
    subj.   que nous parlassions, que vous parlassiez, qu'ils (qu'elles) parlassent

| Imperf. subj. | that I might talk, that you might talk, that he (she, it, one) might talk; that we might talk, that you might talk, that they might talk |

8. Passé composé
j'ai parlé, tu as parlé, il (elle, on) a parlé;
nous avons parlé, vous avez parlé, ils (elles) ont parlé

Past indef.
I talked, you talked, he (she, it, one) talked;
we talked, you talked, they talked
OR:
I have talked, you have talked, he (she, it, one) has talked;
we have talked, you have talked, they have talked
OR:
I did talk, you did talk, he (she, it, one) did talk;
we did talk, you did talk, they did talk

9. Plus-q-p. indic.
j'avais parlé, tu avais parlé, il (elle, on) avait parlé;
nous avions parlé, vous aviez parlé, ils (elles) avaient parlé

Plup. indic.
I had talked, you had talked, he (she, it, one) had talked;
we had talked, you had talked, they had talked

10. Passé antér.
j'eus parlé, tu eus parlé, il (elle, on) eut parlé;
nous eûmes parlé, vous eûtes parlé, ils (elles) eurent parlé

Past anter.
I had talked, you had talked, he (she, it, one) had talked;
we had talked, you had talked, they had talked

11. Fut. antér.
j'aurai parlé, tu auras parlé, il (elle, on) aura parlé;
nous aurons parlé, vous aurez parlé, ils (elles) auront parlé

Fut. perf.
I shall have talked, you will have talked, he (she, it, one) will have talked;
we shall have talked, you will have talked, they will have talked

12. Cond. passé
j'aurais parlé, tu aurais parlé, il (elle, on) aurait parlé;
nous aurions parlé, vous auriez parlé, ils (elles) auraient parlé

Cond. perf.
I would have talked, you would have talked, he (she, it, one) would have talked;
we would have talked, you would have talked, they would have talked

13. Passé subj.
que j'aie parlé, que tu aies parlé, qu'il (qu'elle, qu'on) ait parlé;
que nous ayons parlé, que vous ayez parlé, qu'ils (qu'elles) aient parlé

Past subj.
that I may have talked, that you may have talked, that he (she, it, one) may have talked;
that we may have talked, that you may have talked, that they may have talked

14. Plus-q-p. subj.
que j'eusse parlé, que tu eusses parlé, qu'il (qu'elle, qu'on) eût parlé;
que nous eussions parlé, que vous eussiez parlé, qu'ils (qu'elles) eussent parlé

Plup. subj.
that I might have talked, that you might have talked, that he (she, it, one) might have talked;
that we might have talked, that you might have talked, that they might have talked

15. Impér.
parle, parlons, parlez

Imper.
talk, let's talk, talk

NOTE: For an explanation and examples of each of these tenses and moods, with their uses, see §39.86.

§39.85   Sample English verb conjugation with equivalent French verb forms, using an être verb

Participe présent	**allant**	**Participe passé**	**allé**	**Infinitif**	**aller**
Present participle	going	Past participle	gone	Infinitive	to go

1. Présent indic.
je vais, tu vas, il (elle, on) va;
nous allons, vous allez, ils (elles) vont

Present indic.
I go, you go, he (she, it, one) goes;
we go, you go, they go
OR:
I do go, you do go, he (she, it, one) does go;
we do go, you do go, they do go
OR:
I am going, you are going, he (she, it, one) is going;
we are going, you are going, they are going

2. Imparf. indic.
j'allais, tu allais, il (elle, on) allait;
nous allions, vous alliez, ils (elles) allaient

Imperf. indic.
I was going, you were going, he (she, it, one) was going;
we were going, you were going, they were going
OR:
I used to go, you used to go, he (she, it, one) used to go;
we used to go, you used to go, they used to go
OR:
I went, you went, he (she, it, one) went;
we went, you went, they went

3. Passé simple
j'allai, tu allas, il (elle, on) alla;
nous allâmes, vous allâtes, ils (elles) allèrent

Past def.
I went, you went, he (she, it, one) went;
we went, you went, they went
OR:
I did go, you did go, he (she, it, one) did go;
we did go, you did go, they did go

4. Futur
j'irai, tu iras, il (elle, on) ira;
nous irons, vous irez, ils (elles) iront

Future
I shall go, you will go, he (she, it, one) will go;
we shall go, you will go, they will go

5. Cond. prés.
j'irais, tu irais, il (elle, on) irait;
nous irions, vous iriez, ils (elles) iraient

Cond. pres.
I would go, you would go, he (she, it, one) would go;
we would go, you would go, they would go

6. Prés. subj.
que j'aille, que tu ailles, qu'il (qu'elle, qu'on) aille;
que nous allions, que vous alliez, qu'ils (qu'elles) aillent

Pres. subj.
that I may go, that you may go, that he (she, it, one) may go;
that we may go, that you may go, that they may go

7. Imparf. subj.
que j'allasse, que tu allasses, qu'il (qu'elle, qu'on) allât;
que nous allassions, que vous allassiez, qu'ils (qu'elles) allassent

Imperf. subj.	that I might go, that you might go, that he (she, it, one) might go; that we might go, that you might go, that they might go

**8. Passé
composé**   je suis allé(e), tu es allé(e), il (on) est allé, elle est allée;
nous sommes allé(e)s, vous êtes allé(e)(s), ils sont allés, elles sont allées

Past
indef.   I went, you went, he (she, it, one) went;
we went, you went, they went
OR:
I have gone, you have gone, he (she, it, one) has gone;
we have gone, you have gone, they have gone
OR:
I did go, you did go, he (she, it, one) did go;
we did go, you did go, they did go

**9. Plus-q-p.
indic.**   j'étais allé(e), tu étais allé(e), il (on) était allé, elle était allée;
nous étions allé(e)s, vous étiez allé(e)(s), ils étaient allés, elles étaient allées

Plup.
indic.   I had gone, you had gone, he (she, it, one) had gone;
we had gone, you had gone, they had gone

**10. Passé
antér.**   je fus allé(e), tu fus allé(e), il (on) fut allé, elle fut allée;
nous fûmes allé(e)s, vous fûtes allé(e)(s), ils furent allés, elles furent allées

Past
anter.   I had gone, you had gone, he (she, it, one) had gone;
we had gone, you had gone, they had gone

**11. Fut.
Antér.**   je serai allé(e), tu seras allé(e), il (on) sera allé, elle sera allée;
nous serons allé(e)s, vous serez allé(e)(s), ils seront allés, elles seront allées

Fut.
perf.   I shall have gone, you will have gone, he (she, it, one) will have gone;
we shall have gone, you will have gone, they will have gone

**12. Cond.
passé**   je serais allé(e), tu serais allé(e), il (on) serait allé, elle serait allée;
nous serions allé(e)s, vous seriez allé(e)(s), ils seraient allés, elles seraient allées

Cond.
perf   I would have gone, you would have gone, he (she, it, one) would have gone;
we would have gone, you would have gone, they would have gone

**13. Passé
subj.**   que je sois allé(e), que tu sois allé(e), qu'il (qu'on) soit allé, qu'elle soit allée;
que nous soyons allé(e)s, que vous soyez allé(e)(s), qu'ils soient allés, qu'elles
soient allées

Past
subj.   that I may have gone, that you may have gone, that he (she, it, one) may have gone;
that we may have gone, that you may have gone, that they may have gone

**14. Plus-q-p.
subj.**   que je fusse allé(e), que tu fusses allé(e), qu'il (qu'on) fût allé, qu'elle fût allée;
que nous fussions allé(e)s, que vous fussiez allé(e)(s), qu'ils fussent allés, qu'elles
fussent allées

Plup.
subj.   that I might have gone, that you might have gone, that he (she, it, one) might have
gone;
that we might have gone, that you might have gone, that they might have gone

15. Impér.
Imper.   va, allons, allez
go, let's go, go

NOTE: For an explanation and examples of each of these tenses and moods, with their uses, see **§39.86**.

§39.86   COMPARISON OF MEANINGS AND USES OF FRENCH VERB TENSES AND MOODS AS RELATED TO ENGLISH VERB TENSES AND MOODS

§39.87   The following verb tenses and moods are presented in the same numbered order as in §39.70, §39.84, and §39.85. Please compare those sections with these that follow.

§39.88   1. Présent de l'indicatif (Present indicative)

This tense is used most of the time in French and English. It indicates:

(a)   An action or a state of being at the present time.

EXAMPLES:
  Je **vais** à l'école maintenant. I *am going* to school now.
  Je **pense**; donc, je **suis**. I *think;* therefore, I *am*.

(b)   Habitual action.

EXAMPLE:
  Je **vais** à la bibliothèque tous les jours.
  I *go* to the library every day. OR: I *do go* to the library every day.

(c)   A general truth, something which is permanently true.

EXAMPLES:
  Deux et deux **font** quatre. Two and two *are* four.
  Voir c'**est** croire. Seeing *is* believing.

(d)   Vividness when talking or writing about past events. This is called the *historical present*.

EXAMPLE:
  Marie-Antoinette **est** condamnée à mort. Elle **entre** dans la charrette et **est** en route pour la guillotine.
  Marie-Antoinette *is* condemned to die. She *goes* into the cart and *is* on her way to the guillotine.

(e)   A near future.

EXAMPLE:
  Il **arrive** demain. He *arrives* tomorrow.

(f)   An action or state of being that occurred in the past and *continues up to the present*. In English, this tense is the *Present perfect,* which is formed with the Present tense of *to have* (*have* or *has*) plus the past participle of the verb you are using.

EXAMPLES:
  Je **suis** ici depuis dix minutes.
  I *have been* here for ten minutes. (I am still here at present).
  Elle **est** malade depuis trois jours.
  She *has been* sick for three days. (She is still sick at present).
  J'**attends** l'autobus depuis dix minutes.
  I *have been waiting* for the bus for ten minutes.

NOTE: In this last example the formation of the English verb tense is slightly different from the other two examples in English. The present participle (*waiting*) is used instead of the past participle (*waited*). Not so in French: use merely the present tense. This tense is regularly formed as follows:[1]

1st conjugation—**er** verbs: drop the **—er** and add the following endings:
  e, es, e; ons, ez, ent

---

[1] Irregular verbs in this tense, and in the other tenses that follow in these pages, are not given because that is not the purpose here. However, I felt the need to give a few common irregular verbs fully conjugated in all the tenses and moods merely as a handy reference. See **§40.** Irregular verbs must be learned separately in the classroom by constant drill, using them in simple sentences. Consult your textbook or my *Dictionary of 501 French Verbs Fully Conjugated in All the Tenses,* which contains them all, published by Barron's Educational Series, Inc., Woodbury, New York.

2nd conjugation —**ir** verbs: drop the —**ir** and add the following endings:
  is, is, it; issons, issez, issent
3rd conjugation —**re** verbs: drop the —**re** and add the following endings:
  s, s, —; ons, ez, ent

See also, in this General Review section, **§39.81** for the present indicative of **avoir** and **être**. For a sample English verb conjugation with equivalent French verb forms in all the tenses, using the verb **avoir** as a helping verb, see **§39.84**. For a sample English verb conjugation with equivalent French verb forms in all the tenses, using the verb **être** as a helping verb, see **§39.85**.

§39.89 **2. Imparfait de l'indicatif** (Imperfect indicative)

This is a past tense. It is used to indicate:

(a) An action that was going on in the past at the same time as another action.

EXAMPLE:
  Il **lisait** pendant que j'**écrivais**. He *was reading* while I *was writing*.

(b) An action that was going on in the past when another action occurred.

EXAMPLE:
  Il **lisait** quand je suis entré. He *was reading* when I came in.

(c) An action that a person did habitually in the past.

EXAMPLE:
  Nous **allions** à la plage tous les jours. We *used to go* to the beach every day.
  OR:
  We *would go* to the beach every day.

(d) A description of a mental or physical condition in the past.

EXAMPLES:
  (mental condition)   Il **était** triste quand je l'ai vu. He *was* sad when I saw him.
  (physical condition)   Quand ma mère **était** jeune, elle **était** belle. When my mother *was* young, she *was* beautiful.

(e) An action or state of being that occurred in the past and *lasted for a certain length of time* prior to another past action. In English, it is usually translated as a Pluperfect tense and is formed with *had been* plus the present participle of the verb you are using. It is like the special use of the **Présent de l'Indicatif** described in the above section in paragraph (f), except that the action or state of being no longer exists at present.

EXAMPLE:
  J'**attendais** l'autobus depuis dix minutes quand il est arrivé. I *had been waiting* for the bus for ten minutes when it arrived.

This tense is regularly formed as follows:

For —**er**, —**ir** and —**re** verbs, take the "nous" form in the present indicative tense of the verb you have in mind, drop the ending —**ons** and add the following endings: **ais, ais, ait; ions, iez, aient**.
For the Imperfect indicative of **avoir** and **être**, see **§39.81**.

§39.90 **3. Passé simple** (Past definite or Simple past)

This past tense expresses an action that took place at some definite time. This tense is not ordinarily used in conversational French or in informal writing. It is a literary tense. It is used in formal writing, such as history and literature. You should be able merely to recognize this tense when you see it in the next French CBAT you take. It should be noted that French writers use the **Passé simple** less and less these days. The **Passé composé** is taking its place in literature, except for **avoir** and **être**, which I give you in **§39.81**, because it is used abundantly on the French CBAT.

This tense is regularly formed as follows:

For all —**er** verbs, drop the —**er** on the infinitive and add the following endings: **ai, as, a; âmes, âtes, èrent.**

For regular —**ir** and —**re** verbs, drop the ending on the infinitive and add the following endings: **is, is, it; îmes, îtes, irent.**

EXAMPLES:

Il **alla** en Afrique. He *went* to Africa.

Il **voyagea** en Amérique. He *traveled* to America.

Ce château **fut** construit au dix-septième siecle. This castle *was* built in the seventeenth century.

Elle **fut** heureuse. She *was* happy.

Elle **eut** un grand bonheur. She *had* great happiness.

Il **parla** à ses amis et puis il **sortit**. He *spoke* to his friends and then he *went out*.

For the passé simple of **avoir** and **être**, see §39.81.

§39.91   4. Futur (Future)

In French and English this tense is used to express an action or a state of being which will take place at some time in the future.

EXAMPLES:

J'**irai** en France l'été prochain. I *shall go* to France next summer.

J'y **penserai**. I *shall think* about it. **OR:** I *will think* about it.

Je **partirai** dès qu'il **arrivera**. I *shall leave* as soon as he arrives.

Je te **dirai** tout quand tu **seras** ici. I *shall tell* you all when you are here.

Je **m'amuserai** au bal ce soir. I *will enjoy myself* at the dance tonight.

If the action of the verb you are using is not past or present and if future time is implied, the future tense is used when the clause begins with the following conjunctions: **aussitôt que** (as soon as), **dès que** (as soon as), **quand** (when), **lorsque** (when), and **tant que** (as long as). Are you consulting the General Index in the back pages of this book for the location of other topics that interest you?

This tense is regularly formed as follows:

Add the following endings to the whole infinitive, except that for —**re** verbs you must drop the **e** in —**re** before you add the future endings: **ai, as, a; ons, ez, ont.**

For the Future of **avoir** and **être**, see §39.81.

§39.92   5. Conditionnel présent (Conditional)

The Conditional is used in French and English to express:

(a)   An action that you would do if something else were possible.

EXAMPLE:

Je **ferais** le travail si j'avais le temps. I *would do* the work if I had the time. On the French CBAT you can surely expect **Si clauses**. See §34.—§34.2.

(b)   A conditional desire. This is the Conditional of courtesy in French.

EXAMPLES:

J'**aimerais** du thé. I *would like* some tea. Je **voudrais** du café. I *would like* some coffee.

(c)   An obligation or duty.

EXAMPLE:

Je **devrais** étudier pour l'examen. I *should* study for the examination. **OR:** I *ought to* study for the examination.

NOTE: (1): The French verb **devoir** plus the infinitive is used to express the idea of *should* when you mean *ought to*. See §17.–§17.7.

NOTE: (2): When the Conditional of the verb **pouvoir** is used in French, it is translated into English as *could* or *would be able*. See §28.–§28.3.

EXAMPLE:

Je **pourrais** venir après le dîner. I *could come* after dinner. **OR:** I *would be able* to come after dinner.

This tense is regularly formed as follows:

Add the following endings to the whole infinitive, except that for —**re** verbs you must drop the **e** in —**re** before you add the conditional endings: **ais, ais, ait; ions, iez, aient**. Note that these endings are the same ones you use to form regularly the Imperfect indicative. See §39.89.

For the Conditional of **avoir** and **être**, see §39.81.

§39.93   **6. Présent du subjonctif** (Present subjunctive)

The subjunctive mood is used in French much more than in English. It is disappearing in English, except for the following major uses:

(a)   The subjunctive is used in French and English to express a command.

EXAMPLE:

Soyez à l'heure! *Be* on time!

NOTE: In English, the form in the subjunctive applies mainly to the verb *to be*. Also, note that all verbs in French are not in the subjunctive when expressing a command. See **Impératif** in §39.102 farther on.

(b)   The subjunctive is commonly used in English to express a condition contrary to fact.

EXAMPLE:

If I *were* you, I would not do it.

NOTE: In French the subjunctive is not used in this instance. Instead, the **Imparfait de l'indicatif** is used if what precedes is *si* (*if*). Same example in French: Si j'**étais** vous, je ne le ferais pas. See §34.–§34.2, **Si clause: a summary**.

(c)   The Present subjunctive is used in French and English after a verb that expresses some kind of insistence, preference, or suggestion.

EXAMPLES:

J'insiste que vous **soyez** ici à l'heure. I insist that *you be* here on time.
Je préfère qu'il **fasse** le travail maintenant. I prefer that *he do* the work now.
J'exige qu'il **soit** puni. I demand that *he be* punished.

(d)   The subjunctive is used in French after a verb that expresses doubt, fear, joy, sorrow, or some other emotion. Notice in the following examples that the subjunctive is not used in English but it is in French. See §27.–§27.8, **Ne expletive**.

EXAMPLES:

Je doute qu'il **vienne**. I doubt that he *is coming*. **OR:** I doubt that he *will come*.
J'ai peur qu'il ne **soit** malade. I'm afraid he *is* sick.
Je suis heureux qu'il **vienne**. I'm happy that he *is coming*.
Je regrette qu'il **soit** malade. I'm sorry that he *is* sick.

(e)   The Present subjunctive is used in French after certain conjunctions. Notice, however, that the subjunctive is not always used in English.

EXAMPLES:

Je partirai **à moins qu'il vienne**. I shall leave unless he *comes*.
Je resterai **jusqu'à ce qu'il vienne**. I shall stay until he *comes*.
Quoiqu'elle soit belle, il ne l'aime pas. Although she *is* beautiful, he does not love her.
Je l'explique **pour qu'elle comprenne**. I'm explaining it *so that she may understand*.

(f) The Present subjunctive is used in French after certain impersonal expressions that show a need, a doubt, a possibility or an impossibility. Notice, however, that the subjunctive is not always used in English in the following examples:

1. Il est urgent qu'il **vienne**. It is urgent that he *come*.
2. Il vaut mieux qu'il **vienne**. It is better that he *come*.
3. Il est possible qu'il **vienne**. It is possible that he *will come*.
4. Il est douteux qu'il **vienne**. It is doubtful that he *will come*.
5. Il est nécessaire qu'il **vienne**. It is necessary that he *come*. **OR:** He *must come*.
6. Il faut qu'il **vienne**. It is necessary that he *come*. **OR:** He *must come*.
7. Il est important que vous **fassiez** le travail. It is important that you *do* the work.
8. Il est indispensable qu'elle **fasse** le travail. It is required that she *do* the work.

The Present subjunctive is regularly formed as follows: Drop the **—ant** ending of the present participle of the verb you are using and add the following endings: **e, es, e; ions, iez, ent**.

For the Present subjunctive of **avoir** and **être**, see **§39.81**. See also **§35.–35.11, Subjunctive**.

§39.94   **7. Imparfait du subjonctif** (Imperfect subjunctive)

L'Imparfait du subjonctif is used for the same reasons as the **Présent du subjonctif**—that is, after certain verbs, conjunctions, and impersonal expressions which were used in examples above in **§39.93, Présent du subjonctif**. The main difference between these two is the time of the action. If present, use the **Présent du subjonctif**. If the action is related to the past, the **Imparfait du subjonctif** is used, provided that the action was *not* completed. If the action was completed, the **Plus-que-parfait du subjonctif** is used. See below under the section, **Plus-que-parfait du subjonctif, §39.101**.

Since the subjunctive mood is troublesome in French and English, you may be pleased to know that this tense is rarely used in English. It is used in French, however, but only in formal writing and in literature. For that reason, you should merely be familiar with it so you can recognize it when you see it in the next French CBAT you take. In conversational French and in informal writing, **l'Imparfait du subjonctif** is avoided. Use, instead, the **Présent du subjonctif**.

Notice that the **Imparfait du subjonctif** is used in French in both of the following examples, but is used in English only in the second example:

EXAMPLES:

Je voulais qu'il **vînt**. I wanted him to come. (action not completed; he did not come while I wanted him to come)

NOTE: The subjunctive of **venir** is used because the verb that precedes is one that requires the subjunctive *after* it—in this example it is **vouloir**. In conversational French and informal writing, the **Imparfait du subjonctif** is avoided. Use, instead, the **Présent du subjonctif**: Je voulais qu'il **vienne**.

Je le lui expliquais **pour qu'elle le comprît**. I was explaining it to her *so that she might understand it*. (action not completed; the understanding was not completed at the time of the explaining)

NOTE: The subjunctive of **comprendre** is used because the conjunction that precedes is one that requires the Subjunctive *after* it—in this example it is **pour que**. In conversational French and informal writing, the **Imparfait du subjonctif** is avoided. Use, instead, the **Présent du subjonctif**: Je le lui expliquais pour qu'elle le **comprenne**.

The Imperfect subjunctive is regularly formed as follows: Drop the endings of the Passé simple of the verb you are using and add the following endings:

—er verbs: **asse, asses, ât; assions, assiez, assent**
—ir verbs: **isse, isses, ît; issions, issiez, issent**
—re verbs: **usse, usses, ût; ussions, ussiez, ussent**

For the Imperfect subjunctive of **avoir** and **être**, see **§39.81**. See also **§35.–§35.11, Subjunctive**.

§39.95   **8. Passé composé** (Past indefinite)

This past tense expresses an action that took place at no definite time. It is used in conversational French, correspondence, and other informal writing. The **Passé composé** is used more and more in literature these days and is taking the place of the **Passé simple**. It is a compound tense because it is formed with the **Présent de l'indicatif** of *avoir* or *être* (depending on which of these two auxiliaries is required to form a compound tense) plus the past participle. See **§39.26–§39.29** for the distinction made between verbs conjugated with *avoir* or *être*.

> EXAMPLES:
> Il **est allé** à l'école. He *went* to school.
> Il **est allé** à l'école. He *did go* to school.
> Il **est allé** à l'école. He *has gone* to school.
> J'**ai mangé** dans ce restaurant beaucoup de fois. I *have eaten* in this restaurant many times.
>
> NOTE: In examples 3 and 4 in English the verb is formed with the present tense of *to have* (*have* or *has*) plus the past participle of the verb you are using. In English, this form is called the *Present Perfect*.
>
> J'**ai parlé** au garçon. I *spoke* to the boy. **OR:** I *have spoken* to the boy. **OR:** I *did speak* to the boy.

See also **§39.4–§39.25** and **§39.74**. And the present indicative of **avoir** and **être** in **§39.81**. Also, refer frequently to **§39.84** and **§39.85**.

§39.96   **9. Plus-que-parfait de l'indicatif** (Pluperfect or Past perfect indicative)

In French and English this tense is used to express an action which happened in the past *before* another past action. Since it is used in relation to another past action, the other past action is expressed in either the **Passé composé** or the **Imparfait de l'indicatif** in French. This tense is used in formal writing and literature as well as in conversational French and informal writing. The correct use of this tense is strictly observed in French. In English, however, too often we neglect to use it correctly. It is a compound tense because it is formed with the **Imparfait de l'indicatif** of *avoir* or *être* (depending on which of these two auxiliaries is required to form a compound tense) plus the past participle. See **§39.26–§39.29** for the distinction made between verbs conjugated with *avoir* or *être*. In English, this tense is formed with the past tense of *to have* (*had*) plus the past participle of the verb you are using.

> EXAMPLES:
> Je me suis rappelé que j'**avais oublié** de le lui dire. I remembered that I *had forgotten* to tell him.
>
> NOTE: It would be incorrect in English to say: I remembered that I *forgot* to tell him. The point here is that *first* I forgot; then, I remembered. Both actions are in the past. The action that occurred in the past *before* the other past action is in the Pluperfect. And in this example it is *I had forgotten* (**j'avais oublié**).
>
> J'**avais étudié** la leçon que le professeur a expliquée. I *had studied* the lesson which the teacher explained.
>
> NOTE: *First* I studied the lesson; then, the teacher explained it. Both actions are in the past. The action that occurred in the past *before* the other past action is in the Pluperfect. And in this example it is *I had studied* (**j'avais étudié**).
>
> J'étais fatigué ce matin parce que je n'**avais** pas **dormi**. I was tired this morning because I *had* not *slept*.

See also **§39.4–§39.25** and **§39.75**. And the Imperfect indicative of **avoir** and **être** in **§39.81**.

§39.97   **10. Passé antérieur** (Past anterior)

This tense is similar to the **Plus-que-parfait de l'indicatif**. The main difference is that in French it is a literary tense; that is, it is used in formal writing, such as history and literature.

More and more French writers today use the **Plus-que-parfait de l'indicatif** instead of this tense. Generally speaking, the **Passé antérieur** is to the **Plus-que-parfait** what the **Passé simple** is to the **Passé composé**. The **Passé antérieur** is a compound tense. In French, it is formed with the **Passé simple** of *avoir* or *être* (depending on which of these two auxiliaries is required to form a compound tense) plus the past participle. In English, it is formed in the same way as the *Pluperfect* or *Past Perfect*. This tense is ordinarily introduced by conjunctions of time: **après que, aussitôt que, dès que, lorsque, quand**.

> EXAMPLE:
>
> Quand il **eut mangé** tout, il partit. When he *had eaten* everything, he left.
>
> NOTE: In conversational French and informal writing, the **Plus-que-parfait de l'indicatif** is used instead: Quand il **avait mangé** tout, il est parti. The translation into English is the same.

See also the following sections in this General Review: **§39.4–§39.29** and **§39.76**. And the Passé simple of **avoir** and **être** in **§39.81**.

§39.98   **11. Futur antérieur** (Future perfect or Future anterior)

In French and English this tense is used to express an action which will happen in the future *before* another future action. Since it is used in relation to another future action, the other future action is expressed in the simple Future in French, but not always in the simple Future in English. In French, it is used in conversation and informal writing as well as in formal writing and in literature. It is a compound tense because it is formed with the **Futur** of *avoir* or *être* (depending on which of these two auxiliaries is required to form a compound tense) plus the past participle of the verb you are using. In English, it is formed by using *shall have* or *will have* plus the past participle of the verb you are using.

> EXAMPLES:
>
> Elle arrivera demain et j'**aurai fini** le travail. She will arrive tomorrow and I *shall have finished* the work.
>
> NOTE: First, I shall finish the work; then, she will arrive. The action that will occur in the future *before* the other future action is in the **Futur antérieur**.
>
> Quand elle arrivera demain, j'**aurai fini** le travail. When she arrives tomorrow, I *shall have finished* the work.
>
> NOTE: The idea of future time here is the same as in the example above. In English, the Present tense is used (*When she arrives . . .*) to express a near future. In French, the **Futur** is used (**Quand elle arrivera . . .**) because **quand** precedes and the action will take place in the future.

See also the following sections in this General Review: **§39.4–§39.29** and **§39.77**. And the Future of **avoir** and **être** in **§39.81**.

§39.99   **12. Conditionnel passé** (Conditional perfect)

This is used in French and English to express an action that you *would have done* if something else had been possible; that is, you would have done something *on condition* that something else had been possible. It is a compound tense because it is formed with the **Conditionnel présent** of *avoir* or *être* plus the past participle of the verb you are using. In English, it is formed by using *would have* plus the past participle. Observe the difference between the following examples and the one given for the use of the **Conditionnel présent** which was explained and illustrated previously, in **§39.92**.

> EXAMPLES:
>
> J'**aurais fait** le travail si j'avais étudié. I *would have done* the work if I had studied.
>
> J'**aurais fait** le travail si j'avais eu le temps. I *would have done* the work if I had had the time.

NOTE: Review the **Plus-que-parfait de l'indicatif** which was explained and illustrated previously in order to understand the use of *if I had studied* (**si j'avais étudié**) and *if I had had the time* (**si j'avais eu le temps**). See **§34.–§34.2**.

NOTE FURTHER: The French verb **devoir** plus the infinitive is used to express the idea of *should* when you mean *ought to*. The past participle of **devoir** is **dû**. It is conjugated with **avoir**. See **§17**. and **§17.6**.

EXAMPLE:

J'**aurais dû** étudier. I *should have* studied. **OR:** I *ought to have* studied.

See also the following sections in this General Review: **§39.4–§39.29** and **§39.78**. And the conditional of **avoir** and **être** in **§39.81**. On the French CBAT you can surely expect **Si clauses**. See **§34.–§34.2**.

§39.100   **13. Passé du subjonctif** (Past subjunctive)

This tense is used to express an action which took place in the past in relation to the present time. It is like the **Passé composé**, except that the auxiliary verb (*avoir* or *être*) is in the **Présent du subjonctif**. The subjunctive is used (as was noted in the previous sections of verb tenses in the subjunctive) because what precedes is a certain verb, a certain conjunction, or a certain impersonal expression. The **Passé du subjonctif** is also used in relation to a future time when another action will be completed. This tense is rarely used in English. In French, however, this tense is used in formal writing and in literature as well as in conversational French and informal writing. It is a compound tense because it is formed with the **Présent du subjonctif** of *avoir* or *être* as the auxiliary plus the past participle of the verb you are using.

EXAMPLES:

A past action in relation to the present
Il est possible qu'elle **soit partie**. It is possible that she *may have left*. **OR:** It is possible that she *has left*.

Je doute qu'il **ait fait** cela. I doubt that he *did* that.

An action that will take place in the future
J'insiste que vous **soyez rentré** avant dix heures. I insist that you *be back* before ten o'clock.

See the Present subjunctive of **avoir** and **être** in **§39.81**. See also **§39.4–§39.29** and **§39.79**.

§39.101   **14. Plus-que-parfait du subjonctif** (Pluperfect or Past perfect subjunctive)

This tense is used for the same reasons as the **Imparfait du subjonctif**—that is, after certain verbs, conjunctions and impersonal expressions which were used in examples previously under **Présent du subjonctif** in **§39.93**. The main difference between the **Imparfait du subjonctif** and this tense is the time of the action in the past. If the action was *not* completed, the **Imparfait du subjonctif** is used. If the action was completed, this tense is used. It is rarely used in English. In French, it is used only in formal writing and in literature. For that reason, you should merely be familiar with it so you can recognize it in the next French CBAT that you take. In conversational French and in informal writing, this tense is avoided. Use, instead, the **Passé du subjonctif**, explained in **§39.100**. This is a compound tense. It is formed by using the **Imparfait du subjonctif** of *avoir* or *être* plus the past participle. This tense is like the **Plus-que-parfait de l'indicatif**, except that the auxiliary verb (*avoir* or *être*) is in the **Imparfait du subjonctif**. Review the uses of the subjunctive mood, in **§35.–§35.11**.

EXAMPLES:

Il était possible qu'elle **fût partie**. It was possible that she *might have left*.

NOTE: Avoid this tense in French. Use, instead, **le Passé du subjonctif**: Il était possible qu'elle *soit partie*.

Je ne croyais pas qu'elle **eût dit** cela. I did not believe that she *had said* that.

NOTE: Avoid this tense in French. Use, instead, **le Passé du subjonctif**: Je ne croyais pas qu'elle **ait dit** cela.

Je n'ai pas cru qu'elle **eût dit** cela. I did not believe that she *had said* that.

NOTE: Avoid this tense in French. Use, instead, **le Passé du subjonctif**: Je n'ai pas cru qu'elle **ait dit** cela.

J'ai craint que vous ne **fussiez tombé**. I was afraid that you *had fallen*.

NOTE: Avoid this tense in French. Use, instead, **le Passé du subjonctif**: J'ai craint que vous ne **soyez tombé**.

For the Imperfect subjunctive of **avoir** and **être**, see §39.81. Also, review §39.4–§39.29 and §39.80. When you take the French CBAT, you ought to be prepared to recognize the following four tenses in the subjunctive mood: Present (§39.93), Imperfect (§39.94), Past subjunctive (§39.100), and Pluperfect subjunctive (§39.101). You will have to recognize these in the reading comprehension passages on the CBAT.

§39.102   **15. Impératif** (Imperative or Command)

The Imperative mood is used in French and English to express a command or a request. It is also used to express an indirect request made in the third person, as in the fifth and sixth examples below. In both languages it is formed by dropping the subject and using the present tense. There are a few exceptions in both languages when the **Présent du subjonctif** is used.

EXAMPLES:

Sortez! Get out!

Entrez! Come in!

Buvons! Let's drink!

Soyez à l'heure! *Be* on time! (Subjunctive is used)

Dieu le **veuille**! May God *grant* it! (Subjunctive is used)

Qu'ils **mangent** du gâteau! Let them eat cake! (Subjunctive is used)

Asseyez-vous! Sit down!

Levez-vous! Get up!

Review §35. and §35.5. For the Present subjunctive of **avoir** and **être**, see §39.81. See also my footnote in §39.88.

§40.   **Irregular verbs commonly used**

§40.1   Here are a few samples of commonly used irregular verbs conjugated for you fully in all the tenses and moods. If there are any not given here, but which are of interest to you, consult my *Dictionary of 501 French Verbs Fully Conjugated in All the Tenses*, which contains them all, published by Barron's Educational Series, Inc., Woodbury, New York.

The common irregular verb **aller** is conjugated fully for you in all the tenses and moods in §39.85.

In the format of the verbs that follow, the subject pronouns have been omitted in order to emphasize the verb forms. The subject pronouns are, as you know: **je, tu, il (elle, on)** in the singular in the first line of each tense; **nous, vous, ils (elles)** in the plural in the second line of each tense.

The numbered sequence of the verb tenses is that used in §39.70, §39.84 and §39.85, which you must consult. A number system is used here in order to conserve space so that you may see, as a picture, all the forms for a particular verb.

boire to drink

PRES. PART. *buvant* PAST PART. *bu*

Tense
No.

1 bois, bois, boit;
   buvons, buvez, boivent

2 buvais, buvais, buvait;
   buvions, buviez, buvaient

3 bus, bus, but;
   bûmes, bûtes, burent

4 boirai, boiras, boira;
   boirons, boirez, boiront

5 boirais, boirais, boirait;
   boirions, boiriez, boiraient

6 boive, boives, boive;
   buvions, buviez, boivent

7 busse, busses, bût;
   bussions, bussiez, bussent

8 ai bu, as bu, a bu;
   avons bu, avez bu, ont bu

9 avais bu, avais bu, avait bu;
   avions bu, aviez bu, avaient bu

10 eus bu, eus bu, eut bu;
   eûmes bu, eûtes bu, eurent bu

11 aurai bu, auras bu, aura bu;
   aurons bu, aurez bu, auront bu

12 aurais bu, aurais bu, aurait bu;
   aurions bu, auriez bu, auraient bu

13 aie bu, aies bu, ait bu;
   ayons bu, ayez bu, aient bu

14 eusse bu, eusses bu, eût bu;
   eussions bu, eussiez bu, eussent bu

15 bois, buvons, buvez

avoir to have

PRES. PART. *ayant* PAST PART. *eu*

Tense
No.

1 ai, as, a;
   avons, avez, ont

2 avais, avais, avait;
   avions, aviez, avaient

3 eus, eus, eut;
   eûmes, eûtes, eurent

4 aurai, auras, aura;
   aurons, aurez, auront

5 aurais, aurais, aurait;
   aurions, auriez, auraient

6 aie, aies, ait;
   ayons, ayez, aient

7 eusse, eusses, eût;
   eussions, eussiez, eussent

8 ai eu, as eu, a eu;
   avons eu, avez eu, ont eu

9 avais eu, avais eu, avait eu;
   avions eu, aviez eu, avaient eu

10 eus eu, eus eu, eut eu;
   eûmes eu, eûtes eu, eurent eu

11 aurai eu, auras eu, aura eu;
   aurons eu, aurez eu, auront eu

12 aurais eu, aurais eu, aurait eu;
   aurions eu, auriez eu, auraient eu

13 aie eu, aies eu, ait eu;
   ayons eu, ayez eu, aient eu

14 eusse eu, eusses eu, eût eu;
   eussions eu, eussiez eu, eussent eu

15 aie, ayons, ayez

apprendre to learn

PRES. PART. *apprenant* PAST PART. *appris*

Tense
No.

1 apprends, apprends, apprend;
   apprenons, apprenez, apprennent

2 apprenais, apprenais, apprenait;
   apprenions, appreniez, apprenaient

3 appris, appris, apprit;
   apprîmes, apprîtes, apprirent

4 apprendrai, apprendras, apprendra;
   apprendrons, apprendrez, apprendront

5 apprendrais, apprendrais, apprendrait;
   apprendrions, apprendriez, apprendraient

6 apprenne, apprennes, apprenne;
   apprenions, appreniez, apprennent

7 apprisse, apprisses, apprît;
   apprissions, apprissiez, apprissent

8 ai appris, as appris, a appris;
   avons appris, avez appris, ont appris

9 avais appris, avais appris, avait appris;
   avions appris, aviez appris, avaient appris

10 eus appris, eus appris, eut appris;
   eûmes appris, eûtes appris, eurent appris

11 aurai appris, auras appris, aura appris;
   aurons appris, aurez appris, auront appris

12 aurais appris, aurais appris, aurait appris;
   aurions appris, auriez appris, auraient appris

13 aie appris, aies appris, ait appris;
   ayons appris, ayez appris, aient appris

14 eusse appris, eusses appris, eût appris;
   eussions appris, eussiez appris, eussent appris

15 apprends, apprenons, apprenez

The tense name for each tense number is found in §39 70, §39.84, and §39.85.

connaître to know

PRES. PART. *connaissant* PAST PART. *connu*

Tense No.

1 connais, connais, connaît;
   connaissons, connaissez, connaissent

2 connaissais, connaissais, connaissait;
   connaissions, connaissiez, connaissaient

3 connus, connus, connut;
   connûmes, connûtes, connurent

4 connaîtrai, connaîtras, connaîtra;
   connaîtrons, connaîtrez, connaîtront

5 connaîtrais, connaîtrais, connaîtrait;
   connaîtrions, connaîtriez, connaîtraient

6 connaisse, connaisses, connaisse;
   connaissions, connaissiez, connaissent

7 connusse, connusses, connût;
   connussions, connussiez, connussent

8 ai connu, as connu, a connu;
   avons connu, avez connu, ont connu

9 avais connu, avais connu, avait connu;
   avions connu, aviez connu, avaient connu

10 eus connu, eus connu, eut connu;
    eûmes connu, eûtes connu, eurent connu

11 aurai connu, auras connu, aura connu;
    aurons connu, aurez connu, auront connu

12 aurais connu, aurais connu, aurait connu;
    aurions connu, auriez connu, auraient connu

13 aie connu, aies connu, ait connu;
    ayons connu, ayez connu, aient connu

14 eusse connu, eusses connu, eût connu;
    eussions connu, eussiez connu, eussent connu

15 connais, connaissons, connaissez

croire to believe

PRES. PART. *croyant* PAST PART. *cru*

Tense No.

1 crois, crois, croit;
   croyons, croyez, croient

2 croyais, croyais, croyait;
   croyions, croyiez, croyaient

3 crus, crus, crut;
   crûmes, crûtes, crurent

4 croirai, croiras, croira;
   croirons, croirez, croiront

5 croirais, croirais, croirait;
   croirions, croiriez, croiraient

6 croie, croies, croie;
   croyions, croyiez, croient

7 crusse, crusses, crût;
   crussions, crussiez, crussent

8 ai cru, as cru, a cru;
   avons cru, avez cru, ont cru

9 avais cru, avais cru, avait cru;
   avions cru, aviez cru, avaient cru

10 eus cru, eus cru, eut cru;
    eûmes cru, eûtes cru, eurent cru

11 aurai cru, auras cru, aura cru;
    aurons cru, aurez cru, auront cru

12 aurais cru, aurais cru, aurait cru;
    aurions cru, auriez cru, auraient cru

13 aie cru, aies cru, ait cru;
    ayons cru, ayez cru, aient cru

14 eusse cru, eusses cru, eût cru;
    eussions cru, eussiez cru, eussent cru

15 crois, croyons, croyez

devenir to become

PRES. PART. *devenant* PAST PART. *devenu*

Tense No.

1 deviens, deviens, devient;
   devenons, devenez, deviennent

2 devenais, devenais, devenait;
   devenions, deveniez, devenaient

3 devins, devins, devint;
   devînmes, devîntes, devinrent

4 deviendrai, deviendras, deviendra;
   deviendrons, deviendrez, deviendront

5 deviendrais, deviendrais, deviendrait;
   deviendrions, deviendriez, deviendraient

6 devienne, deviennes, devienne;
   devenions, deveniez, deviennent

7 devinsse, devinsses, devînt;
   devinssions, devinssiez, devinssent

8 suis devenu(e), es devenu(e), est devenu(e);
   sommes devenu(e)s, êtes devenu(e)(s), sont devenu(e)s

9 étais devenu(e), étais devenu(e), était devenu(e);
   étions devenu(e)s, étiez devenu(e)(s), étaient devenu(e)s

10 fus devenu(e), fus devenu(e), fut devenu(e);
    fûmes devenu(e)s, fûtes devenu(e)(s), furent devenu(e)s

11 serai devenu(e), seras devenu(e), sera devenu(e);
    serons devenu(e)s, serez devenu(e)(s), seront devenu(e)s

12 serais devenu(e), serais devenu(e), serait devenu(e);
    serions devenu(e)s, seriez devenu(e)(s), seraient devenu(e)s

13 sois devenu(e), sois devenu(e), soit devenu(e);
    soyons devenu(e)s, soyez devenu(e)(s), soient devenu(e)s

14 fusse devenu(e), fusses devenu(e), fût devenu(e);
    fussions devenu(e)s, fussiez devenu(e)(s), fussent devenu(e)s

15 deviens, devenons, devenez

The tense name for each tense number is found in §39.70, §39.84, and §39.85.

écrire to write

PRES. PART. *écrivant* PAST PART. *écrit*

Tense No.

1 écris, écris, écrit; écrivons, écrivez, écrivent
2 écrivais, écrivais, écrivait; écrivions, écriviez, écrivaient
3 écrivis, écrivis, écrivit; écrivîmes, écrivîtes, écrivirent
4 écrirai, écriras, écrira; écrirons, écrirez, écriront
5 écrirais, écrirais, écrirait; écririons, écririez, écriraient
6 écrive, écrives, écrive; écrivions, écriviez, écrivent
7 écrivisse, écrivisses, écrivît; écrivissions, écrivissiez, écrivissent
8 ai écrit, as écrit, a écrit; avons écrit, avez écrit, ont écrit
9 avais écrit, avais écrit, avait écrit; avions écrit, aviez écrit, avaient écrit
10 eus écrit, eus écrit, eut écrit; eûmes écrit, eûtes écrit, eurent écrit
11 aurai écrit, auras écrit, aura écrit; aurons écrit, aurez écrit, auront écrit
12 aurais écrit, aurais écrit, aurait écrit; aurions écrit, auriez écrit, auraient écrit
13 aie écrit, aies écrit, ait écrit; ayons écrit, ayez écrit, aient écrit
14 eusse écrit, eusses écrit, eût écrit; eussions écrit, eussiez écrit, eussent écrit
15 écris, écrivons, écrivez

dire to say, to tell

PRES. PART. *disant* PAST PART. *dit*

Tense No.

1 dis, dis, dit; disons, dites, disent
2 disais, disais, disait; disions, disiez, disaient
3 dis, dis, dit; dîmes, dîtes, dirent
4 dirai, diras, dira; dirons, direz, diront
5 dirais, dirais, dirait; dirions, diriez, diraient
6 dise, dises, dise; disions, disiez, disent
7 disse, disses, dît; dissions, dissiez, dissent
8 ai dit, as dit, a dit; avons dit, avez dit, ont dit
9 avais dit, avais dit, avait dit; avions dit, aviez dit, avaient dit
10 eus dit, eus dit, eut dit; eûmes dit, eûtes dit, eurent dit
11 aurai dit, auras dit, aura dit; aurons dit, aurez dit, auront dit
12 aurais dit, aurais dit, aurait dit; aurions dit, auriez dit, auraient dit
13 aie dit, aies dit, ait dit; ayons dit, ayez dit, aient dit
14 eusse dit, eusses dit, eût dit; eussions dit, eussiez dit, eussent dit
15 dis, disons, dites

devoir to have to, to owe, must, ought, should

PRES. PART. *devant* PAST PART. *dû(due)*

Tense No.

1 dois, dois, doit; devons, devez, doivent
2 devais, devais, devait; devions, deviez, devaient
3 dus, dus, dut; dûmes, dûtes, durent
4 devrai, devras, devra; devrons, devrez, devront
5 devrais, devrais, devrait; devrions, devriez, devraient
6 doive, doives, doive; devions, deviez, doivent
7 dusse, dusses, dût; dussions, dussiez, dussent
8 ai dû, as dû, a dû; avons dû, avez dû, ont dû
9 avais dû, avais dû, avait dû; avions dû, aviez dû, avaient dû
10 eus dû, eus dû, eut dû; eûmes dû, eûtes dû, eurent dû
11 aurai dû, auras dû, aura dû; aurons dû, aurez dû, auront dû
12 aurais dû, aurais dû, aurait dû; aurions dû, auriez dû, auraient dû
13 aie dû, aies dû, ait dû; ayons dû, ayez dû, aient dû
14 eusse dû, eusses dû, eût dû; eussions dû, eussiez dû, eussent dû
15 dois, devons, devez

The tense name for each tense number is found in §39.70, §39.84, and §39.85.

lire   to read

PRES. PART. *lisant* PAST PART. *lu*

Tense No.

1   lis, lis, lit;
    lisons, lisez, lisent

2   lisais, lisais, lisait;
    lisions, lisiez, lisaient

3   lus, lus, lut;
    lûmes, lûtes, lurent

4   lirai, liras, lira;
    lirons, lirez, liront

5   lirais, lirais, lirait;
    lirions, liriez, liraient

6   lise, lises, lise;
    lisions, lisiez, lisent

7   lusse, lusses, lût;
    lussions, lussiez, lussent

8   ai lu, as lu, a lu;
    avons lu, avez lu, ont lu

9   avais lu, avais lu, avait lu;
    avions lu, aviez lu, avaient lu

10 eus lu, eus lu, eut lu;
    eûmes lu, eûtes lu, eurent lu

11 aurai lu, auras lu, aura lu;
    aurons lu, aurez lu, auront lu

12 aurais lu, aurais lu, aurait lu;
    aurions lu, auriez lu, auraient lu

13 aie lu, aies lu, ait lu;
    ayons lu, ayez lu, aient lu

14 eusse lu, eusses lu, eût lu;
    eussions lu, eussiez lu, eussent lu

15 lis, lisons, lisez

faire   to do, to make

PRES. PART. *faisant* PAST PART. *fait*

Tense No.

1   fais, fais, fait;
    faisons, faites, font

2   faisais, faisais, faisait;
    faisions, faisiez, faisaient

3   fis, fis, fit;
    fîmes, fîtes, firent

4   ferai, feras, fera;
    ferons, ferez, feront

5   ferais, ferais, ferait;
    ferions, feriez, feraient

6   fasse, fasses, fasse;
    fassions, fassiez, fassent

7   fisse, fisses, fît;
    fissions, fissiez, fissent

8   ai fait, as fait, a fait;
    avons fait, avez fait, ont fait

9   avais fait, avais fait, avait fait;
    avions fait, aviez fait, avaient fait

10 eus fait, eus fait, eut fait;
    eûmes fait, eûtes fait, eurent fait

11 aurai fait, auras fait, aura fait;
    aurons fait, aurez fait, auront fait

12 aurais fait, aurais fait, aurait fait;
    aurions fait, auriez fait, auraient fait

13 aie fait, aies fait, ait fait;
    ayons fait, ayez fait, aient fait

14 eusse fait, eusses fait, eût fait;
    eussions fait, eussiez fait, eussent fait

15 fais, faisons, faites

être   to be

PRES. PART. *étant* PAST PART. *été*

Tense No.

1   suis, es, est;
    sommes, êtes, sont

2   étais, étais, était;
    étions, étiez, étaient

3   fus, fus, fut;
    fûmes, fûtes, furent

4   serai, seras, sera;
    serons, serez, seront

5   serais, serais, serait;
    serions, seriez, seraient

6   sois, sois, soit;
    soyons, soyez, soient

7   fusse, fusses, fût;
    fussions, fussiez, fussent

8   ai été, as été, a été;
    avons été, avez été, ont été

9   avais été, avais été, avait été;
    avions été, aviez été, avaient été

10 eus été, eus été, eut été;
    eûmes été, eûtes été, eurent été

11 aurai été, auras été, aura été;
    aurons été, aurez été, auront été

12 aurais été, aurais été, aurait été;
    aurions été, auriez été, auraient été

13 aie été, aies été, ait été;
    ayons été, ayez été, aient été

14 eusse été, eusses été, eût été;
    eussions été, eussiez été, eussent été

15 sois, soyons, soyez

The tense name for each tense number is found in §39.70, §39.84, and §39.85.

partir to leave

PRES. PART. *partant* PAST. PART. *parti*

Tense
No.

1 pars, pars, part;
   partons, partez, partent

2 partais, partais, partait;
   partions, partiez, partaient

3 partis, partis, partit;
   partîmes, partîtes, partirent

4 partirai, partiras, partira;
   partirons, partirez, partiront

5 partirais, partirais, partirait;
   partirions, partiriez, partiraient

6 parte, partes, parte;
   partions, partiez, partent

7 partisse, partisses, partît;
   partissions, partissiez, partissent

8 suis parti(e), es parti(e), est parti(e);
   sommes parti(e)s, êtes parti(e)(s), sont parti(e);

9 étais parti(e), étais parti(e), était parti(e);
   étions parti(e)s, étiez parti(e)(s), étaient parti(e)s

10 fus parti(e), fus parti(e), fut parti(e);
   fûmes parti(e)s, fûtes parti(e)(s), furent parti(e)s

11 serai parti(e), seras parti(e), sera parti(e);
   serons parti(e)s, serez parti(e)(s), seront parti(e)s

12 serais parti(e), serais parti(e), serait parti(e);
   serions parti(e)s, seriez parti(e)(s), seraient parti(e)s

13 sois parti(e), sois parti(e), soit parti(e);
   soyons parti(e)s, soyez parti(e)(s), soient parti(e)s

14 fusse parti(e), fusses parti(e), fût parti(e);
   fussions parti(e)s, fussiez parti(e)(s), fussent parti(e)s

15 pars, partons, partez

ouvrir to open

PRES. PART. *ouvrant* PAST PART. *ouvert*

Tense
No.

1 ouvre, ouvres, ouvre;
   ouvrons, ouvrez, ouvrent

2 ouvrais, ouvrais, ouvrait;
   ouvrions, ouvriez, ouvraient

3 ouvris, ouvris, ouvrit;
   ouvrîmes, ouvrîtes, ouvrirent

4 ouvrirai, ouvriras, ouvrira;
   ouvrirons, ouvrirez, ouvriront

5 ouvrirais, ouvrirais, ouvrirait;
   ouvririons, ouvririez, ouvriraient

6 ouvre, ouvres, ouvre;
   ouvrions, ouvriez, ouvrent

7 ouvrisse, ouvrisses, ouvrît;
   ouvrissions, ouvrissiez, ouvrissent

8 ai ouvert, as ouvert, a ouvert;
   avons ouvert, avez ouvert, ont ouvert

9 avais ouvert, avais ouvert, avait ouvert;
   avions ouvert, aviez ouvert, avaient ouvert

10 eus ouvert, eus ouvert, eut ouvert;
   eûmes ouvert, eûtes ouvert, eurent ouvert

11 aurai ouvert, auras ouvert, aura ouvert;
   aurons ouvert, aurez ouvert, auront ouvert

12 aurais ouvert, aurais ouvert, aurait ouvert;
   aurions ouvert, auriez ouvert, auraient ouvert

13 aie ouvert, aies ouvert, ait ouvert;
   ayons ouvert, ayez ouvert, aient ouvert

14 eusse ouvert, eusses ouvert, eût ouvert;
   eussions ouvert, eussiez ouvert, eussent ouvert

15 ouvre, ouvrons, ouvrez

mettre to put, to place

PRES. PART. *mettant* PAST PART. *mis*

Tense
No.

1 mets, mets, met;
   mettons, mettez, mettent

2 mettais, mettais, mettait;
   mettions, mettiez, mettaient

3 mis, mis, mit;
   mîmes, mîtes, mirent

4 mettrai, mettras, mettra;
   mettrons, mettrez, mettront

5 mettrais, mettrais, mettrait;
   mettrions, mettriez, mettraient

6 mette, mettes, mette;
   mettions, mettiez, mettent

7 misse, misses, mît;
   missions, missiez, missent

8 ai mis, as mis, a mis;
   avons mis, avez mis, ont mis

9 avais mis, avais mis, avait mis;
   avions mis, aviez mis, avaient mis

10 eus mis, eus mis, eut mis;
   eûmes mis, eûtes mis, eurent mis

11 aurai mis, auras mis, aura mis;
   aurons mis, aurez mis, auront mis

12 aurais mis, aurais mis, aurait mis;
   aurions mis, auriez mis, auraient mis

13 aie mis, aies mis, ait mis;
   ayons mis, ayez mis, aient mis

14 eusse mis, eusses mis, eût mis;
   eussions mis, eussiez mis, eussent mis

15 mets, mettons, mettez

The tense name for each tense number is found in §39.70, §39.84, and §39.85.

recevoir to receive, to get

PRES. PART. *recevant* PAST PART. *reçu*

Tense No.

1. reçois, reçois, reçoit;
   recevons, recevez, reçoivent

2. recevais, recevais, recevait;
   recevions, receviez, recevaient

3. reçus, reçus, reçut;
   reçûmes, reçûtes, reçurent

4. recevrai, recevras, recevra;
   recevrons, recevrez, recevront

5. recevrais, recevrais, recevrait;
   recevrions, recevriez, recevraient

6. reçoive, reçoives, reçoive;
   recevions, receviez, reçoivent

7. reçusse, reçusses, reçût;
   reçussions, reçussiez, reçussent

8. ai reçu, as reçu, a reçu;
   avons reçu, avez reçu, ont reçu

9. avais reçu, avais reçu, avait reçu;
   avions reçu, aviez reçu, avaient reçu

10. eus reçu, eus reçu, eut reçu;
    eûmes reçu, eûtes reçu, eurent reçu

11. aurai reçu, auras reçu, aura reçu;
    aurons reçu, aurez reçu, auront reçu

12. aurais reçu, aurais reçu, aurait reçu;
    aurions reçu, auriez reçu, auraient reçu

13. aie reçu, aies reçu, ait reçu;
    ayons reçu, ayez reçu, aient reçu

14. eusse reçu, eusses reçu, eût reçu;
    eussions reçu, eussiez reçu, eussent reçu

15. reçois, recevons, recevez

---

prendre to take

PRES. PART. *prenant* PAST PART. *pris*

Tense No.

1. prends, prends, prend;
   prenons, prenez, prennent

2. prenais, prenais, prenait;
   prenions, preniez, prenaient

3. pris, pris, prit;
   prîmes, prîtes, prirent

4. prendrai, prendras, prendra;
   prendrons, prendrez, prendront

5. prendrais, prendrais, prendrait;
   prendrions, prendriez, prendraient

6. prenne, prennes, prenne;
   prenions, preniez, prennent

7. prisse, prisses, prît;
   prissions, prissiez, prissent

8. ai pris, as pris, a pris;
   avons pris, avez pris, ont pris

9. avais pris, avais pris, avait pris;
   avions pris, aviez pris, avaient pris

10. eus pris, eus pris, eut pris;
    eûmes pris, eûtes pris, eurent pris

11. aurai pris, auras pris, aura pris;
    aurons pris, aurez pris, auront pris

12. aurais pris, aurais pris, aurait pris;
    aurions pris, auriez pris, auraient pris

13. aie pris, aies pris, ait pris;
    ayons pris, ayez pris, aient pris

14. eusse pris, eusses pris, eût pris;
    eussions pris, eussiez pris, eussent pris

15. prends, prenons, prenez

---

pouvoir to be able, can

PRES. PART. *pouvant* PAST PART. *pu*

Tense No.

1. peux *or* puis, peux, peut;
   pouvons, pouvez, peuvent

2. pouvais, pouvais, pouvait;
   pouvions, pouviez, pouvaient

3. pus, pus, put;
   pûmes, pûtes, purent

4. pourrai, pourras, pourra;
   pourrons, pourrez, pourront

5. pourrais, pourrais, pourrait;
   pourrions, pourriez, pourraient

6. puisse, puisses, puisse;
   puissions, puissiez, puissent

7. pusse, pusses, pût;
   pussions, pussiez, pussent

8. ai pu, as pu, a pu;
   avons pu, avez pu, ont pu

9. avais pu, avais pu, avait pu;
   avions pu, aviez pu, avaient pu

10. eus pu, eus pu, eut pu;
    eûmes pu, eûtes pu, eurent pu

11. aurai pu, auras pu, aura pu;
    aurons pu, aurez pu, auront pu

12. aurais pu, aurais pu, aurait pu;
    aurions pu, auriez pu, auraient pu

13. aie pu, aies pu, ait pu;
    ayons pu, ayez pu, aient pu

14. eusse pu, eusses pu, eût pu;
    eussions pu, eussiez pu, eussent pu

15. (A form is lacking.)

The tense name for each tense number is found in §39.70, §39.84, and §39.85.

venir to come

PRES. PART. *venant* PAST PART. *venu*

Tense No.	
1	viens, viens, vient; venons, venez, viennent
2	venais, venais, venait; venions, veniez, venaient
3	vins, vins, vint; vînmes, vîntes, vinrent
4	viendrai, viendras, viendra; viendrons, viendrez, viendront
5	viendrais, viendrais, viendrait; viendrions, viendriez, viendraient
6	vienne, viennes, vienne; venions, veniez, viennent
7	vinsse, vinsses, vînt; vinssions, vinssiez, vinssent
8	suis venu(e), es venu(e), est venu(e); sommes venu(e)s, êtes venu(e)(s), sont venu(e)s
9	étais venu(e), étais venu(e), était venu(e); étions venu(e)s, étiez venu(e)(s), étaient venu(e)s
10	fus venu(e), fus venu(e), fut venu(e); fûmes venu(e)s, fûtes venu(e)(s), furent venu(e)s
11	serai venu(e), seras venu(e), sera venu(e); serons venu(e)s, serez venu(e)(s), seront venu(e)s
12	serais venu(e), serais venu(e), serait venu(e); serions venu(e)s, seriez venu(e)(s), seraient venu(e)s
13	sois venu(e), sois venu(e), soit venu(e); soyons venu(e)s, soyez venu(e)(s), soient venu(e)s
14	fusse venu(e), fusses venu(e), fût venu(e); fussions venu(e)s, fussiez venu(e)(s), fussent venu(e)s
15	viens, venons, venez

sortir to go out, to exit

PRES. PART. *sortant* PAST PART. *sorti*

Tense No.	
1	sors, sors, sort; sortons, sortez, sortent
2	sortais, sortais, sortait; sortions, sortiez, sortaient
3	sortis, sortis, sortit; sortîmes, sortîtes, sortirent
4	sortirai, sortiras, sortira; sortirons, sortirez, sortiront
5	sortirais, sortirais, sortirait; sortirions, sortiriez, sortiraient
6	sorte, sortes, sorte; sortions, sortiez, sortent
7	sortisse, sortisses, sortît; sortissions, sortissiez, sortissent
8	suis sorti(e), es sorti(e), est sorti(e); sommes sorti(e)s, êtes sorti(e)(s), sont sorti(e)s
9	étais sorti(e), étais sorti(e), était sorti(e); étions sorti(e)s, étiez sorti(e)(s), étaient sorti(e)s
10	fus sorti(e), fus sorti(e), fut sorti(e); fûmes sorti(e)s, fûtes sorti(e)(s), furent sorti(e)s
11	serai sorti(e), seras sorti(e), sera sorti(e); serons sorti(e)s, serez sorti(e)(s), seront sorti(e)s
12	serais sorti(e), serais sorti(e), serait sorti(e); serions sorti(e)s, seriez sorti(e)(s), seraient sorti(e)s
13	sois sorti(e), sois sorti(e), soit sorti(e); soyons sorti(e)s, soyez sorti(e)(s), soient sorti(e)s
14	fusse sorti(e), fusses sorti(e), fût sorti(e); fussions sorti(e)s, fussiez sorti(e)(s), fussent sorti(e)s
15	sors, sortons, sortez

savoir to know (how)

PRES. PART. *sachant* PAST PART. *su*

Tense No.	
1	sais, sais, sait; savons, savez, savent
2	savais, savais, savait; savions, saviez, savaient
3	sus, sus, sut; sûmes, sûtes, surent
4	saurai, sauras, saura; saurons, saurez, sauront
5	saurais, saurais, saurait; saurions, sauriez, sauraient
6	sache, saches, sache; sachions, sachiez, sachent
7	susse, susses, sût; sussions, sussiez, sussent
8	ai su, as su, a su; avons su, avez su, ont su
9	avais su, avais su, avait su; avions su, aviez su, avaient su
10	eus su, eus su, eut su; eûmes su, eûtes su, eurent su
11	aurai su, auras su, aura su; aurons su, aurez su, auront su
12	aurais su, aurais su, aurait su; aurions su, auriez su, auraient su
13	aie su, aies su, ait su; ayons su, ayez su, aient su
14	eusse su, eusses su, eût su; eussions su, eussiez su, eussent su
15	sache, sachons, sachez

The tense name for each tense number is found in §39.70, §39.84, and §39.85.

voir to see	vouloir to want
PRES. PART. *voyant* PAST PART. *vu*	PRES. PART. *voulant* PAST PART. *voulu*

Tense No.		Tense No.	
1	vois, vois, voit; voyons, voyez, voient	1	veux, veux, veut; voulons, voulez, veulent
2	voyais, voyais, voyait; voyions, voyiez, voyaient	2	voulais, voulais, voulait; voulions, vouliez, voulaient
3	vis, vis, vit; vîmes, vîtes, virent	3	voulus, voulus, voulut; voulûmes, voulûtes, voulurent
4	verrai, verras, verra; verrons, verrez, verront	4	voudrai, voudras, voudra; voudrons, voudrez, voudront
5	verrais, verrais, verrait; verrions, verriez, verraient	5	voudrais, voudrais, voudrait; voudrions, voudriez, voudraient
6	voie, voies, voie; voyions, voyiez, voient	6	veuille, veuilles, veuille; voulions, vouliez, veuillent
7	visse, visses, vît; vissions, vissiez, vissent	7	voulusse, voulusses, voulût; voulussions, voulussiez, voulussent
8	ai vu, as vu, a vu; avons vu, avez vu, ont vu	8	ai voulu, as voulu, a voulu; avons voulu, avez voulu, ont voulu
9	avais vu, avais vu, avait vu; avions vu, aviez vu, avaient vu	9	avais voulu, avais voulu, avait voulu; avions voulu, aviez voulu, avaient voulu
10	eus vu, eus vu, eut vu; eûmes vu, eûtes vu, eurent vu	10	eus voulu, eus voulu, eut voulu; eûmes voulu, eûtes voulu, eurent voulu
11	aurai vu, auras vu, aura vu; aurons vu, aurez vu, auront vu	11	aurai voulu, auras voulu, aura voulu; aurons voulu, aurez voulu, auront voulu
12	aurais vu, aurais vu, aurait vu; aurions vu, auriez vu, auraient vu	12	aurais voulu, aurais voulu, aurait voulu; aurions voulu, auriez voulu, auraient voulu
13	aie vu, aies vu, ait vu; ayons vu, ayez vu, aient vu	13	aie voulu, aies voulu, ait voulu; ayons voulu, ayez voulu, aient voulu
14	eusse vu, eusses vu, eût vu; eussions vu, eussiez vu, eussent vu	14	eusse voulu, eusses voulu, eût voulu; eussions voulu, eussiez voulu, eussent voulu
15	vois, voyons, voyez	15	veuille, veuillez

The tense name for each tense number is found in §39.70, §39.84, and §39.85.

§41. Common irregular French verb forms and uncommon French verb forms identified by infinitive

A

a **avoir**
ai **avoir**
aie **avoir**
aient **avoir**
aies **avoir**
aille **aller**
ait **avoir**
as **avoir**
aurai, *etc.* **avoir**
avaient **avoir**
avais **avoir**
avait **avoir**
avez **avoir**
aviez **avoir**
avions **avoir**
avons **avoir**
ayant **avoir**
ayons, *etc.* **avoir**

B

bu **boire**
bûmes **boire**
burent **boire**
bus **boire**
bussent **boire**
but **boire**
bûtes **boire**
buvant **boire**

C

crois **croire**
croîs **croître**
croit **croire**
croît **croître**
croyais, *etc.* **croire**
cru **croire**

crû, crue **croître**
crûmes **croire, croître**
crurent **croire**
crûrent **croître**
crus **croire**
crûs **croître**
crûsse, *etc.* **croître**
crût **croire, croître**

D

dîmes **dire**
disais, *etc.* **dire**
disse, *etc.* **dire**
dit, dît **dire**
dois **devoir**
doive, *etc.* **devoir**
dors **dormir**
dû, due **devoir**

dûmes **devoir**
dus, dussent **devoir**
dut, dût **devoir**

E

es **être**
est **être**
étais, *etc.* **être**
été **être**
êtes **être**
étiez **être**
eu **avoir**
eûmes **avoir**
eurent **avoir**
eûs **avoir**
eusse, *etc.* **avoir**
eut, eût **avoir**
eûtes **avoir**

F

faille **faillir, falloir**
fais, *etc.* **faire**
fasse, *etc.* **faire**
faudra **faillir, falloir**
faudrait **faillir, falloir**
faut **faillir, falloir**
faux **faillir**
ferai, *etc.* **faire**
fîmes **faire**
firent **faire**
fis, *etc.* **faire**
font **faire**
fûmes **être**
furent **être**
fus, *etc.* **être**
fut, fût **être**
fuyais, *etc.* **fuir**

G

gisons, *etc.* **gésir**
gît **gésir**

I

ira, irai, iras, *etc.* **aller**

L

lis, *etc.* **lire**
lu **lire**
lus, *etc.* **lire**

M

meure, *etc.* **mourir**
meus, *etc.* **mouvoir**
mîmes **mettre**
mirent **mettre**
mis **mettre**

misses, *etc.* **mettre**
mit **mettre**
mort **mourir**
moulons, *etc.* **moudre**
moulu **moudre**
mû, mue **mouvoir**
mussent **mouvoir**
mut **mouvoir**

N

naquîmes, *etc.* **naître**
né **naître**

O

omis **omettre**
ont **avoir**

P

pars **partir**
paru **paraître**
peignis, *etc.* **peindre**
peuvent **pouvoir**
peux, *etc.* **pouvoir**
plu **plaire, pleuvoir**
plurent **plaire**
plut, plût **plaire, pleuvoir**
plûtes **plaire**
pourrai, *etc.* **pouvoir**
prîmes **prendre**
prirent **prendre**
pris **prendre**
prisse, *etc.* **prendre**
pu **pouvoir**
puis **pouvoir**
puisse, *etc.* **pouvoir**
pûmes, *etc.* **pouvoir**
purent **pouvoir**
pus **pouvoir**
pusse **pouvoir**
put, pût **pouvoir**

R

reçois, *etc.* **recevoir**
reçûmes, *etc.* **recevoir**
relu **relire**
reviens, *etc.* **revenir**
revins, *etc.* **revenir**
riiez **rire**
ris, *etc.* **rire**

S

sache, *etc.* **savoir**
sais, *etc.* **savoir**
saurai, *etc.* **savoir**
séant **seoir**
serai, *etc.* **être**
sers, *etc.* **servir**

seyant **seoir**
sied **seoir**
siéent **seoir**
siéra, *etc.* **seoir**
sois, *etc.* **être**
sommes **être**
sont **être**
sors, *etc.* **sortir**
soyez **être**
soyons **être**
su **savoir**
suis **être, suivre**
suit **suivre**
sûmes **savoir**
surent **savoir**
survécu **survivre**
susse, *etc.* **savoir**
sut, sût **savoir**

T

tiendrai, *etc.* **tenir**
tienne, *etc.* **tenir**
tînmes **tenir**
tins, *etc.* **tenir**
trayant **traire**
tu **taire**
tûmes **taire**
turent **taire**
tus **taire**
tusse, *etc.* **taire**
tut, tût **taire**

V

va **aller**
vaille **valoir**
vais **allez**
vas **aller**
vaudrai, *etc.* **valoir**
vaux, *etc.* **valoir**
vécu **vivre**
vécûmes, *etc.* **vivre**
verrai, *etc.* **voir**
veuille, *etc.* **vouloir**
veulent **vouloir**
veux, *etc.* **vouloir**
viendrai, *etc.* **venir**
vienne, *etc.* **venir**
viens, *etc.* **venir**
vîmes **voir**
vînmes **venir**
vinrent **venir**
vins, *etc.* **venir**
virent **voir**
vis **vivre, voir**
visse, *etc.* **voir**
vit **vivre, voir**
vît **voir**
vîtes **voir**
vont **aller**
voudrai, *etc.* **vouloir**
voyais, *etc.* **voir**
vu **voir**

§42. SUMMARIES OF WORD ORDER OF ELEMENTS IN A FRENCH SENTENCE

§42.1 **Summary of word order of elements in a French declarative sentence with a verb in a simple tense** (*e.g.*, present)

SUBJECT	ne	me	le	lui	y	en	VERB	pas
	n'	m'	la	leur				
		te	l'					
		t'	les					
		se						
		s'						
		nous						
		vous						

EXAMPLES:

Il ne me les donne pas / He is not giving them to me.

Je ne le leur donne pas / I am not giving it to them.

Il n'y en a pas / There aren't any of them.

Je ne m'en souviens pas / I don't remember it.

Je n'y en mets pas / I am not putting any of them there.

§42.2 **Summary of word order of elements in a French declarative sentence with a verb in a compound tense** (*e.g.*, passé composé)

SUBJECT	ne	me	le	lui	y	en	VERB	pas	past
	n'	m'	la	leur			(Auxiliary verb		participle
		te	l'				**avoir** or **être** in		
		t'	les				a simple tense)		
		se							
		s'							
		nous							
		vous							

EXAMPLES:

Yvonne ne s'est pas lavée / Yvonne did not wash herself.

Il ne m'en a pas envoyé / He did not send any of them to me.

Je ne le lui ai pas donné / I did not give it to him (to her).

Nous ne vous les avons pas données / We have not given them to you.

Ils ne s'en sont pas allés / They did not go away.

Je ne t'en ai pas envoyé / I have not sent any of them to you.

Je n'y ai pas répondu / I have not replied to it.

Je ne m'en suis pas souvenu / I did not remember it.

Vous ne vous en êtes pas allé / You did not go away.

Robert ne les lui a pas envoyés / Robert did not send them to him (to her).

§42.3   Summary of word order of elements in a French affirmative imperative sentence

VERB	le	moi	lui	y	en
	la	m'	leur		
	l'	toi			
	les	t'			
		nous			
		vous			

EXAMPLES:

Mettez-l'y / Put it in it (on it) **OR:** Put it there.

Donnez-les-leur / Give them to them.

Assieds-toi / Sit down.

Allez-vous-en! / Go away!

Asseyez-vous / Sit down.

Mettez-y-en! / Put some in it (on it, there)!

Apportez-le-moi / Bring it to me.

Donnez-m'en / Give me some.

Allez-y! / Go to it! **OR:** Go there!

Mangez-en! / Eat some (of it)!

§42.4   Summary of word order of elements in a French negative imperative sentence

Ne	me	le	lui	y	en	VERB	pas
N'	m'	la	leur				
	te	l'					
	t'	les					
	nous						
	vous						

EXAMPLES:

Ne l'y mettez pas / Do not put it in it **OR:** Do not put it there.

Ne les leur donnez pas / Do not give them to them.

Ne t'assieds pas! / Don't sit down!

Ne vous en allez pas! / Don't go away!

Ne vous asseyez pas! / Don't sit down!

Ne me les donnez pas / Don't give them to me.

Ne m'en envoyez pas / Don't send me any (of them).

Ne nous en écrivez pas / Do not write about it to us.

N'y allez pas! / Don't go there!

Ne nous y asseyons pas / Let's not sit there (in it, on it, *etc.*)

END OF PART THREE

FRENCH-ENGLISH VOCABULARY

The French CBAT contains no English to be translated into French and for that reason there is no need to include an English-French vocabulary here. On the CBAT, the student is expected to recognize the meaning of the French words used in the test. Therefore, the following French-English vocabulary is included here.

If you look up a French word and it is not listed in the pages that follow, consult the vocabulary given in the General Review, which is in Part Three, beginning with §1. In particular, see Antonyms in §3.ff, Conjunctions and conjunctive locutions in §7.ff, idioms and idiomatic expressions in §20.2, and Synonyms in §38.ff. There are other § numbers in the General Review that contain many French words with English equivalents. The abbreviation ff means *and the following*. See the list of abbreviations on p. vii.

To find certain categories and types of words, especially needed for a mastery of grammatical control, consult the General Index. For other French words of interest to you, which are not given here, consult your French-English dictionary.

A

à *prep.* at, to, see idioms & idiomatic expressions with **à**, §20.2. You must know those idioms to recognize them on the CBAT.

à moins que *conj.* unless; *see* conjunctions & conjunctive locutions, §7.ff, §27.7, §29.52, §35.1ff

abaisser *v.* to lower

abattre *v.* to knock down, to fell, to cut down

abeille *n.f.* bee

abîmer *v.* to spoil, to ruin

aboie *v. form of* **aboyer**

abondamment *adv.* abundantly

aborder qqn/to approach someone

aboutir *v.* to lead to, to come to an end

aboyer *v.* to bark

abréger *v.* to abridge, to shorten

abri *n.m.* shelter; **abriter**/to shelter

absolument *adv.* absolutely

accablant, accablante *adj.* overwhelming; **accabler**/to overwhelm

accepter *v.* to accept

accompagner *v.* to accompany

accord *n.m.* agreement; **d'accord**/O.K., in agreement

accorder *v.* to grant, to accord

accourir *v.* to run up to, to rush forward, to hasten to

accoutumé, accoutumée *adj.* accustomed

accrocher *v.* to hang (up)

accueillir *v.* to welcome

achat *n.m.* purchase

s'acheminer *v.* to proceed to lead to (road), to be on the way

acheter *v.* to buy, to purchase

achever *v.* to achieve, to end, to terminate, to finish; **achevé, achevée** *adj.* completed, achieved, finished

acier *n.m.* steel

acquérir *v.* to acquire; *past part.* **acquis**

actuel, actuelle *adj.* present, of the present time

actuellement *adv.* at present, now

addition *n.f.* check, bill (to pay in a restaurant)

adieu *n.m., adv.* farewell, good-bye

admettre *v.* to admit

admirateur *n.m.* admirer

adoucir *v.* to make sweet, to sweeten, to make soft, to soften

adroit, adroite *adj.* skilled; skillful, clever

affaire *n.f.* affair, business; **un homme d'affaires**/businessman; **Occupez-vous de vos affaires**/Mind your own business

affamé, affamée *adj.* famished, starving

affranchi, affranchie *adj.* liberated

affreux, affreuse *adj.* frightful

afin de + inf. in order (to)

agacer *v.* to annoy, to bother, to irritate; **agaçant, agaçante** *adj.* annoying, irritating

s'agenouiller *refl. v.* to kneel

agile *adj.* nimble, agile

agir *v.* to act, to behave; **s'agir de** *refl. v.* to be a question of, to be a matter of

agiter *v.* to move, to shake, to stir

agoniser *v.* to be in agony

agrandir *v.* to grow tall, big

agréable *adj.* pleasant, agreeable

aide *See* §23.1ff

aient *v. form of* **avoir;** *see* §40.1 and §41.

aigle *n.m.* eagle

aigu, aiguë *adj.* acute, sharp

aiguille *n.f.* needle

aile *n.f.* wing

ailleurs *adv.* elsewhere, somewhere else; **d'ailleurs**/besides, moreover

aimable *adj.* pleasant, kind, amiable

aimer *v.* to love

ainsi *adv.* thus; **et ainsi de suite**/and so forth, see idioms with **de**, §20.14

ainsi que *conj.* as well as; *see* §7.ff

aise *n.f.* ease; **à l'aise**/at ease

ajouter *v.* to add

alimentaire *adj.* alimentary; **produit alimentaire**/food product

alimentation *n.f.* food

aliter *v.* to keep in bed

alla *v. form of* **aller;** *see* §39.85

Allemagne *n.f.* Germany

allemand *n.m.* German (language); **Allemand, Allemande** *n.* German (person)

aller *v.* to go; **s'en aller**/to go away; *see* idioms with **aller**, §20.5. You must know those idioms to recognize them on the CBAT; *see also* §39.85

allèrent *v. form of* **aller;** *see* §39.85

allonger *v.* to lengthen, to extend

allons/let's go; *see* §39.85

allumer *v.* to light

Consult §3.ff, §7.ff, §20.2ff, and §38.ff in the General Review, Part Three, and other sections there, as well as entries in the General Index.

alors *adv*. so, well, then

alouette *n.f.* lark, skylark

alpinisme *n.m.* mountain climbing

amateur *n.m.* amateur, lover (of)

âme *n.f.* soul

améliorer *v*. to improve, to ameliorate

amener *v*. to lead, to bring along, to take (someone somewhere)

amer, amère *adj*. bitter

ami, amie *n*. friend

amical, amicale *adj*. friendly

amitié *n.f.* friendship

amour *n.m.* love

amusant, amusante *adj*. funny, amusing

amuser *v*. to amuse; **s'amuser**/to amuse oneself, to have fun, to have a good time

an *n.m.* year

ancêtre *n.m.* ancestor

ancien, ancienne *adj*. old, ancient, former

Angleterre *n.f.* England

animé, animée *adj*. animated, lively

année *n.f.* year (long)

anniversaire *n.m.* anniversary; **anniversaire de naissance**/birthday

annonce *n.f.* announcement

apaiser *v*. to appease

apercevoir *v*. to notice, to perceive

apparaître *v*. to appear

appareil *n.m.* apparatus

appartenir à *v*. to belong to, to pertain to

appel *n.m.* appeal, call

appeler *v*. to call; **s'appeler**/to be named, to call oneself

appellation *n.f.* name

appétissant, appétissante *adj*. appetizing

appétit *n.m.* appetite; **do bon appétit; see idioms with de, §20.14**

applaudir *v*. to applaud

appliquer *v*. to apply

apporter *v*. to bring, to carry away

apprendre *v*. to learn, to teach; *see* §40.ff

approcher *v*. to bring near; **s'approcher de**/to approach, to draw near

appuyer *v*. to lean, to press

après *prep., adv*. after; **après-midi**/afternoon

arbre *n.m.* tree

arbuste *n.m.* bush, shrub

ardoise *n.f.* slate

argent *n.m.* money

argile *n.f.* clay

arme *n.f.* weapon, arm

armée *n.f.* army

arracher *v*. to pull out, to pull off, to tear away

arrêt *n.m.* stop; **arrêter, s'arrêter**/to stop; **s'arrêter net**/to stop short

arrière *n.m.* rear, back; **en arrière**/backwards

arrivée *n.f.* arrival

arriver *v*. to arrive, to happen, to succeed

ascenseur *n.m.* elevator

s'assembler *v*. to assemble; **Qui se ressemble s'assemble**/Birds of a feather flock together

asseoir *v*. to seat; **s'asseoir**/to sit down, to seat oneself; **asseyez-vous**/sit down

assez *adv*. enough, rather, somewhat

assis, assise *adj*. seated

assister à *v*. to be present at, to attend

atelier *n.m.* studio, workroom, atelier

attaquer *v*. to attack

atteindre *v*. to attain, to reach

attendre *v*. to wait for; *see* §39.50; **s'attendre à**/to expect

attente *n.f.* waiting; **la salle d'attente**/waiting room

attestation *n.f.* proof

attirer *v*. to attract

attitude *n.f.* position, attitude

attraper *v*. to catch

au *See* idioms with **au**, §20.3. You must know those idioms and idiomatic expressions to recognize them on the CBAT

aubaine *n.f.* luck, windfall, Godsend, stroke of good luck

auberge *n.f.* inn

aucun, aucune *See* negations, §30.ff

aucunement *adv*. in no way, not at all

au-dessous *adv*. below, underneath

au-dessus *adv*. above, over

augmenter *v*. to increase, to augment

auguste *adj*. majestic, august

aumône *n.f.* alms, charity

auprès de/next to, near

aussi *adv*. also, too

aussi . . . que/as . . . as; *see* §1.2ff

aussitôt *adv*. at once, immediately

aussitôt dit aussitôt fait/no sooner said than done

aussitôt que *conj*. as soon as; *see* conjunctions, §7.ff

autant *adv*. as much, as many

autant que *conj*. as much as, as far as; *see* §7.ff

autel *n.m.* altar (church)

auteur *n.m.* author; **une femme auteur**/woman author

autour de/around

autrefois *adv*. formerly; *see* Adverbs, §2.ff

autrement/otherwise

Autriche *n.f.* Austria

Autrichien, Autrichienne *n*. Austrian (person)

aux *See* idioms and idiomatic expressions with **aux**, §20.4. You must know those idioms and idiomatic expressions to recognize them on the CBAT.

avaler *v*. to swallow; **avaler des yeux**/to eye greedily, to be fascinated by

avancer, s'avancer *v*. to advance, to come forward; **d'avance**/in advance; *see* idioms with **d'**, §20.13

avant que *conj*. before; *see* §7.ff

avantage *n.m.* advantage; **d'avantage**/more

avare *adj*. miserly, stingy

avenir *n.m.* future; **à l'avenir**/in the future, henceforth; **d'avenir**/with a future

avertir *v*. to warn, to inform

avertissement *n.m.* warning

aveugle *adj*. blind

avide *adj*. eager (for), keen (on)

avis *n.m.* opinion

aviser *v*. to notice, to consider, to advise

avocat *n.m.* lawyer; **une femme avocat**/woman lawyer

avoir *v*. to have; *see* §40.ff and idioms and idiomatic expressions with **avoir**, §20.6

avouer *v*. to admit, to confess

B

bac *abbrev*. of **baccalauréat** *n.m.* scholastic degree

bachelier, bachelière *n*. a student who has taken the **baccalauréat**

bague *n.f.* ring (on finger)

baie *n.f.* bay

se baigner *refl. v*. to bathe oneself

bain *n.m.* bath; **la salle de bains**/bathroom

baisser *v*. to lower

bal *n.m.* dance

balai *n.m.* broom

balance *n.f.* scale (weighing)

balayer *v*. to sweep

balle *n.f.* ball

banc *n.m.* bench

bande *n.f.* recording tape, group, band

banlieue *n.f.* suburbs, outskirts (of a city)

---

bannir *v.* to banish, to exile

banque *n.f.* bank

barbe *n.f.* beard; **pousser une barbe**/ to grow a beard

bas *n.m.* stocking

bas *adv.* low; **en bas**/down, downstairs; **bas, basse** *adj.* low; *see* idioms & idiomatic expressions with **bas,** §20.7 and with **au,** §20.3. You must know those idioms & idiomatic expressions to recognize them on the CBAT.

bataille *n.f.* battle; **livrer bataille**/to give battle

bateau *n.m.* boat; **bateau à voile**/ sailboat; **bateau-mouche**/small passenger boat

bâti, bâtie *adj.* built

bâtiment *n.m.* building

bâtir *v.* to build

bâton *n.m.* stick

battre *v.* to beat; **battre des mains**/ to clap hands, to applaud

bavard, bavarde *adj.* talkative

bavardage *n.m.* chattering, talkativeness

bavarder *v.* to chat, to chatter, to prattle

beau, bel, belle, beaux, belles *adj.* beautiful, fine, handsome; *see* Adjectives, §1.ff; *see also* idioms & idiomatic expressions with **avoir,** §20.6. You must know those idioms to recognize them on the CBAT.

beaucoup (de) *adv.* much, many; *see* Antonyms, §3.ff

beaux-arts *n.m.* fine arts

bec *n.m.* beak

bée; bouche bée/open-mouthed

Belge *n.* Belgian (person)

Belgique *n.f.* Belgium

bénir *v.* to bless

berceau *n.m.* cradle

berger, bergère *n.* shepherd, shepherdess

besogne *n.f.* work, toil

besoin *n.m.* need; **avoir besoin de**/ to need, to have need of; *see* idioms & idiomatic expressions with **avoir,** §20.6

bête *n.f.* animal, beast; *adj.* foolish, stupid, silly

bêtise *n.f.* nonsense, stupidity

beurre *n.m.* butter

bibliothèque *n.f.* library

bien *adv.* well; **bien des**/many; *see* idioms & idiomatic expressions with **bien,** §20.8

bien que *conj.* although; *see* Conjunctions & conjunctive locutions,

§7.ff. You must know those conjunctions to recognize them on the CBAT; also, §35.1ff.

bienfaiteur *n.m.* benefactor

bientôt *adv.* soon

bijou *n.m.* jewel

bilingue *adj.* bilingual

billet *n.m.* ticket, note

bistro(t) *n.m.* café, pub

bizarre *adj.* strange, bizarre

blanc, blanche *adj.* white

blesser *v.* to injure, to wound

blessure *n.f.* wound, injury

boire *v.* to drink; *see* §40.ff

bois *n.m.* wood, woods

boîte *n.f.* box

bon, bonne *adj.* good; *see* idioms & idiomatic expressions with **bon,** §20.9

bonbons *n.m.* candies

bonheur *n.m.* happiness

bonhomme de neige/snowman; **un bonhomme de paille**/scarecrow

bonté *n.f.* goodness, kindness

bord *n.m.* edge

bordé, bordée *adj.* bordered

borne *n.f.* boundary, limit

borner *v.* to bound

bouche *n.f.* mouth; **bouche bée**/ open-mouthed

boucle *n.f.* buckle, lock of hair

bouffée *n.f.* puff

bouger *v.* to budge, to move

bouillant, bouillante *adj.* boiling

bouillir *v.* to boil

boulanger, boulangère *n.* baker

boulangerie *n.f.* bakery

bouleverser *v.* to dumbfound, to overwhelm, to bowl over

bourgeois, bourgeoise *n.* middle-class person

bourse *n.f.* purse

bousculer *v.* to push, to shove

bout *n.m.* end, tip; *see* idioms & idiomatic expressions with **au,** §20.3

bouteille *n.f.* bottle

boutique *n.f.* shop, small store

boutiquier, boutiquière *n.* shopkeeper

bouton *n.m.* button, pimple

Brahmane *n.m.* Brahman, Brahmin

bras *n.m.* arm; **bras dessus, bras dessous**/arm in arm

briller *v.* to shine, to glitter

briser *v.* to break, to shatter

brosse *n.f.* brush; **brosser**/to brush

brouillard *n.m.* fog

bruit *n.m.* noise

brûlé, brûlée *adj.* burned

brûler *v.* to burn

brume *n.f.* mist, fog

brumeux, brumeuse *adj.* misty, foggy

brunir *v.* to tan, to brown

brusquement *adv.* abruptly

bruyant, bruyante *adj.* noisy

bubonique *adj.* bubonic

bûche *n.f.* log

bureau *n.m.* desk, office; **bureau de poste**/post office

but *n.m.* goal, aim, purpose

buveur, buveuse *n.* drinker

C

ça *See* idiomatic expressions with **ça,** §20.10

cabane *n.f.* hut

cabinet *n.m.* closet, office

cacher, se cacher *v.* to hide, to hide oneself

cadeau *n.m.* gift

cadre *n.m.* frame

cahier *n.m.* notebook

caisse *n.f.* cash register

caissier, caissière *n.* cashier

cambrioleur *n.m.* burglar

camion *n.m.* truck

camionneur *n.m.* truck driver

campagne *n.f.* country(side)

canard *n.m.* duck

canne *n.f.* cane, walking stick

car *conj.* for; *see* Conjunctions and conjunctive locutions, §7.ff. You must know those conjunctions to recognize them on the CBAT.

carré *n.m.* square

carrière *n.f.* career

carte *n.f.* card, map

cas *n.m.* case

casser *v.* to break; **casser la croûte**/ to have a bite, to have a snack

cause *n.f.* cause; **à cause de**/on account of; *see* idioms and idiomatic expressions with **à,** §20.2. You must know those idioms to recognize them on the CBAT.

causer *v.* to chat, to talk

cave *n.f.* cellar

caverne *n.f.* cave

ce *See* dem. adj., §1.ff; *see also* idioms & idiomatic expressions with **ce,** §20.12

ceci *See* pronouns, §29.ff

céder *v.* to cede, to yield

ceinture *n.f.* belt

cela *See* pronouns, §29.ff; *see also* idioms & idiomatic expressions with **cela,** §20.11

célèbre *adj.* famous, celebrated

célibataire *adj.* unmarried, single

Consult §3.ff, §7.ff, §20.2ff, and §38.ff in the General Review, Part Three, and other sections there, as well as entries in the General Index.

celle, celle-ci, celle-là, celui, celui-ci, celui-là; see dem. pronouns, §29.13ff

cellule *n.f.* cell

centaine *n.f.* about a hundred; **centaines**/hundreds

cependant *conj.* however; *see also* other conjunctions you ought to know for the CBAT, §7.–§7.4

cercle *n.m.* circle, club

cerise *n.f.* cherry

certitude *n.f.* certitude, certainty

cerveau *n.m.* brain

cesser *v.* to stop, to cease

c'est, c'est-à-dire; *see* idioms and idiomatic expressions with **ce, c'est, est-ce,** §20.12

ceux, ceux-ci, ceux-là; *see* dem. pronouns, §29.13ff

chacun, chacune *pron.* each one

chagrin *n.m.* sorrow, grief

chaîne *n.f.* chain

chaleur *n.f.* heat, warmth

chaleureusement *adv.* warmly

champ *n.m.* field; **le champ de bataille**/battle field

chance *n.f.* chance, luck

chandelle *n.f.* candle

changement *n.m.* change

chanson *n.f.* song

chanter *v.* to sing

chanteur, chanteuse *n.* singer

chapitre *n.m.* chapter

chaque *adj.* each

charbon *n.m.* coal

charcuterie *n.f.* pork shop

charcutier, charcutière *n.* pork butcher

charger *v.* to load, to charge; **chargé de**/filled with, jammed with; **se charger de** *v.* to take charge of; **s'en charger**/to take charge of

chasse *n.f.* chase, hunt, hunting

chasser *v.* to hunt

chasseur *n.m.* hunter

château *n.m.* castle, manor; **faire des châteaux en Espagne**/to build castles in the air (in Spain)

châtelain, châtelaine *n.* lord, lady of a manor, a castle

chatouiller *v.* to tickle

chaud, chaude *adj.* warm

chaudement *adv.* warmly

chauffage *n.m.* heat

chauffeur *n.m.* driver

chaussette *n.f.* sock

chaussure *n.f.* shoe

chemin *n.m.* road, way; **chemin de fer**/railroad; **chemin faisant**/on the way

chêne *n.m.* oak

cher, chère *adj.* dear, expensive; **chéri, chérie**/dear, honey, darling

chercher *v.* to get, to look for, to try

cheval *n.m.* horse; **cheval de course**/race horse; **chevaux-vapeur**/horsepower

cheveu, cheveux *n.m.* hair

chez *prep.* at the place of, at the home of, at the shop of; **chez soi**/in (at) one's house (home)

choix *n.m.* choice

chose *n.f.* thing

chrétien, chrétienne *adj.* Christian

christianisme *n.m.* Christianity

chuchoter *v.* to whisper

ciel *n.m.* sky, heaven

circulation *n.f.* circulation, traffic

cirer *v.* to wax, to polish

cireur *n.m.* shoe shiner, shoe polisher (person)

cité *n.f.* city (usually, the oldest section of a city; *e.g.,* **l'île de la Cité** is the oldest section of Paris)

citoyen, citoyenne *n.* citizen

citoyenneté *n.f.* citizenship

citron *n.m.* lemon; **citronnier** *n.m.* lemon tree

clair, claire *adj.* clear

clé, clef *n.f.* key

client, cliente *n.* customer, client

cligner *v.* to blink, to wink; **un clin d'oeil**/a wink

cloche *n.f.* bell

clou *n.m.* nail

clouer *v.* to nail

coeur *n.m.* heart; *see* idioms & idiomatic expressions with **avoir,** §20.6; with **bon,** §20.9; and with **de,** §20.14

coffre, coffret *n.m.* case, box, small chest

coiffeur *n.m.* barber, hair stylist

coiffeuse *n.f.* hairdresser, hair stylist

coiffure *n.f.* hairdressing, hair style, headdress

coin *n.m.* corner

colère *n.f.* anger

coller *v.* to glue, to paste, to stick

collier *n.m.* necklace, collar

colline *n.f.* hill

combattre *v.* to fight, to combat

combler *v.* to fill in, fill up, fill with (de)

comédien, comédienne *n.* actor, actress

commandement *n.m.* command

commander *v.* to order

comme *adv.* how; *conj.* as; **comme d'habitude**/as usual

commentaire *n.m.* comment, commentary

commerçant, commerçante *n.* merchant, business person

commun, commune *adj.* common; **peu commun, peu commune**/uncommon

complet *n.* suit

complet, complète *adj.* complete; **au complet**/filled up

se comporter *refl. v.* to behave

comprendre *v.* to understand, to include

compris *past part.* of **comprendre;** *see* §20.37, **y compris**/including

compte *n.m.* account

compter *v.* to count, to rank, to include

compter + inf. *v.* to intend + inf.

compter sur *v.* to count on

comte, comtesse *n.* count, countess

conclure *v.* to conclude

concours *n.m.* contest

concurrent *n.m.* contestant

condamner *v.* to condemn

conduire *v.* to drive, to conduct, to lead, to take (someone somewhere)

se conduire *refl. v.* to behave oneself, to conduct oneself

conduite *n.f.* conduct, behavior

conférence *n.f.* meeting, lecture

conférencier, conférencière *n.* lecturer

confiance *n.f.* confidence

confiserie *n.f.* candy store

confiseur, confiseuse *n.* confectioner, candy maker, candy seller

confort *n.m.* comfort

congé *n.m.* holiday, day off from work

connaissance *n.f.* acquaintance

connaître *v.* to know; *see* §40.ff; **connu** *past part.*

se consacrer *refl. v.* to devote oneself

conseil *n.m.* advice

conseiller *v.* to advise, to counsel

consentir *v.* to consent

consommer *v.* to consume

consonne *n.f.* consonant

constamment *adv.* constantly; *see* §2.ff

constater *v.* to figure out, to ascertain, to notice, to observe

constation *n.f.* finding, opinion

construit, construite *adj.* built

conte *n.m.* story

content, contente *adj.* content, happy; *see* Antonyms, §3.ff and Synonyms, §38.ff

se contenter *refl. v.* to content oneself

contenu *n.m.* content, contents

contrôleur *n.m.* ticket taker

Consult §3.ff, §7.ff, §20.2ff, and §38.ff in the General Review, Part Three, and other sections there, as well as entries in the General Index.

convaincre *v.* to convince
convenir à *v.* to be convenient, to be suitable
coque *n.f.* shell; **un oeuf à la coque**/boiled egg
coquille *n.f.* shell
corbeau *n.m.* crow, raven
corbeille *n.f.* basket
corde *n.f.* cord, string; **un instrument à corde**/string instrument
corps *n.m.* body
corriger *v.* to correct
costume *n.m.* suit
côté *n.m.* side; **de mon côté**/for my part; *see* idioms & idiomatic expressions with **de**, §20.14. You must know those idioms to recognize them on the CBAT.
cou *n.m.* neck; **prendre ses jambes à son cou**/to run fast
couche *n.f.* layer
coucher *v.* to lay, to lay down
se coucher *refl. v.* to lie down, to go to bed
coude *n.m.* elbow
coudre *v.* to sew
couloir *n.m.* hallway
coup *n.m.* hit, knock, blow; **un coup de main**/a helping hand
coupable *adj.* guilty
couper *v.* to cut; **se couper**/to cut oneself
cour *n.f.* court, courtyard, yard
courant *n.m.* current; **un courant d'air**/draft, air current
courier *n.m.* mail
courir *v.* to run
cours *n.m.* course; **au cours de**/in the course of, during the course of; *see also* idioms with **au**, §20.3. You must know those idioms to recognize them on the CBAT.
course *n.f.* race; **cheval de course**/race horse
court *v. form of* **courir**/to run
court, courte *adj.* short; *see* Antonyms, §3.ff. You must know those antonyms to recognize them on the CBAT.
courtoisie *n.f.* courtesy
courut *passé simple of* **courir**
coussin *n.m.* cushion
couteau *n.m.* knife
coûter *v.* to cost
coutume *n.f.* custom
couturier *n.m.* fashion designer
couturière *n.f.* seamstress, dressmaker, fashion designer
couvert, couverte *adj.* covered
craignaient, craignant *forms of* **craindre** *v.* to fear

crainte *n.f.* fear
craintif, craintive *adj.* fearful
crâne *n.m.* skull
cravate *n.f.* necktie
crayon *n.m.* pencil
créer *v.* to create
crêpe *See* §23.1ff
creuser *v.* to dig
cri *n.m.* cry, shout
crier *v.* to cry out, to shout
crise *n.f.* crisis; **crise cardiaque**/heart attack
critique *See* §23.1ff
critiquer *v.* to criticize
croire *v.* to believe; *see* §40.ff
croiser *v.* to cross
croûte *n.f.* crust; **casser la croûte**/to have a bite, snack
cueillir *v.* to gather, to pick
cuiller, cuillère *n.f.* spoon
cuisine *n.f.* cooking, kitchen; **faire la cuisine**/to do the cooking, to cook; *see also* other idioms & idiomatic expressions with **faire**, §20.18. You must know those idioms to recognize them on the CBAT.
cuisinier, cuisinière *n.* cook
cuisson *n.f.* cooking time
culinaire *adj.* culinary
culotte *n.f.* shorts (clothing), knickers, breeches

D

d' *prep.* of, from; **d'abord**/at first. *See* idioms with **d'**, §20.13. You must know those idioms & idiomatic expressions to recognize them on the CBAT; *see also* Prepositions
dater (de) *v.* to date (from)
davantage *adv.* enough, more
de *prep.* of, from; **de fait**/as a matter of fact; **de nos jours**/these days, in our time; **de nouveau**/again; **de parti pris**/on purpose, deliberately; **de plus**/besides; **de plus en plus**/more and more; **de sorte que**/*conj.* so that. *See* idioms and idiomatic expressions with **de**, §20.14. You must know those to recognize them on the CBAT; *see also* Prepositions
débarquer *v.* to disembark
se débarrasser de *refl. v.* to get rid of, to do away with
debout *adv.* standing (up), on one's feet
début *n.m.* beginning
décevoir *v.* to deceive, to disappoint

décourager *v.* to discourage
découverte *n.f.* discovery
découvrir *v.* to discover
décrire *v.* to describe
décrit, décrite *adj.* described
décrocher *v.* to unhook, to pick up the receiver of a telephone
déçu, déçue *adj.* deceived, disappointed
déesse *n.f.* goddess
défaire *v.* to undo, to unpack
défaite *n.f.* failure
défaut *n.m.* fault, defect
défendre *v.* to forbid, to prohibit, to defend; **se défendre**/to defend oneself
dégoût *n.m.* disgust
dégoûter *v.* to disgust
dehors *adv.* outside. *See* Antonyms, §3.ff. You must know those antonyms to recognize them on the CBAT.
déjà *adv.* already
délice *n.m.* delight
délinquance *n.f.* delinquency
demander *v.* to ask, to request; **se demander**/to wonder
demeure *n.f.* dwelling, residence
demeurer *v.* to remain, to dwell, to live (in a place)
demi, demie *adj.* half
démontrer *v.* to demonstrate
denrée *n.f.* commodity, produce
dent *n.f.* tooth
départ *n.m.* departure
dépasser *v.* to surpass, to go beyond
se dépêcher *refl. v.* to hurry; **dépêchons-nous!**/let's hurry!
dépenser *v.* to spend (money)
dépenses *n.f.* expenses
déplacer, se déplacer *v.* to move, to displace, to budge
dépouiller *v.* to skin
dépression *n.f.* depression, recess, flattening
déprimer *v.* to depress, to weaken
depuis *adv.* since; **depuis longtemps**/for a long time; **depuis lors**/since then, since that time. *See* §10–§10.5. Study that section to understand the use of **depuis** in order to recognize it on the CBAT.
déranger *v.* to disturb
dernier, dernière *adj.* last
dès *prep.* from, since; **dès aujourd'hui**/from today; **dès que** *conj.* as soon as. *See* Conjunctions & conjunctive locutions, §7.ff and §35.1. You must know them to recognize them on the CBAT.
désagréable *adj.* unpleasant

Consult §3.ff, §7.ff, §20.2ff, and §38.ff in the General Review, Part Three, and other sections there, as well as entries in the General Index.

descendre *v.* to go down, to come down, to descend; *see* §39.29; **faire descendre**/to make or to have someone or something come down. *See* **causative faire** in §5.ff

désert *n.m.* desert

désespéré, désespérée *adj.* in despair

déshonorer *v.* to dishonor

désormais *adv.* from now on

dessein *n.m.* project, plan, design

déssert *n.m.* dessert

dessin *n.m.* drawing, sketch

dessous *prep., adv.* under; **par-dessous**/below

dessus *prep., adv.* above; **par-dessus**/above

déterrer *v.* to unearth

détruire *v.* to destroy

dette *n.f.* debt

deuil *n.m.* mourning

devant *prep.* before, in front of

devenir *v.* to become; *see* §40.ff

deviner *v.* to guess

devinrent, devint *v. forms of* **devenir;** *see* §40.ff

devoir *n.m.* duty, obligation, homework

devoir *v.* to owe, to have to, must, ought, should; *see* §17., §39.92, §40.

devrais *v. form of* **devoir**

diminuer *v.* to diminish, to lessen

dire *v.* to say, to tell; **dire du mal de**/to speak ill of; **vouloir dire**/to mean; *see* §20.12 and §40.

diriger *v.* to direct; **se diriger** *refl. v.* to go toward, to head for

discours *n.m.* speech

disparaître *v.* to disappear

disparition *n.f.* disappearance

disputer, se disputer *v.* to quarrel, to dispute

distrait, distraite *adj.* distracted

divertissant, divertissante *adj.* entertaining; **divertissement** *n.m.* amusement

dizaine *n.f.* about ten

doigt *n.m.* finger

dois, doit *v. forms of* **devoir**; *see* §17., §40.1, and §41.

domaine *n.m.* domain, realm

domestique *n.* servant

donc *conj.* therefore; when not used as a conj., **donc** is used as a locution to emphasize (usually the verb) what is being said, *e.g.:* **Où donc allez-vous?**/Where *are* you going? **Où donc est Simone?**/Where *is* Simone?

donner *v.* to give; **donner sur**/to face, to overlook, to look out upon; **donner un coup de main**/to give a helping hand; *see* idioms with **sur**, §20.32

dont *pron.* of which, whose, *etc.; see* §29.15 and §29.43ff; for the many uses of **dont**, see this entry in the General Index.

doré, dorée *adj.* decorated

dorénavant *adv.* from now on, henceforth

dormir *v.* to sleep; **dormir à la belle étoile**/to sleep outdoors, under the stars; **dormir sur les deux oreilles**/to sleep soundly

dortoir *n.m.* dormitory

dos *n.m.* back (of a person); **en avoir plein le dos**/to have it up to here, to be sick and tired of something; *see* idioms with **avoir**, §20.6. You must know those idioms with **avoir** to recognize them on the CBAT.

douane *n.f.* customs (entering or leaving a country)

douanier *n.m.* customs official

doucement *adv.* softly, quietly, sweetly

douceur *n.f.* sweetness, pleasantness

douche *n.f.* shower

douter *v.* to doubt; **se douter**/to suspect

doux, douce *adj.* sweet, pleasant

drapeau *n.m.* flag

drôle *adj.* funny, droll

du *See* idioms with **du**, §20.15. You must know those idioms & idiomatic expressions with **du** to recognize them on the CBAT.

dû *past part. of* **devoir**; *see* §17., §17.6, §39.51, §40.1. You must know the various uses of the verb **devoir** and its different meanings for the CBAT.

dur, dure *adj.* hard

durable *adj.* lasting, durable

durée *n.f.* duration, length

durent, dut *v. forms of* **devoir**; *see* **devoir** and references to this important verb

E

échanger *v.* to exchange

échapper, s'échapper *v.* to escape; **l'échapper belle**/to have a narrow escape

échelle *n.f.* ladder

échouer *v.* to fail

éclair *n.m.* lightning

éclaircir *v.* to brighten up, to clear up

éclairer *v.* to light, to light up

éclatant, éclatante *adj.* striking, dazzling

éclater *v.* to burst (out)

écolier, écolière *n.* schoolboy, school girl

économe *adj.* thrifty

écouler *v.* to flow, to flow by, to slip away

écouter *v.* to listen to

écrin *n.m.* case, jewel case

écrire *v.* to write; *see* §40.ff

écriture *n.f.* handwriting

écrivain *n.m.* writer; **une femme écrivain**/woman writer

écume *n.f.* foam, froth

écureuil *n.m.* squirrel

écurie *n.f.* stable (for animals)

édicter *v.* to issue an edict, to promulgate

édifice *n.m.* building, edifice

effacer *v.* to erase, to efface

effrayer *v.* to frighten

effroi *n.m.* fright

égal, égale *adj.* equal

s'égarer *refl. v.* to go astray

égoïste *n.* egoist

égorger *v.* to cut the throat of, to slaughter, to butcher

éloigner, s'éloigner *v.* to move away from, to keep distant

embarquer, s'embarquer *v.* to embark

émettre *v.* to emit, to issue

émouvoir *v.* to move, to stir, to affect

empêcher *v.* to prevent

emplette *n.f.* purchase; **faire des emplettes;** *see* idioms with **faire**, §20.18

emploi *n.m.* employment

employé, employée *n.* employee

employer *v.* to use, to employ

emporter *v.* to carry off, to carry away, to sweep away

emprisonné, emprisonnée *adj.* enclosed, imprisoned

emprunter *v.* to borrow

en *See* idioms with **en**, §20.16. You must know those idioms with **en** to recognize them on the CBAT.

encore *adv.* still, again, more, yet

encre *n.f.* ink

endormi, endormie *adj.* asleep; **s'endormir**/to fall asleep

endroit *n.m.* place

enfance *n.f.* infancy, childhood

enfer *n.m.* Hades, Hell

enflé, enflée *adj.* swollen

enfoncer *v.* to push in, to stick in, to drive in

s'enfuir *refl. v.* to flee, to run away

Consult §3.ff, §7.ff, §20.2ff, and §38.ff in the General Review, Part Three, and other sections there, as well as entries in the General Index.

enlever *v.* to remove, to take off; *see* §39.64

s'ennuyer *refl. v.* to be bored

enquête *n.f.* inquiry

enregistrer *v.* to record (on a tape, record)

s'enrhumer *refl. v.* to catch a cold

enseigne *See* §23.1ff

enseigner *v.* to teach

enseignement *v.* teaching

ensoleillé, ensoleillée *adj.* sunny

ensuite *adv.* then, next

entendre *v.* to hear, to understand; *see* §33.; **entendre dire que**/to hear it said that; **entendre parler de**/to hear about; **s'entendre avec qqn**/to get along with someone

entêté, entêtée *adj.* stubborn

entier, entière *adj.* entire

entouré de/surrounded by

entracte *n.m.* intermission

entraînement *n.m.* training

entraîner *v.* to bring about, to carry along

entre *prep.* among, between

entre chien et loup/at dusk

entrée *n.f.* entrance

entreprendre *v.* to undertake; *past part.*, **entrepris**

entreprise *n.f.* industry

entretenir *v.* to maintain

entretien *n.m.* upkeep

envers *prep.* toward; *see* §18.

envie *n.f.* envy, longing, desire; **avoir envie de**/to feel like; *see* idioms with **avoir**, §20.6

environ *adv.* nearly, about

environs *n.m.* suburbs, outskirts (of a city)

s'envoler *refl. v.* to fly away

envoyer *v.* to send; **envoyer chercher**/to send for

épais, épaisse *adj.* thick

épargner *v.* to save (money), to spare; **s'épargner**/to spare oneself, to save oneself

épaule *n.f.* shoulder

éperdu, éperdue *adj.* distracted, frantic, dumbfounded

épices *n.f.* spices

épicier, épicière *n.* grocer

épingle *n.f.* pin

éponge *n.f.* sponge

époque *n.f.* epoch, time, period

épouse *n.f.* wife; *see* Synonyms, §38.ff

époux *n.m.* husband; *see* Synonyms, §38.ff

éprouver *v.* to feel, to experience

équilibre *n.m.* balance, equilibrium

équipe *n.f.* team

ère *n.f.* era

escadrille *n.f.* flight

espace *n.m.* space

Espagne *n.f.* Spain

espèce *n.f.* type, species, kind

espérance *n.f.* hope

espérer *v.* to hope

esprit *n.m.* spirit, mind

essayer *v.* to try on; **essayer de**/to try (to)

essence *n.f.* gasoline, essence; **poste d'essence**/gas station

essuyer *v.* to wipe; *see* §39.61

est-ce *See* idioms and idiomatic expressions with **est-ce**, §20.12

estimer *v.* to value, to consider

établir *v.* to establish

étage *n.m.* floor (of a building)

étain *n.m.* tin

été *n.m.* summer; also *past part.* of **être**; *see* §39.81

éteindre *v.* to extinguish

éteint, éteinte *adj.* extinguished

étendre *v.* to extend

étendue *n.f.* extent, expanse

étoile *n.f.* star; **à la belle étoile**/under the stars; *see* §20.2

étonnement *n.m.* astonishment

étonner *v.* to astonish, to surprise

étourdi, étourdie *adj.* giddy, dizzy, light-headed

étranger *n.m.* overseas, abroad

étranger, étrangère *n.* foreigner

être *v.* to be; *see* §39.81 and §40.ff; *see also* idioms and idiomatic expressions with **être**, §20.17. You must know these to recognize them on the CBAT.

étroit, étroite *adj.* narrow; *see* Synonyms, §3.ff

étude *n.f.* study

eu, eus, eut, eurent *v.* forms of **avoir**; *see* §39.81, §40.1, and §41. You must know all the forms of **avoir** to recognize them on the CBAT.

éveiller *v.* to awaken

éviter *v.* to avoid

évoquer *v.* to evoke

examen *n.m.* examination, exam

s'exclamer *refl. v.* to exclaim

s'exercer *refl. v.* to exert oneself, to try hard

exiger *v.* to demand, to insist, to require

expédier *v.* to expedite

exprès/on purpose, deliberately

exprimer *v.* to express

expulser *v.* to drive out, to expel

extérieur *n.m.* exterior, outside

extrait *n.m.* extract

F

fable *n.f.* story, fable

fabrique *n.f.* manufacture

fabriquer *v.* to manufacture, to fabricate

face/en face de *See* idioms with **en**, §20.16

fâché, fâchée *adj.* angry, upset

fâcher *v.* to anger; **se fâcher**/to get angry, to become upset

façon *n.f.* way, manner; **de toute façon**/any way, in any case

fade *adj.* tasteless

faible *adj.* weak; *see* Antonyms, §3.ff

faillir + inf. to almost (do something); **J'ai failli tomber**/I almost fell.

faim *n.f.* hunger

faire *v.* to do, to make; *see* §40.ff and idioms with **faire**, §20.18. You must know those idioms to recognize them on the CBAT.

faire + inf. *See* Causative **faire**, §5.

se faire *v.* to be done; **Cela ne se fait pas ici**/That isn't done here.

se faire mal *v.* to hurt oneself

fait *n.m.* fact; **au fait**/as a matter of fact; **de fait**/as a matter of fact; *see* idioms with **au**, §20.3; **Comment se fait-il?**/How come?

faites comme chez vous/make yourself at home; *see* §20.18

falloir *v.* to be necessary; *see* §19.

familial, familiale *adj.* family

fatigant, fatigante *adj.* tiring

fatigué, fatiguée *adj.* tired

faute *n.f.* lack, error, mistake

fauteuil *n.m.* arm chair, seat (in a theater)

faux *n.m.* falsehood

faux, fausse *adj.* false

fée *n.f.* fairy; **un conte de fées**/fairy tale

féliciter *v.* to congratulate

femme *n.f.* woman; **femme de chambre**/chamber maid; wife; *see* Synonyms, §38.

fer *n.m.* iron; **le chemin de fer**/railroad

ferme *n.f.* farm

ferme *adj.* firm

fermer *v.* to close; **fermer à clef**/to lock

fermier, fermière *n.* farmer

fête *n.f.* holiday, feast, party

fêter *v.* to celebrate

feu *n.m.* fire; **le feu rouge**/red light (traffic)

feuille *n.f.* leaf, sheet of paper

se fiancer *refl. v.* to become engaged

Consult §3.ff, §7.ff, §20.2ff, and §38.ff in the General Review, Part Three, and other sections there, as well as entries in the General Index.

ficelle *n.f.* string
fier, fière *adj.* proud
fierté *n.f.* pride
fièvre *n.f.* fever
figure *n.f.* face
figurer *v.* to figure in, to be included in
fil *n.m.* thread, string, wire; **la télégraphie sans fil (T.S.F.)**/wireless (radio)
fille *n.f.* daughter; **une jeune fille**/girl
fils *n.m.* son; **fils unique**/only son
fin *n.f.* end; **fin de semaine**/weekend
fis, fit, fîmes, fîtes, firent, fisse, fît, fissions *v. forms of* **faire**; *see* §40.1 and §41.
fixer *v.* to fix, to attach
flamme *n.f.* flame
Flandre *n.f.* Flanders
fleur *n.f.* flower
fleuri, fleurie *adj.* flowered, in bloom; **fleuriste** *n.m.f.*/florist
fleuve *n.m.* river
florin *n.m.* florin (coin, money)
foi *n.f.* faith; **ma foi!**/my word!
fois *n.f.* time; **la première fois**/the first time; **à la fois**/at the same time; **Il était une fois**/Once upon a time there was . . . *See* idioms and idiomatic expressions with **fois**, §20.19 and with **à**, §20.2
fol, folle *adj.* crazy
fonctionnaire *n.m.* official; civil servant
fond *n.m.* bottom; **à fond**/thoroughly
fonder *v.* to found, to establish
force *n.f.* force; **à force de**/by dint of
forcément *adv.* naturally, forcefully
forêt *n.f.* forest
formidable *adj.* amazing, wonderful
fossé *n.m.* ditch
fou, fol, folle *adj.* crazy
foudre *n.f.* lightning
foule *n.f.* crowd
four *n.m.* oven
fourchette *n.f.* fork
fournir *v.* to furnish
fourrure *n.f.* fur
foyer *n.m.* lobby, home, hearth
frais *n.m.pl.* expenses
frais, fraîche *adj.* cool, healthy
fraise *n.f.* strawberry
framboise *n.f.* raspberry
franc, franche *adj.* frank
franchement *adv.* frankly
frapper *v.* to hit, to knock, to strike
frémir *v.* to shudder, to shiver

fréquemment *adv.* frequently
fromage *n.m.* cheese
front *n.m.* forehead
frotter *v.* to rub
fuir *v.* to flee, to run away
furent, fussent, fut, fût *v. forms of* **être**; *see* §39.81, §40.1, and §41.ff. You must know all those forms of **être** for the CBAT, at least to recognize them and their meaning when you see them.
fuyait *v. form of* **fuir**; *see* §41.ff

G

gagner *v.* to earn, to gain, to win
gai, gaie *adj.* gay
gant *n.m.* glove
garde *n.f.* watch, surveillance
garder *v.* to keep, to guard; **garder le lit**/to stay in bed
gare *n.f.* station
gare!/look out! beware!
garni, garnie *adj.* garnished, decorated
gaspiller *v.* to waste
gastronomique *adj.* gastronomical (having to do with cooking and eating food)
gâteau *n.m.* cake
gâter *v.* to spoil
geler *v.* to freeze; *see* §37.ff
gémir *v.* to groan, to moan
gendre *n.m.* son-in-law
généreux, généreuse *adj.* generous
genou *n.m.* knee
genre *n.m.* type, kind
gens *n.f.m.* people; **jeunes gens**/young people
gentil, gentille *adj.* nice, pleasant
geste *n.m.* gesture
gibier *n.m.* game (hunting)
gifle *n.f.* slap
gigantesque *adj.* gigantic
gilet *n.m.* vest
glace *n.f.* hand mirror, ice cream
glacé, glacée *adj.* frozen, icy cold
glacial, glaciale *adj.* freezing
glacière *n.f.* refrigerator
gloire *n.f.* glory
gomme *n.f.* eraser
gorge *n.f.* throat
gourmand, gourmande *adj.* gluttonous
gourmandise *n.f.* gluttony, greediness, love of good food
goût *n.m.* taste
goûter *v.* to taste
goutte *n.f.* drop (liquid)
grâce à/thanks to

grand, grande *adj.* great, big, large
Grande Bretagne *n.f.* Great Britain
grandir *v.* to grow, to grow big, to become large
grange *n.f.* barn
gras, grasse *adj.* fat; **faire la grasse matinée**/to sleep late in the morning; *see* idioms with **faire**, §20.18
gratification *n.f.* gratification, tip (money)
gratte-ciel *n.m.* skyscraper
gratter *v.* to scratch
gratuit, gratuite *adj.* free, gratis
gratuitement *adv.* free of charge
grave *adj.* serious, grave; **gravement**/seriously
gré *n.m.* will, pleasure; *see* idioms with **à**, §20.2 and with **bon**, §20.9
grec, grecque *adj.* Greek; **à la grecque**/Greek style
Grèce *n.f.* Greece
grimper *v.* to climb
gris, grise *adj.* gray
gronder *v.* to scold
gros, grosse *adj.* big, fat, large; **avoir le coeur gros**/to be heartbroken
grosseur *n.f.* size, thickness
guérir *v.* to cure
guerre *n.f.* war
gueule *n.f.* mouth (of an animal)
guichet *n.m.* box office, teller's window
guide *See* §23.1ff

H

habile *adj.* skilled, skillful
habiller *v.* to dress (someone); **s'habiller**/to dress oneself
habit *n.m.* clothes, clothing
habitant *n.m.* inhabitant
habitation *n.f.* house
habitude *n.f.* habit, custom; **d'habitude**/usually, ordinarily; **comme d'habitude**/as usual
haleine *n.f.* breath; **reprendre haleine**/to catch one's breath
hasard *n.m.* chance, risk, danger; **par hasard**/by chance; *see* idioms with **par**, §20.22
hâte *n.f.* haste; **à la hâte**/hastily
hausser les épaules/to shrug one's shoulders
haut, haute *adj.* high, tall; **en haut**/up, above, upstairs; *see* idioms with **en**, §20.16
hectare *n.m.* hectare (about 2.47 acres)
herbe *n.f.* grass
héritier, héritière *n.* heir, heiress

Consult §3.ff, §7.ff, §20.2ff, and §38.ff in the General Review, Part Three, and other sections there, as well as entries in the General Index.

heureusement *adv.* fortunately, happily

heureux, heureuse *adj.* happy; *see* Antonyms, §3.ff and Synonyms, §38.ff. You must know those antonyms and synonyms to recognize them on the CBAT.

hibou *n.m.* owl

hideux, hideuse *adj.* hideous

Hollandais, Hollandaise *n.* Dutch (person)

homme *n.m.* man; **homme d'état**/ statesman

honte *n.f.* shame

horaire *n.m.* time schedule, time table

horloge *n.f.* clock

hors *adv.* outside

huile *n.f.* oil

humeur *n.f.* humor, mood, disposition

I

île *n.f.* island

illisible *adj.* illegible

illustre *adj.* famous, illustrious

image *n.f.* picture, image

immeuble *n.m.* building

imperméable *n.m.* raincoat

impétueux, impétueuse *adj.* impetuous

importe; il importe/it is important

imprimer *v.* to print

inattention *n.f.* inattention, absentmindedness; **par inattention**/ carelessly

incendie *n.m.* fire

inclinaison *n.f.* bow

incompris, incomprise *adj.* misunderstood

inconnu, inconnue *adj.* unknown

indice *n.m.* indication, sign, mark

inférieur, inférieure *adj.* lower

innombrable *adj.* innumerable

inondation *n.f.* flood, inundation

inquiet, inquiète *adj.* restless

inquiétant, inquiétante *adj.* upsetting, disturbing, disquieting

inquiétude *n.f.* restlessness, anxiety

inscrire *v.* to inscribe; **inscrit, inscrite** *adj.* inscribed

insensé, insensée *adj.* insane

instant *n.m.* instant; **à l'instant**/instantly; *see* idioms with **à**, §20.2

s'instruire *refl. v.* to inform oneself

interdire *v.* to prohibit, to forbid, to interdict

interdit, interdite *adj.* forbidden, prohibited

interrompre *v.* to interrupt

inutile *adj.* useless; *see* Antonyms, §3.ff

inutilement *adv.* uselessly

invité, invitée *n.* guest

irai, iras, ira, etc. *v. forms of* **aller**; *see* §39.85

irriter *v.* to irritate

issue *n.f.* result, outcome

Italie *n.f.* Italy

Italien, Italienne *n.* Italian (person)

italien *n.m.* Italian (language)

ivre *adj.* drunk

J

jadis *adv.* formerly, in days gone by

jamais *adv.* never; **à jamais**/forever

jambe *n.f.* leg; **prendre ses jambes à son cou**/to run fast

jambon *n.m.* ham

Japon *n.m.* Japan

Japonais, Japonaise *n.* Japanese (person)

jardinier, jardinière *n.* gardener; **jardinière des neiges**/babysitter at a ski resort

jeter *v.* to throw; **jeter un coup d'oeil**/to glance

jeu *n.m.* game

jeunes, jeunes gens *n.m.f.* young people, youth

jeunesse *n.f.* youth

jeux *n.m.pl.* games

joindre *v.* to join; **joindre les deux bouts**/to make ends meet

joue *n.f.* cheek

jouer *v.* to play; **jouer gros jeux**/to take chances

jouet *n.m.* toy

jouer, joueuse *n.* player

jouir (de) *v.* to enjoy

jour *n.m.* day; **de nos jours**/in our day

journal *n.m.* newspaper

journée *n.f.* day

joyeux, joyeuse *adj.* joyous, happy, merry; *see* Antonyms, §3.ff and Synonyms, §38.ff

jupe *n.f.* skirt

K

kilo, kilogramme *n.m.* kilogram (1 kilogram equals about 2.2 pounds)

kilomètre *n.m.* kilometer (1 kilometer equals about 0.62137 mile or about 5/8 mile, or 1,000 meters)

L

là *adv.* there; **là-dessus**/there on, thereupon, on that

lac *n.m.* lake

laid, laide *adj.* ugly; *see* Antonyms, §3.ff

laisser *v.* to leave (something); **laisser tomber** *v.* to let fall, to drop

laitier, laitière *adj.* dairy

laitue *n.f.* lettuce

lame *n.f.* blade

langue *n.f.* tongue, language; **avoir la langue bien pendue**; *see* idioms & idiomatic expressions with **avoir**, §20.6

laquelle, lesquelles; *see* §29.26ff

large *adj.* wide; *see* Antonyms, §3.ff

larme *n.f.* tear (from eyes)

las, lasse *adj.* tired, weary

lasser *v.* to tire, to weary; **se lasser**/ to become tired, to become weary

laver *v.* to wash (someone or something); **se laver**/to wash oneself

lecteur, lectrice *n.* reader (person who reads)

lecture *n.f.* reading

léger, légère *adj.* light (in weight); **à la légère**; *see* idioms & idiomatic expressions with **à**, §20., §20.1, §20.2ff

légèrement *adv.* lightly

légume *n.m.* vegetable

lendemain *n.m.* the following day, the following morning

lent, lente *adj.* slow

lentement *adv.* slowly; *see* Adverbs, §2.ff

lequel, lesquels, lesquelles; *see* §29.26

lever *n.m.* the raising; **le lever du soleil**/sun rise; **le lever du rideau**/curtain rise (theater)

lever *v.* to raise; *see* §39.53ff; **se lever** *refl. v.* to get up

lèvre *n.f.* lip

libraire *n.* bookseller

librairie *n.f.* book shop

licencié, licenciée *n.* person with a scholastic degree

lien *n.m.* tie, bond

lier *v.* to tie, to link, to bind; **lier connaissance**/to become acquainted

lieu *n.m.* place; **avoir lieu**/to take place; **au lieu de**/instead of, in place of; *see* idioms & idiomatic expressions with **au**, §20.3 and with **avoir**, §20.6

linge *n.m.* linen, laundry

lion, lionne *n.* lion, lioness

lire *v.* to read; *see* §40.ff

Consult §3.ff, §7.ff, §20.2ff, and §38.ff in the General Review, Part Three, and other sections there, as well as entries in the General Index.

livre *n.m.* book
livrer *v.* to deliver; **livrer bataille/** to wage a battle, to give battle; **se livrer à/**to devote oneself to
logement *n.m.* lodging, housing
loger *v.* to lodge, to dwell
logis *n.m.* lodging, dwelling
loi *n.f.* law
loin *adv.* far; **au loin/**in the distance; *see* idioms with **au,** §20.3
Londres *n.m.* London
long, longue *adj.* long; **à la longue/** in the long run, in the end; **le long de/**along
longtemps *adv.* for a long time
lors *adv.* then, at the time
lorsque *adv.* when; *see* Adverbs, §2.ff
louer *v.* to rent, to praise
loup *n.m.* wolf; **à pas de loup/**softly, quietly; *see* idioms and idiomatic expressions with **à,** §20.2
lourd, lourde *adj.* heavy
lumière *n.f.* light
lune *n.f.* moon
lutter *v.* to fight, to combat, to struggle
lycée *n.m.* lyceum; French secondary school
lycéen, lycéenne *n.* high school student

M

maigre *adj.* thin; *see* Antonyms, §3.ff and Synonyms, §38.ff
main *n.f.* hand; **un coup de main/** helping hand; **main-d'oeuvre** *n.f.* manpower, labor
maintenir *v.* to maintain
maintien *n.m.* maintenance
maire *n.m.* mayor
maïs *n.m.* corn
maître, maîtresse *n.* teacher, master, mistress
majestueux, majestueuse *adj.* majestic
mal *n.m.* evil, harm; **se faire mal/**to hurt (harm) oneself; **le mal de mer/**seasickness; **mal à l'aise/**ill at ease; *as an adv.* badly, poorly
malade *n.m.f.* sick person
malade *adj.* sick, ill
maladie *n.f.* illness, sickness, malady
maladroit, maladroite *adj.* clumsy
malcontent, malcontente *adj.* unhappy; *see* Antonyms, §3.ff
malgré *prep.* in spite of
malheur *n.m.* unhappiness, misfortune; **Malheur!/**What a bad fix!

malhonnête *adj.* dishonest
malle *n.f.* trunk (luggage)
manche *n.f.* sleeve; *see* §23.1
mannequin *n.m.* mannequin, fashion model
manque *n.m.* lack
manquer *v.* to miss; **manquer (de)/** to lack, to fail to
manteau *n.m.* coat, overcoat
manucure *n.f.* manicure
se maquiller *refl. v.* to put make-up on one's face
marchand, marchande *n.* merchant
marche *n.f.* step (of stairs)
marché *n.m.* market; **bon marché;** *see* idioms and idiomatic expressions with **bon,** §20.9
marcher *v.* to walk, to march, to run (of a machine)
maréchal *n.m.* marshal
marguerite *n.f.* daisy
mari *n.m.* husband; *see* Synonyms, §38.
marier *v.* to marry someone to someone; **se marier/**to get married
marin *n.m.* sailor
marine *n.f.* navy
marquer *v.* to mark, to hit (a score)
marron *n.m.* brown, chestnut brown
marteau *n.m.* hammer
matelas *n.m.* mattress
matelot *n.m.* sailor, seaman
matinée *n.f.* morning; **faire la grasse matinée;** *see* idioms & idiomatic expressions with **faire,** §20.18
mauvais, mauvaise *adj.* bad
méchant, méchante *adj.* mean, nasty
mécontent, mécontente *adj.* unhappy
mécontentement *n.m.* dissatisfaction
médaille *n.f.* medal
médecin *n.m.* doctor; **une femme médecin/**woman doctor
médecine *n.f.* medicine (profession)
médicament *n.m.* medicine (that you take)
se méfier (de) *refl. v.* to distrust, to watch out for
meilleur, meilleure *adj.* better; *see* §22.; **meilleur marché/**at a better price, at a lower price
mêler *v.* to mix, to mingle; **se mêler de ses affaires/**to mind one's own business; **Mêlez-vous de vos affaires!/**Mind your own business!
même *adj., adv.* same, even; **le même jour/**the same day; **le jour même/** the very day
ménage *n.m.* household, home,

married couple; **ménagère** *n.f.* housewife
mener *v.* to lead
mensonge *n.m.* lie, falsehood
menton *n.m.* chin
mer *n.f.* sea; **mal de mer/**seasickness
messager, *n.m.* messenger
métier *n.m.* trade, occupation
metteur en scène/director (theater, film)
mettre *v.* to put, to place; *see* §40.; **mettre à la porte/**to send out of the room, to put out, to dismiss, to discharge; **mettre au courant/** to inform; **mettre du temps/**to spend some time; **mettre fin à/**to put an end to; **mettre une lettre à la poste/**to mail (post) a letter; **se mettre en colère/**to become angry, upset; **se mettre à + inf./** to begin (to)
meuble *n.m.* piece of furniture; **meubles** *n.m.pl.* furniture
meurt *v.* form of **mourir;** *see* §41.
midi *n.m.* noon
miel *n.m.* honey
mieux *adv.* better; *see* §22.; *see also* idioms & idiomatic expressions with **mieux,** §20.20 and with **tant,** §20.33
milieu *n.m.* middle
millier *n.m.* thousand
mineur *n.m.* miner
mineur, mineure *adj.* minor
ministre *n.m.* minister
minuit *n.m.* midnight
se mirer *refl. v.* to look at oneself, to be reflected
mis *past part.* of **mettre;** *see* §39.51 and §40.1, §41.
mis, mise *adj.* placed, put; **mise au point/**perfected
misérable *adj.* miserable, wretch
misère *n.f.* misery; **un chien de misère/**a stray dog
mit *form of* mettre; *see* §40.1 and §41.
mobilier *n.m.* furniture, furnishings
mode *See* §23.1; *see also* idioms and idiomatic expressions with **à,** §20.2
modéré, modérée *adj.* moderated
moindre *adj.* least
mois *n.m.* month
monde *n.m.* world, people; **beaucoup de monde/**many people
mondial, mondiale *adj.* world
monnaie *n.f.* change (money)
montagne *n.f.* mountain; **montagnard, montagnarde/**mountain person
monter *v.* to go up, to come up, to get on; *see* §39.29; **monter à**

Consult §3.ff, §7.ff, §20.2ff, and §38.ff in the General Review, Part Three, and other sections there, as well as entries in the General Index.

cheval/to go horseback riding; **monter dans**/to get into (a vehicle); **monter la garde**/to place a watch (surveillance)

montre *n.f.* watch

montrer *v.* to show; **montrer de doigt**/to point out, to indicate by pointing

se moquer *v.* to make fun of

morceau *n.m.* piece, morsel

morne *adj.* sad, cheerless

mort *n.f.* death; *also past part. of* **mourir**

mot *n.m.* word (written); **parole** *n.f.* word (spoken)

mouche *n.f.* fly (insect)

se moucher *refl. v.* to wipe one's nose with a handkerchief

mouchoir *n.m.* handkerchief

mouillé, mouillée *adj.* wet, damp

mourir *v.* to die

mourut *passé simple of* **mourir**

mouton *n.m.* sheep

mouvementé, mouvementée *adj.* eventful, lively, choppy (travel on water)

moyen *n.m.* means, way; **au moyen de**/by means of; **Moyen Age**/ Middle Ages

moyen, moyenne *n. adj.* average

moyennant *prep.* thanks to, by means of

mur *n.m.* wall

mûr, mûre *adj.* ripe

musée *n.m.* museum

N

nage *n.f.* swimming

naissaient *v. form of* **naître**

naître *v.* to be born

naquis, naquit, naquîmes, *etc. passé simple of* **naître;** *see* §41.

natal, natale *adj.* native

natation *n.f.* swimming

navire *n.m.* boat

ne . . . plus; *see* Negations, §30.

négligé, négligée *adj.* careless, neglectful

neige *n.f.* snow; **un bonhomme de neige**/snowman

nettoyer *v.* to clean; *see* §39.61

neuf, neuve *adj.* (brand) new

neveu *n.m.* nephew

nez *n.m.* nose

n'importe quel, quoi, où, quand, *etc.; see* Indefinite pronouns, §29.23

Noël *n.m.* Christmas; **Joyeux Noël!**/ Merry Christmas!   **le Père Noël**/ Santa Claus

nombreux, nombreuse *adj.* numerous

non *See* idioms and idiomatic expressions with **non**, §20.21

nord *n.m.* north

note *n.f.* grade, mark

nouer *v.* to tie; **nouer les deux bouts**/to make both ends meet

nouilles *n.f.pl.* noodles

nourri, nourrie *adj.* nourished, fed

nourrir *v.* to nourish, to feed; **se nourrir**/to feed oneself

nourriture *n.f.* nourishment, food

nouveau, nouvelle *adj.* new; **de nouveau**/again; *see* idioms and idiomatic expressions with **de**, §20.14

nouvelles *n.f.pl.* news

nuit *n.f.* night; **passer une nuit blanche**/to spend a sleepless night

nul, nulle/no one, not any one, *etc.*; *see* §30.

O

obéissant, obéissante *adj.* obedient

obstinément *adv.* obstinately; **s'obstiner** *refl. v.* to be obstinate

occasion *n.f.* opportunity, occasion

occupé, occupée *adj.* busy, occupied; **s'occuper de** *refl. v.* to be busy with; to take care of, to mind; **occupez-vous de vos affaires**/ mind your own business

oeil *n.m.* eye; **les yeux**/the eyes

oeillet *n.m.* carnation

oeuf *n.m.* egg; **un oeuf à la coque**/ boiled egg, *i.e.,* in the shell (coque)

oeuvre *n.f.* work (of art)

offrir *v.* to offer; **s'offrir**/to offer to each other

oiseau *n.m.* bird

ongle *n.m.* fingernail

opprimer *v.* to oppress

or *n.m.* gold; *as a conj.* now, well

orage *n.m.* storm

oranger *n.m.* orange tree

ordinaire *adj.* ordinary; **d'ordinaire**/ ordinarily

ordonner *v.* to order

oreille *n.f.* ear; **dormir sur les deux oreilles**/to sleep soundly

organisateur *n.m.* organizer

orgueil *n.m.* pride; **orgueilleux, orgueilleuse** *adj.* proud

orné, ornée *adj.* decorated

orteil *n.m.* toe

orthographe *n.f.* spelling

os *n.m.* bone

oubli *n.m.* oblivion; **oublier**/to forget

ouïr *v.* to hear

ours *n.m.* bear (animal)

outil *n.m.* tool

outre *prep.* in addition to; **en outre**/ besides

ouverture *n.f.* opening

ouvrage *n.m.* work

ouvreur, ouvreuse *n.* usher

ouvrier, ouvrière *n.* worker, laborer

ouvrir *v.* to open; *see* §40.

P

pacifier *v.* to pacify

page *See* §23.1

paille *n.f.* straw; **un bonhomme de paille**/scarecrow

pain *n.m.* bread

paisiblement *adv.* peacefully; *see* Adverbs, §2.

paix *n.f.* peace

palais *n.m.* palace

pantoufle *n.f.* slipper

papeterie *n.f.* stationery store

papillon *n.m.* butterfly

paquebot *n.m.* boat, steamship liner

Pâques *n.f.pl.* Easter

paquet *n.m.* package, parcel

par *prep.* by, on; **par contre**/on the other hand, **par terre**/on the ground, on the floor; for other idioms & idiomatic expressions with **par**, *see* §20.22

paradis *n.m.* paradise

paraître *v.* to seem, to appear

parapluie *n.m.* umbrella

parce que *conj.* because; *see* §7.ff. You must know those conjunctions in §7.ff to recognize them on the CBAT.

parcimonieux, parcimonieuse *adj.* sparing, parsimonious, frugal

parcourir *v.* to pass by, through, over, to cover distance

pardessus *n.m.* overcoat

pareil, pareille *adj.* such, similar; **sans pareil**/unparalleled

paresseux, paresseuse *adj.* lazy; *see* Antonyms, §3.

parfois *adv.* at times

parloir *n.m.* parlor (the word is based on the *v.* **parler**, to talk, so that a **parloir** is a room where people talk.)

parmi *prep.* among

parole *n.f.* word (spoken); **le mot** (written word); *see* idioms & idiomatic expressions with **parole**, §20.23

part *n.f.* part, share; **quelque part**/somewhere

partager *v.* to share

parti *n.m.* political party, side; **de parti pris**/on purpose, deliberately, foregone conclusion; *see* idioms & idiomatic expressions with **de**, §20.14

partie *n.f.* part, game; **faire partie de**/to take part in

partir *v.* to leave, to depart; *see* §40.; **à partir de**/beginning with; *see* idioms & idiomatic expressions with **à**, §20.2

partout *adv.* everywhere

parvenir (à) *v.* to reach, to attain, to succeed in

pas *n.m.* step (foot)

pas du tout/not at all

passer *v.* to spend (time); to go by, to pass by, to pass; *see* §39.29; **passer une nuit blanche**/to spend a sleepless night; **se passer** *v.* to happen; **se passer de**/to do without

pâte *n.f.* paste, pasta

patiner *v.* to skate

pâtisserie *n.f.* pastry shop

pâtissier, pâtissière *n.* pastry cook

patrie *n.f.* country

patron, patronne *n.* owner, proprietor

patte *n.f.* paw

pauvre *adj.* poor; **pauvrement** *adv.* poorly (*see* §2.ff); **pauvreté** *n.f.* poverty

payer *v.* to pay (for); *see* §39.50, §39.53ff

Pays-Bas *n.m.pl.* Low Countries, Netherlands

paysan, paysanne *n., adj.* farmer, country

peau *n.f.* skin

pêche *n.f.* peach

pêche *n.f.* fishing; **aller à la pêche**/to go fishing; **faire la pêche**/to fish, to go fishing; *see also* idioms & idiomatic expressions with **aller**, §20.5 and with **faire**, §20.18

pêcher *v.* to fish

péché *n.m.* sin

pécher *v.* to sin

peigne *n.m.* comb

peigné, peignée *adj.* combed

peindre *v.* to paint; **peint**, *past part.*

peine *n.f.* pain, hardship; **à peine**/hardly, scarcely; *see* idioms & idiomatic expressions with **à**, §20.2

peint *past. part.* of **peindre**

peinture *n.f.* painting

pelle *n.f.* shovel

pendant *prep.* during; **pendant que** *conj.* while, during; *see* Conjunctions, §7.ff

pénible *adj.* painful

péniblement *adv.* painfully

pensée *n.f.* thought

penser *v.* to think

penser à *See* §39.43 and §39.49

perchoir *n.m.* perch

perdre *v.* to lose, to waste

Père Noël *n.m.* Santa Claus

permis *n.m.* permit

perruque *n.f.* wig

personnage *n.m.* character, personage

personne *n.f.* person; with **ne . . .**/no one, nobody; *see* §30.ff

perte *n.f.* loss

peser *v.* to weigh; *see* §39.64

petit-fils *n.m.* grandson

peu *adv.* little; **peu à peu**/little by little; *see* idioms with **à**, §20.2

peur *n.f.* fear; **avoir peur**/to be afraid; *see* idioms with **avoir**, §20.6; **faire peur**/to frighten; *see* idioms with **faire**, §20.18

pharmacie *n.f.* pharmacy, drug store; **pharmacien, pharmacienne** *n.* pharmacist, druggist

pièce *n.f.* play (theater); room (of an apartment, a house)

pied *n.m.* foot; **à pied**/on foot; **aller à pied**/to walk

pierre *n.f.* stone; **faire d'une pierre deux coups**/to kill two birds with one stone, to hit two with one blow

pin *n.m.* pine wood

pis; tant pis; *see* idioms & idiomatic expressions with **tant**, §20.33

piscine *n.f.* swimming pool

pitoyable *adj.* pitiful

pittoresque *adj.* picturesque

place *n.f.* seat

plafond *n.m.* ceiling

plage *n.f.* seashore, beach

plaignit *v. form of* **plaindre**

plaindre, se plaindre *v.* to complain

plainte *n.f.* complaint

plaintif, plaintive *adj.* complaining, plaintive

plaire *v.* to please; *see* idioms and idiomatic expressions with **plaire**, §20.24

plaisir *n.m.* pleasure

plancher *n.m.* floor

plein, pleine *adj.* full; *see* Antonyms, §3.; **plein de**/full of; **en plein air**/

outdoors, in the open air; *see* idioms & idiomatic expressions with **en**, §20.16

pleurer *v.* to cry, to weep

pleuvoir *v.* to rain; *past part.*, **plu**

pli *n.m.* crease, fold, pleat

plier *v.* to fold

plonger *v.* to dive, to plunge

plu *past part.* of **pleuvoir** and **plaire**

pluie *n.f.* rain

plupart *n.f.* most

plus *adv.* more; **de plus en plus**/more and more; **plus de**/more than; *see* idioms with **plus**, §20.25, and with **en**, §20.16

plusieurs *adv.* several

plut *passé simple of* **plaire** and **pleuvoir**

plutôt *adv.* rather, instead

poche *n.f.* pocket

podomètre *n.m.* pedometer

poids *n.m.* weight

poignet *n.m.* wrist

poil *n.m.* hair (on one's body, *e.g.*, face, arms, legs)

point *n.m.* period, point; **à point**/well done; **mise au point**/perfected

poison *n.m.* poison

poisson *n.m.* fish

poivre *n.m.* pepper

poli, polie *adj.* polite

politesse *n.f.* courtesy, politeness

pomme *n.f.* apple; **pommier** *n.m.* apple tree; **une pomme de terre**/potato; **pommes frites**/French fries

pompier *n.m.* fireman

porc *n.m.* pork

portée *n.f.* reach; **à la portée**/within reach

porter *v.* to bear, to carry, to wear

porteur *n.m.* bearer, porter

poser *v.* to put, to pose, to place; **poser une question**/to ask a question; **se poser**/to place oneself

posséder *v.* to possess

poste *n.m.* job, position, post; *n.f.* post, mail; **un bureau de poste**/post office; *see* §23.1

potage *n.m.* soup

poubelle *n.f.* trash bin

poule *n.f.* hen

poulet *n.m.* chicken

poupée *n.f.* doll

pourboire *n.m.* tip (money)

poursuivre *v.* to follow, to pursue

pourtant *adv.* however, yet, still

pourvu que *conj.* provided that; *see* Conjunctions and conjunctive locutions, §7.ff and §35.1

Consult §3.ff, §7.ff, §20.2ff, and §38.ff in the General Review, Part Three, and other sections there, as well as entries in the General Index.

pousser *v.* to push, to grow; **pousser une barbe**/to grow a beard
pouvoir *v.* to be able, can; *see* §40.ff; *as a n.*, power
pré *n.m.* meadow
précieux, précieuse *adj.* precious
se précipiter *refl. v.* to rush
préciser *v.* to state precisely, to be precise
prédicateur *n.m.* preacher
prédire *v.* to predict
premier, première *adj.* first
prendre *v.* to take, to take on, to catch; *see* §40.ff and §41.; **prendre des billets**/to get (buy) tickets; **prendre garde**/to watch out for; **prendre ses jambes à son cou**/to run fast; **se prendre à** + *inf.*/to begin + *inf.*; for other idioms and idiomatic expressions with **prendre,** *see* §20.26
près *prep.* near; **à peu près;** *see* idioms with **à,** §20.2
présenter *v.* to introduce, to present
presque *adv.* almost
pressé, pressée *adj.* hurried, hurrying; **se presser**/to be in a hurry
prêt, prête *adj.* ready
prêter *v.* to lend
preuve *n.f.* proof
prévenir *v.* to warn
prévoir *v.* to foresee; **prévu, prévue** *adj.* foreseen, expected
prier *v.* to beg, to pray, **Je vous en prie**/I beg you, You're welcome.
pris *past. part. of* **prendre;** *see* §39.24 and §39.51
se priver *refl. v.* to deprive oneself
prix *n.m.* prize, price
procédé *n.m.* process
prochain, prochaine *adj.* next
prochainement *adv.* soon
procurer *v.* to procure, to obtain; **se procurer** *refl. v.* to procure for oneself
prodigue *adj.* wasteful, prodigal, extravagant
prodiguer *v.* to lavish
produit *n.m.* product; **produit laitier**/dairy product
profond, profonde *adj.* deep
profondeur *n.f.* depth
projet *n.m.* plan, project
prolonger *v.* to prolong
promenade *n.f.* walk; **faire une promenade**/to take a walk, to go for a walk; **faire une promenade en voiture**/to go for a drive; *see* idioms and idiomatic expressions with **faire,** §20.18
promeneur *n.m.* stroller, walker

promettre *v.* to promise; **promis** *past part.;* **promirent** *passé simple of* **promettre**
propos *n.m.* resolution; **à propos de**/concerning, regarding, having to do with; *see* idioms with **à,** §20.2
propre *adj.* own, clean; *see* Antonyms, §3
propreté *n.f.* cleanliness
propriétaire *n.* owner, proprietor
propriété *n.f.* property
protéger *v.* to protect
Prussien, Prussienne *n.* Prussian
puis *or* **peux** *v. form of* **pouvoir;** *see* §40.1
puisque *conj.* since; *see* Conjunctions and conjunctive locutions, §7.ff and §35.1
puissance *n.f.* power
puissant, puissante *adj.* powerful
puits *n.m.* well (for water, oil, mining)
pullover *n.m.* sweater
punir *v.* to punish
punissait *v. form of* **punir**
punition *n.f.* punishment
purent *v. form of* **pouvoir;** *see* §40.1 and §41.

Q

quai *n.m.* wharf, quay
quand même! all the same! even so!
quant à, quant au *conj. locution* as for
quartier *n.m.* quarter, section
quel, quelle See §1.12, §20.27, and §20.28
quelque chose See §20.29
quelque part *adv. locution* somewhere
quelquefois *adv.* sometimes
quelques-uns, quelques-unes *pron.* some
se quereller *refl. v.* to quarrel
qu'est-ce que & qu'est-ce qui See §29.26ff
queue *n.f.* tail; **faire la queue;** *see* idioms with **faire,** §20.18
qui est-ce qui See §29.26ff
quincaillerie *n.f.* hardware store
quitter *v.* to leave (a person or place); **se quitter**/to leave each other
quoi *pron.* what; *see* §20.6, §20.30, §29., §29.32
quotidien, quotidienne *adj.* daily

R

raccrocher *v.* to hang up (again)
raconter *v.* to relate; **se reconter**/to tell stories to each other

raffiné, raffinée *adj.* refined
rafraîchir *v.* to refresh
rafraîchissement *n.m.* refreshment
rageusement *adv.* in a rage
ragoût *n.m.* stew
raison *n.f.* reason; **avoir raison**/to be right; *see* idioms and idiomatic expressions with **avoir,** §20.6
raisonnement *n.m.* reasoning
raisonner *v.* to reason
ramasser *v.* to pick up
ramener *v.* to bring back
rang *n.m.* rank, row; **rangée** *n.f.* row
ranimer *v.* to revive
rappeler *v.* to recall; *see* §39.53 and §39.67
rapport *n.m.* report; **rapporter** *v.* to report
rarement *adv.* rarely; *see* §2.ff
ras *n.m.* surface level; **au ras de la peau**/on the surface of the skin; **se raser**/to shave oneself
rassurant, rassurante *adj.* reassuring **Rassurez-vous!**/Rest assured!
rayon *n.m.* ray; **rayonnant, rayonnante** *adj.* beaming
rebâtir *v.* to rebuild
recevoir *v.* to receive; *see* §40.ff; **recevoir des nouvelles**/to receive news, to hear from
rechauffer *v.* to heat again, to warm up
recherché, recherchée *adj.* sought after
récit *n.m.* story, tale
reçoit *v. form of* **recevoir;** *see* §40.1 and §41.
recommencer *v.* to begin again, to start over again
reconnaître *v.* to recognize
recouvrir *v.* to cover again
reçut *v. form of* **recevoir;** *see* §40.1 and §41.
redoubler *v.* to double again, to do again, to repeat
réfectoire *n.m.* refectory
réfléchir *v.* to think, to reflect
se réfugier *v.* to take refuge
regard *n.m.* glance; **regarder** *v.* to look at; **Cela ne vous regarde pas**/That is none of your business; **se regarder**/to look at each other, to look at oneself
règle *n.f.* rule; **règlement** *n.m.* rule, ruling
régler *v.* to regulate; *see* §39.68ff
régner *v.* to reign; *see* §39.68ff
regretter *v.* to regret, to be sorry
reine *n.f.* queen
religieux, religieuse *n., adj.* religious person

Consult §3.ff, §7.ff, §20.2ff, and §38.ff in the General Review, Part Three, and other sections there, as well as entries in the General Index.

remarquer *v.* to notice, to observe

remède *n.m.* remedy

remerciement *n.m.* gratefulness, gratitude; **remercier**/to thank

remettre *v.* to put back, to replace, to submit, to deliver, to hand in; **se remettre**/to pull oneself together

remise *n.f.* **en état**/restoration

remonter *v.* to go back in time

remplacer *v.* to replace

rempli, remplie *adj.* filled; **remplir de**/to fill with

remporter *v.* to carry away, to win (a game in sports)

remuer *v.* to shake

renard *n.m.* fox

rencontre *n.f.* encounter; **aller à la rencontre de qqn**/to go to meet someone; *see* idioms with **à**, §20.2 and with **aller**, §20.5

rencontrer *v.* to encounter, to find, to meet

rendement *n.m.* yield, return, profit

rendez-vous *n.m.* meeting, date, appointment

rendre *v.* to return (something), to render, to make; **se rendre**/to go, to surrender; **se rendre compte de**/to realize; **rendu, rendue** *adj.* rendered, made; *see also* §20.38 and §39.–§39.50

renommé, renommée *adj.* famous, famed

renommée *n.f.* fame

renoncer *v.* to renounce

rénover *v.* to renew, to revive

renseignement *n.m.* information

renseigner *v.* to inform

rentrée *n.f.* return; **la rentrée des classes**/back to school

rentrer *v.* to go in again, to return (home); *see* §39.29

renverser *v.* to knock over, to knock down; **tomber à la renverse**/to fall backwards

renvoyer *v.* to send away

repas *n.m.* meal

réplique *n.f.* verbal reply

répliquer *v.* answer verbally

repos *n.m.* rest; **reposé, reposée**/rested; **se reposer**/to rest

reprendre haleine/to catch one's breath

représentant, représentante *n.* representative

représentation *n.f.* show, presentation (theatrical)

réputé, réputée *adj.* famous, reputed

résoudre *v.* to resolve, to solve

se ressembler/to resemble each other; **Qui se ressemble s'assemble**/Birds of a feather flock together.

ressentiment *n.m.* resentment

ressortir *v.* to go out again; *see* **sortir**, §40.1

rester *v.* to remain, to stay

retard *n.m.* delay; **en retard**/late; *see* idioms and idiomatic expressions with **en**, §20.16

retenir *v.* to retain, to reserve

retirer *v.* to pull out, to withdraw; **se retirer**/to retire, to withdraw

retour *n.m.* return; **de retour**/back; **être de retour**/to be back; *see* idioms and idiomatic expressions with **être**, §20.17. You must know those idioms to recognize them on the CBAT.

retraite *n.f.* retreat; **à la retraite**/retired

retrouver *v.* to retrieve, to regain, to find again

réunion *n.f.* meeting, reunion

réunir *v.* to meet, to bring together, to reunite; **se réunir**/to join each other, to meet

réussir *v.* to succeed; *see* §39.44

revanche *n.f.* revenge

rêve *n.m.* dream

réveil *n.m.* awakening, waking, alarm clock

réveille-matin *n.m.* alarm clock

réveillé, réveillée *adj.* awakened

réveiller *v.* to awaken

se révéler *v.* to reveal oneself

rêver *v.* to dream; **rêveur, rêveuse** *adj.* dreamer

revins, revint, revînmes, revinrent *v. forms of* **revenir**/to return; *see* §41 and **venir** in §40.1

rhume *n.m.* cold (common cold, illness)

rideau *n.m.* curtain

ridiculiser *v.* to ridicule

rien *See* idioms and idiomatic expressions with **rien**, §20.31

rigueur *n.f.* rigor, severity, rigidity; **de rigueur**/required; *see* idioms and idiomatic expressions with **de**, §20.14

rinçage *n.m.* rinsing, rinse

rire *n.m.* laughter

rire *v.* to laugh; **rire dans sa barbe**/to laugh in one's sleeve

rival, rivaux, rivale, rivales *n., adj.* rival, rivals

rive *n.f.* edge, bank (of a river)

robe *n.f.* dress

roi *n.m.* king; **Roi-Soleil**/Sun-King (Louis XIV)

romain, romaine *adj.* Roman

roman *n.m.* novel

ronfler *v.* to snore

roquefort *n.m.* name of a cheese

rose *n.f.* rose; *adj.* pink; **voir tout en rose**; *see* idioms with **en**, §20.16

roue *n.f.* wheel

rougir *v.* to blush, to turn red

rouler *v.* to move, to roll along, to roll, to drive

Roumanie *n.f.* Rumania

route *n.f.* road

royaume *n.m.* kingdom

ruban *n.m.* ribbon, bow

rude *adj.* rugged

ruelle *n.f.* narrow street

ruse *n.f.* trick, ruse

rusé, rusée *adj.* tricky

Russe *n.* (person); **le russe**/Russian language

S

sable *n.m.* sand

sac *n.m.* bag; **un sac à main**/handbag

sachez bien/know well, be informed

sage *adj.* wise; **la sagesse**/wisdom

sain et sauf/safe and sound

sain, saine *adj.* healthy, sound

sale *adj.* dirty, soiled; *see* Antonyms, §3.

salé, salée *adj.* salty

salle *n.f.* room; **salle de bains**/bathroom; **salle de conférence**/meeting room

saluer *v.* to greet, to salute

salut *n.m.* salutation, greeting, salute, salvation

sang *n.m.* blood; **sanglant, sanglante** *adj.* bloody, rare (meat)

sans *prep.* without; **sans cesse**/unceasingly; **sans doute**/undoubtedly, without a doubt

santé *n.f.* health

sauf *prep.* except

sauf, sauve *adj.* safe; **sain et sauf**/safe and sound

saumon *n.m.* salmon

sauter *v.* to jump, to leap

sauvage *adj.* savage

sauver *v.* to save; **se sauver**/to run away

sauvetage *n.m.* rescue, saving

sauveur, sauveuse *n.* savior, rescuer

savon *n.m.* soap

scolaire *adj.* scholastic, school

séchage *n.m.* drying

sécher *v.* to dry

secouer *v.* to shake

secourir *v.* to help

secours *n.m.* help

Seigneur *n.m.* Lord

sel *n.m.* salt

selon *prep.* according to

semaine *n.f.* week; **la fin de semaine**/week-end

semblable *adj.* similar; **faire semblant**/to pretend; *see* idioms with **faire**, §20.18

sembler *v.* to seem; **il semble que**; *see* Impersonal expressions, §35.7

sens *n.m.* sense, meaning

sentiment *n.m.* feeling

sentir *v.* to feel, to smell, to sense; **se sentir**/to feel (health)

serrer *v.* to squeeze, to shake (hands)

sert *See* §41.

serveur, serveuse *n.* waiter, waitress

service *n.m.* favor, service

serviette *n.f.* napkin

servir *v.* to serve; **se servir de**/to use, to make use of, to help oneself to (something)

seul, seule *adj.* single

si *adj.* so; *as a conj.*, if, what if, whether; **si** is sometimes used instead of **oui**, meaning *yes*; *see* §24.

siècle *n.m.* century

siège *n.m.* seat

sien: le sien, la sienne, les siens, les siennes; *see* §29.35ff

siffler *v.* to whistle

signification *n.f.* meaning

s'il te plaît/please (familiar form)

s'il vous plaît/please (polite s. and plural form)

silencieux, silencieuse *adj.* silent

singulier, singulière *adj.* odd

soie *n.f.* silk

soient *v. form of* **être**; *see* §39.81, §39.102, §40.1, §41.

soif *n.f.* thirst

soigné, soignée *adj.* cared for

soigner *v.* to care for

soigneusement *adv.* carefully

soin *n.m.* care

soirée *n.f.* evening

sois, soit *v. form of* **être**; *see* §39.81, §39.102, §40.1, §41.

sol *n.m.* dirt, ground

soleil *n.m.* sun; **le lever du soleil**/ sunrise

somme *See* §23.1

sommeil *n.m.* sleep

sommet *n.m.* summit, height

songer (à) *v.* to think of, to dream of; *see* §39.42ff

sonner *v.* to ring

sort *n.m.* fate

sorte *n.f.* sort, kind; **de sorte que** *conj.* so that; *see* §7.ff and §35.1

sortir *v.* to go out; *see* §39.29 and §40.ff

souci *n.m.* care, worry; **se soucier**/ to be worried, to be concerned

soudain *adv.* suddenly

souffler *v.* to blow, to puff, to prompt

souffrant, souffrante *adj.* ill, sick; **souffrir**/to suffer

souhait *n.m.* wish; **souhaiter**/to wish

soulier *n.m.* shoe; *see* Synonyms, §38.

soumettre *v.* to submit

soupçonner *v.* to suspect

soupe *n.f.* soup; **souper** *v.* to sup, to have supper

sourcil *n.m.* eyebrow

sourd, sourde *adj.* deaf

sourire *n.m.* smile

sourire *v.* to smile

souris *n.f.* mouse

soutenir *v.* to maintain, to uphold

se souvenir de *refl. v.* to remember; **Souvenez-vous. . .**/Remember . . .

souvent *adv.* often

soyons *v. form of* **être**; *see* §39.81, §39.102, §40.1, §41.

spectacle *n.m.* theatrical show, presentation

station *n.f.* station; **station thermale**/spa, health resort

stationner *v.* to station, to park (a vehicle)

su *past part. of* **savoir**; *see* §40.1, §41.

sucré, sucrée *adj.* sweetened

sucreries *n.f.pl.* sweets, candy

suffire *v.* to suffice, to be sufficient; **suffise** *v. form of* **suffire; suffisamment** *adv.* sufficiently

suis *v. form of* **être** *and* **suivre**; *see* §39.81, §41.

Suisse *n.f.* Switzerland

suit *v. form of* **suivre**

suite *n.f.* continuation; **et ainsi de suite**/and so on and so forth; *see* idioms with **de**, §20.14

suivre *v.* to follow; **suivre un cours**/ to take a course

sujet *n.m.* subject; **au sujet de**/concerning

superficie *n.f.* surface area

supérieur, supérieure *adj.* higher, superior

supermarché *n.m.* supermarket

supplier *v.* to beg

supporter *v.* to endure

supprimer *v.* to suppress

sur *prep.* on, upon; *see* idioms with **sur**, §20.32

sûr, sûre *adj.* sure

surcharger *v.* to overload, to overburden

sur-le-champ *adv.* quickly, at once, on the spot

surlendemain *n.m.* second day after, two days later

surnommer *v.* to give a surname to, to nickname

surprenant, suprenante *adj.* surprising

surprendre *v.* to surprise

surtout *adv.* above all, especially

survendre *v.* to charge too much, to overcharge

suspendre *v.* to hang

T

T.S.F. télégraphie sans fil/(wireless) radio

tableau *n.m.* painting, picture

tâche *n.f.* task

tâcher (de) *v.* to try (to)

taille *n.f.* size

tailler *v.* to trim

tailleur *n.m.* tailor

se taire *refl. v.* to be silent, to be quiet; **taisez-vous**/be quiet

tandis que *conj.* while, whereas; *see* Conjunctions & conjunctive locutions, §7. and §35.1. You must know those conjunctions to recognize them on the CBAT.

tant *adv.* so, so much, so many; *see* idioms with **tant**, §20.33

tape *n.f.* slap, hit, tap

taper *v.* to tap. to hit

tapis *n.m.* carpet

tapisserie *n.f.* tapestry

tard *adv.* late

tarder *v.* to be late, to delay

tardivement *adv.* late

tel, tels, telle, telles/such; **un tel garçon**/such a boy; **une telle fille**/ such a girl; **tel que**/such as

téléviseur *n.m.* television set

télévision *n.f.* television; **la télé**/TV

tellement *adv.* so

tempéré, tempérée *adj.* temperate

tempête *n.f.* tempest, storm

temps *n.m.* time; **à temps**/in time; weather; *see* weather expressions, §37.

tenir *v.* to keep, to hold; **tenir à**; *see* §39.44; **se tenir debout**/to stand; **se tenir droit**/to stand erect, straight; **tenir le ménage**/to keep house; **tenir sa parole**/to keep one's word

---

Consult §3.ff, §7.ff, §20.2ff, and §38.ff in the General Review, Part Three, and other sections there, as well as entries in the General Index.

tenter (de) *v.* to attempt (to)

terrasser *v.* to throw down to the floor, to the ground

terre *n.f.* earth, ground; **par terre**/on the floor, on the ground

terrestre *adj.* terrestrial, ground

tête *n.f.* head

thé *n.m.* tea

théâtre *n.m.* theater; **faire du théâtre**/to act on the stage

thermal, thermale *adj.* thermal; **une station thermale**/spa, health resort

tiède *adj.* warm

tiens *v.* form of **tenir**; **un tiens vaut mieux que deux tu l'auras**/a bird in the hand is worth two in the bush; **Tiens!**/Look! Here!

timbre-poste *n.m.* postage stamp

tirer *v.* to pull, to draw; **se tirer d'affaire**/to get along, to get out of a fix, to get out of trouble, to get out of a situation

tiroir *n.m.* drawer

tissu *n.m.* cloth, material

toile *n.f.* canvas

toilette *n.f.* toilet; **faire la toilette**/to wash and dress oneself

toit *n.m.* roof

tomber *v.* to fall; **laisser tomber**/to let fall, to drop; **faire tomber**/to knock down; **tomber à la renverse**/to fall backwards

tonne: il tonne/it is thundering; *see* weather expressions, §37.

tortueux, tortueuse *adj.* winding

tôt *adv.* early

tour *See* §23.1

tourmenter *v.* to torment

tourner autour du pot/to beat around the bush

tourner des films/to shoot films

tous *pron., adj., m.pl.* all; *see* idioms with **tous**, §20.34

tousser *v.* to cough

tout *n., pron., adj.m.* all; *see* idioms with **tout**, §20.35 and with **à**, §20.2

toute *pron., adj.f.pl.* all; *see* idioms with **toute**, §20.36

trahir *v.* to betray

train *n.m.* train; **être en train de** + inf.; *see* idioms with **être**, §20.17

traître, traîtresse *n.* traitor

tramway *n.m.* trolley car

tranquille *adj.* calm, quiet

transport *n.m.* transportation; **le transport en commun**/public transportation

travailleur, travailleuse *n.* worker; *see* Antonyms, §3.1

traverser *v.* to cross; **la traversée**/crossing; **à travers**/cross, through; *see* idioms with **à**, §20.2

trésor *n.m.* treasure

trêve *n.f.* truce

tricher *v.* to cheat

triste *adj.* sad, unhappy; *see* Antonyms, §3. and Synonyms, §38.

tromper *v.* to deceive; **se tromper**/to be mistaken

trône *n.m.* throne

trottoir *n.m.* sidewalk

trou *n.m.* hole

troupeau *n.m.* flock, herd

trouver *v.* to find, to think (opinion); **se trouver**/to be located; **trouver que**/to be of the opinion that . . .

tu *past part.* of **taire**; *see* **se taire**

tuer *v.* to kill

tue-tête *adv.* *locution* at the top of one's voice; *see* idioms with **à**, §20.2

U

unique *adj.* unique, only; **fils unique**/only son; **fille unique**/only daughter

uniquement *adv.* only, solely, expressly for

unir *v.* to bring together, to unite

usage *n.m.* use

usine *n.f.* factory

utile *adj.* useful; *see* Antonyms, §3.

utiliser *v.* to use

V

vacances *n.f.pl.* vacation; **les grandes vacances**/summer vacation

vache *n.f.* cow

vaincu, vaincue *adj.* conquered, vanquished

vaisselle *n.f.* dishware, dishes; **faire la vaisselle**/to do the dishes; *see* idioms and idiomatic expressions with **faire**, §20.18

valeureux, valeureuse *adj.* valorous

valoir *v.* to be worth; **valoir la peine**/to be worth while; **valoir mieux**/to be better, to be preferable

vapeur *n.f.* steam

vase *See* §23.1

vaut *v.* form of **valoir**

veille *n.f.* eve; **la veille de Noël**/Christmas eve

veiller *v.* to stay up late, to keep watch

vélo *n.m.* bike, bicycle

velours *n.m.* velvet

vendeur, vendeuse *n.* salesperson

vendre *v.* to sell

venir *v.* to come; **venir à**/to happen; *see* §40.; *see* **venir de** in §20.14

vent *n.m.* wind; **up coup de vent**/a gust of wind

vente *n.f.* sale

vérité *n.f.* truth; **en vérité**/in truth, truthfully

verni, vernie *adj.* shiny, glossy, patent leather

verre *n.m.* glass (drinking); **un verre de lait**/a glass of milk

vers *n.m.* verse, poetry

vers *prep.* toward; *see* §18.

vertige *n.m.* vertigo, dizziness

veston *n.m.* jacket, coat (of a suit)

vêtement *n.m.* clothing, clothes

vêtu, vêtue *adj.* dressed

veuf, veuve *n.* widower, widow

veut dire; *see* **vouloir dire;** *see also* §20.38 and §39.–§39.50

viande *n.f.* meat

vibrer *v.* to vibrate

victoire *n.f.* victory

vide *adj.* empty; *see* Antonyms, §3.

vie *n.f.* life, living

vieil, vieille *adj.* old

vieillard, vieillarde *adj.* old person

vient de/has just; **venir de** + inf./to have just done something + past part.; **Elle vient de partir**/She has just left; *see* **venir de** in §20.14

vieux, vieil, vieille *adj.* old

vif, vive *adj.* alive, lively, active

vigueur *n.f.* vigor, strength; **en vigueur**/in force

villageois, villageoise *n.* village person, villager

ville *n.f.* city; **en ville**/down town

vin *n.m.* wine

vint *passé simple* of **venir**; *see* §40.1 and §41.

virgule *n.f.* comma

visage *n.m.* face

vit *v.* form of **vivre** *and* **voir**; *see* §40.1 and §41.

vitesse *n.f.* speed

vitre *n.f.* window pane

vitrine *n.f.* window (of a store); shop window

vivre *v.* to live

voie *n.f.* road, way, track

voile *See* §23.1

voir *v.* to see; *see* §40.1 and §41.

voisin, voisine *n.,adj.* neighbor, neighboring

voisinage *n.m.* neighborhood

voiture *n.f.* car, automobile; **faire une promenade en voiture**/to go for a drive; **en voiture!**/all aboard!

voix *n.f.* voice; **à voix basse**/in a low voice; **à haute voix**/in a loud voice, aloud; *see* idioms with **à**, §20.2

vol *n.m.* flight, theft, hold-up; **un vol à main armée**/armed robbery; **faire de vol**/to fly

volaille *n.f.* poultry

voler *v.* to fly, to steal

voleur, voleuse *n.* thief

volontiers *adv.* willingly

vouloir *v.* to want; *see* §40.; **en vouloir à qqn**/to hold a grudge against someone; *see* idioms with **en**, §20.16; **vouloir dire**/to mean; *see* §20.38 and §39.–§39.50

voûté, voûtée *adj.* arched

voyage *n.m.* trip, voyage; **faire un voyage**/to take a trip; *see* idioms with **faire**, §20.18

voyager *v.* to travel

voyageur, voyageuse *n.* traveler

voyelle *n.f.* vowel

voyons *imper. of* **voir** let's see, see here; *see* **voir** in §40.1

vrai, vraie *adj.* true; **à vrai dire**/to tell the truth, truthfully; *see* idioms with **à**, §20.2

vue *n.f.* sight

W

wagon *n.m.* freight car; **wagon restaurant**/dining car (on a train)

Y

y *See* idioms with **y**, §20.37

y compris/including

yeux *n.m.* eyes; **l'oeil**/the eye

Consult §3.ff, §7.ff, §20.2ff, and §38.ff in the General Review, Part Three, and other sections there, as well as entries in the General Index.

GENERAL INDEX

References in this index are to sections in the General Review in Part Three, indicated by the symbol § in front of a numerical decimal system. Read my introductory note at the beginning of Part Three. Also consult the French-English Vocabulary for other § references. The abbreviation **ff** means *and the following*. In this index, find the p. number of abbreviations used in this book.

Other references in this index are to Test numbers and Question numbers in the Answers Explained section, which is in Part Two. For example, the reference AE-T8/Q25 means that in the Answers Explained section, Test 8, Question 25 you will find an example of the given entry.

Other references are to page numbers and these are cited as p. and the number.

Consult the French-English Vocabulary for additional § references.

Consult the French-English Vocabulary for additional § references.

The leading SAT Study Guide

Barron's How to Prepare for College Board Achievement Test Series

This series can be used to supplement textbooks, clear up difficult areas, highlight significant facts, diagnose weak spots, and test progress. The model tests, with answers fully explained, prepare the student on subject matter and test-taking techniques.

☐ **BIOLOGY,** $5.95
☐ **CHEMISTRY,** $6.95
☐ **ENGLISH,** $3.95
☐ **EUROPEAN HISTORY AND WORLD CULTURES,** $6.95
☐ **FRENCH,** $7.95
☐ **GERMAN,** $4.50

☐ **LATIN,** $4.50
☐ **MATH LEVEL I,** $5.50
☐ **MATH LEVEL II,** $6.95
☐ **PHYSICS,** $5.95
☐ **SOCIAL STUDIES/ AMERICAN HISTORY,** $6.95
☐ **SPANISH,** $4.95

All prices subject to change without notice.

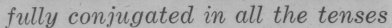